开国将领丛书

铁将军 叶飞

钟兆云 胡兆才 著

山西出版传媒集团
山西人民出版社

图书在版编目（CIP）数据

铁将军叶飞 / 钟兆云，胡兆才著 . —太原：山西人民出版社，2015.8

ISBN 978-7-203-09157-8

Ⅰ. ①铁… Ⅱ. ①钟…②胡… Ⅲ. ①叶飞（1914~1999）-传记 Ⅳ. ①K825.2

中国版本图书馆 CIP 数据核字（2015）第 175416 号

铁将军叶飞

著　　者：	钟兆云　胡兆才
责任编辑：	吕绘元
装帧设计：	谢　成
出 版 者：	山西出版传媒集团・山西人民出版社
地　　址：	太原市建设南路 21 号
邮　　编：	030012
发行营销：	0351-4922220　4955996　4956039　4922127（传真）
天猫官网：	http：//sxrmcbs.tmall.com　电话：0351-4922159
E - mail：	sxskcb@163.com　　发行部
	sxskcb@126.com　　总编室
网　　址：	www.sxskcb.com
经 销 者：	山西出版传媒集团・山西人民出版社
承 印 厂：	山西出版传媒集团・山西人民印刷有限责任公司
开　　本：	720mm×1010mm　1/16
印　　张：	23.5
字　　数：	380 千字
印　　数：	1—6000 册
版　　次：	2015 年 8 月　第 1 版
印　　次：	2015 年 8 月　第 1 次印刷
书　　号：	ISBN 978-7-203-09157-8
定　　价：	48.00 元

如有印装质量问题请与本社联系调换

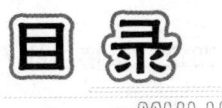

第一章　创建闽东苏区 / 001

十八岁的暴动领袖　　　　　　　　　　　　　　/ 001

狮子头谋杀案　　　　　　　　　　　　　　　　/ 007

不打不相识　　　　　　　　　　　　　　　　　/ 010

闽东苏区的"黄金时代"　　　　　　　　　　　　/ 013

处变不惊迎转机　　　　　　　　　　　　　　　/ 015

差点死在自己人手里　　　　　　　　　　　　　/ 020

达成国共合作协议　　　　　　　　　　　　　　/ 023

第二章　挺进东路 / 029

勇担重任立下军令状　　　　　　　　　　　　　/ 029

首战黄土塘，夜袭浒墅关　　　　　　　　　　　/ 035

突袭虹桥机场　　　　　　　　　　　　　　　　/ 037

第三章　郭村保卫战 / 041

驰援半塔集　　　　　　　　　　　　　　　　　/ 041

刘少奇面授机宜　　　　　　　　　　　　　　　/ 044

将在外,君命有所不受 / 050
孤军保卫郭村 / 055

第四章　黄桥决战 / 063

东进黄桥 / 063
老叶庄秉烛夜话 / 067
率部激战黄桥 / 071

第五章　巩固苏中根据地 / 077

讨伐李长江 / 077
围魏救赵解军部之危 / 080
司令员开香堂收徒弟 / 083
"伪军师长"为我所用 / 085

第六章　车桥大捷 / 095

找出来的战机 / 095
首创华中生俘日军新纪录 / 098
饶漱石的指责 / 101

第七章　转战齐鲁 / 103

风云突变,南下又北返 / 103
苦战宿北 / 108
快速纵队快速灭亡 / 112
莱芜战役第一功 / 116
百万军中取上将首级 / 120
鲁南突围 / 126

第八章　血战睢杞 / 130

诱歼"尾巴"　　　　　　　　　　　　　　　　/ 130

横扫豫东　　　　　　　　　　　　　　　　　/ 132

奇袭开封　　　　　　　　　　　　　　　　　/ 135

飞兵活捉区寿年　　　　　　　　　　　　　　/ 138

第九章　渡江南下 / 143

渡江序曲与"紫石英"号事件　　　　　　　　　/ 143

千帆竞渡过大江　　　　　　　　　　　　　　/ 147

第十章　解放上海 / 152

准备在"瓷器店里"打老鼠　　　　　　　　　　/ 152

血溅月浦　　　　　　　　　　　　　　　　　/ 157

王者之师战上海　　　　　　　　　　　　　　/ 163

第十一章　鏖兵八闽 / 169

提前入闽　　　　　　　　　　　　　　　　　/ 169

一着险棋克榕城　　　　　　　　　　　　　　/ 173

跨海取厦门　　　　　　　　　　　　　　　　/ 181

饮恨金门　　　　　　　　　　　　　　　　　/ 189

第十二章　剿匪与巩固海防 / 200

中南海发来剿匪电令　　　　　　　　　　　　/ 200

海防线生命线　　　　　　　　　　　　　　　/ 204

国共大陆最后一战　　　　　　　　　　　　　/ 209

第十三章 经略东南 / 219

  筑起造福万代的海堤 / 219
  修筑交通大动脉 / 228
  党政军一肩挑 / 233
  "黄金时代" / 238
  为经济发展定调子 / 242
  崛起三明工业城 / 245

第十四章 热运动中的冷思考 / 249

  运动中不盲从 / 249
  "跃进"和"收兵" / 253
  一枝一叶总关情 / 261
  三个"主帅"上下马之争 / 266

第十五章 炮击金门 / 270

  中南海点将 / 270
  敏感的分界线 / 278
  摸到了美国的底牌 / 285
  "打而不登,封而不死" / 291

第十六章 同舟共济渡难关 / 295

  两个"为纲" / 295
  吃饭第一 / 297
  做调查解难题 / 304
  唱一曲抗天歌 / 308
  七千人大会前后 / 312

第十七章　力争上游 / 322

　　伤筋动骨调整和精简　　　　　　　　　　　　/ 322
　　"四清"、"五反"中的省委书记　　　　　　　　/ 324
　　人的正确思想从哪里来　　　　　　　　　　　/ 330
　　备战、建设一个都不能少　　　　　　　　　　/ 336

第十八章　动乱中入主交通部 / 345
第十九章　再披戎装掌重兵 / 353
第二十章　开创侨务工作新局面 / 359

第一章　创建闽东苏区

十八岁的暴动领袖

1955年,中国人民解放军授衔时,叶飞是五十五位上将之一。在中国革命史上,叶飞是一个传奇式的英雄。

叶飞在六十多年的军事生涯中,建功立业于华东战场,是陈毅、粟裕手下的一员虎将,同日本鬼子、国民党军打了许多恶仗、硬仗、胜仗,打出了威风。当时,新四军、华东野战军(简称华野)上下来往的文电中,常常见到"叶王陶"。"叶王陶"不是一个人名,而是叶飞、王必成、陶勇三位战将的简称。1965年,陈毅在福州的一次会议上回首往事,用赞许的口吻对大家说,战争年代,"叶王陶"三人是传奇人物,立过大功,威名远扬,敌军闻之丧胆,人民为之振奋。陈毅的这番话,是对叶飞、王必成、陶勇三人最恰当不过的评价,也是最高的赞誉。

叶飞虽建功于华东战场,而他的起点却在闽东大地。他和他的战友们,在闽东大地举行过轰轰烈烈且又惊心动魄的暴动,阎王爷曾几次点到了他的名字,然而,他凭着英勇、机智和顽强,屡屡化险为夷,逢凶化吉,怀着对革命事业忠贞不渝的决心,创建了闽东苏区根据地。

闽东地处福建省东北部,东接东海,北邻浙江,西连闽中,南连闽江,包括福安、霞浦、宁德、福鼎、寿宁、拓荣、连江、罗源、古田、屏南等地。整个福建素有"八山一水一分田"之称,闽东的地形更是如此。境内山峦起伏,太姥山、白云山、鹫峰山雄伟高大,突兀在云海之中。交溪、霍童溪,如同条条白色的绸带,在山间、田野中穿行,滋润着两岸的土地,养育了闽东百姓。

叶飞去闽东之前,一些在北平、上海、福州等地读书的闽东籍优秀青年,如马立峰、杨而菖、叶秀潘、范浚等,纷纷回到家乡,积极开展党的活动,分别建立了福安、连江县委,同时建立了小规模的红色游击队,开展游击战争。

1932年5月,福州中心市委书记陶铸,曾亲自来到福安,组织过武装斗争。中秋前夕,他指挥马立峰、詹如柏、陈挺等同志,率领二十多位勇士,打进了兰团,取得了斗争的胜利,正式成立了闽东工农游击第一支队。革命的星星之火,迅速在闽东各个山区蔓延开来,燃起熊熊烈焰,红色游击队如雨后春笋般,一支支发展壮大起来。

青年叶飞

1932年秋的一天午后,从福州开往宁德的公共汽车到站后,从车上走下一位学生模样的男青年。只见他中等个子,稍瘦的身子显得有点单薄,一头乌黑发亮的头发稍稍斜披在额头,一双明亮澄清的眼睛顾盼流连,让人一看便知,这是位十分精悍、机灵的青年。此人便是叶飞。

他走出车站,向路人打探了去霍童镇的方向,便提着简单的行李,踏上了山路。天很快就黑了下来,山路崎岖,他深一脚浅一脚地向前走,不久,就来到了霍童镇附近的一个村庄。在村西头的一家门口停了下来,他按事先规定的联络暗号,轻轻地叩了五下大门。不一会儿,门开了,开门的是那里的区委书记颜阿兰。几天前,颜阿兰接到上级的通知,说福州中心市委要派一位领导干部来,领导这里的武装斗争。可是,来个什么样的人,年龄、姓名,上级都没有明确交代。

两人对上了联络暗号后,颜阿兰让叶飞进了门,颜阿兰首先做了自我介绍。当叶飞知道开门迎接他的是当地的区委书记后,便自我介绍起来。福州中心市委要叶飞以福州中心市委特派员的身份来这里巡视工作,但他在自我介绍时,觉得说巡视工作有点不妥,便说:"我是来协助你们开展工作的。"

颜阿兰边听叶飞说话,边仔细地打量着面前这位稚气未脱的小伙子,然后用怀疑的口吻问:"你就是叶飞同志?"

"是的!"叶飞认真地点点头。

"就你一个人来?"

"是的,"叶飞看出颜阿兰的疑虑,解释说,"因路上盘查严密,临走时市委领导嘱咐我,为安全起见,不让带介绍信。"

颜阿兰还是将信将疑,继续盘问:"你今年多大了?"

"我今年十八岁。"叶飞一边回答一边想,难道连年龄也要盘问?

叶飞是福建南安人,父亲叶荪卫是一个贫苦的农民,因家中贫困,跟随同乡漂洋过海,到菲律宾做苦工,并在那里成家立业。叶飞1914年5月出生在菲律宾的吕宋岛,五岁那年回国,十五岁在厦门十三中读书时,由厦门团委书记叶贵煌介绍,加入了CY(共青团的英文缩写)。

叶飞为了让对方弄清自己的情况,索性来了个竹筒倒豆子,将自己的身世全部说了出来。

颜阿兰听了叶飞的详细介绍,知道真的是

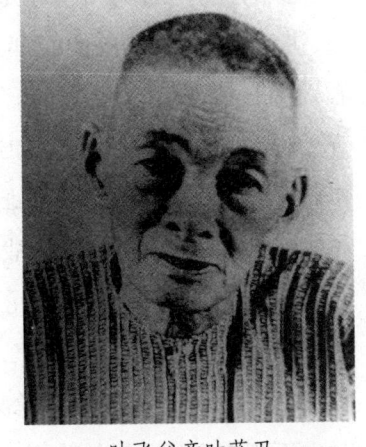

叶飞父亲叶荪卫

叶飞,这才消除了疑虑,并不好意思地笑着说:"实在对不起啊,斗争十分残酷,敌人非常凶残,他们常派特务打入我们内部,对共产党见一个杀一个,所以,我们对生人不得不防。"他再次打量了一番叶飞,说:"再说,你那么年轻,我真的有点——"

"有点不相信是不是?"叶飞笑着问。

"是的。"颜阿兰老实承认,他赔笑说,"还要请叶特派员多多包涵。"他将叶飞带进了里屋。

颜阿兰正在召开自卫队会议。地上堆满了烟头,屋里烟雾弥漫。颜阿兰向大家介绍了叶飞,并说:"这位特派员是上级派来指导工作的,大家要像服从我一样服从他的领导。"

自卫队队员们见进来一个小伙子,听说是上级派来巡视工作的领导干部,顿时睁大了眼睛,像油锅里滴进了几滴水一样炸开了,纷纷议论开来。

坐在角落里的一位四十岁左右的队员摇摇头,低声对身边的人说:"嘴上没毛,办事不牢。这小家伙乳臭未干,怎么能挑起这么重的担子!"

"是啊,是啊,上级有没有搞错啊!"

"你看他一脸的孩子气,能领导我们斗争吗?"

……

颜阿兰对叶飞说:"叶特派员,请你别生气,他们都是种田人出身,没有文化,讲话粗鲁。不过,他们都是直性子,心里怎么想嘴上就怎么说,你尽管放心,他们今后会听你指挥的。"说完,他转向队员们,严肃地说:"大家不要坐井观天,当井底之蛙。你们不知道自古英雄出少年吗?王侯将相,也来自少年。"接着,他列举了一些古代英雄人物,如甘罗十四岁就当了宰相;西汉杰出将领霍去病,率领大军与匈奴作战时也只有十八岁;东晋名将谢玄,指挥广陵战役时也只有十八岁;南宋名将岳飞抗击金兵时也只是二十岁……

颜阿兰的话启发了大家,一个老自卫队队员李克雨接着说:"对啊,明朝抗倭名将戚继光担任福建总兵,率领明军在我们宁德三都、礁溪与倭寇作战时也不到二十岁。古人说,人不可貌相,海水不可斗量。叶特派员刚到,人家才华还没有施展出来,怎么能门缝里看人呢?"

见大家停止了议论,颜阿兰带头鼓掌说:"现在,欢迎叶特派员给我们作指示!"

叶飞倒很喜欢这些说话直爽的队员们,他笑着说:"初来乍到,情况还不熟悉,以后还要靠大家帮助,我对开展武装斗争经验不足,但有决心向大家学习,在实践中增长自己的才干。"

接着,叶飞向大家介绍了当前的全国革命斗争形势。当时,全国革命形势喜人,中国工农红军已发展到三四十万,遍及十多个省一百多个县,创建了几十块大大小小的革命根据地。中央红军在朱德、毛泽东的领导下,在江西打了几十个漂亮仗;贺龙领导的红军在湖北、湖南粉碎了敌人的两次"围剿",占领了监利、沔阳、潜江等广大地区;赣东北红军在方志敏的领导下,粉碎了敌人的第二次"围剿",使赣东北、闽北两个根据地连成一片;鄂豫皖红军在徐向前的指挥下,在最近一个月内,在大别山连克英山、浠水、罗田、广济四城,歼敌七个团,俘敌五千余人。

队员们越听越激动,叶飞见大家听得认真,越说越兴奋,挥动着手臂,提高了嗓门,继续说道:"红军天天在打胜仗,蒋家王朝犹如即将倒塌的高楼大厦,处在摇摇欲坠之中,如果全国民众再加一把劲,就一定能将在风雨飘摇中的蒋家王朝推翻。同志们,我们要赶快行动起来,组织暴动,扩大队伍。"

有人举手插嘴说:"叶特派员,我们人少、枪少,你看我们能行吗?"

叶飞回答说:"行,一定行!同志们,我们不要小看了自己,大家要懂得一条真理,星星之火,可以燎原。革命的武装总是从几个人、十几个人、几支枪发展起来的!"

叶飞的讲话就像一块磁铁,深深地吸引、鼓舞着大家,他的讲话不时被热烈的掌声所打断。听到这里,有个自卫队队员忍不住站起来,跃跃欲试地说:"叶特派员,你就干脆地说,我们游击自卫队该怎么办?你怎么说,我们就怎么办,一定听你的指挥!"

叶飞的心很快就和大家的心贴在了一起,他激动地说:"谢谢大家对我的信任!"

叶飞从到来的第二天开始,便和颜阿兰一起,率领这支精干的自卫队,运用灵活机动的战术,日夜和敌人周旋。大股敌人来了,他们就钻山村;小股敌人来了,他们便瞅准机会,打他一顿,抓几个俘虏后,迅速转移。

小仗打多了,有的自卫队队员觉得不过瘾了,他们向叶飞提出,要打县城,要打大仗。叶飞耐心地解释说:"打仗是冒险的,怕风险不能打仗。目前,我们的队伍还很弱小,力量还很薄弱,不能轻易地冒大风险,我们只能打一些小

仗,积小胜为大胜。同志们,小仗打多了,影响也就大了。"他教育大家,打仗是艺术,必须经过深思熟虑,鲁莽蛮干不是英雄,反而会搞垮队伍。

那些激进的队员们在他的耐心教育下,消除了急于打大仗的情绪。

第二年春天,他们又打了一连串的小胜仗,鼓舞了当地的群众。叶飞与颜阿兰继续发动队员做农运工作,并利用亲邻关系,发展新队员。队伍如滚雪球般,越滚越大。有一天,颜阿兰对叶飞说:"我们的队伍扩大了,还叫自卫队太没劲,你看,我们是不是搞一次暴动,成立游击队吧!"

叶飞认为颜阿兰的建议有道理,可是,搞暴动必须得有时机。现在闽东春荒严重,地方豪绅趁机哄抬粮价,牟取暴利,群众十分不满,斗争情绪十分高昂。他沉思片刻,便对颜阿兰说:"行,我们就借这个时机,举行一场暴动,公开打土豪分田地,创建苏区根据地!"

"太好了!"颜阿兰神采飞扬,摩拳擦掌,"叶特派员,你就下命令吧!"

端午节前两天,叶飞对颜阿兰说:"我到霍童镇了解过了,端午节那天,霍童镇民团一定要杀猪办酒席,我们那时举行暴动,将他们一网打尽,你看如何?"

颜阿兰哪有不说好之理,他立即吹响了哨子,将队伍集合起来,让叶飞做暴动动员。叶飞站在队伍前,挥舞着拳头,激动地说:"同志们,革命是暴动,只有暴动,才能唤起民众千百万;只有暴动,才能推翻蒋介石的反动统治!"接着,叶飞向队员们宣布了暴动的三条纪律:一、一切行动听指挥,二、不许打骂乡亲,三、缴获要归公。

颜阿兰对暴动进行了分工准备。

端午节的前一天深夜,队员们早已进入了梦乡,叶飞和颜阿兰仍在摇曳的烛光下研究暴动前的准备工作,两人一遍又一遍地检查了准备工作的落实情况,直到满意后方才入睡。

第二天上午,快吃午饭之际,叶飞、颜阿兰带着队员们,化装成赶集的农民和小商贩,从小石岑出发,来到民团驻地霍童镇的宏街宫。果然,民团们一个个喝得醉醺醺的,正围着桌子猜拳喝令。叶飞举起枪,砰的一声打响了。队员们听到叶飞的信号，一拥而上，民团们还不知眼前发生了什么，就一个个被队员们捆绑了起来做了俘虏。

初战获胜，缴获二十六支枪。接着，他们又奔袭坑仔田、赤溪镇，消灭了民团，缴获了八十多支枪。

暴动成功后，叶飞召开大会，宣布闽东工农游击第三支队成立。游击支队成立后，叶飞趁热打铁，发动民众打土豪，真是闹翻了天。

狮子头谋杀案

游击支队成立后，叶飞马不停蹄，继续扩大战斗范围，宣传和发动民众，先后成立了第五、第七、第九支队。

叶飞指挥这些红军游击队，昼伏夜出，以山为家，以群众为基础打击敌人。敌人调来大批部队"围剿"这支新生的红军游击队，许多村庄被烧毁，层层山林被烧焦。敌人在城镇和农村设下了星罗棋布的大小据点，叫嚣要把红军游击队赶尽杀绝。但是，敌人的烧杀吓不倒叶飞和他的红军游击队。游击队在很多山崖石壁、树干上写下了：

天上星星数不尽，地下茅草挖不尽。
游击队是钢铁汉，血火丹心杀不尽。

敌人消灭不了红军游击队，便缩小目标，瞄准游击队的领头人。敌人派出便衣特务，化装成农民、商贩，出没于红军游击队驻地，侦察叶飞的行踪，计划谋杀叶飞。

有一天，叶飞派人通知一名游击队队长到狮子头客店见面议事。

狮子头地处福安南，是距离县城六十里路的一个渡口。从福安到赛岐一定要在狮子头过渡。渡口有个不大的客店，来往行人都要在这里休息候船。叶飞常常在这里同各个游击队领导议事，有时了解情况，有时交代作战任务。

这天，快到吃午饭了，叶飞从山上来到狮子头客店。他像往常一样，扫一眼客店，只见过往旅客很多。客店门口，小贩的叫卖声和来往行人的嘈杂声响成一片，热闹非凡。叶飞没看出有什么不妥之处，便坐着等了一会儿，所约的游击队队长没有如约而来。客店老板见吃饭的时间过了，便把叶飞带到楼上，端来饭菜。叶飞端起饭碗，刚扒了一口，便听到楼梯口有响声。有人上楼了！叶飞没有感觉不对劲，他以为是那名游击队队长来了。可是，当他站起身，看到进来的却是三个他不认识的人。叶飞脑子里不由得打了个问号，这才预感到情况不妙，机灵的他一个转身，想从窗口往下跳。可是，三个来人的动作比叶飞更快，他们一个箭步窜上前，三双手如三把铁钳，一下子就将叶飞死死地按在地下。叶飞下意识地想掏枪，可是，也迟了，他被三个人按住，毫无还手之力。三个人举着枪，朝叶飞的头上、身上一阵乱扫。顿时，叶飞倒在血泊之中。

　　三人开完枪，搜去了叶飞身上的笔记本和手枪。此时的叶飞，虽身中枪弹，却命大没有被打死。他的意识十分清醒，只是全身剧痛，无法动弹。他听到楼梯上响起了急促的脚步声，以为特务们全部下楼了，便用尽全身力气，抬起头来，朝楼梯口张望了一下。

　　谁知，三个特务只走了两个，还留下一个大个子，坐在凳子上，晃着大腿，自在地抽着香烟。他突然见地上的叶飞抬起了头，不由得大叫一声："这共党分子的命还真大啊，中了十几枪竟然还活着！"边说，他又举起枪，朝叶飞的头上连开几枪。

　　这下，叶飞的头部血肉模糊，人也昏死过去。这个特务还不放心，弯腰将手放在叶飞的鼻孔下试了试，见没有气了，才下楼走了。

　　谁知叶飞命大，这个特务最后补的几枪，也只是打中了叶飞的耳朵和颈部。叶飞仍然头脑清醒，只是吸取了前面的教训，屏住呼吸装死才骗过了特务。他一动不动地躺在地上，静静地观察周围的动静。过了好一会儿，楼下响起了一阵急促的哨声，接着，便听到有人大声地吼叫："快集合，共军游击队离这里不远，他们听到枪响后，很快就会来的，我们快走！"

　　渐渐地，脚步声远去，叶飞还是不敢动。这时，客店的旅客见特务打死了人，早就逃之夭夭了。过了很久，叶飞感到四周静得出奇，估计不会有人了。

等确定没有人时,他又看看自己,浑身是血,四肢没有一点力气,一种死神临近的感觉逼紧了他。他没有了生存的希望,只剩下了绝望。

不知躺了多久,叶飞发现自己仍然活着。他突然产生了强烈的求生欲望。他开始试着向前爬,咬着牙用最大的力气慢慢地向楼梯口移动……他爬到了楼梯口。凭着他那坚强的忍耐力,他终于爬到了楼下,放眼望去,不见一个人影。他稍歇了片刻,定了定神,又憋足劲头向门外爬。到了门外,依旧没有人。这时,他觉得口渴得厉害,他决定向不远处的水塘边爬……不知爬了多远,他觉得脑子里一片模糊,然后就什么也不知道了。

不知过了多久,当叶飞用力地睁开双眼的时候,发现自己还活着,躺在一张床上。在自己的周围,站着许多不认识的人,有人正替自己擦洗身子。凭他的判断,叶飞断定他们都是好人。

"特派员醒了,特派员醒了!"有人惊叫起来。

听到这样的呼声,叶飞知道是自己人,他轻轻地舒了一口气,彻底放心了。

离狮子头客店不远处,有个狮子头村,村里群众基础好,建立了党支部、农会组织,叶飞曾多次来这个村检查工作。叶飞后来才知道,原来客店枪声响起后,村里的人立即意识到一定是自己的同志遇到了麻烦。他们想去打探,可是,客店周围和重要路口都有特务埋伏着,一时无法进得客店。一直到夜色渐浓,村党支部书记派人前去打探,发现路边躺着一个血肉模糊的人,经仔细辨认,才发现这人是叶飞。他们很快将叶飞抬进了村子,并请来了医生给他治伤。由于没有动手术的条件,身上的子弹一时无法取出,只得将伤口上了药包扎起来。他们寸步不离地守在叶飞的床边,直到后半夜叶飞醒来。

这是一次有计划、有预谋的暗杀行动,是国民党福安县公安局派出的特务们干的。当特务们确定叶飞已"死"后,便乐颠颠地跑回去请功。谁知公安局局长看到只有叶飞的笔记本和手枪后,大发雷霆,上去就给了特务队队长几个耳光。

"笨蛋,一群废物!"公安局局长一脸怒气,骂道,"叫你们一定要割下叶飞的脑袋,派人送到省里去领功受奖,你们没取下人头,我怎么上报?"

第二天上午，特务们返回狮子头客店，想找叶飞的尸体，可是，哪里还有叶飞的踪影。一气之下，特务们包围了狮子头村，挨家挨户地寻找。得到消息的村党支部书记已将叶飞隐藏在一个衣柜里。当特务们寻到叶飞隐蔽的这家时，见这家的主妇正坐在衣柜边的马桶上，发出一股臭气熏天的味道，特务们便捂着鼻子跑了。

特务们没有找到叶飞，又到村后的山上去搜寻，他们找遍了田间、水沟，仍旧两手空空。半个月后，还是找不到叶飞的特务们只得耷拉着脑袋回了城。

山上游击队知道叶飞还活着，派人化装成砍柴的农民下山来探望。叶飞虽经治疗，伤口开始愈合，但是还不能走路。如果躺在担架上抬上山，必定会暴露目标。村党支部书记想了一条妙计。福安出了县城就是山，有钱人家的小姐、媳妇出门走亲戚，走不惯山路，总是租一顶轿子。村党支部书记给叶飞戴上一头假发，肚子上裹上棉花，看上去像是一个怀胎十月即将分娩的产妇。一切准备就绪后，叶飞在几个小姑娘的搀扶下钻进了轿子，抬轿子的是两名游击队队员。轿子后面，跟着一个英俊潇洒，看起来又有点玩世不恭的公子哥儿。不知底细的人看了，真以为是一对夫妇去走亲戚。他们走了两个小时，一路顺利地到了山上游击队的驻地。

一直到逝世，叶飞胸部还有那时留下的几个子弹头没取出来，成了他特殊的纪念品。

不打不相识

转眼到了1934年3月，闽东大地一片生机盎然。这天黄昏，叶飞正和连江县委书记杨而菖谈工作，这时，游击队第一支队队长陈挺气喘吁吁地跑来，上气不接下气地报告说："特派员，江平他牺牲了。"

叶飞一惊，不由得大声问道："江平牺牲了？这是怎么回事？"

江平是第一支队指导员，为人厚道，打仗勇敢。陈挺向叶飞汇报说："昨天，我们同大刀会发生了冲突，江平和十几个游击队队员在大刀会袭击时牺牲了。"

闽东大刀会十分普遍,大多数大刀会是群众以保家防匪名义,自发组织起来的民间团体。自从闽东有了共产党和共产党领导的游击队后,国民党县政府及地主们,为了增强消灭共产党和游击队的力量,采取收买和欺骗的手段,将大刀会收编成他们的外卫组织,经常唆使大刀会袭击红军游击队。江平牺牲之前,各县游击队都同大刀会发生过数次摩擦。由于他们全是当地人,熟悉当地地形,人多势众,势单力薄的红军游击队与他们打起来,多数情况下都吃亏。

"又是大刀会干的!"叶飞听完汇报,气得直跺脚。

杨而菖气红了眼,立即向叶飞请战说:"特派员,你就下命令吧,只要把闽东的十几支游击队集中起来,同他们决战,我就不信我们的机枪打不垮他们!"

陈挺叹了口气,沮丧地说:"真他妈的冤枉啊,我们游击队同国民党较量,多是打胜仗,可是同这些大刀会一开仗,就像水牛掉井底,有劲无处使!"

叶飞冷静地说:"不能蛮干!我们同国民党、保安团打,一般以胜利居多,原因之一就是讲战术。我认为与大刀会作战,也要讲究战术,避免不必要的牺牲。"

杨而菖突然想起了福安的孔庙,庙里有一位可民法师,前年曾指挥孔庙的和尚和大刀会干了一仗,大获全胜。想到这里,杨而菖便对叶飞说:"特派员,我听说孔庙的可民法师研究了一套对付大刀会的办法,我们何不去向他请教呢?"

可民法师对共产党抱同情态度,叶飞曾隐蔽在孔庙,召开过多次会议。听到杨而菖提起可民法师,叶飞顿时来了精神,拍拍脑袋,笑着说:"是啊,我怎么就没想到他呢?你说得对,我们去找他想想办法。"

当晚,叶飞、杨而菖、陈挺匆匆向孔庙赶去。年近八旬的可民法师正在月光下练功。听小和尚通报说叶飞一行来访,可民法师立即停止练功,热情地招呼叶飞一行,吩咐小和尚端茶送水,然后笑眯眯地问:"叶特派员今日有何事来我小庙?"

叶飞笑着说:"我是无事不登三宝殿啊。"

"叶特派员无须客气,有话请讲。"可民法师抬抬右手。

叶飞如此这般地将来意端出,可民法师毫无保留地告诉叶飞他们:"第一,大刀会迷信刀枪不入的法术。可是,世上哪有刀枪不入的人。你们有没有发现,他们出场时,身子总是不停地动,不是跳就是蹦。所以,你们的步枪无法瞄准。第二,临战前,他们喝所谓的符水,吞朱砂,嘴里念念有词。可是,这种情况不会持久。他们吃了这些东西,既不能跌跤,更不能浸水,一旦跌在水田里,药力就会失效。另外,他们还有一个根本性的弱点,就是武器落后。他们使用的是梭镖、大刀,怎么能同你们的步枪、机枪相比呢?你们是天上的雄鹰,他们是地下的小鸡啊!"

叶飞三人听了可民法师的这番话,茅塞顿开。叶飞握着可民法师的手说:"听法师一席话,胜读十年书啊!谢谢法师的指点。"

他们返回驻地后,召开了各游击队队长会议,确定了新的战术:首先设法将大刀会引到狭小的田间小路和水田作战,限制他们的进攻速度,让大刀会无法形成大气势。游击队采取三人一组或五人一组,前一人持竹叉,后两人使用步枪;或前两人持竹叉,后三人配备长矛、步枪。行动时,前面的队员用竹叉夹住敌人的脖颈,后面的队员用步枪射击,或用长矛刺杀。

叶飞用此法指挥游击队在福安的穆阳镇与大刀会交锋。大刀会开始不知是计,被小股游击队引到了水塘边。埋伏在这里的几百名游击队队员,一下子从水塘边杀了出来,大刀会措手不及,被杀得人仰马翻,无法招架,只得鼠窜狼奔。以后,游击队使用同样的战术,与大刀会多次交手,每战必捷。

叶飞多次战败大刀会后,虽然出了一口恶气,可是静下心来仔细琢磨后,心却像针刺一样一阵阵心痛。他觉得被杀伤的大刀会成员们,大部分是农家子弟,是乡村中比较好的青年人,他们加入大刀会,是受了坏人的挑拨,不明真相,才与游击队打仗的。他还觉得这支队伍现在既然能被国民党和地主利用,为什么我们游击队不可以争取,让他们成为游击队的一部分力量呢?

叶飞深思熟虑后,将自己的这些想法告诉了陈挺、阮英平等人。他们听了叶飞的分析，觉得很有道理，如果能将大刀会争取过来，起码有三点好处：第一，对外可称大刀会，对内可称游击队，这样，可以掩护游击队的活动，也可扩大游击队的力量。第二，大刀会是民间组织，可以吸引更多的中间群众加入，更能孤立国民党和地主分子。第三，大刀会有经费来源、有群众基础，如果大刀会加入了游击队，后勤供应就有了保障，而且信息也灵通了。

大家很快统一了思想，游击队领导以交友形式，与大刀会头目做朋友，又以大刀会名义，组织游击队，对外是大刀会，对内是游击队。

这样一来，大刀会成了游击队的好兄弟，也是游击队作战的好帮手。每次作战，游击队和大刀会在一起，声势浩大，攻必克，战必胜。

闽东苏区的"黄金时代"

闽东地区大部分大刀会被争取过来改造后，使各个游击队的力量得到了加强，不少同志感到，形势越来越利于我党建立闽东苏维埃政权。

1933年11月20日，曾在上海抗日的国民革命军第十九路军将领蒋光鼐、蔡廷锴会同李济深、陈铭枢等人，发动和领导了福建事变，成立了中华共和国人民革命政府，宣布脱离国民党，与中华苏维埃临时中央政府签订了四条抗日停战协定。消息传到闽东，大家纷纷要求抓住时机，发动全区性的武装暴动，成立闽东苏维埃政府。

叶飞分析了当时的闽东形势后，赞成大家的看法。他决定把握机遇，趁热打铁，大干一番。

12月中旬的一天，叶飞将各县领导和游击队负责人召集到福安鹳里召开大会，中心议题便是酝酿发动全区性的武装暴动，建立闽东苏维埃政权。

叶飞提出这个议题后，会上出现了两种对立的意见：一种意见认为早该这样搞了，有大刀会相助，力量并不是如想象中的那样薄弱，怕这怕那，永远也打不倒蒋介石；另一种意见认为，敌人力量强大，有洋枪洋炮，万一失败，后果不堪设想。两派各不相让，谁也说服不了谁，只好将最后的决定权交给了叶飞。

叶飞冷静地分析了两种意见后，双手向下按按，示意大家安静，开口说道："樱桃好吃树难栽，不下苦功花不开。幸福不会从天降，苏维埃政府等不来。我认为国民党在政治、经济和其他方面的形势正在急剧恶化，而中国共产党领导的土地革命如火如荼，我们闽东的形势也是一样。"接着，叶飞还讲了建立苏维埃政权的意义及设想，大家听后豁然开朗，一些反对者也接受了叶飞的看法，参加了举手表决。

可是，当议论从哪里打响全区暴动第一枪时，平静的会场上又开始了激烈的争论。有人说，霞浦县城原是闽东的历代中心，那里敌人力量相对薄弱，应该先打霞浦。也有人说，霞浦西面的赛岐镇是闽东的交通要道和经济中心，便于游击队进退，应该先打赛岐。一时间，两种意见难分高下。

叶飞和刚从福州出狱的马立峰、范式人低声研究了一阵，最后宣布先打赛岐。

赛岐镇敌人不多，只有国民党的海军陆战队一个连和不到百人的民团。1月7日清晨，叶飞指挥游击队第一、第五支队和赤卫队、大刀会，共计四五千人，兵分五路，向赛岐开进。睡梦中的海军陆战队和民团，还不知怎么一回事，就被缴了枪，稀里糊涂地当了俘虏。

那时的赛岐镇并不大，不到二百户人家，"一"字形小街，有人夸张地说，一泡尿就能将赛岐镇浇三遍。走在前面的游击队已解决了赛岐镇的敌人，后面的赤卫队、大刀会还不知道前面的情况，继续向前走，一直走到走不动了，前面才传来话说，赛岐已被打下来了。叶飞又指挥队伍浩浩荡荡向溪柄、穆祥开进。这天中午，两个镇被攻克。不到四十天，暴动队伍便顺利地占领了福安、宁德、寿宁、福鼎、霞浦、连江等广大乡村，控制了一百多万人口。接着，各县的红色政权革命委员会如雨后春笋般一个个宣布建立。1934年1月，闽东苏维埃政权在赛岐建立，下辖的七个县的苏维埃政权机构也相应建立。

按照中共六大精神，强调进核心领导成员的必须是工人成分，于是，由马立峰、叶秀潘分别担任苏维埃政府主席、副主席。叶飞虽然在苏维埃政府中没有职务，但仍以特派员身份指导闽东苏维埃政府开展工作。

正因为叶飞和苏维埃政府领导们夜以继日地努力工作,闽东苏区呈现出一派从未有过的兴旺景象,所以那段时间闽东苏区的七个县五百里江山被老百姓们称之为五百里苏区、五百里的"黄金时代"。

处变不惊迎转机

正所谓祸兮福所倚,福兮祸所伏。就在闽东苏区呈现一派喜人的大好形势时,叶飞又差一点遭人暗算。

那是3月的一天晚上,地下交通员给叶飞送来口信:"速返福州。"下令人是陈之枢。

陈之枢是何许人?他当时是福州中心市委书记。叶飞接到通知后,以为陈之枢可能要他去福州开会,或者是要他接受什么重要任务。于是,他没有耽搁,立即向马立峰、叶秀潘通报了陈之枢的指令,简单交代了一下工作,便匆匆从赛岐坐船到了三都澳。此时天色已晚,到福州去的最后一班车已经开走,他只好来到三都澳地下交通站百克医院休息,准备第二天再走。百克医院的医生丁立山是地下党员、交通站的负责人。他一见叶飞,不禁诧异地问:"特派员,你怎么来了?是谁叫你来的?"

叶飞便将陈之枢的口头通知告诉了丁立山。

丁立山一听,不禁大吃一惊,他生怕自己听错了,重复地问:"是陈之枢给你的?"

"是啊!"叶飞不明就里,问道,"怎么啦?出了什么事吗?"

丁立山严肃而又认真地点点头,用肯定的口气说:"是的,是出事了,陈之枢已经叛变了,他这几天正带着特务,在福州的大街小巷到处抓人呢!"

叶飞倒吸了一口凉气,双眉倒竖,愤怒地骂道:"他妈的,这个狗日的叛徒,自己是个软骨头,还想诱我上钩,我差点上了他的当!"

后来,叶飞从各种渠道得知,第十九路军将领发动的福建事变失败后,蒋介石派蒋鼎文带着部队进入福州,又派出大批军统特务,到福州搜捕中共福州市委机关。陈之枢平时好出风头,福建事变期间,他已暴露了身份。军统人员一到福州就逮捕了他。被捕后,他被押到审讯室,一看到那老虎凳和被敌人吊在屋梁上的满身伤痕、血迹斑斑的中共地下党员们,便吓得变了脸色。没经拷问,他就和盘托出了自己的身份,随后列出了他所掌握和熟悉的中共党员的名单及地址。根据陈之枢的名单,敌人按图索骥进行了残酷的大搜捕,把福州的党组织和团组织成员一一逮捕、诱捕。敌人发现名单上没有叶飞,便要陈之枢给叶飞下令,企图诱捕叶飞。

由于陈之枢的出卖,福州党团组织被敌人破坏。叶飞想到这场祸水可能会殃及闽东地区的党团组织,便火速返回赛岐。他一方面迅速派人通知闽东地区的所有党团组织与福州方面中断联系,一方面通知各县委领导到溪柄区的柏柱洋召开紧急会议。

当各县委领导听到神情严肃的叶飞宣布陈之枢叛变的消息后,顿时大吃一惊。有人惊慌地问叶飞:"市委书记叛变,我们今后归谁领导,下一步如何开展工作?"

叶飞说:"敌人破坏了我们的上级机关,但我们的工作不能停顿。"他决定成立闽东特委,统一领导闽东各县的工作。

他的意见得到了大家的同意。

叶飞建议由工人出身的苏达担任特委书记,又选举出叶飞、马立峰、杨而菖、詹如柏、曾志、阮英平、叶秀潘、郑宗玉等为特委委员。

会议结束时,不少同志认为,现在上级机关没有了,今后的工作方向不明确,建议苏达去上海,寻找中共中央机关。无巧不成书,这时,北上抗日先遣队到达宁德赤溪与闽东特委会合,听说苏达要去上海,便告诉了苏达与中共中央机关的联络暗号。

苏达只身去了上海,谁知一去不复返,苏达是死是活,直到今天也不得而知。

敌人破获了中共福州市委机关后,叶飞考虑到敌人并不会就此善罢甘休,敌人的下一个目标很可能就是派出重兵"围剿"闽东苏区。当时,闽东苏区没有建立正规部队,仅仅靠原来一些分散的几支游击队,显然不能担当起保卫苏区的重任。他觉得,当前迫切需要建立一支正规部队来保卫苏区。他将自己的想法向马立峰、杨而菖、曾志、阮英平等做了通报。他们一致同意叶飞的想法,决定用枪杆子保卫苏区。

经过几天的紧张筹备,9月5日上午,叶飞在远离宁德七十里的桃花溪古刹天柱寺庄严地宣布中国工农红军闽东独立师成立!冯品泰任师长,赖金标任副师长,叶飞任政治委员。下辖三个团,共计两千人。

闽东独立师旗帜

闽东独立师成立后,叶飞和师长冯品泰指挥部队向咸村、周宁挺进。半个月下来,消灭了周宁、寿宁、政和等县的民团,成立了苏维埃政权,扩大了闽东苏区。

苏维埃政权的蓬勃发展,激起了敌人的极度仇视。1934年10月,中央红军长征后,蒋介石将部队分成两块,主力追击中央红军的同时,派十五个师加上地方保安团共计十五万人,"围剿"赣南、赣东北、闽北和闽东苏区。进攻闽东苏区的敌人是新编第十师和第八十七、第四十、第七十三师。敌人重兵压境,闽东苏区危在旦夕!

敌人采取分区"围剿"战术,进攻速度十分迅速,新编第八十七师已经占领连江,派舰艇封锁了东冲海面,切断了罗源、连江和闽东特委的联系,使连江、罗源陷于孤立无援的境地。新编第四十师包围了霞浦苏区,新编第七十三师正围攻寿宁。

一时间,那些被打倒的地主豪绅死灰复燃,蠢蠢欲动,帮助国民党军对苏区实行"围剿"。寿宁一个豪绅生怕国民党军"围剿"不力,用激将法对新编第七十三师师长田式平说:"你们这次来'围剿',一定要活捉叶飞,如果你们抓不到他,等你们一走,他就会发动穷小子们同我们为难。我实在担心你们,恐怕你们抓不到他。"

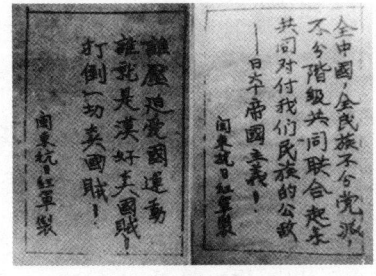
闽东抗日红军贴出的抗日标语

身穿笔挺军服、戴茶青色眼镜、手执皮鞭的田式平，一只脚踏在凳子上，玩弄着手中的皮鞭，傲慢地说："一个叶飞就把你吓成这样，他难道长着三头六臂？我们蒋委员长有几百万军队，如果全部开来，不要说躺着，就是站着，也能将小小的闽东站满。我告诉你，就凭我们七十三师一个师的兵力，三天之内一定能抓到他，你就一百二十个放心睡大觉吧！"

就在两人说话之际，闽东特委正在福安洋面山上召开紧急会议。叶飞主持会议，参加会议的有马立峰、冯品泰、赖金标、叶秀潘等闽东的军政领导。

会议开了十分钟后，便出现了两种意见：苏维埃政府的同志认为，苏区刚刚诞生，标志着土地革命运动的成果，无论如何要保住苏区，提出"和苏区共存亡，与敌人血战到底，打到一人一枪为止"的口号。独立师的同志则认为，敌众我寡，硬拼要吃亏，提出和敌人捉迷藏打游击的主张。

两种意见针锋相对。特委代理书记詹如柏为难之际对叶飞说："时间紧迫，你就做个决定，是对是错我们都照你说的办！"

叶飞考虑后说："我喜欢这样一句话，叫作留得青山在，不怕没柴烧。从理论上讲，作战的目的有两个：一是消灭敌人，二是保存自己。这两个目的有时同时并存，有时却有先有后。"叶飞扫了大家一眼，继续说："从目前的形势看，保存自己是第一位的，同志们，只要保住了人和枪，苏区暂时丢了，以后还会有机会恢复，但是，如果我们和敌人硬拼，人和枪都拼光了，那时，苏区还会存在吗？苏区照样保不住！所以，我认为，现在敌人大举进攻，来势凶猛，我们如摆开架势与敌人拼，这就正中敌人下怀。我提议，苏区变为游击区，独立师开展游击战，跳出敌人的包围圈，转移到苏区的外围，只要我们独立师火种不灭，闽东大地总有一天会重新插上红旗！"

叶飞做出两个决定：第一，独立师与敌人打一仗，给进攻的敌人一个打击后，迅速转移到苏区外围，开展游击战争；第二，苏区的特委机关和各县苏区政府机关，立即撤到乡下，带领县独立营、区中队在原地坚持斗争。

会议一结束，地方上的同志就立即返回机关传达会议精神，部署分散游击。独立师则向彭家山行动，路上同敌新编第十师打了一仗。从天亮打到天黑,敌人伤亡很大,独立师损失也不小。当晚,独立师向寿宁转移,第二天下午走到寿宁三岔岭,突然前后枪声大作,叶飞判断中了敌人的埋伏,和冯品泰师长碰头后决定在原地坚持战斗到天黑,然后向宁德方向突围。冯品泰要副师长赖金标率一个营占领背后的高地,其他部队就地还击。赖金标应了一声,指挥一个营向高地猛扑,刚到高地,赖金标突然身子一歪,倒在地上,再也没能爬起来。叶飞和冯品泰指挥部队沉着还击,敌新编第十师见独立师人数少,一波一波地向独立师冲锋,倒下一批,紧跟着又上来一批。独立师打退了敌人的一次次冲锋,终于熬到了天黑。

敌人收兵了,独立师开始突围,他们先到政和,然后又到了周墩,天亮时到了宁德的杨梅岔。叶飞派人清点人数,整个独立师已不到五百人了。

独立师退出了闽东苏区,敌人如洪水般淹没了整个苏区。他们对苏区的干部和革命群众进行了疯狂的追捕和血腥的屠杀,各县虽有独立营和区中队,但兵力实在太少,哪里是敌人的对手。闽东苏维埃主席马立峰、特委代理书记詹如柏和大部分县委书记都惨遭敌人杀害。面对敌人的屠刀,也有少数人经不起残酷斗争的打击,投降了敌人。冯品泰和师部分开后企图投敌,被参谋长发现后,报告了特委,经特委批准,将他处决了。

敌人占领了闽东苏区后,杀害了一大批知名的群众领袖,收罗了一伙叛徒,扶植了一批反动民团,编好了保甲,地主豪绅重又骑在百姓头上拉屎拉尿。敌人的几个师长组成验收小组,沿着海边巡视一遍,最后得出结论说,清剿任务业已完成,苏区共产党已不存在。1935年的清明节后,国民党的几个师相继撤出了苏区。

敌人主力一走,叶飞指挥独立师立即返回闽东苏区。由于敌人的残酷镇压和搜捕,特委损失很大,叶飞决定重建新特委。这年5月,在福安重建闽东特委,叶飞任特委书记,阮英平为组织部部长,范式人为宣传部部长,许旺、郑宗玉、陈挺为委员。特委下辖宁屏、福安、霞鼎、鼎平等四个办事处(相当于地委),独立师一分为三,由三个团改为三个纵队,以纵队为单位在各个地区活动。

闽东各个县城仍然被敌人统治着,独立师根据敌人分布情况,灵活地袭

击县城的保安团。每次袭击，独立师都事先侦察好敌情，速战速决，一次战斗歼灭敌人一个连或一个营。这样积小胜为大胜，半年下来，闽东的革命形势有了新的转机。

差点死在自己人手里

从1934年10月中央红军开始长征，到1937年卢沟桥事变爆发，留在南方坚持斗争的红军游击队不仅闽东、闽北、闽西、赣南等地有，还有刘英、粟裕领导的挺进师。这些部队与中央失去联络后，都是各自为战。挺进师活动范围在浙西南，与闽东独立师是邻居，过去来往较少。闽东特委重建后，叶飞主动找到刘英，希望接受刘英的领导。

此时，敌人为"围剿"南方红军游击队的需要，组建了闽赣浙皖四省边区剿匪总指挥部，统一指挥南方四省边区反动武装力量，对付红军游击队。

叶飞的要求，让刘英深受启发，他考虑到敌人联合起来对付红军，红军游击队如果仍像现在这样，很容易被联合起来的敌人各个击破。于是，他萌生了成立一个统一机构的想法，将闽东、闽北和浙江的红军游击队联合起来，共同对付敌人。

刘英考虑后，将自己的想法向叶飞、粟裕做了通报，得到了他俩的一致赞同。经过协商研究，成立了中共闽浙边临时省委，刘英任书记，粟裕任组织部部长，叶飞任宣传部部长兼少共临时省委书记，并相应地成立了闽浙边临时省军区，粟裕为司令员，刘英为政治委员。

虽然有了统一机构，但是，这些领导却很少坐在一起办公，他们仍旧各自活动在自己原来的游击区。由于缺乏沟通和联系，刘英怀疑叶飞搞独立，就下达命令，令叶飞的闽东独立师到浙西南去开展游击战。

叶飞接到刘英的命令，却有自己的想法，他认为独立师一旦离开闽东老区，闽东根据地必然落入敌人手中。于是，他写信给刘英、粟裕，陈述自己的理由，建议刘英收回成命。粟裕认为叶飞的建议是对的，独立师不能离开闽东。

这时，粟裕得知黄道同志在闽北坚持斗争的消息，十分高兴。黄道同志威信很高,指挥能力和个人修养都比刘英强。于是,他就和叶飞商量,打算请黄道出面,建立新的闽浙赣临时省委,统一指挥闽东、闽北和浙南的红军游击区。听了粟裕的想法,引起刘英的极大不快,可是刘英又不便明说,只得勉强同意。

粟裕并没有感到刘英心中的不快,见他同意后,就写信给叶飞,请叶飞主动同黄道取得联系。就在粟裕和叶飞商讨此事时,刘英开始了他的破坏计划。他首先不经任何人同意,擅自下令,免去粟裕省委组织部部长的职务,并任命叶飞担任组织部部长,并要叶飞接到命令后,立即到省委工作。

叶飞接到刘英的命令深感唐突,觉得刘英的做法十分不妥,结果只会导致省委内部领导层的分裂。他考虑后,决定不服从刘英的这一决定,仍旧留在闽东。

粟裕带着军区部队常常出击,作战任务十分繁重,不常和刘英在一起。这天,粟裕突然接到刘英派人送来的一纸命令,命令中写道:

粟裕同志:

我以临时省委的名义命令你,近日内必须邀请叶飞到你的住处与你会面,并在会面时将其扣押,解送到省委。如拖延或用其他方式影响此命令执行,都将被看作是对抗和分裂省委,必须承担由此产生的一切后果。以何种名义召叶飞前来,由你自行确定。

刘英

粟裕读完刘英的来信,大吃一惊。照刘英的指示办,势必导致一场内部的残杀,临时省委内部的分裂也是必然的事,而如果不执行刘英的命令,刘英一定会以违抗命令而对自己下手。粟裕正在举棋不定时,刘英派来监督他执行命令的一队人马转眼到了面前,催促他执行命令。此时的粟裕身不由己,只好派人通知叶飞到浙江庆元县的南阳村见面,只说有要事和他商量。

叶飞哪知是计,接到通知,立即和陈挺带着警卫班上路了。他们走了两

天,于黄昏时分到达南阳。两人见面后,叶飞没有察觉出不妥,便急急地问粟裕:"你通知我来有什么急事?"

粟裕在执法队的监视下,不敢流露半分,回答说:"当然有急事,不过,现在就要开饭了,我们还是吃完饭后再细谈。今晚,我设便宴招待你们闽东干部。"

叶飞当然信任粟裕,根本没有想到这是鸿门宴。半小时后,酒宴开始。粟裕邀请叶飞入席,酒过三巡,粟裕按计划行事,突然站起身,将手中的酒杯用力地摔在地上。说时迟那时快,埋伏在暗处的执法队队员像饿虎扑食般扑向叶飞等人。叶飞、陈挺被他们绑了起来。叶飞的警卫员眼疾手快,拔出驳壳枪边冲边打,逃了出去。叶飞被几个执法队队员死死地按住,无法反抗。他责问粟裕,自己犯了什么法,为什么这样对自己。粟裕低头不语,一脸有苦难言的样子。

叶飞立即被押往省委,他觉得今天的事莫明其妙,可是又问不出个究竟。上路后不久,突然迎面来了几百个国民党兵。双方交战起来,就在混乱之际,叶飞和陈挺趁机逃跑。执法队向叶飞、陈挺开枪,叶飞左腿中弹,疼痛难忍。叶飞全然不顾,咬紧牙关拼命地跑。执法队正要追击,国民党兵又冲了上来,执法队只好放弃叶飞,四处逃散。国民党兵抓不到他们,便开始向叶飞、陈挺逃跑的方向追。叶飞、陈挺一口气往山上跑,谁知到了山顶,眼前竟是万丈深渊。两人呆住了,陈挺问:"前面是绝路,后面是追兵,我们怎么办?"

叶飞望着悬崖绝壁,悲愤地说:"宁死不当俘虏!我先跳,你跟着跳,我俩就算革命到底了。"

苍天有眼。两人纵身一跳,却被崖边的松树接住了身体。直到天黑,他俩见追的人都走了,山上山下没有一个人影了,这才小心翼翼地从树上爬下来,跳下崖,一瘸一拐地走了整整五天五夜,终于回到了闽东苏区。

粟裕在他的《粟裕战争回忆录》中,叙述了整个事件的始末。他写道:

> 我未能坚决抵制,将叶飞同志扣押了起来。当时受王明左倾冒

险主义的影响,党内有着混淆两类矛盾的做法,叶飞同志如被押送到省委,实在很危险的。幸喜在途中遇到敌人伏击,叶飞趁机脱险。闽东同志随即宣布退出闽浙临时省委。当我到达临时省委后,刘英同志立即召开会议,提出了所谓分裂省委的问题。说叶飞、黄道反对刘英,粟裕参与其事。对闽东主要负责同志进行声讨,对我进行斗争。因闽东同志已退出省委,我便成了主要斗争目标。当时对我也采取了对敌斗争的手段,派了一个班把我监视了起来,剥夺了我的行动自由。

在回忆那段往事时,粟裕在书中又说:

时间已经过去几十年,刘英同志于1942年在坚持浙江工作期间被国民党逮捕,英勇牺牲。旧事重提,是想把历史事实交代明白。当时我们都还年轻,又失去了中央和中央分局的领导,这就不能不使我们在思想上、行动上和对问题的处理上,留下了不成熟的痕迹。

达成国共合作协议

震惊中外的九一八事变后,紧接着又发生了一·二八事变。1936年,日军又发动了侵犯绥远的战争。形势越来越严峻,卢沟桥事变后,蒋介石不得不实行国共合作抗日。经两党协商,红军主力改编为八路军。因交通不便,信息不通,南方红军游击队对他们圈外发生的一切,还蒙在鼓里。

八都是宁德的沿海小集镇,是南北交通要道。这年夏天,叶飞率领一个纵队,攻占了八都镇。他是文化人,对缴获的国民党报纸、书刊十分珍爱。这一仗,他们除缴获了一大批物资外,在八都的镇区公所里,他们还搜集到全国各地出版的报纸。打了胜仗,战士们忙着清理战利品,叶飞却忙着翻阅报纸。不看不知道,一看吓一跳。叶飞发现南京、上海、福州出版的报纸上,几乎都在头版刊登了国共合作抗日的消息,同时还刊登了中国军队在上海、南京与日军作战的情况。在《申报》上刊登了《中国共产党为日军进攻卢沟桥通电》和《第八路军总司令朱德、副总司令彭德怀就职通电》。

叶飞手捧报纸，兴奋地对指战员们说："同志们，俗话说，天上七日，世上千年。我们在山上，却不知道世道已经变了，蒋介石成了朋友，我们不能再打老蒋了。我们不打蒋介石，可是任务更重了，我们要服从中央的命令，要开赴抗日前线去作战。"

下午，叶飞召开特委会议，做出三个决定：一是改变斗争策略，正式向国民党当局提出"停止内战，一致抗日"的要求；二是向福建省政府、闽东各县政府发出和谈信件；三是和谈期间保持警惕，防止意外事件发生。

蒋介石被形势所逼，被迫接受国共合作抗日，但骨子里对共产党的仇恨却没有减少一分一毫。在陕北红军改编为八路军并开赴抗日前线时，他要了个花招，在内部提出了"北和南剿"方针，仍旧将斗争的锋芒对准陕北红军，对南方红军游击队仍旧实行"围剿"。因此，叶飞虽多次派人与福建省国民党政府联系和谈抗日事宜，而福建国民党政府以"北方合作，南方不合作"为由，拒绝和谈。同时，还频频派出部队，袭击闽东独立师。叶飞一面积极争取停战谈判，一面坚持自卫。先在南阳歼灭敌保安团一个连，接着又在宁德的亲田岭歼灭保安团两个连。

这时，日军进攻上海，蒋介石从福建抽出第七十八、第八十七、第八十师，匆匆调往上海，应付日军的进攻。在福建无主力的情况下，福建省主席陈仪一下子软了几分，通过福安抗日后援会的郭文焕，向叶飞表示愿意接受停战谈判，并要叶飞立即赴福州。

此时，却发生了漳浦事件。国民党诱骗红三团团长何鸣到漳浦谈判，何鸣不知是计，率全团六百零七人下山向平和县小溪集中，改番号为保安独立大队。可是，让他们没有想到的是，敌人早就在漳浦的运动场埋下伏兵。当何鸣及部队到达时，敌人缴了他们的械。这一事件的发生，给红军游击队的负责人们敲响了警钟。

所以，当叶飞接到陈仪的邀请时，召开了特委会议，对究竟去不去福州，进行了分析研究。有人担心叶飞的安全,提出反对意见,他们认为,如果国民党不讲信用,将叶飞扣压,是完全有可能的事,所以,他们决定由范式人为全权代表赴福州谈判。

双方第一次谈判地点设在宁德县城,陈仪派出省保安处处长黄苏为代表。范式人根据叶飞的意见,向国民党提出了五个条件:一、闽东人民抗日红军愿意改编为国民革命军福建抗日游击队,干部由共产党委派,保持共产党的领导;二、发表国共合作宣言,释放一切政治犯;三、宁德、屏南、福安三县划分为游击队的驻区,如果日军进攻福建,游击队主动配合;四、根据地已分得的土地维持现状,不能强迫农民退还已分得的土地;五、国民革命军抗日游击队应按国民党军队供给标准发给给养。

黄苏避开范式人提出的五个条件,要求把红军直接收编为保安师。

范式人头脑清醒,始终保持着高度的警惕,听到"收编"二字,立即表示反对,"收编"与"改编"虽一字之差,却差之千里,有着实质性的区别。因此,谈判陷入了僵局。

几天后,黄苏提出派人与叶飞直接商讨谈判的要求。范式人返回桃花溪,向叶飞报告。

叶飞听了范式人谈判的过程及黄苏的要求,分析后认为,黄苏派人来见面是假,刺探独立师军事实力是真。叶飞决定将计就计,便答应了黄苏的要求。

第二天,叶飞稍事准备后,向对方提出将见面地点改在离宁德三十多里的一个小山村。叶飞带了一个排的兵力赴约,将主力埋伏在附近地区,以防不测。

黄苏派来的人到了小山村,叶飞、范式人一见,不由得怒火中烧,恨不得一枪结果了他的性命。来人名叫王调勋,曾是红军游击队的一个排长,由于贪图享受,过不惯红军艰苦的生活,在一次战斗中投靠了国民党军。叶飞、范式人当然认识这个叛徒!虽然仇人相见,但对方目前的身份是谈判使者,叶飞、范式人只得强压怒火接待他。王调勋做贼心虚,和叶飞等敷衍后,不住地四下

张望,然后草草地吃了几口饭,就回到了宁德,向陈仪报告说,叶飞身边无主力,是袭击的好机会。

陈仪立即派省保安司令部参谋长率领一个加强连,出宁德,直奔叶飞"住处"。

其实,叶飞在王调勋返回的途中早已一路布下了暗哨。所以,敌人一出宁德,叶飞就收到了消息。他组织部队在途中伏击,给敌人以迎头痛击,敌参谋长被击毙,一个加强连所剩无几。

第二天,范式人带着敌参谋长的手枪、证件前往宁德,再次与黄苏谈判。

双方见面,范式人将手枪、证件往桌子上一放,吓得黄苏大惊失色,连声大叫:"误会,误会!"

宁德无法解决问题,范式人只得赴福州谈判。历经七八个回合的交锋,终于在1937年9月下旬,与福建当局达成协议:

一、闽东红军改编为国民革命军福建抗日第二游击支队。
二、国民革命军福建抗日游击支队由中国共产党领导。
三、划屏南县为闽东红军驻区,一百里内国民党不得驻兵。
四、以中共闽东特委的名义,发表《国共合作共赴国难宣言》,并公诸报纸。

艰难的谈判终于成功了,但叶飞仍保持着对国民党的高度警惕。为防止国民党以种种借口将部队拉出城缴械,在干部大会上,他严肃而又郑重地宣布了"部队独立自主,靠山驻扎"的方针,不管是谁,没有叶飞的命令,不得将部队开往任何一个县城,闽东独立师集中在宁德的桃花溪待命。

1937年12月,很多报纸上都公布了新四军成立的消息。南京八路军办事处派出顾玉良到福建与叶飞联络,要叶飞到南昌新四军军部接受改编任务。

叶飞从宁德出发,前往南昌的消息传到了福建省主席陈仪耳中,陈仪在福建任省主席的五年间,正是叶飞在闽东大展拳脚之时,叶飞的大名,如雷贯耳。他一直想见见叶飞,却从没机会。此次听说叶飞路经福州,不想错过这个机会,便对秘书说,一定要见见叶飞。

叶飞一到福州,就被陈仪的秘书请进了陈仪的办公室。陈仪见外面走进一位二十多岁的小伙子,随口问道:"你是叶飞的警卫员吗?"

"不是!"叶飞摇摇头。

"那一定是叶飞的秘书了!"陈仪自作聪明。

"不是!"叶飞微笑否认。

陈仪急于要见叶飞,便有些不耐烦地说:"我要见叶飞,你是他的什么人?请你赶快请叶飞进来。"

叶飞笑出了声,大声地说:"我就是叶飞啊!"

"什么?"陈仪瞪大眼睛,怀疑地打量着叶飞,"没有搞错吧?你就是那个闽东游击队的领导人叶飞?"

"是啊!"叶飞点点头,见陈仪仍不相信,他只好说,"你不信的话,请你看看我的私章吧。"

陈仪从叶飞手中接过图章,见图章上明明白白刻的是"叶飞"二字,他这才惊叹地叫道:"啊呀,我怎么也不能相信你这个貌似文弱书生的年轻人,就是将闽东闹得天翻地覆的那个叶飞啊。佩服,佩服!"陈仪离开办公桌,走近叶飞,恭恭敬敬地向叶飞抱拳作揖,感叹道:"这真是人不可貌相,海水不可斗量,共产党内人才多啊!"

午饭时,陈仪设宴招待了叶飞,他高举酒杯感慨地说:"风水轮流转,现在又重新开始了国共合作,这就是天意吧。你们这几年在山上没吃没喝,是怎么过来的呢?"

叶飞淡然一笑,然后用神秘的口吻说:"这要靠运输大队长啊,是他保证我们有吃有喝,不仅活到今天,而且越战越强,越战越多。"

"运输大队长?谁是运输大队长?"陈仪丈二和尚摸不着头脑。

叶飞说:"我们的部队里,不论是干部还是士兵,人人都知道这个运输大队长,他就是蒋介石。是他给我们送枪、送炮、送吃、送喝,我们真得好好地感谢他呢。"

陈仪一时语塞，不知如何是好，只好尴尬地低下头，沉默不语。

1938年1月，部分南方游击区负责人于南昌新四军军部合影。前排左起：张云逸、叶飞、陈毅、项英、黄道

离开福州，叶飞赶到南昌，见到了叶挺、项英、陈毅、张云逸、袁国平等军部的领导。叶飞的闽东独立师改编为新四军第三支队第六团，叶飞任团长，阮英平任副团长，全团一千三百余人。

1938年2月14日，叶飞率领第六团官兵在宁德桃花溪集中后，奔赴抗日前线。

第二章　挺进东路

勇担重任立下军令状

叶飞率领部队，途经政和、松溪、浦城，越过仙霞岭，进入浙江的开化，到达了安徽的岩寺，这时已是1938年的3月下旬了。各支队也先后到达了岩寺集中，军长叶挺、副军长项英、参谋长张云逸、副参谋长周子昆、政治部主任袁国平、副主任邓子恢等领导同志，分别到各支队看望官兵们。他们在视察中发现，这些刚从山上下来的官兵们，不仅服装不统一，而且存在着较为浓厚的游击习气。部队的军事素质差，不像一个正规部队，叶挺很不满意，他严肃地对各支队司令员说："你们从山上刚到皖南集中，由游击队变成了正规军。由于形势的变化，你们的任务也跟着变化，由原来的对国民党军作战，变成了对日寇作战。随着形势、任务的变化，我们的思想观念也要变化。日军与国民党军相比，日军是强大的，我们在战略上要藐视日军，要树立战胜日寇的信心和勇气。可是在战术上，我们一定要高度重视日军，要提高我们的军事素质，这样才能战胜日寇，否则只能是一句空话。"

叶挺和项英决定采取措施，办法是轮训部队。有的部队开赴前线对日作战，有的则留下来整训。当时，叶飞的第六团被留在皖南练兵。

1938年10月，第六团练兵结束，和第一支队第一团对调，进入了江南茅山作战，归第一支队司令员陈毅领导。

第六团抵达茅山后,接连打了几个胜仗,缴获很多战利品。但是,第六团真正打出军威,打出名气,还是在挺进东路后的作战中。

早在1938年5月4日,新四军刚组建时,毛泽东就为新四军下达了行动方针:

> 在侦察部队出动若干天以后,主力就可准备东进,在广德、苏州、镇江、南京、芜湖五区之间的广大地区,创建根据地,发动民众进行抗日斗争,组织民众发展新的游击队,是完全有希望的。在茅山根据地大体建立起来之后,还应准备分兵一部分进入苏州、镇江、吴淞三角地区去,再分一部分进入江北地区。

毛泽东将新四军的行动方针划分为三个阶段:第一阶段是建立茅山根据地,第二阶段是挺进苏州、镇江、吴淞地区,第三阶段是渡江北上苏北。

陈毅率领第一、第二支队到苏南,经过一年的努力,实现了第一阶段的目标,创建了茅山抗日根据地。他正要计划部署实施第二阶段向苏州、吴淞地区发展时,中共中央副主席周恩来于1939年2月23日到达皖南新四军军部检查工作。周恩来此行的任务,对外称检查工作,实际上是来向新四军领导们传达中共六届六中全会精神的。六届六中全会鉴于武汉失守后的全国抗战形势,做出了《抗日民族自卫战争与抗日民族统一战线发展的新阶段》的政治决议,对全国抗战进入相持阶段后的方针政策,作了及时指示。会议批判了统一战线问题上的只讲联合不讲斗争的迁就主义错误,重申了全党独立自主放手组织人民抗日武装斗争的方针,大力巩固华北,发展华中。

周恩来除在大范围内广泛宣传六届六中全会精神外,在小范围内他召集项英、袁国平、陈毅、粟裕等领导,就新四军今后的战略方针,做出了明确规定:向南巩固,向东作战,向北发展。

陈毅返回茅山,就和粟裕、刘炎、钟期光等人研究决定,将第二阶段向苏州、吴淞作战行动,作为向东作战的具体计划。这一具体计划简称为发展东路。

东路指的是常州以东、宁沪铁路两侧的长江三角洲,南起太湖,北至长江,东接上海,包括无锡、苏州、吴江、常熟、太仓、昆山、上海郊区等地。这一带沟河密布,交通方便,人口稠密,经济文化发达。

淞沪战役后,东路的县城均被日军占领,而广大的乡村却成了杂牌军的天下。什么忠义救国军、义勇军、自卫队、游击队……名目繁多,应有尽有。大小司令多如牛毛。当时有人形容说,上个茅厕都能碰上一大把司令。

这些杂牌军性质相当复杂,其中有土匪性质的部队,有地方民间武装,有汉奸部队,也有地下党领导的游击队……人数最多的要数忠义救国军。而嘉定的吕炳奎部队、江阴的朱松寿自卫队、无锡的王仲良游击队、常熟的杨浩庐义勇军、任天石的民抗等,都是上海地下党领导的部队。

陈毅分析了东路的局势后,对大家说:"发展东路迫在眉睫,东路有人有枪有部队,如果去迟了,让别人捷足先登,我们就什么也得不到了。"

"那我们怎么去?率大部队去吗?"有人问。

"不!"陈毅胸有成竹地说,"其实,说得具体一点,发展东路当务之急是先派一员大将去,主要的任务是做好那些司令的工作,最终将那些司令领导的部队改造成新四军。"

政治部主任刘炎接过话茬说:"我们派出去的这个大员,一定要能够有独当一面开展工作的能力,政治上还要坚定,原则上还要灵活,会搞统一战线工作,军事上还要能打仗。"

"说得对,"陈毅点点头说,"只有这样的人,他才能胜任这个工作,才能将东路目前混乱的局面收拾好,才能将那些分散的部队统一成一个抗日的整体。"

粟裕跃跃欲试,主动请战说:"陈司令,那就派我去吧!"

陈毅摇头说:"不行,你不能去。张鼎丞去了延安,二支队的工作就靠你顶着,你去了怎么能行呢?"

粟裕是不能去了,那么派谁去好呢?陈毅考虑后,拍板说:"我看还是让叶飞去吧。你们看如何?"

"行啊!"大家一致同意。

散会以后,陈毅立即派人将叶飞请到了司令部的会议室。

陈毅微笑着,拍拍叶飞的肩头,用十分信任的口吻说:"叶飞同志,你在闽东工作期间,在一度与党中央失去了联系的情况下,能够挑重担,军政工作一把抓,干得不错啊。"

"陈司令别夸了。"叶飞谦虚地低下头。

陈毅说:"好吧,过去的不说了。"他话锋一转,脸色严肃地说:"现在有一个重要的任务需要你去做。"

叶飞听说有重任,顿时来了精神:"什么任务,请陈司令吩咐!"

"好!"陈毅对叶飞的态度十分满意,他说,"经研究决定,让你率六团去东路,你看怎么样?"

叶飞对新四军的行动方针研究得十分透彻,对东路的情况也很了解和熟悉,听了陈毅的话,他充满信心地说:"首长放心,我保证完成任务!"

"噢?你的把握有这么大吗?"

"是的!"叶飞肯定地点点头。

"那你先说说此行的主要任务是什么?"

"简而言之,就是'人'、'枪'、'款'三个字。"叶飞说,"所谓人,就是要发展壮大部队,要把六团的六百人发展成一千五百人;枪,就是武装自己,从打胜仗的缴获中装备自己;款,就是独立自主,自力更生,不靠国民党的恩惠,要立一套税收制。"叶飞说得有板有眼的,把陈毅说得心花怒放:"好你个叶飞,能总结,会提高,把去东路的任务概括得十分贴切,人、枪、款,说得好,说得好。"

粟裕说:"你们在出发时,要改番号,绝不能公开新四军的身份!"

这倒是出乎叶飞的意料之外,他不解地问道:"这是为何?"

"很简单,"粟裕解释说,"因为国民党划定的新四军活动范围中,没有东路这块地盘。"

"哦!"叶飞恍然大悟。

粟裕说得对。原来,三战区规定的新四军活动范围是在镇江以南、金坛以西、溧武路以北这块地方,连扬中、丹阳都不准新四军涉足,更不要说广大的东路地区了。三战区还规定,新四军团以上干部的调动和一个连的调防,都必须报三战区批准。现在,新四军的一个团要开到东路去,三战区岂能同意!

叶飞担心地问:"我们如何能瞒得了三战区呢?"

陈毅信心十足地说:"既然想积极地打鬼子,还怕想不出办法对付三战区吗?"

粟裕说:"支队决定,你们在走之前,全部取下新四军的标识,换上江南抗日义勇军的标识,这是个民间抗日团体。另外,你和几个主要干部都必须换姓名,你就叫叶琛。"

叶飞默默地记住了这个陌生的名字。

"副团长吴琨改为吴克刚,参谋长乔信明改为汪明,政治处主任刘松春改为刘飞。"

叶飞受命后,离开了司令部会议室。陈毅等人又研究决定叶飞去东路后,第一支队假借叶飞生病,向三战区请病假,并报告由段焕竞代理团长。这就是说,由段焕竞重新组建一个新六团,以代替老六团的番号和位置,以迷惑三战区。研究完毕,他们便向三战区发报,同时报请军部批准。

去东路的准备工作正在紧张地进行,陈毅焦急地等待着军部的回电。一天,突然传来噩耗,先行去东路的参谋长胡发坚遇害牺牲了。陈毅听到后,怔怔地站着,半响说不出话来,深深的悲痛更促使他下了东进的决心。

几天过去了,军部杳无音讯。这天,陈毅倒背着双手,在屋子里踱来踱去,显得异常烦躁。叶飞匆匆赶来,一进屋便见陈毅一脸不安的样子,把自己要说的话吞了回去。他知道,此时此刻,用什么话来安慰陈毅都是无用的。屋子里除了陈毅那重重的脚步声外,没有一点声音。大约过了十分钟,陈毅突然止步,站在叶飞的面前,没头没脑地问道:"你敢立军令状吗?你团东进,你有无绝对的把握,能否保证不被强大的敌人吃掉?"

叶飞坚定而又自信地说:"陈司令尽管放心,我敢立这个军令状,我保证我们不但不会被敌人吃掉,而且人、枪、款任务还超额完成!"

"我要的就是你这句话。"陈毅的脸上露出了笑容,继而低头思索后对叶飞说,"我分析军部电报至今未到的原因,是项副军长犹豫不决,而他犹豫不决的原因:一是怕你们在东路强大的敌人面前吃大亏,二是怕得罪蒋介石、顾祝同,怕担负破坏统一战线的罪名。"陈毅轻轻地舒了一口气,似卸下千斤重担般轻松,他紧紧握着叶飞的手说:"现在你敢立下军令状,我也就敢担责任。你们按计划行动,破坏统一战线的问题由我来负责。可是,部队的安危要由你负责!"

"一言为定!"叶飞的回答铿锵有力。

叶飞告别了支队首长,率领部队大踏步东进。他深知此行的责任重大,觉得肩上的担子沉甸甸的。

谁知叶飞率部走后的第二天下午,项英的电报就到了。这姗姗来迟的电报,只有简短的六个字:"六团停止东进。"可是,就是这六个字,却花费了项英六天的时间。陈毅要求东进的电报一到,项英的眉头就皱了起来。他知道,东进是周恩来与军部领导及陈毅、粟裕共同商定的。但他认为,现在是国共合作时期,要遵守统一战线,重大行动要经国民党三战区同意,况且东进很复杂,那里不仅有日伪军,还有国民党军统特务的忠义救国军。第六团到东路,必定要碰到两个棘手问题:一是要报请三战区顾祝同、冷欣批准,没经他们点头,就得戴上破坏统一战线的帽子;二是忠义救国军常常打着抗日救国的旗号,杀害我党地方干部,打击抗日武装,第六团万一与他们发生摩擦怎么办?项英左思右想,感到第六团东进实在不合时宜,便给陈毅发了这封电报,反对第六团东进。

项英的态度在陈毅的意料之中,所以,他接到项英的电报后淡淡地一笑,将电报递给粟裕、钟期光等人传阅,然后说:"项副军长不让东进,又找不出理由。现在部队已经走了,生米煮成了熟饭。不过,我们倒是要研究一下,必要时要和他讲讲我们的理由,迫不得已时,我们就用毛泽东的尚方宝剑怎么样?"

陈毅所说的尚方宝剑,就是一年前毛泽东在给项英的五四指示中,把东进淞沪的任务规定好的。听了陈毅的建议,粟裕说:"项副军长可能会有详细电报来,对于这封电报,我们暂且不告诉叶飞,免得他有思想包袱。"

首战黄土塘,夜袭浒墅关

第六团东进之时,正值麦苗儿青菜花儿黄的大好季节。他们在常州郊外越过宁沪铁路,到了武进县梅村,与中共无锡、江阴党组织领导的梅光迪、何克希游击队会合,成立了江南抗日义勇军(简称江抗)。

梅光迪在大革命时期,曾参加过共产党,在蒋介石发动的四一二大屠杀中发生了动摇,加入了国民党。抗战以后,他又脱离了国民党,自己拉起了抗日队伍。上海地下党派何克希到梅部活动,梅光迪积极拥护共产党的抗日主张,听说叶飞到来,他非常高兴,立即率部与叶飞会合,要求叶飞统一领导。叶飞却提出由梅光迪任江抗总指挥,叶飞、吴琨、何克希任副总指挥,第六团参谋长乔信明任参谋长,第六团政治部主任刘飞任政治部主任。江抗继续东进,在黄土塘与日军打了一场遭遇仗。

新四军第六团东进江南苏(州)常(州)太(仓)地区时合影。
左起:陈毅、刘炎、刘飞、叶飞、吴琨、乔信明

黄土塘是无锡东北部的一个小镇,一条大河横切,将黄土塘一分为二,河中有座双曲拱石桥,将镇两边连结了起来。

这天半夜时分,万籁俱寂,叶飞率江抗急行军到达黄土塘,未到镇口,便听到镇里传来阵阵狗叫声及嘈杂的喧闹声。叶飞紧张地喊了一声:"有情况!"

命令部队停止前进。

不出叶飞所料,侦察员回来报告说,镇河东发现六七百个鬼子。叶飞一听一下子来了劲,他立即和其他几位领导一碰头,一个作战方案便应运而生。他们决定由吴琨带一部分兵力,从镇外绕到鬼子的背后;乔信明带一个连正面诱敌,将鬼子诱入镇口的低洼地;叶飞则带着大部分兵力,埋伏在低洼地四周,做好伏击准备。鬼子见半夜来了游击队,便拼命追击,就这样,乔信明把鬼子引到了低洼地。叶飞一声喊打,鬼子如虎落平阳,四周猛烈的火力压得他们抬不起头,无处藏身,死伤大半。少数逃出伏击圈的鬼子,人地生疏,天亮时仍成了新四军的俘虏。

叶飞立即审问俘虏,得知这支部队是日军驻江阴的佐佐木联队,他们是奉命去太仓换防的,没想到却在黄土塘遭到新四军的伏击。叶飞立即叫来一个俘虏,让他辨认尸体及俘虏,却无佐佐木的踪影。

难道让佐佐木飞了不成?吴琨不甘心,他带着一个连的兵力,在镇内四处搜索,终于在一家农户的猪圈里,发现了屁股撅得老高的佐佐木。吴琨用脚踢了踢他的屁股,他才钻了出来。佐佐木羞得无地自容,恨不得有个地洞一头钻进去。

黄土塘战斗,是江抗东进的一次不小的收获。首战告捷,江抗名声日隆,东路的鬼子、伪军却从此气焰收敛,再不敢随便出动。

黄土塘战斗后,叶飞率部继续东进,在江阴与强学曾的游击队会合。此时的江抗已由原来的六七百人,发展到五千余人。叶飞和梅光迪商量后,决定将江抗统一改编为三路,原第六团为江抗二路,梅光迪部为江抗三路,强学曾部为江抗四路,无一路番号。江抗改编后,继续前进,到达望亭、梅村附近时,已是6月22日。

当他们行至浒墅关车站附近时,叶飞顿生一念,何不寻机歼敌,打个大胜仗,作为向党的生日献礼。叶飞和梅光迪研究决定,派吴琨带一个营与强学曾的江抗四路,攻打浒墅关车站。

浒墅关车站是苏州至无锡段的一个小车站。提起浒墅关,却还有一段趣闻。相传乾隆皇帝下江南,乘船行至此处,抬头见码头上的"浒墅关"三个大字,信口念成了"许墅关"。皇帝金口玉言,他念错了字,别人岂敢更正!人们只能将错就错,将这"水浒"的"浒"字,从此后便念成了"许"字。

吴琨受命后,立即派周达明及女战士李贯玉侦察浒墅关敌情。二人把车站的敌据点情况摸了个一清二楚后,方才打道回府。

6月24日傍晚,江抗由周达明、李贯玉带路,从梅村出发。12点多钟,部队到达距浒墅关半里之遥的地方。吴琨一声令下,突击队率先冲向车站,他们干净利索地解决了敌哨兵,然后悄悄地摸到了敌兵营。敌人做梦也没想到江抗会来袭击。因为,在这之前,从来就没有哪个部队敢来打过他们。毫无防备的敌人被江抗打了个措手不及,死的死伤的伤,损失惨重。与此同时,江抗战士又炸毁了铁路桥,一列轰鸣而来的敌货车脱轨翻车,都下河喂了鱼虾。

江抗速战速决,一小时解决战斗,全歼鬼子一百二十人,并造成京沪(今沪宁)铁路停运三天。

突袭虹桥机场

1939年7月18日,日军统治的上海各报纸上,都在头版重要位置刊登了这样一则消息:中国军队昨晚袭击了上海虹桥机场,停机坪上的日军飞机被烧毁,火光冲天,大上海红了半边天。

夜袭虹桥机场的战斗,也是叶飞部队的杰作。

陈毅得知黄土塘战斗、夜袭浒墅关车站打得非常漂亮,心中高兴,写信给叶飞,希望他们再接再厉,多打胜仗,圆满完成人、枪、款任务。

叶飞召集江抗指挥部领导,传阅了陈毅的来信,讨论如何圆满完成任务。吴琨说:"很简单,一切靠多打胜仗。"

"说得对!打胜仗,就有缴获;打胜仗,老百姓就来参加江抗。"梅光迪说,"经过几个大胜仗,我们已经打出了威风,鬼子怕我们,群众拥护我们。我们要趁热打铁,多打几个有影响的大胜仗。"

叶飞说:"上海是个有国际影响的大城市,我们就在这里闹他个天翻地

覆、鸡犬不宁怎么样？"

大家表示赞同，并仔细研究了作战方案。

江抗按计划开始向上海挺进，一路上，他们似滚雪球般，越滚越大，接着又收编了常熟的任天石部、青浦的顾复生部。挺进中，他们小仗天天打，大仗不断打，打得鬼子晕头转向。

一天，吴琨和营长廖政国率特务连在青浦的观音堂打了个漂亮的伏击战，打死鬼子五十多人。气急败坏的鬼子誓死报仇，立即从上海调来八百日军，分四路围攻吴琨的特务连。特务连被困，敌众我寡，吴琨望着四周密密麻麻的鬼子，脑子里快速地转动着。他与廖政国商议后，做出了敌众我寡走为上的决定。

特务连四面被围，要走谈何容易！吴琨集中队伍，由几个战士向四周甩出数捆手榴弹，手榴弹爆炸，顿时烟雾弥漫。特务连在吴琨的带领下，趁着浓浓的烟雾，杀开一条血路，迅速向东突围。吴琨和廖政国各端着一挺机关枪，在前面开路。当慌乱后撤的鬼子清醒过来，一窝蜂地紧追不舍，一口气追出几十里，最后仍旧没有追上时，只得作罢。

在徐泾镇，吴琨遇到了上海地下党派来的两位向导，才知道他们已到了上海近郊。他们转身又走了十几里，在一个有洋房、有围墙、有大片草坪的地方停了下来。一位向导说，这里是虹桥机场。

吴琨听了，灵机一动，对廖政国说："我们已到了敌人的心脏，而敌人还毫无察觉。我们何不来个突然袭击，打他几架飞机，捞个意外收获！"

此时的飞机场内，那些伪警察、伪办事员们正鼾声雷动。吴琨带着特务连，一枪未放，轻手轻脚地摸进了机场。

吴琨与廖政国商量说："周围可能会有鬼子的流动哨，我们不能久留，要迅速解决战斗才是。"

就在吴琨下达战斗命令时，机场周围响起了机枪声。原来，周围暗堡里的鬼子听见机场内有说话声，便盲目地开了枪。战士们冒着弹雨向机群丢出了手榴弹，瞬间，四架飞机起火，冲天的火光染红了半边天。鬼子摸不清究竟来了多少人,不敢贸然出动,只是躲在暗堡里乱放枪。吴琨带领部队迅速撤离机场,等敌人的援兵赶到时,连个人影也没找到。

第二天,上海租界各家报纸头条均报道了虹桥机场被炸事件,报道中说万名江抗夜袭虹桥机场。这一消息轰动上海,众说纷纭,把江抗给说神了。江抗的名气威震东路。

浒墅关战斗后,叶飞派吴琨、廖政国挺进上海近郊作战,他自己则带着主力来到了常熟,在阳澄湖的张家浜与民抗组织的领导杨浩庐会面。杨浩庐自九一八事变后,在常熟成立了民抗组织,拥有近千人。

杨浩庐在与叶飞的交谈中,得知叶飞是陈毅派来发展东路根据地的。叶飞表示自己光有陆地作战经验,缺乏水上作战能力,还不能完全适应斗争的形势,希望得到杨浩庐的帮助。杨浩庐则带着叶飞坐上一条船,详细察看了港汊水网,表示愿意与叶飞一道开辟抗日根据地。

叶飞在杨浩庐的协助下,将部队分散在阳澄湖边的几十个村子里,深入到埠港村浜中去,召开群众大会宣传抗日,扩大抗日武装,组织抗日团体。在不长的时间内,各乡各县都很快建立起了自卫队、农救会、青救会、妇救会等组织。他们配合部队反击

1939年,叶飞于阳澄湖上留影

日军的扫荡,打击和袭扰敌人,工作搞得红红火火。至此,在长江三角洲的水网地带,初步建立起了以阳澄湖东塘寺为中心的苏(州)常(熟)太(仓)和澄(江阴)无(锡)虞(常熟)抗日根据地。

这年10月,叶飞率主力西撤北上苏北,江抗的三十六名伤病员不能随部队行动,留在常熟阳澄湖一带的芦苇荡里养伤治病。我军主力离开后,斗争环境变得更加险恶。苏州、常熟的日伪军得知阳澄湖一带有新四军的伤病员后,

常常来搜查。他们大多是重伤员,行走都十分困难,但是,却要经常转移。另外,吃饭也是个大问题。他们能在那里坚持下来,离不开群众的帮助和支持。

1939年11月6日,根据陈毅"要重建东路抗日武装"的指示,以三十六名伤病员为骨干,在地方党组织和群众的支持下,在常熟东塘成立了新江抗,夏光任司令员,杨浩庐任副司令员兼政治部主任。新江抗的旗帜一经竖起,常熟人民自卫队纷纷要求与其合并,几个月的时间发展到五百人。经过几次战斗,新江抗不断壮大,日伪军吓得躲进了沪宁沿线的大据点里,疯狂的气焰顿时收敛了不少。20世纪六七十年代上演的现代京剧《沙家浜》就是以此为背景,以新江抗伤病员夏光等为原型创作的。

皖南事变后,新江抗改编为新四军第六师第十八旅。

第三章 郭村保卫战

驰援半塔集

20世纪60年代,故事片《东进序曲》在全国热映,影片描写的战斗,其实就是叶飞亲自指挥过的郭村战斗。

郭村战斗,是新四军挺进苏北的第一仗。

1939年10月,叶飞率部渡长江,北上抗日

1939年10月,陈毅分析形势后认为,茅山根据地已初具规模,叶飞率领江抗建立了阳澄湖根据地,毛泽东在五四指示中提出的三个阶段已走完了前两个阶段,现在,实施第三个阶段的任务——渡江北上,打开苏北抗战局面的时

间业已成熟。于是,他命令叶飞率领江抗西撤北上扬中,与管文蔚部队合并,改编为新四军挺进纵队(简称挺纵),由管文蔚任司令员。因管文蔚一直从事地方工作,军事上的事便由叶飞负责,叶飞任政治委员兼副司令员,同时担任党委书记。

两支部队合并后,形成了一支较强大的抗日武装力量,引起了日军的密切关注。为了迅速消灭这支部队,日军集中了海陆空三千余兵力,对扬中进行大规模的扫荡。扬中四面环水,敌人来了进退两难。叶飞和管文蔚率部北上江北和江都县的吴家桥、大桥、嘶马一带,进行军政训练,同时积极发动群众,组织游击队,成立群众抗日团体,建立起一支过硬的武装队伍,发展了根据地,部队站稳了脚跟,为新四军打开了进军苏北的大门。

陈毅在总结黄桥决战的报告中写道:"黄桥决战是打开苏北抗战局面的关键一仗,但是黄桥决战不是偶然产生的,先有郭村,后有黄桥。"

为了设法打开苏北抗战局面,中原局书记刘少奇和陈毅各有绝招。

陈毅鉴于苏北敌我友对新四军的态度,设想了一个兵不血刃的和谈方案。郭村战斗前,陈毅曾三赴泰州,做国民党苏北实力派人物李明扬、李长江的统战工作。刘少奇则想的是用枪杆子做文章,在反摩擦中打开苏北抗战局面。

就在陈毅第二次赴泰州与两李谈判之际,南下华中的刘少奇与延安的毛泽东经过频繁电报协商,双方一致选择将苏北作为发展华中的主要突击方向。但是,苏北的新四军兵力有限,而且高度分散,第四支队在全椒、滁县,第五支队在定远,挺纵在吴家桥,形不成铁拳头来打一场大的歼灭战,所以,局面无法打开。刘少奇和新四军江北指挥部政治部主任邓子恢反复计议,决定由罗炳辉率领第五支队东进半塔集,开展减租减息,引诱国民党第二十一集团军总司令兼安徽省主席李品仙出兵围攻,由罗炳辉采取固守待援方针,等刘少奇调动各方的江北新四军增援半塔集,聚歼来犯之敌。

罗炳辉到了半塔集,在邓子恢的指导下委派了各县县长,根据地工作搞得轰轰烈烈,这一切果然引起李品仙的忌恨。1940年3月,李品仙会同国民党江苏省主席韩德勤,制定了一个由李品仙负责围攻路西的中原局和江北指挥部、由韩德勤负责围攻半塔集的进攻"围剿"方案。

李品仙"围剿"心切，他火速率队出发，围攻路西。他没有考虑到，新四军在路西的兵力雄厚。李品仙匆匆上阵，却和新四军没打两个回合就败下阵来。

3月21日拂晓，半塔集保卫战打响。

侵犯半塔集的韩德勤，集中了第三四九旅、独立第六旅、常备第十旅、补充第一旅等部，共万余兵力，气势汹汹地扑向半塔集。此时，新四军在半塔集的兵力却少得可怜。因为津浦路西先打起来，路西是中原局和江北指挥部机关所在地，罗炳辉将驻半塔集的主力第十、第十五团急调津浦路西，所以半塔集只有第五支队的教导大队六个中队，其中包括三个军事队、两个学生队、一个女生队和少年队，附近还有第十团的两个营和第十五团的两个营，总计不过两千五百人。其中新战士多，武器装备较差。新四军在半塔集的兵力与韩德勤的万余人相比，力量悬殊。

战斗的第一天，第五支队教导大队击退敌人三次围攻，控制了半塔集周围所有制高点，打通了半塔集与苏鄂的通道。这天下午，刘少奇接到来自半塔集的敌情报告后，发出两封电报：一封给驻半塔集的第五支队政治部主任张劲夫，要求他组织部队坚守七天，七天之内责任在张劲夫，七天之后必有援兵。另一封发给地处江南的陈毅，要陈毅命令叶飞率部火速增援半塔集。

3月22日，敌军围攻半塔集的第二天，陈毅给叶飞发电报，命令挺纵火速前进，增援半塔集。救兵如救火！叶飞接到命令后于23日率挺纵第一团两个营，从吴家桥出发，从邵伯湖西渡运河，横跨天（长）扬（州）公路，昼夜兼程，向半塔集驰援。

就在部队横跨天扬公路时，正好与一百多日伪军遭遇。狭路相逢勇者胜，担任前卫的第一团第一营，分两支人马，直插公路，将敌人拦头截尾一顿痛揍。战斗进行了约一个小时，新四军歼灭日军一个小队及伪军一个连，俘获日军士兵一人。枪声一停，他们连战场也来不及打扫，就急速地赶路了。

24日，叶飞率部队继续前进，到半塔集东南二十余里的马集附近时，侦察员发现这里驻守的敌人着装不整，便报告叶飞。叶飞分析后认为，这应该是一支地方部队。于是，派出侦察员抓了一个"舌头"（指单个的俘虏），一审问，果然如叶飞所想，这是忠义救国军。叶飞听了汇报，不由得双眼冒火。真是冤家路窄，叶飞部在苏南时，曾与该敌交过手，如今狭路相逢，岂可轻易放过？叶飞稍作考虑，便命令部队一阵猛冲，攻入集镇，打得敌人措手不及。他们接连攻下三四个村庄，共消灭敌人一千余人，突破了敌军包围半塔集东南面的缺口。

此时，部队已经两个昼夜连续战斗和急行军。叶飞见大家极度疲劳，便于25日命令大家在马集休息一天，并打扫战场。26日出发，继续向半塔集前进。围攻半塔集的敌主力独立第六旅，此时正由竹镇方向向马集攻来。挺纵第一团第六连连长汤万益向叶飞报告说，在前面的集镇里，发现大量国民党军。据抓到的俘虏供认，该部是韩德勤的独立第六旅第十三团和第十六团，不仅兵员充足，且武器精良，战斗力很强，号称"梅兰芳部队"。旅长翁达，中将军衔，狂妄骄横，不可一世。叶飞想，如不消灭该敌，就无法解除半塔集之围。他命令部队展开，向敌发起猛攻。激战三小时，新四军击溃敌一个营，余敌向竹镇方向溃逃。这时，挺纵已从半塔集东南打开了缺口，并与从路西驰援而来的陶勇苏皖支队取得联系，坚守半塔集的我军部队喜闻援军到达，士气大振，迅速组织反击。

27日，张云逸、罗炳辉率主力兼程东返，先头部队也已到达半塔集的西南二十公里的张山集。韩德勤部见我东西援军已到，顿时士气低落，部队全线动摇，溃败之势已成定局，韩德勤只好令部队后撤。

29日，我军休整三天后，开始分三路全线反击。罗炳辉任前敌指挥，叶飞任副指挥。溃逃的敌军一泻千里，我军一夜之间将敌人追至三河以北。

叶飞驰援半塔集的胜利，打开了皖东抗日根据地的新局面。新四军很快建立了天长、盱眙、来安、嘉山、六合、高邮、仪征、甘泉八个县的抗日民主政权，路西也得到迅速发展，各地均成立了联防司令部。

刘少奇面授机宜

半塔集保卫战胜利后，有一天，邓子恢来到挺纵驻地，问叶飞："你认识刘少奇同志吗？"

"刘少奇同志？"叶飞回忆说，"记得他担任过一段时间的福建省委书记，是六大以后的中央政治局委员。"

邓子恢点点头，然后告诉叶飞说："他现在是中原局书记、中央代表。毛主席发现项英同志在执行中央'发展新四军、发展苏北'的方针上优柔寡断，叫刘少奇同志来华中，领导我们发展新四军、发展苏北。他此次前来半塔集，化名胡服。"邓子恢望着叶飞说："我刚刚见他时，他提出要找你谈谈心呢。"

叶飞跟着邓子恢出了门，两人走了半小时，在一间平房前面停了下来。邓子恢将他带进屋里，对早已等候多时的刘少奇说："叶飞同志来了！"

刘少奇起身迎了上去，他紧紧地握住叶飞的手说："啊，没想到叶飞同志这么年轻！快坐，快坐。"他一边招呼叶飞坐下，一边笑着说："叶飞同志，你的名字如雷贯耳啊，有人说你叶飞会飞，都说古有飞将军李广，今有飞将军叶飞。你率部飞兵增援半塔集，如神兵天降，把韩德勤吓得屁滚尿流。叶飞同志，你立了大功啊！"

叶飞听不得赞扬，习惯性地搓着双手，低声说："执行命令是军人的天职，也是应该做的事情。"

刘少奇点点头，收起笑容，将话题拉到了正题上："现在，中央要新四军迅速解决苏北，这是压倒一切的中心任务。我此次来华中工作，主要精力是推动此项工作的发展，使新四军和八路军连成一片，彻底孤立韩德勤，使苏北新四军化。"

叶飞说："陈毅司令员也是这么考虑的，看来你和陈毅司令员在这个问题上是不谋而合啊。"

刘少奇说："可是，项英同志对发展苏北不感兴趣，他是中共中央政治局委员、东南局书记、新四军军分会书记，现在，东南的半壁归他领导，他有他的一套想法啊。"

邓子恢插话说："项英同志认为，以上海市和苏南地区为中心，加上苏北沿江、浙江沿海，是中国大资产阶级、大地主阶级滋生发达的老巢，也正是蒋介石集团的老窝。日军占领上海、南京、杭州以后,这些地区又成了日伪的心脏地区。这里工商业、进出口贸易占全国的五分之三,比例很大。大利所在,日、蒋、汪三派势力必争。"邓子恢喝了一口水,继续说:"项英同志认为,新四军再插到这一地区去发展,和国民党的矛盾就会更加激化,日、汪也不会容忍。加上这些地区交通发达便捷,敌顽兵力集中,我军处境不利。所以,项英同志认为,新四军在江南发展会破坏国共合作统一战线,在日顽夹击中难以立足。他判断,日军一定会打通浙赣路,攻占金华、上饶。到那时,国民党顾祝同三战区在上饶待不下去,便会逃到闽西或赣南去。只要国民党主力一走,新四军便可乘虚而入,向黄山、天目山、武夷山大发展,甚至可以发展恢复当年的中央苏区,在南方打开新局面。所以,项英同志留了一部分主力在皖南,皖南教导队集中了一大批骨干。"

"这是项英同志一厢情愿!"刘少奇生气地说,"项英同志坚持这种错误,对中央的正确路线不执行,已经给新四军造成了很大危险,必须及时纠正他的错误。这次中央要新四军军部和主力向北发展,到江北来,项英同志就是不肯行动,你们看!"刘少奇取出一大堆电报,递给叶飞。

叶飞原来只听说项英反对新四军以江抗名义东进苏常太作战,不明白项英反对的理由。刘少奇一讲,把问题的实质点破了。叶飞翻阅电报后,这才明白其中的内幕。

邓子恢说:"项英同志在发展中国工人运动、推动京汉铁路工人罢工中,有很大贡献,组建新四军做了不少工作。现在项英同志的错误不能公开,中央还在争取他到江北来。"

刘少奇说:"抗战初期,华北国民党军队跑得光光的,八路军是奉命挺进敌后作战,北方局放手发动群众,组织抗日武装,我们党和八路军迅速在华北占了主导地位,国土是我们从日伪手里夺回来的。那时,国民党还不懂得我军能在敌后建立根据地,能迅速得到发展壮大。徐州会战时,蒋介石还请八路军——一一五师进入山东,帮他扯日军的后腿。实质上,他是想借日寇之手,达到消灭我们的目的。结果,我们不但没有被消灭,还建立了山东根据地。所以,我们在华北、在山东开辟的根据地都是合法的,国民党是哑巴吃黄连——有苦说不出。这样的文章好做。"刘少奇顿了顿,又接着说:"现在华中的情况就不同了。国民党接受了教训,对苏浙皖,他们也比华北更重视,留在苏北为首的就是韩德勤,约有十几万部队。他们在那里光收税不抗日,也不让你新四军进来抗日。不仅如此,他们还时常与日伪眉来眼去,暗送秋波。日寇因为兵力不足,想借韩德勤之手为他灭共,因而也很少对韩顽施加压力。韩德勤便竖起了'孤悬敌后'的贞节牌坊。现在,我们为了争取抗战胜利,建立华中抗日根据地,只能把阻碍抗日的国民党顽固派赶走,要把韩德勤占着的地盘夺过来,这个文章就难做多了。"

刘少奇分析得精辟透彻,叶飞听得入神。刘少奇在屋里慢慢地踱着步,边走边说:"为什么会造成这样的形势呢?一是我们自己有错误,这个错误就是前面所说的项英同志所犯的错误;另一个就是国民党接受了教训,变得聪明了。国民党的策略发生了变化,武汉失守后,国民党总结了教训,制定了反动的溶共、防共、限共政策,对我们限制得很厉害,不让我们到广大的敌后去建立政权、发动群众、搞减租减息。"说到此,刘少奇的心情变得十分沉重,他说:"我们反而变得蠢了,强调新四军的特殊性,规规矩矩地受国民党的约束而不敢搞独立自主,不敢扩大根据地。当然,这个错误不是项英个人的,这是他执行王明投降主义路线的结果。"

然后,刘少奇提出了改变这种不利局面的办法。他说:"中央已经决定,要解决苏北问题,建立华中抗日根据地。如果不解决苏北问题,八路军和新四军就不能打成一片,就不能建立巩固的华中根据地。苏北问题怎么解决?我们不能主动地去打韩德勤,只能进行自卫斗争,否则,我们就会变得被动,得不到全国各界人士的支持。国民党顽固派已经确定了一个反动的愚蠢的政策,要进攻八路军、新四军,目前的重心是进攻新四军。顽固派要来进攻我们,我们发起自卫,就可以消灭他们,这是师出有名。"

刘少奇将地图铺开,一边指点着,一边对叶飞说:"中央已抽调山东八路军黄克诚纵队南下,现在他们已奉命到达陇海路边;江北指挥部在皖东,四、五支队部署已经展开;江南部队也准备到江北。我们在北面、西面和南面的部队已快靠拢。要解决苏北问题,就要从韩德勤手里将苏北夺过来。因此,顽固派在华中发动第二次反共高潮时,必须有一支坚强有力的部队吸引顽固派来围攻我们,孤军坚守一个星期,充分暴露出是顽固派猖狂进攻,衅自彼开。这样,我们就可以增援,八路军部队南下,皖东部队向东,江南部队向北,到苏北来消灭韩德勤。"

刘少奇说出了自己的设想,叶飞茅塞顿开。刘少奇找叶飞谈话,其目的就是要叶飞的挺纵担任起引敌围攻、孤军坚守一个星期的任务。叶飞明白了刘少奇的意思后犹豫了,他考虑到他的挺纵只有两个团,其他的主力还在江南,而韩德勤却有十几万人马,两个团究竟能孤军坚守多久,他心中没有把握。所以,考虑了片刻后,叶飞对刘少奇说:"我的兵力太少,守一个星期可以,一个星期以后就没有把握了。"

刘少奇回答说:"我只要你坚守一个星期,一个星期内是你的责任,一个星期后就不是你的责任了。那时,八路军和新四军江南部队的增援可以到了,你放心吧。"

叶飞听到刘少奇这样肯定的回答,放下心来,同意刘少奇的意见,接受了任务。

刘少奇交代叶飞,政治上一定要有理有利有节才能打,并反复强调,绝不能主动去打韩,韩来打我,我坚守待援,这样才能让八路军出师有理。总而言之一句话,刘少奇的设想就是要从韩德勤手中夺回苏北,但又不能主动去打韩德勤,要引韩德勤来主动进攻。

刘少奇在定远县建立了抗日县政府,出布告明令减租减息,发动群众,他还要叶飞仿照定远县的办法去做。

叶飞驰援半塔集,按照陈毅的指示,应在打完半塔集一仗后就立即返回。可是,由于刘少奇、邓子恢留住了叶飞,叶飞在半塔集一晃便过了一个多月。叶飞留在半塔集,刘少奇当然很高兴,可是也有人不高兴。叶飞迟迟不回,急坏了陈毅。叶飞是陈毅的得力战将、开辟苏北的主要突击力量,陈毅少不了叶飞。他不知道叶飞不回的原因,便频频发电,催叶飞东返。

这时,三战区顾祝同为减轻韩德勤的压力,要项英、袁国平将第四、第五支队及叶飞部南调。

陈毅几次电催叶飞东返,叶飞迟迟无动静,陈毅不甘心叶飞不明不白地留在半塔集,便于4月24日致电中共中央,提出苏北日军要扫荡,预计高邮很快陷入敌手,要求叶飞部东返大桥,趁机发展。大桥失守,苏南、苏北交通断绝。

5月4日,中共中央致电刘少奇:"望令叶飞开返苏北,在苏北地区放手发展,在今年内至少扩大至两万人枪。"

既然中央有令,刘少奇不得不让叶飞东返,但叶飞部队能征善战,刘少奇舍不得放弃,便要第五支队司令员罗炳辉以要伤病员名义,向叶飞要战斗骨干。

叶飞听了这个要求后,想了很久,最后抽了一批骨干交给罗炳辉,这才回到江都的吴家桥。

叶飞告别半塔集那天,刘少奇又一次对叶飞说:"韩德勤拿了蒋介石的手令,不让新四军立足苏北。我们不能被动挨打,进攻的时间、地点不能由韩德勤决定。他要打,要设法按照我们规定的时间、地点打,文章就做在这里。"刘少奇在地图上指点着说:"中央军委已有明确方针,八路军黄克诚部要南下增援新四军发展苏北,淮南的四、五支队也要向苏北发展,苏南的陈毅部队也要向苏北发展。现在是国共合作的大气候,他们没有理由开到苏北去打韩德勤。现在很需要一支部队,到韩德勤部队的鼻子底下委派县长、搞减租,引诱韩德勤派兵围攻。这支部队力量不宜太强,要让韩有胃口,但也要让他欲吞不能,欲罢也不能。这个部队是孤军,能形成孤军被围舆论,但只要像半塔集这样坚持一周,黄克诚部队,四、五支队江南部队就有充分的理由火速增援,来个里应外合,把韩德勤在苏北的主力搞光。"

刘少奇的目光中流露出对叶飞的高度信任,他拍拍叶飞的肩膀说:"怎么样?有信心完成这个任务吗?"

叶飞理解刘少奇的策略,考虑后点头说:"试试看吧!"

叶飞率部返回后,立即召开军政委员会会议,向管文蔚、姬鹏飞及苏北地委书记韦一平、副书记惠浴宇传达了刘少奇、邓子恢的指示,提出要像定远县那样发动群众,成立抗日的江都县政府。与会的领导们没提出异议,并一致同意由惠浴宇任江都县县长,决定贴出布告减租减息,成立农会、妇救会、青抗会等群众组织。

会议即将结束时,一位领导干部突然直截了当地向叶飞提出一个问题:"你过去执行的是皖南的路线,现在又要照皖东的一套办,究竟是怎么回事?"他对叶飞大胆直言说:"我的理解是,要么是皖南的路线错了,要么就是你叶飞反党!"

此言一出,语惊四座!他的意见代表了一部分干部的想法,而造成这种误会的主要原因,是叶飞在传达刘少奇的指示时,对项英的错误采取了遮掩和含糊其辞的态度。同志们不明就里,当然有看法。现在,他们将这个尖锐的问题提到了桌面儿上,叶飞迫不得已,只好将自己所了解的项英的错误及中央对项英的态度说了。大家得知了其中的内幕,消除了对叶飞的怀疑。

散会后,大家立即行动。

将在外,君命有所不受

叶飞在吴家桥地区成立江都县人民政府后,深感吴家桥、大桥东西不到三十里,南北只有二十里的狭小地区,四周布满了日军据点,万一日军从扬州出来扫荡,无法展开兵力,向东向西有日军,向南退就是长江天险无法退,向北发展是韩德勤管辖的李明扬、李长江的部队防区,难免与两李发生摩擦。为了挺纵开展工作,叶飞致电陈毅,陈述以上情况,提出挺纵向郭村转移的方案。

郭村是李明扬、李长江的活动地盘,叶飞要去,必须派人当面向两李交涉。为了打开苏北局面,陈毅曾两次进泰州拜访过两李。因为两李归韩德勤领导,但二者之间有矛盾,陈毅正是利用这个矛盾,采取"联李孤韩,发展苏北"

的方针,曾与两李秘密达成过口头协议。协议内容是:

一、新四军到苏北,可在海安、如皋一带,两李在服装上、粮食上保障供应。

二、新四军必须消灭韩德勤在江阴的张少华部,切断三战区顾祝同与韩德勤之间的联络和交通。

三、韩德勤如要吞并两李,新四军可协助两李;韩要打新四军,两李按兵不动,也可以弹药支持新四军,帮助治疗伤病员。

现在,叶飞提出向郭村转移,陈毅不得不第三次从苏南的溧阳水西村赶到泰州,与李明扬、李长江交涉。双方接触后,陈毅没想到两李异常通情达理,满口答应叶飞部队借驻郭村的要求,并同意等陈毅、粟裕率主力过江后,一齐开往海安、如皋。会谈顺利结束,陈毅向管文蔚、叶飞下达进驻郭村的命令后,顺利返回水西村。

郭村是敌顽势力的空隙地带。当时,新四军挺纵在征得两李同意后,浩浩荡荡地开进了郭村。当这一消息传到韩德勤耳中时,他不由得一屁股跌坐在椅子上,对天长叹道:"完了,完了,苏北从此将不是我韩某人一统天下了!"他心里明白,自己绝不是陈毅的对手。正当他心绪烦躁、坐卧不宁时,顾祝同火上加油,转来了蒋介石的电报。韩德勤手持电文,从头到尾扫了一遍后,头上就像上了一道紧箍咒,原来就紧张的心上又上了一根弦,绷得更紧了。蒋介石的电文如下:

查新四军陈毅支队有向苏北移动之举,望三战区顾祝同妥善处置,彻底歼灭之。苏南水西村由冷欣解决,苏北郭村由韩德勤负责就地歼灭。违者军法论处。

韩德勤望着这封逼命的电报,头皮发麻。他手持电报,在屋子里转着圈圈,新四军碰不得,蒋介石惹不起,怎么办？可是,韩德勤没有路可走,碰不得的要碰,惹不起的要躲。他急急忙忙从兴化赶到泰州,召开作战会议,逼迫李明扬、李长江进攻郭村的新四军。李明扬态度暧昧,不表态；李长江却跃跃欲试地表示,要与新四军势不两立,发誓一定要将新四军赶出郭村。

城府较深的李明扬不想得罪韩德勤,也不想阻止李长江,更不想向新四军动手,便借故离开了泰州,推说到兴化办事,一走了之。韩德勤和李长江集中了十三个团一万三千人的兵力,向郭村发起攻击,大有踏平郭村、铲除新四军之势。

韩德勤与李长江的动向,从各种渠道传到了叶飞的耳中,叶飞不由双眉紧皱,心急如焚。当时,挺纵在郭村的兵力只有两三千人,与敌力量悬殊,叶飞怎能不急？面对强大的敌人,叶飞一方面发出急电,向刘少奇、陈毅报告敌情,请求皖东第五支队和苏南主力增援；同时派出挺纵政治部副主任陈同生,以陈毅的秘书长身份,赶到泰州与李长江谈判。

刘少奇接到电报,立即回电：

韩德勤派王光夏部队阻挡五支队东进增援,陶勇的苏皖支队可来增援。

陈毅回电说：

两李是中间势力,团结对象,要打开苏北局面,关键在两李。此次两李进攻郭村,乃韩德勤所逼。你们的方针是：上策,避免冲突,派代表和谈,尽量拖延,等待主力过江抑止战端；中策,战事不可避免时,退至吴家桥、扬中打,或部队退到江南；下策,迫不得已就地打起来时,要尽一切力量突围,保留革命的精华,尽量少受损失。

从陈毅的回电中不难看出,他要叶飞尽一切力量避免冲突。可是,李长江却不管这一套,他是铁了心的要打。当陈同生出现在他的面前时,他竟拒绝谈判,蛮不讲理地将陈同生一行扣留了起来。

李长江部内有一批我中共地下党员,他们将陈同生被软禁的消息和李长江准备进攻郭村的情报,火速报告了中共泰州县委书记陈扬。陈扬接到情报,立即派出地下党女党员郑少仪,火速向叶飞报告。

郑少仪当时在颜秀五的第二纵队任少尉政训员,这个十八岁的姑娘有三年的党龄。她办事老练,谨慎小心,从未出过差错。此次陈扬将情报交给她后,她看到情报中只说了敌人兵力部署情况,却没有敌人进攻的具体时间,觉得这份情报不够全面,我挺纵接到这份情报,无法制定反击敌人的方案。于是,她有心要弄清敌人的具体进攻时间。她参加过政工人员的训练班,与各纵队不少政工人员关系较好。于是,她立刻奔到泰山庙指挥部、雨声寺机要室里,找到几个熟人,终于拐弯抹角地打听到:今夜指挥机关开赴郭村前线,明日拂晓发起总攻。她没想到时间如此紧迫,一分钟也不能耽误!她立即脱下军装,换上旗袍,混过了岗哨后,从小路直奔郭村而去。

郭村外围有一条大河,河面很宽。郑少仪赶到这里,天空已是一片昏暗,不一会儿便下起了暴雨。她看着波涛汹涌的河水,想绕道走时间已不允许了,便毫不犹豫地跳进了滚滚的河水中。游着游着,她渐渐地感到头昏眼花,四肢无力,身体开始慢慢地往下沉。生命垂危之际,她突然触到了从上游漂来的一块木板,便下意识地紧紧抓住了它,迷迷糊糊地在水中漂浮着。也不知过了多久,她发现自己仍在河里漂泊,便竭尽全力向郭村游去,终于到了岸边。此时,暴风雨停了,正巧挺纵第一团有两个连队干部到团部开会路过这里,发现了郑少仪,听她用极微弱的声音说有紧急情况要报告管文蔚和叶飞,便背起她往司令部奔。当她见到管文蔚和叶飞时,立即从贴身处取出情报交给叶飞,便昏厥过去。管文蔚立即叫医生抢救,喂了一点开水和饭菜后,郑少仪才渐渐恢复了元气。

管、叶二人一看情报,才知道派去的陈同生被李长江软禁了。李长江已布置了兵力向郭村进攻,先头部队已到郭村附近的蓝家桥、白塔桥、杨家桥、董家桥、庄家桥、黄毛墩、麻村等地,郭村已被四面包围。军情十万火急,管、叶二人立即召集会议,纵队团以上干部和苏北特委领导干部均出席了会议。会上,大家根据当前的危急形势,纷纷发表自己的看法。惠浴宇第一个说:"李长江穷凶极恶,妄图以一万压我一千,以强凌弱。可是,他不知道,在我们一千兵力的背后,却有郭村广大的人民做后盾。郭村人民听到李长江要来攻打郭村,已纷纷组织起自卫团、担架队、救护队,全力支持我们。"

"说得对,"参谋长张藩说,"我们如果放弃郭村,敌顽来了,郭村人民必定遭殃。所以我们必须就地还击,再说,现在郭村已被李长江部围得水泄不通,我们就是要撤退,也是不可能的。"说着,他拿起小木棒指着墙上的大地图:"我们的北面是张星炳保三旅,东面是李长江部,西面包围圈外是邵伯湖、运河,南面包围圈外是日伪军,我已无法向长江边突围。退一步说,如果拼死突围,不但伤亡大,且李长江定会紧追不舍,那时,我们将处于极度被动之中。"

管文蔚紧锁眉头,双眼凝视着前方,半响才说:"我们的兵力太少,虽然有广大郭村人民的支持,可是李长江毕竟有一万人马。"

"这一点大家放心。"惠浴宇拍拍胸脯,自信地说,"前段时间,我们在李长江部发展了一批党组织,这些地下党员们掌握着兵权,兵力至少有两个团。"他扫了一眼吃惊而又兴奋的与会者,继续说:"现在,是叫他们举行战场起义的时候了!他们一起义,对李部的影响可想而知。再说,李部真正反动的也只有陈才福、陈中柱的几个团。"

经惠浴宇这么一说,大家如同注射了一针兴奋剂。叶飞大声地说:"太好了,经这一分析,敌我力量的对比就不是一千比一万了,而一下子变成了一半对一半。"

与会者信心大增,纷纷赞同坚守郭村。此时,一个干部提醒大家说:"陈毅司令的电报不是不同意我们坚守郭村的吗?如果我们这样打,不是违抗军令吗?"

这个问题让大家顿时傻了眼,面面相觑,不知该怎么办了。陈毅不让打,如果真的打起来,就是违抗军令啊,这个帽子谁也戴不起啊!军情紧急,已经是火烧眉毛的时候了。

他们都不知道,此时的陈毅和他们一样心急,正马不停蹄地向他们靠拢!

大家沉默了大约一支烟的工夫,叶飞终于下定决心,打破了沉寂,他坚定而果断地说:"同志们,指挥员怕的是优柔寡断,当断不断要贻误战机,造成战场失利,那就是犯罪!不错,陈司令是来电叫我们以和谈为主,不行则撤退,下策才是就地歼敌。他是担心我们兵力太少,寡不敌众。但是,我们谈判的人被软禁,郭村四面被围,陈司令的上、中策我们都无法实现,现在唯一的路摆在我们的面前,它就是就地迎接敌人的进攻。"叶飞顿了顿,接着分析说:"同志们,陈司令所规定的下策,对我们来说成了上策,为什么?大家在前面已经分析过了,我们完全有打胜这一仗的把握。因此,我们有决心击退李长江部。"至于军令问题,叶飞响亮地说:"陈司令对我说过,将在外,君命有所不受。因此,如果有责任问题,我来承担!"接着,叶飞简要地向大家讲述了自己一年前奉陈毅命令,挺进东路,请示项英,他先同意后反对的情况。当时,陈毅从全局出发,深思熟虑后断然对叶飞说破坏统一战线的问题由他负责。后来,叶飞在东路节节胜利,缴获的枪支弹药数不清,项英高兴地收回了自己的意见。再后来,陈毅要叶飞北移苏北,项英还是不高兴,还向延安告了陈毅一状。

回忆完这一段往事,叶飞更加坚定了信心,也打消了大家的顾虑,准备抗击李长江的攻击。

孤军保卫郭村

6月28日拂晓,寂静无声的郭村,突然响起了爆炸声,几十颗炮弹从天而降。

李长江部的第十三团,分十路向郭村进犯。挺纵部队各就各位,立即进入阵地抵抗,战斗打得异常激烈,上午10点,郭村南面的敌人陈才福的突击队发起了猛烈的进攻,叶飞命令张藩说:"派一个营的兵力冲上去,打掉他的嚣张气焰!"

战士们勇猛地冲向敌阵,在我军震耳欲聋的喊杀声中,敌人失去了原有

的威力。一小时后，这路敌人死伤不少，凡有一口气的全当了俘虏。

由于兵力不足，战斗进行得十分艰苦。叶飞皱着眉头正在发愁，陶勇率领苏皖支队赶来了！叶飞握着陶勇的手说："你真是及时雨啊！"他将苏皖支队放在了杨家桥。

陶勇受命率部队在杨家桥击退了李长江的三个团的进攻后，转入北面参战。这里是韩德勤手下张星炳的保三旅。张星炳保三旅几天前还在兴化，韩德勤从特务系统得到情报说，陈毅来泰州，得到李明扬、李长江的热情招待，他怕李长江与新四军暗中有染，更担心李长江此次发兵攻郭村是一出苦肉计。所以，他在李长江进攻郭村的前一天，就将保三旅从兴化调到了郭村前线，名义上是配合李长江作战，实际上是来监督李长江。张星炳受命后，来到郭村察看地形，见郭村北面是水网稻田，一片开阔地，既便于观察，又便于坚守，便在这里驻扎下。在李长江人马发起进攻时，张星炳按兵不动，满以为新四军不敢从开阔地进攻他，做着他的黄粱美梦，想等李长江与新四军拼得差不多时再出击，轻而易举地捞个便宜。所以，当太阳出来时，他布置了几个自卫哨监视战场，其余的都在睡大觉，养精蓄锐。可是，新四军的陶勇却打乱了他的如意算盘。

驻在北面的陶勇，素有"拼命三郎"之称，他不等保三旅进攻便下令出击。张星炳被震天动地的杀声惊醒时，保三旅已处在新四军的包围之中。保三旅仓促应战，激战半小时，除张星炳化装逃跑外，其余被一网打尽。

此刻，李长江正在他的指挥部里，闭着眼睛，听着留声机里的京剧《捉放曹》，跷着二郎腿，悠闲地吸着香烟，仰着头，逍遥地吐着一圈圈烟雾。他听得得意时，还冒出一句："唉，捉放曹有什么意思，我要在郭村演一幕捉放管文蔚、叶飞的戏。哼，叶飞这小子，从茅山红到上海，我要叫他在郭村出尽洋相……"

李长江的话音还没落，一个参谋匆匆闯进来，慌慌张张地报告说："报告副总指挥，保三旅被打光了！"

李长江听后，一下子从凳子上蹦了起来，瞪着双眼，盯着参谋不知该说什么。他做梦也没想到武器装备比自己好几倍的保三旅,就这样无声无息地被新四军给消灭了。就在他怔怔地发呆时,又有人来报告:"报告副总指挥,颜司令他……"

"颜司令他怎么啦?"李长江一把揪住来人的衣领,吼叫着。

"他……他的五支队、四支队和六纵的八支队……在……在陈玉生、王澄的带领下反水了,向新四军投降了!"

犹如当头一棒,李长江顷刻急得如热锅上的蚂蚁,汗水沿着两颊往下淌,他咬牙切齿地骂道:"他妈的颜秀五,婊子养的,老子饶不了你!"

就在李长江骂娘时,陈玉生、王澄的起义部队在郭村受到新四军和群众的热烈欢迎。他们奉叶飞、管文蔚、惠浴宇之命率部起义后,使李长江部兵力顿时减弱,郭村的战局发生了大变化。

陈毅接到叶飞关于郭村告急的电报,把苏南的工作匆匆交代给粟裕、钟期光后,就带着随员朝郭村飞奔。他乘船渡江,心急火燎,船工和警卫员拼命地划桨,他还嫌速度太慢。警卫员把上衣和长裤都脱了,光着上身,只穿了一条短裤,两只手臂不停地划,陈毅这才高兴地说:"好嘛,好嘛,要得,要得!"

半小时后,陈毅登上北岸,就往吴家桥跑。因为陈毅给叶飞的复电中说,在劝说两李无效的情况下,实在要打也得撤离郭村,退到吴家桥去打。所以,他便拼命地向吴家桥奔。可是,他奔到吴家桥却发现,这里一片寂静,没有一点战斗过的迹象。陈毅来到一位地下党同志的家里,坐下来思索,莫非李长江部四面包围了郭村,来不及撤退的挺纵指战员们为国捐躯了。

陈毅不敢再想下去了,如果不是这样,我叫他们撤到这里,怎么连一个人影也没有呢?他心里焦急,情不自禁地叫道:"不好,不好,叶飞这匹烈马我终究没能套住,造成这么大的损失!"

陈毅急得团团转,满脑子的叶飞人影在晃动。叶飞十八岁加入中国共产党,二十岁担任红军闽东独立师政治委员,人称少年师政委。抗日战争爆发后,叶飞带着几百名闽东游击队员下山,组建了新四军第六团。他的第六团血战茅山,转战上海郊外,战功赫赫……想到这些,他不禁口吟一首《悼叶飞》:

少时从戎行,英名九霄山。
驰驱战南国,闽东殊死战。
抗战到茅山,穷寇天地钻。
叱咤越大江,郭村战敌顽。

接着,他又想好了《悼管文蔚》诗句,不料一抬头,见到了惠浴宇。惠浴宇是得到地下交通站的情报,从郭村赶来接陈毅的。陈毅一见惠浴宇,急忙跨前一步,大声地问:"叶飞、管文蔚怎么样了?怎么就你一个人突围出来了?"

陈毅问得急,惠浴宇听不清问的是什么,便反问道:"叶飞、管文蔚什么怎么样了?"

真是急性子遇到了慢郎中,陈毅耐下性子,慢慢地问道:"我问你,李长江围攻挺纵好几天了,现在,郭村的战况如何?"

惠浴宇笑容满面地说:"陈司令,李长江被我们打跑了,现在顽军退到了塘头。我们打胜了!"

陈毅似乎不相信自己的耳朵,惊奇地说:"你们千把人的队伍,怎么打胜这一仗的?这真是奇了!"

惠浴宇把战斗经过详细地向陈毅汇报了一遍,陈毅这才如释重负地舒了一口气,拉着惠浴宇的手说:"快走,快走,我们到郭村去!"

这时,叶飞、管文蔚、姬鹏飞、张藩、陶勇、卢胜等战将们,都齐集在郭村的路口上,迎候陈毅的到来。此时最激动的是叶飞,这次战斗是他违抗了陈毅的命令,是一场众寡悬殊的恶仗。现在仗虽是打胜了,可是批评肯定是要吃的。他准备好了等陈毅来批评。

远远地,他看见陈毅骑着马来了。叶飞抬头一看,见陈毅的脸上堆着笑容,心情顿时轻松了许多。陈毅下马后,叶飞迎上前,向他敬礼说:"陈司令你来了,我们这下不用操心了。"

陈毅握着叶飞的手说:"你们这些冒失鬼,差一点把我的命急掉了,我以为你们早就让李长江打光了,等着我来收尸呢。"他见叶飞瞪着眼睛看着他,便说:"你们不相信?我为你的悼诗都写好了,你们听着。"他双手一叉腰,吟了起来。同志们听了,拍手鼓掌。陈毅在叶飞、管文蔚的陪同下,察看了各个阵地后回到司令部,听大家的汇报。

郑少仪、苏皖支队、陈玉生、王澄义的事迹,陈毅听后连声赞叹道:"你们干得好,打得好,有不少好经验可以总结,教育部队。"

在总结时,陈毅说:"我要给你们泼一点冷水,让你们清醒一下头脑。战役和战术上的胜利,不等于战略上的胜利,打倒韩德勤,发展苏北,是我们的战略。因此,我们的一切工作和战役战斗,一定要服从于这个战略。两李是中间势力,是我们的团结对象,也是韩德勤争取的势力。我们对于两李只有团结,如果逼甚了,就会把他们赶到韩德勤那边去。他们到韩德勤那边去,就会增加我们扫除韩德勤的困难。当然,这次是被迫自卫,这一仗长了我军的威风,也叫李长江尝到了新四军的厉害。现在,我们还是要团结争取他们,大家研究一下,下一步该怎么办?"

听了陈毅的话,同志们觉得非常有理,有的说:"既然要团结两李,那我们下一步再派代表去谈判,劝说李长江息战言和,争取同他们重归于好。"

"错了,"陈毅腾地站起来,举着拳头说,"下一步我们还是要打,还要打得狠一点,李长江是蜡烛,不点不亮。他以为新四军同他谈判是软弱无能的表现,韩德勤的几句迷魂汤就把他说得轻飘飘的,不知天高地厚了,一屁股就坐到了韩德勤那边去了。现在,我们不是靠谈判,而是靠打,要把他从韩德勤那边打过来。"

大家听了陈毅的话,觉得特别过瘾,个个摩拳擦掌,都说:"对,打到泰州去,端他的老窝!"

陈毅摇摇手说:"错了,我的同志哥啊,你打到泰州去,端了他的老窝,他不就跑到兴化去找韩德勤了吗?"

"那我们怎么办才好?"大家将目光投向陈毅。

"我们只能打到泰州城下,打得他出城求饶,这时候,我们就做个顺水人

情,停战谈判,两家便可化干戈为玉帛,重修于好。"

叶飞说:"陈司令的这个方案太好了,它既体现了我们的力量,又体现了我们团结的胸怀。我们兵临城下,李长江也不傻,他看我们取泰州易如反掌而不取,说明新四军不是要他的地盘,而是要他团结抗日。"

陈毅点头说:"叶飞说得对,你的脑袋是越打越精了。郭村这个地方太狭窄,兵力展不开,而且,同两李讲过是暂时借给我们休整的,久驻也会发生矛盾。我们打到泰州城下,从那里再借道东进黄桥。估计李长江会同意的。"

散会后,陈毅又和管文蔚、叶飞、张藩等周密研究了反击部署。

第二天,挺纵和苏皖支队全线反击。一口气把敌人追到塘头镇,活捉了陈才福、陈中柱纵队司令以下官兵三千人。追到泰州城下,陈毅怕部队乘胜追进城里,对叶飞说:"你骑马去,传我的命令,谁冲进城就杀谁的头!"

叶飞奉命,策马来到泰州城边,见有的部队正准备往城里冲,就叫司号员吹撤退号,战士们听到号令,停止了进城。

新四军兵临城下又后退,这一切,李长江在望远镜中全看在眼里。他把这些情况用电话告诉了在兴化的李明扬。李明扬战前一怕得罪韩德勤,二怕得罪新四军,左右为难之时,借口去了兴化。当然,还有一个原因,就是要留有余地,万一李长江败下阵后,同新四军搞僵了,只有他来唱白脸,他可以回来做个和事佬打圆场。

李明扬接到李长江的电话,眼睛一亮,高兴地说:"新四军后退,这就是给我们一个下台阶的梯子,你通知部队,一个不许向新四军打炮,不然他们发起火来,拿下泰州,我们成了阶下囚,还有什么资格、什么脸面和新四军及韩德勤周旋呢?你同新四军讲和不方便,我马上回来!"

当天,李明扬就回到了泰州。他下令把陈同生一行四人释放了,并再三表示歉意。第二天,他又带着五卡车慰问品,到塘头镇向陈毅赔罪。李明扬面带愧色,对陈毅说:"我不在家几天,副总座听了外人的挑拨,做了这等蠢事,实在对不起,请陈司令多多包涵!"

陈毅顺水推舟,笑着说:"算了,过去的事就让它过去吧,只要你们知道新四军不是好惹的,轻则面子难看,重则会让你们丢官弃命就行了,以后我们还是以团结抗日为重,不要再发生这样让人不愉快的事。"

战斗结束的当晚,陈毅来到住处,吃了两个很大的桃子,回想郭村战斗打得非常漂亮,一向喜欢吟诗作对的他便兴奋地写了一首歌,歌名《保卫郭村》,笔名绎夫。

歌词是:

六月二十八,炮火沸腾,
顽固派十路进攻包围郭村,
想断绝人民的生命,
想歼灭抗战的孤军。
顽固派三次总进攻,
冲不破军民合作的血肉长城。
顽固派反动的大扫荡,
激起了反共营垒的起义革命。
孤军怒吼了,转守为攻,
顽固派被打得豕突狼奔。
孤军英勇,领导坚强,
是胜利的核心。
军民团结,友军起义,
是胜利的保证。
反共阴谋,又被粉碎,
日寇胆落,汪派震惊。
我们保卫了郭村,
创造了苏北的光明。
我们保卫了郭村,
我们更要大无畏地前进,

前进,前进,向前进!

陈毅刚放下笔,叶飞便进来向他汇报工作。陈毅热情地请叶飞坐下,拿起刚刚写好的歌词,对他说:"郭村一仗,你指挥得很好,打了一个大胜仗。这是我刚写的一首歌,请你看看,提提修改意见。"

听陈毅这么一说,喜爱文学的叶飞拿起便看。当他看到"孤军英勇,领导坚强,是胜利的核心"这句歌词时,一颗悬着的心踏实下来。他一直担心郭村一仗,自己擅自做主,一定会挨陈毅的批评。现在,他觉得这种顾虑似乎是多余的。看完后,他赞不绝口道:"陈司令的这首《保卫郭村》写得太好了。"说罢起身,对陈毅说:"我马上送到文工团去,叫他们谱个曲子,在全部队唱起来。"

陈毅摆摆手,说:"不急,不急,我还有话要对你说。"

叶飞重新坐下,看看陈毅的脸色,看来这顿批评今天是吃定了。

果然,陈毅语重心长地说:"叶飞啊,你知道不知道,郭村一仗,是一次下不为例的胜仗,以后,这种仗不能打!你想过没有,这一仗打得非常悬啊。如果打输了,你会弄得个全军覆没的下场,你懂吗?"

叶飞低声说:"我知道,我抗命专擅,干系重大,万一打不好,部队会受到重大损失,我这个党委书记、政委是要负责的。特别是当战斗进入到第二天时,刘少奇来电报,说南下的黄克诚八路军在陇海路被鬼子挡住,不能前来增援,而罗炳辉的五支队又被王光夏部拦住过不来,真把我吓出了一身冷汗,手都发麻了。当时,对这一仗究竟是胜是败,心里没有一点底,不知道李长江部队的战斗力如何。好在陈扬、惠浴宇适时组织地下党临阵策划起义,苏皖支队及时赶到。他们是一支特别能战斗的部队,在北面打得很好。一直到30日,打退了李长江的第二次进攻后,又出击了宜陵,接应陈玉生起义,局势才扭转过来。"

陈毅缓了缓语气,脸上有了一丝笑容说:"我们开辟苏北,基本上靠政治,靠'联李孤韩'的方针,军事自卫和反击是辅助性的。当然,有时军事打击也会成为主要手段,这就要看需要了。"

第四章 黄桥决战

东进黄桥

郭村战斗后,粟裕率领江南指挥部机关和第二团、新编第六团渡江北上,在塘头镇与陈毅会合,将江南指挥部改为苏北指挥部,陈毅任指挥,粟裕任副指挥,所辖挺纵、苏皖支队、第二团、新编第六团,统一改编为第一、第二、第三纵队,共计九个团七千人。第一纵队司令员兼政治委员叶飞,第二纵队司令员王必成、政治委员刘培善,第三纵队司令员陶勇、政治委员刘先胜。部队改编后数量虽然不算少,可比起号称十多万的韩、李等部总兵力来说,相差甚远。面对强大的对手,陈毅、粟裕并没有气馁,他们鼓足了信心,依靠叶飞、王必成、陶勇三员战将和广大指战员,连战皆捷,实现了苏北新四军化、新四军苏北化的战略目标。

这天,陈毅、粟裕两人正在研究下一步的作战方向,收到了刘少奇发来的一封电报:

陈毅:

根据苏北目前发展形势,我党完全可以将苏北建成华中总根据地。目前,你部可原地整顿,以逸待劳。以诱韩德勤来犯后,固守待援,以小打牵制,坚持半月至一月,以便在政治上压倒韩德勤,只要

全国舆论及苏北人民谴责韩部,我则可借此反击,集中兵力与之决战。兵力布置是:彭雪枫、黄克诚的四、五纵队,自西北经东台南下;罗炳辉的五支队自高宝地区向西,以配合你们,消灭韩部十万兵力于兴化、姜堰、海安。

中原局刘少奇
一九四○年七月二十日

陈毅将来电反复看了三遍,然后默默地递给粟裕。粟裕阅罢,面露疑虑地询问陈毅道:"陈司令,这……"

陈毅摆摆手打住了他的话头,示意他坐下后,低头思索起来。大约过了两分钟,他抬起头对粟裕说:"此问题事关重大,让大家讨论讨论,听听他们的意见再做定夺。"

粟裕点头同意。

于是,他们立即召开团以上干部会议。陈毅读罢电文,开口道:"今天的会议,中心议题是讨论刘少奇同志的电文指示,大家有什么看法、想法,都毫不保留地说出来,现在请大家开始发言。"

过了一会儿,一个干部站起来问:"刘少奇是中原局书记,他的意见又是代表党中央的。对于中央的指示,我们能提意见吗?"

"为什么不能提?"陈毅反问一句,然后恳切地说,"对于上级的指示,应该本着负责的态度,大胆地提出自己的意见,如果盲目执行,有时将会把事情办糟的。"讲到这里,他转身面向叶飞,笑着说:"这次郭村自卫仗,就是一个很好的例子嘛!如果你们不管当时的实际,而盲目执行我的命令的话,那将是个怎样的后果呢?"

这时,叶飞站起来说:"我来谈一点。我认为,刘少奇同志的战略设想非常好。如果这一设想实现,那我军将囊括苏北,发展苏北的愿望就可提早实现。这是个美好的愿望。可是——"话说到此,他话锋轻轻一转说:"根据实际情况分析,在目前情况下,这一计划的实现是很困难的。第一,就兵力而言,对方总兵力是韩德勤的十余万加上两李的一万余人,而我方呢?苏北指挥部加黄克诚、彭雪枫、罗炳辉各部,合计不过五万余人,敌我兵力悬殊显而易见。第二,兴化、泰州均为水网平原地带,易守难攻。第三,我军这几年打的是小规模的游击战。在指挥大规模的攻坚战上,缺乏足够的经验。综上所述,我认为我们在兵力、战术、组织指挥上,均不具备进行大规模攻坚战的条件。"

陈毅微笑着点点头。

陶勇站起来说:"我认为刘少奇电文中采取了跃进的方式,用急于求成的态度解决苏北问题,这叫欲速则不达。我以为,我们应采取蚕食的方式,一步步解决。先东进黄桥,待站稳脚跟后再与韩德勤小打小拼,逐步歼灭之。"

陈毅等陶勇说完,问叶飞:"你刚才的讲话犹如一篇文章,只写了上半部,下半部还应该继续写下去。你同意东进黄桥吗?"

叶飞又站起来,回答说:"我举双手拥护东进黄桥,我们有三个有利条件可以在黄桥立足。第一,黄桥地处泰兴、泰县、靖江、如皋四县之中心,东可向南通、如东、海门、启东发展;北可与黄克诚打通联系;南可控制长江通道,机动余地大。黄桥周围数县,人口稠密,物资丰富,我们可用收税之法增加经费补给。第二,黄桥一带韩部兵力薄弱,只驻有何克谦保四旅。此旅军纪极坏,官兵无故殴打枪杀老百姓、欺男霸女之事时有发生,老百姓们对之深恶痛绝。新四军开道,定受百姓欢迎。第三,黄桥为我党老根据地,大革命时有何昆、李超时、张爱萍组织的农民暴动,成立过红十四军。抗战后,中共江苏省委曾委派钟民、赵毓华、陈伟达、韩念龙、周一峰、茅瑾等几十名干部到此,成立了许多党组织。黄桥镇有黄桥区党委,下辖十二个党支部,有二百多名地下党员。而且,他们已打入何克谦部,并握有一部分兵权,这部分力量是非常重要的,必要时可里应外合。"

粟裕接着说:"我军东进黄桥后,韩德勤绝不会善罢甘休,他必然会向黄桥进攻。我们便可联合两李,以黄桥为轴心,诱敌深入,各个击破。黄克诚则可以支援为名,南下助战,来个南北夹击。"

"好!"陈毅一击桌面,喜形于色地说,"这真是英雄所见略同,我同意东进黄桥!"他转头对粟裕说:"立即拟一电文,分别报中原局刘少奇;新四军军部叶挺、项英;延安毛泽东、朱德、王稼祥。"

电报发出几天后,延安复电:"同意东进,在黄桥建立根据地。"

刘少奇复电:"东进黄桥计划甚好,此次行动及长江以北陇海路以南新四军、八路军行动将由陈毅统一指挥。"

东进黄桥的方针确定后,陈毅、粟裕向三个纵队下达命令,叶飞率领第一纵队为右路,直接进入黄桥;王必成率领第二纵队为左路,保障侧翼;陶勇率领第三纵队迂回,断敌退路。

7月25日,三路人马向黄桥进发。黄桥的何克谦保四旅和运河线上的陈泰运税警总团,听说新四军东进黄桥,仗着人多势众,企图南北夹击新四军。

陈毅对粟裕说:"陈泰运和何克谦各怀鬼胎,陈泰运是中间派,他主要是来应付的,做给韩德勤看的。何克谦就不同了,这个杀人魔王野心大。对这两人我们要区别对待,你大胆指挥反击吧。"

粟裕说:"善有善报,恶有恶报。对何克谦这个杀人魔王,我们要狠狠地打,绝不能手软。只要他一出黄桥,立即命令叶飞攻进黄桥。"

1940年8月,叶飞(左)、姬鹏飞、张藩(右)于黄桥合影

王必成部队行到北新街以南,粟裕命令王部调头北上,突然与陈泰运交火。陈泰运措手不及,被击溃两个团,被歼一个营。陈毅要王必成遣返了俘虏,送还了一部分枪支。陈泰运大喜过望,对送俘虏的新四军说:"我陈泰运不会忘恩负义,关键时刻用得着我尽管讲,我只要你们不把我同韩德勤一锅煮就行了。"

陈泰运被打得狼狈不堪,何克谦还蒙在鼓里。他一个劲地向新四军进攻,当他们攻到搬经镇时,突然被陶勇第三纵队包围,进退不得。叶飞率部火速进攻黄桥。黄桥镇只有何克谦留着看家的一个多团,毫无战斗准备。叶飞部队7月28日一夜激战,歼灭何部两千多人,何部特务团四百多人举行战场起义。凌晨,新四军占领了黄桥。

叶飞占领黄桥后,立刻做了三件事:一是组织宣传队,分散做宣传工作。二是派第一团乘胜攻克靖江东北的西来镇伪军据点,第四团攻克孤山伪军据点,还在黄桥至靖江公路上,袭击了日军十九辆汽车,在如泰运河上袭击了日军二十几艘汽艇,扩充了一千多新兵。三是派第一团政治处副主任陈同生协助管文蔚开辟黄桥根据地,管文蔚担任(南)通如(皋)靖(江)泰(兴)临时行政委员会主任,陈同生为副主任兼黄桥军民办事处主任。

老叶庄秉烛夜话

叶飞率部占领了黄桥后,来到老叶庄陈毅的指挥部里汇报工作。

陈毅见叶飞来了,热情地请他入座,然后说:"你们纵队进黄桥后的情况我都知道了,你就不用汇报了。今天,我俩好好谈谈心如何?"

陈毅的话一出口,叶飞便猜中了几分,陈毅又要继续上次郭村战斗后没谈完的话题了。陈毅重重地叹了一口气,感慨地说:"我比你年长,今天不是我摆老资格,我是想讲几个历史故事给你听听。"

叶飞坐下,认真地听陈毅讲故事。

第一个故事是,战国时候,屈原主张联合齐、鲁抗秦,但楚怀王狂妄自大,拒绝了屈原的提议。楚国孤军奋战,结果楚国灭亡,楚怀王被俘。

第二个故事是,三国有个关老爷,此人一脸骄气,看不起孙权,刚愎自用,破坏了诸葛亮提出的联吴抗曹的战略,结果大意失荆州,还丢了性命。

第三个故事是,宋太宗赵光义北伐,很多大臣提出把镇守大同的杨业剿灭,宋太宗却以和为贵,主张把杨业争取过来。结果,杨业归顺了,北宋王朝巩固了。

第四个故事是,朱元璋与陈友谅、张士诚三人争夺天下,有个大臣主张将张士诚、陈友谅一锅煮,统统消灭。可是,朱元璋却不同意,他说:"聪明的统帅在众敌面前只有一个敌人,其余的统统当朋友。"朱元璋采取联张伐陈的战术,统一了天下。

叶飞知道陈毅说古是为了论今,话题自然而然扯到了开辟苏北上来。陈毅说:"今天,苏北的政治舞台上生旦净末丑,什么角色都有,这就需要我们认真地分析一下各派势力在苏北的地位,分析谁是敌人、谁是朋友。从兵力众寡上看,日本人武器好且又占领着城镇,算是苏北的老大;韩德勤号称十万兵力,算是苏北的老二;李明扬、李长江有九个纵队,号称一万,是老三;我们新四军呢,只有七千人,兵力最少,力量最单薄,只能排行老四。从敌我关系上看,日本是我们的敌人。对于韩德勤,我们从国共合作的大道理上来讲,应该算是朋友,是团结的对象,但是,韩是蒋的嫡系,当过五十二师师长,在江西苏区曾被我们俘虏过,还当过国民党军委会办公厅主任,他在苏北推行的是积极反共、消极抗日政策。所以,从这方面分析,他属于反共顽固派,是我们的敌人,与我们水火不容。两李在苏北属中间派,陈泰运因为势力弱,也只能算中间派。对中间派,我们必须采取团结的方针。所以,我为了同两李求得孤韩抗日目的,三次赴泰州,与他们谈判。"

听话听音,锣鼓听声。叶飞感到陈毅对自己领导的郭村战斗始终有看法,以为是自己主动攻打两李的。想到这个问题,叶飞觉得有点冤枉,便将郭村保卫战的前因后果一一向陈毅陈述。

陈毅边听边吸烟。当叶飞说到刘少奇分析在相持阶段中,放手发展人民力量,不光是为了保证抗战的胜利,还要考虑抗战以后中国革命的前途时,陈毅感同身受地说:"新四军到江南已经迟了一步,武装给忠义救国军抓去了,苏北也给韩、李占了。我们不得不在反摩擦中求发展。苏北是我们的主要突击方向,虽然来迟了,只要方向对头,讲求策略,明确敌我友,不走或少走弯路,发展速度也是会很快的。"说到这里,他心情沉重地说:"郭村打起来后,我真担心同两李要彻底分裂了。"

叶飞说:"刘少奇要我设法诱韩攻我,由我反击。但是,这次郭村战斗开始后,情况复杂化了。开始,我们是准备将两李甩到侧后,准备韩来进攻,谁知韩却不来,派来了两李。"

陈毅说:"这就是韩德勤的诡计了。他用的是蒋介石的那一套办法,用杂牌军打先锋,弄得我们和两李两败俱伤后,他可以坐收渔利。"

听了叶飞一番解释,陈毅认为叶飞的决策是对的,一颗不安的心安顿了下来。过了一会儿,陈毅突然问叶飞:"你为何说江南是机会主义路线?"

陈毅的突然袭击,令叶飞一时不知所措,他听不明白陈毅说什么。

陈毅见叶飞不明白自己的意思,干脆直截了当地问:"你当时为什么不回我的电报?"

叶飞这才明白陈毅的问话。事情的原委是这样的,当叶飞增援半塔集回来后,向纵队和特委的领导同志传达了刘少奇的指示。不久,就收到了陈毅的一封电报,电报中措辞严厉,责问叶飞从半塔集回来后,为什么说江南是执行右倾机会主义路线?电报中要叶飞回答一个问题:陈毅是怎样反对中央的?

叶飞接到这封电报,丈二和尚摸不着头脑,一时不知做何解答,心里的怨气、火气一下子蹿了上来,他不知道怎么会发生这种莫名其妙的事情,是谁在里面搞鬼呢?陈毅要叶飞回电,可是,电报怎么能说得清呢?他准备什么时候过江,当面向陈毅汇报。但是,去一趟江南来回要十天半月,日寇扫荡、李长江挑衅,他不可能离开这么长时间。战事一起,叶飞也顾不了陈毅对自己的误会了,所以,一直没有回电。现在,他要当面澄清这个问题,于是对陈毅说:"我传达胡服同志的指示时讲得很清楚,他说陈毅同志对项英同志的错误是有斗争的,是与项英同志不同的。他还说,陈毅同志不执行项英同志那一套,不照他的办,想办法向东向北发展,是执行中央路线的。"叶飞强调说:"我在传达时并没有说你反对中央,胡服同志也没说。"

陈毅听后,仰天长叹:"我是两个合法、两个非法,为了求得革命事业的发展,常常要合法掩护非法。"

陈毅的这番话,叶飞深有体会。就说东进吧,东进要用江抗的招牌,北上要用挺纵的名义。叶飞不也是先后改名换姓,一会儿叫叶琛,一会儿叫聂扬。东进不能公开,还要向三战区请长假,另外再编一个新编第六团。对项英,还

要冒非法的风险。为了东进,陈毅煞费苦心。

陈毅有点激动地说:"江南没有委派县长,这并不是执行皖南的指示,也不是我陈毅不敢这样做。"

陈毅深深地吸了两口烟,心情渐渐地平静下来:"不在于形式,而在于内容。茅山地区就建立了有各界代表参加的抗敌总会,这是半政权性质。打开扬中后,项英要我们接受国民党派来的县长,韩德勤派来了一个,冷欣也派来一个。我以不能保证他们的安全为理由,把他们吓走了,成立了我们的扬中办事处。具体情况具体对待嘛。"

陈毅平时是个对自己要求严格的人,从不在部下面前谈新四军领导的路线错误,也从不讲与项英之间的矛盾。今天之所以这样,是因为他知道叶飞了解了一些情况,用不着再隐瞒,所以,将积压在心中的话一吐为快。

陈毅说完,轻轻地嘘了一口气说:"好了,现在可以和中央直接通报了。"

叶飞见陈毅平静了许多,便欲言又止地问起那封陈毅给自己的电报。

陈毅挥挥手说:"当时是有人打了你的小报告,我到郭村后已经弄清楚了,你不仅在政治上没有错误,而且组织上也没有错误,事情弄清楚了也就算了。"陈毅考虑了一会儿,又说:"至于是谁打了你的小报告,我看也不必追究了,心胸要宽广一点嘛。"

叶飞知道,陈毅十分注意党内的团结,绝对不会说出谁打的小报告,所以,他也就不再追问,点点头说:"只要陈司令弄清问题就行了,都是为了工作。"

陈毅推开窗户,指指外面说:"天已快亮了,韩德勤要对我们下手了,我们到黄桥去,迎接他的挑战吧!"

两人相依出门,由叶飞引路,向黄桥进发了。

这次的彻夜长谈,给叶飞留下了终生难忘的印象。晚年,他把这次谈话内容写进了自己的回忆录,名曰《联床夜话》。

率部激战黄桥

新四军占领黄桥后，部队迅速发展，群众运动搞得轰轰烈烈，韩德勤如芒刺在背，感到莫大的威胁。他在东台连续召开了三天军事会议，认为北面的八路军兵力强大，西面的新四军第四、第五支队兵力亦厚，且湖泊不易作战，南面新四军陈毅部兵力较少，充其量不过三五千人，如以主力进击，必可收效。据此，他提出了一个"先南后北"的方针，先集中主力消灭或驱逐陈毅部，然后移兵北上，逐歼八路军黄克诚部。8月31日，韩德勤于东台副总司令部下达了作战命令："各部向黄桥附近地区攻击前进，歼灭盘踞分界、黄桥一带之匪。"

他还任命李明扬为进剿军总指挥，李守维、李长江为进剿军副总指挥，并任命李长江兼右翼进剿指挥官，陈泰运为副指挥官，郭心冬为左翼进剿军指挥官，刘漫天为副指挥官。

韩德勤组织了二十六个团约三万兵力，分三路向黄桥进攻。进攻时间定在10月初。当时，驻黄桥的新四军部队只有七千余人，敌众我寡，还要分兵防御可能援韩的泰兴等地日军，形势十分严峻。在这场抗战以来全国最大规模的反摩擦战役发起前，为对付顽固派的进攻，陈毅、粟裕精心研究了三个方案：一是给予韩军重大杀伤后，立即撤出黄桥，趁敌追击时，再集中兵力歼其一路。此计是红军的一贯战法，可集中兵力，便于机动，诱敌深入根据地腹部歼灭之。但是，该地区北有运盐河，东有串场河，西有泰州到口岸的运粮河，南有长江，并有泰兴、靖江等日寇大据点，回旋余地小。而且，我军撤出黄桥，非但影响民心、士气，对中间派也必将产生极为不利的影响。二是全力死守黄桥，待韩军进攻失败后再出击。黄桥西南面有日寇大据点，北面有韩进攻。此种战法，我军腹背受敌，虽可以应付敌人夹攻的严重局面，但以当时的人力、物力来看，困难较多。这个方案最多只能击溃顽军，而不能歼其主力，而且大大增加中间势力参加攻击我军的可能性。更大的缺点是，苏北问题不能速决，于我军不利。陈毅主张以黄桥为轴心诱敌深入、各个击破的方案，也就是第三个方案。此方案不是以主要兵力守黄桥，而是以少数兵力守黄桥，吸引、迟滞、

黄桥战役纪念碑

消灭敌人;主要兵力则置于侧翼机动位置,当敌人遭我军大量杀伤后,择其一路歼灭之,并继续扩大战果,以求全胜,对中间势力稳定其中立;对日寇据点则大胆不管,只派少数侦察部队进行监视。有人担心,这样风险太大。

可陈毅认为,当顽军大举进攻时,日寇会采取坐山观虎斗的态度,而韩德勤也不敢公开要求日军直接参战。只要此战能速战速决,日顽联合攻我的局面就不可能出现。他诙谐地说:"如果战胜了,苏北大局就定了,我们就可大发展;如果失败了,那就算了。"

陈毅的分析说服了众人,最后,大家一致同意了第三个方案。然后,大家研究了具体部署:叶飞第一纵队、王必成第二纵队兵力比较充足,用于突击方向,隐蔽集结于黄桥西北的顾高庄、严徐庄、横港桥地区待机;由第二纵队派出主力老二团的两个营,配置于古溪至分界一线,实行运动防御,诱敌深入;另由第一纵队派一个营化装进入敌后,配合地方武装,袭扰敌人;第三纵队全部人员不足两千,用于防守。

大家决心打好这一仗,叶飞选择敌独立第六旅作为首战歼灭对象。这是韩德勤部队中,战斗力较强的一支。一般战斗总是先打弱敌,此次却先打劲旅。叶飞考虑的是,这可收到出奇制胜之效,而且有三个好处:首先,假如首战歼灭了独立第六旅,对于拉开两李、陈泰运同韩德勤的距离,稳定李、陈的中间立场,将起到重要作用;其次,该旅是韩军中路的右翼,把它消灭,就在韩军的中路打开了缺口,可实现对韩军的包围与迂回;再次,敌主力首战被歼,必给韩军士气以沉重打击,并起到威慑其他杂牌军的作用,使之不敢轻举妄动。

对首歼敌独立第六旅,叶飞信心十足,胜券在握。我军曾在半塔集将该敌打得落花流水,再有就是独立第六旅的战斗力比敌第八十九军的两个师弱得多，首歼该敌可获速胜而不会影响下一步战斗。另外，列阵前进掩护的独立第六旅的两李、陈泰运部已和我方有密约，如我军埋伏在这两路之间，背李、陈而击独立第六旅，取胜在即。

10月4日，韩德勤命令部队对黄桥发起进攻。第八十九军打头阵，翁达的独立第六旅，因曾被我军教训过而迟迟不敢上。4日上午，我军黄桥前沿工事以东三百米处的小焦庄失守。经一个上午的争夺，黄桥东部的发电厂在中午时分也被敌攻占。有些地方，敌已突破镇边的河沟，手榴弹都甩到了黄桥的街头。一直在观望的狡猾的翁达，误以为我军败北的局面已定，这时才率领部队前行。

翁达以为新四军主力与第八十九军已在黄桥以东拼得两败俱伤，就想趁机直入北门，攫取头功。叶飞见敌人队伍前面是大批的卫队簇拥着前进，后面则呈"一"字形长蛇阵，不由得一阵兴奋，这种队形不是正便于我军将其切断围歼吗？

叶飞发现正是运动中歼敌的绝好机会到了，便立即电话报告陈毅，建议不要等翁达的部队攻到黄桥北门再打，而是立即出击，把其切成几段，一举歼灭。

陈毅在电话里说："一定要看清楚，要等他全部脱离高桥时再出击！"

叶飞一边观察一边回答说："从行军队形的间隔判断，后卫该出高桥了。"

陈毅果断地下达命令说："那就出击。不过要注意，你一定要照单全收，绝不可放跑一个敌人！"

叶飞放下电话，立即命令第一团分三路直插敌独立第六旅的腹部，第四团打其前卫，第五团打其后卫。刹那间，我军把这条长蛇的躯干斩成几段。敌独立第六旅局部被歼后，立即收缩到土墩和独立家屋固守，其后卫团猛扑高桥，企图打开退路。此时，高桥已被我第五团先机占领。双方一场血战，敌第十八团被打退。第一团团长乔信明看准顽军中有一大群挎皮包、拎箱子的军官，拥着骑马的头头在狂奔乱跑，判断这一定是敌人旅部，立即率第一营扑上去。接着，第二营也插到敌阵，和第三营配合，攻歼大股的顽军。全团三个营分三

路插向敌第十六团。这样,敌独立第六旅首尾被攻,无法展开,被新四军一阵猛冲,队伍顿时大乱。

翁达发现新四军向他进攻,相距只有一里路时,只好率领乱哄哄的旅部奔进一个村庄,慌慌张张地命令架设电台。可是,摇机员却不知去向,他只好令通信军官带着卫士、传令兵向第八十九军军长李守维求援。这时,其他敌人也溃退到其他两个村庄。叶飞见时机成熟,命令第一纵队把这三个村庄团团围住。

8时整,陈毅打电话询问战况,叶飞兴奋地说:"我们把独立第六旅围在三个村子里了。"

"太好了,太好了!"电话里传来陈毅激动的声音,"你们和王必成联系上没有?"

"他已向南插,迂回过去了。"

10时左右,陈毅再一次打来电话,问叶飞12点以前能不能解决战斗。叶飞信心十足地回答说:"陈司令放心,现在已没有多少敌人了,12点以前完全可以解决战斗!"

"那就好!"陈毅说,"解决战斗后,队伍马上集结,作为第二纵队的第二梯队,向南迂回,包围、消灭八十九军!"

午后,敌独立第六旅被歼,韩军主力第八十九军完全暴露和孤立了。叶飞率第一纵队各部,先后到达指定地点,在距离野屋基七八里处的独立家屋,设立了指挥所,随即与第二纵队取得了联系。查明敌情,他发现敌第八十九军军部正在野屋基时,高兴地一拍大腿,命令部队向野屋基火速前进,发起攻击。

第四团从东南面,第一团从东北面,同时向野屋基进攻。随后,第五团从三里庄向东插去,向东南方向攻击,这一下把第八十九军军部打得晕头转向。

第八十九军李守维部,是韩德勤赖以横行苏北的支柱,是他在苏北最有战斗力的主力部队,不仅兵力充足,而且武器精良。李守维突然被叶飞部攻击,一阵慌乱之后,渐渐镇定下来,他连忙组织火力拼命抗击。叶飞率部在野屋基东北的土坝上,顶住了顽军大部队的突击。李守维迅速组织反击突围,机枪子弹如疾风骤雨般向我军阵地倾泻。

黄昏时分,叶飞在前沿阵地召开会议,提出发起总攻。乔信明、廖政国一致同意他的意见。他们决定趁着夜幕进行迫近作业,挖壕到距离野屋基二百米时发起攻击。

半夜了,叶飞指挥部队突进野屋基,逐屋争夺,战斗更加激烈。深夜2时许,李守维终于守不住了,带着军部仓皇突围。他们溜到挖尺沟河边。这里只有一座小木桥,也禁不住大队人马践踏而折断了,挤在桥上的人马纷纷落水。这时,担负北面警戒任务的第一团第三营向敌开火,敌人又向西边突围去。李守维的军部躲避在小周庄后靠河边的窑里,一面仓促组织火力掩护,一面驱赶士兵下水,企图泅水过河。第一团第三营追到河边,向泅渡的敌人猛烈射击。李守维骑着一匹马,狼狈逃窜,在人马混乱中抢先过河,因躯体太沉重,身上又带着大量银圆,连人带马跌入挖尺沟河中,一命呜呼。

敌不善夜战,加上建制大乱,似一群无头苍蝇到处乱窜。叶飞率指挥部刚从野外坟包丛中移到村头小屋,架起电台,点上蜡烛,打开地图,便听到一片杂乱的脚步声。他探头一看,黑压压的一群人。他急忙吹灭蜡烛,奔出屋外,才知道自己带着指挥人员和敌人混在了一起。叶飞面临危境而不慌乱,沉着地命令司号长把顽军引到河对面我担架连方向。

司号长心领神会,一声高喊:"弟兄们,不准乱跑,跟我来!"顽军一个个像听话的羊羔,乖乖地跟着他过桥。担架连一下子就抓了五百多个俘虏。

李守维的部队仍在野屋基拼死抵抗。第一纵队发挥白刃肉搏特长,终于将敌人压倒。溃散之敌在一片"缴枪不杀"、"新四军优待俘虏"的喊杀声中,纷纷缴枪投降。

至此,韩军主力独立第六旅和第八十九军被消灭殆尽,其余如保十、保三、保五旅大部也被我军消灭。

陈毅对叶飞说:"海安是个军事要冲之地,控制了海安,就能割断如皋、南通、海门、启东四县顽军和海安以西韩军的联系。如果韩德勤急调生力军来固

守海安，我就不易攻克了。那么，黄桥决战就没有取得战略上的全胜。"

叶飞领会陈毅的意图，和王必成、陶勇率部向海安方向追击。

10月10日，八路军进抵盐城，新四军进抵东台，两军先头部队在盐城、东台之间的白驹胜利会师。

第五章　巩固苏中根据地

讨伐李长江

皖南事变后,中共中央发布重建新四军军部的命令。原苏北指挥部改为新四军第一师,叶飞因工作需要,担任第一师第一旅旅长兼政治委员,还兼任三分区政治委员、地委书记,集党政军大权于一身。职务多,任务重,叶飞未雨绸缪,先声夺人,作战指挥和根据地工作都搞得红红火火。

蒋介石掀起第二次反共高潮,制造震惊中外的皖南事变之时,也是苏北日伪军和国民党顽固派最为猖獗的时候。此时,侵占苏中的日寇是华中派遣军的第十七师团一部,以后,又增调了独立第十二混成旅团全部。伪军数量不多,战斗力也不强。敌伪势力只控制浦口、六合、仪征、扬州、泰兴、靖江、南通、海门、启东、如皋等点线和沿江一带。苏中国民党部队主要有韩德勤残部,龟缩在曹甸、安丰、兴化西北一带;张星炳保三旅,在溱潼、仇湖地区;李明扬、李长江鲁苏皖边游击总指挥部,大部在江都、泰州地区;陈泰运税警总团活动于姜埝、曲塘地区。当此反共高潮之际,中国抗战形势逆转,曲线救国的理论出笼,日伪顽沆瀣一气,进行反共大合唱。苏中的突出事件就是李长江公开投降日伪。

李长江是江苏的地头蛇,抗战以来,受到韩德勤的歧视、排斥。韩德勤克扣他的经费、分化他的部属等,令李长江十分不满,逐渐萌生出改换门庭之心。据李明扬给蒋介石的信中说，汪精卫从香港逃来上海，准备筹建伪政府时，就曾亲笔致函两李，劝其投降。大汉奸周佛海的《周佛海日记》中记载：李长江曾派代表去上海和汪伪商谈投降之事。1940年3月，李长江就曾派代表前往上海与汪精卫勾结，并与汪精卫、周佛海谈判该部降日投汪条件。为了达到诱使李长江参加汪伪集团的目的，周佛海当即答应委任李长江为军长，待该部全部声明投汪后，再授该部为集团军名义。当时，李长江向日伪提出补充该部枪支弹药作为条件，但因数量大，未得日方同意。汪精卫为了诱使该部投伪，1940年10月，派缪斌前往泰州与李谈判劝降。

缪斌当过北伐军的第二师党代表，是蒋介石的亲信。抗战后投伪，任新民会的指导部部长。因为缪斌担任国民党江苏省民政厅厅长时，李长江是省保安处第四团团长，两人素有往来。缪斌经过三个多月的诱降活动，终于使李长江率部分官兵投汪。日军则同意给其子弹二十五万发，并授第一集团军名义，以李长江为总司令。

2月13日，李长江率六个纵队一万多人公开投敌。2月15日，中央军委向我军通报了李长江投伪情况。李长江在泰州通电就任伪军第一集团军总司令之职后，李明扬率千余人离开泰州，继续以鲁苏皖边境游击总指挥名义，活动于泰州以北唐家甸子一带。在1943年1月和4月，日伪军对该部两次扫荡中，纵队司令陈中柱阵亡，三个支队被击溃，李明扬部遭受重大损失。我军为团结支持李明扬的爱国抗日举动，为团结他共同抗日，通过联抗（即鲁苏皖边区游击总指挥部纵队、鲁苏战区苏北指挥部第三纵队联合抗日司令部的简称）部队给予物资支援，并表示慰问。韩德勤逃离江苏后，国民党政府委任李明扬为江苏特别行政区主任、长江下游挺进军司令。

对于李明扬，新四军始终以友军相待。

当时，李长江是国民党在华中敌后部队中第一个公开投伪的。他的投伪，对抗战产生了极坏的影响，但国民党重庆当局对此噤若寒蝉。为了坚持抗战，保卫苏北根据地，坚决打击投降派，代军长陈毅、政治委员刘少奇于2月18日发布了《讨伐李逆长江命令》，任命粟裕为讨逆总指挥，叶飞为副总指挥兼前敌指挥,刘炎为政治委员,命令他们迅率所部歼灭李逆。

此时,第一师主力隐蔽集结于海安以西地区。叶飞第一团驻胡家、大小白米,叶飞第二团驻曲塘以南。1月上旬刚获悉皖南事变的噩耗,现在又传来李长江叛变投伪的消息,部队上下无比义愤。

按照讨逆作战命令,叶飞第一旅为左路军,王必成第二旅为中路军,陶勇第三旅为右路军。

叶飞第一旅为先头部队,2月19日拂晓,叶飞率部向姜埝攻击前进。李长江派出一个营的兵力守姜埝。由于李长江投伪不久,部队刚改为伪军,建制十分混乱,士气也十分低落,所以第一旅包围姜埝后,守姜埝的一个营伪军见新四军攻势猛烈,一枪未放,就四处逃散。第一旅顺利占领了姜埝后,叶飞挥师向泰州猛进。大部队行动之前,叶飞派出侦察员向泰州方向行动。第一团的陈永兴接到命令后,便骑上自行车在从姜埝到泰州的公路上侦察敌情,一路上竟然没有发现李长江部的一个哨兵,他顺利地驶进了苏陈庄。

在苏陈庄庄头空地上,他见李长江部约一个团的人正在集合。几百人你呼我喊,挤来攘去,乱成了一锅粥。这时的陈永兴单枪匹马闯进敌阵,前进不行,后退不得。这时,他看见一个穿黄呢子军装的人正在指手画脚发号施令。他灵机一动,一个箭步上前抓住此人,掏出手榴弹,拉下弦线,大声喊道:"快下命令,叫部队缴枪,否则,你死我也死!"

这个人吓得两腿发软,直打哆嗦,乖乖地下令,所有的士兵乖乖地将枪堆在空地上,当了陈永兴的俘虏。

这天下午,李长江正在泰州召开庆祝大会。叶飞占领姜埝后,将姜埝通往泰州的电话线剪断了。所以,李长江对姜埝失陷之事,还一无所知,此时正在乐颠颠地跑来跑去,招待他的日本主子。

直至黄昏,城外响起了激烈的枪声,情报员来报告说叶飞打进了城。李长江一听叶飞来了,吓得不知所措,顿时愣在那里说不出话来。郭村战斗中,李长江尝过叶飞的利害。好一阵他才回过神来,连他的日本主子也顾不上,跑回公馆,化装成商人,一口气溜到了扬州。新四军乘胜追击,俘虏李长江部四千余人，缴获了大量枪支弹药、粮秣及物资，还争取了李部两个支队战场反正。

围魏救赵解军部之危

新四军军部在盐城重建后，日寇便加紧了向根据地进行扫荡的步伐，妄图围歼新四军军部及主力，占领苏中、苏北。那时，正是投降危机甚嚣尘上之时，南京群丑公开宣扬要"完成皖变未竟反共之功"，日寇头目也毫不隐讳地狂妄叫嚣，要以"闪电战打击陈毅及其重建之军部"，妄图将新军部扼杀在襁褓中。1941年夏，日寇对苏北盐城、阜宁地区进行了大规模的扫荡。

军部对日军的大扫荡动向早有察觉。6月3日，发出了《粉碎敌人扫荡的指示》。指示说，综合我军地区之日军动态，日军已开始向本军大举扫荡。须知日军扫荡本年不可免。着重指出，敌寇此次扫荡不限于局部某一地区，即不是局部地区之扫荡，对此认识不足，必然会上当。因此，军事部署上要求各战略区发挥主动性，积极行动，相互配合。指示还指明了反扫荡的战术原则，即敌之战术，系采取分进合击之惯技，我军事上应以分散游击避免决战为主，但应争取有利时机，实施较大兵力之突击，粉碎日寇的疯狂扫荡。

为了发动这次攻势作战，日伪调整了长江北岸沿江一带和运河沿岸的兵力部署。7月上旬，日军以第十五、第十七师团，第十一旅团各一部，接替独立第十二混成旅团在长江北岸和运河沿线各据点上的防务。然后，独立第十二混成旅团集结于东台、兴化、射阳一带，由旅团长南浦襄吉出任前敌指挥官，指挥日伪军一万七千人，倾巢出犯，兵分四路：东台一路、兴化一路、射阳一路、陈家洋一路。7月20日同时出动，向盐城合击。开始，日伪军约有少量增加，由如皋、海安、安丰、富安、李堡等据点出动，扫荡我苏中二分区。另外，南通、海门、启东等据点日伪军以原有兵力出动，扫荡我苏中四分区的中心地带，而敌人唯独在叶飞的三分区没有增兵。叶飞一时纳闷，他不明白日伪军玩的是什么花招。经认真仔细的分析后，他估计只有两种可能：一是南浦襄吉发动对苏中的全面扫荡，由于兵力不足而作罢；二是南浦襄吉的目标不是苏中二分区，也不是苏中四分区，而是向北用兵，攻我军部，所以，不在南部的三分区扫荡。

果不出叶飞所料,北犯的日伪军于20日当天就占领了盐城,继而进犯上岗、伍佑、刘庄、白驹、南洋岸、阜宁、东沟、益林、湖垛等地。当时正是雨季,河水大涨,日军汽艇占了天时、地利,在水网区猖狂活动。盐阜地区的新四军第三师跳出外围。

正当我军与日伪军在阜宁东沟激战之际,龟缩在曹甸、泾口一隅的国民党顽固派韩德勤,竟然出动部队,对我益林阵地进行猖狂进攻,陷我军于腹背受敌的危境。

军部在盐阜区有我军主力第三师的掩护,本来可能是安全的,但军部终究是大机关,不是战斗团体,不大适应游击环境,在敌人的猖狂进攻下,慌乱而失去了章法。叶飞和第一旅的几位领导十分焦急,他们对老军部被国民党连锅端后,一直心有余悸,他们为新军部的安危担心。大家商量后认为,支援军部反扫荡最有效的办法就是攻其所必救,也就是围魏救赵。

现在军部吃紧,第一旅不能坐视不管!叶飞和几位领导研究后认为,敌人沿江各据点的兵力都抽调向北扫荡去了,兵力空虚,正是可乘之机。因此,一致决定在三分区主动发起进攻,以配合盐阜区反扫荡,调动敌人。

当时,叶飞的手中只有一两个团的兵力,他们把古溪日伪军中心据点作为第一个攻击目标。古溪有伪军一个团一千余人,位于黄桥附近,攻击它可触动鬼子的神经,有引其回兵的可能;鬼子回兵,就可达到使军部压力减轻的目的。

叶飞一面部署战斗,准备晚上7时发起攻击;一面报告军部、师部。谁知,下午5时,师部来了复电,否定了叶飞的作战方案。师部指出:

> 攻坚不利,易遭受重大伤亡,且未必能攻下据点。曹甸已有前车之覆,当有殷鉴!

这封电报一下子让叶飞没有了主张。在做出决定前,叶飞根据古溪情况

和敌我力量对比，已反复权衡，有必胜的把握，这才下定决心打古溪的。另外，当时扫荡军部的日伪军，大部分是从三分区调去的。叶飞觉得有责任也有义务，为配合军部的反扫荡打几个胜仗。

可是，师部的回电反对第一旅的行动。叶飞为难之时，决定召集两个团的团长、政治委员开会，想听听他们的意见。叶飞拿出电报，让第一团团长王萱春、政治委员曾如清，第二团团长廖政国、政治委员李一平一一传阅。大家看完电报，将目光集中在叶飞的身上，要他表态。

叶飞分析师部不同意的理由，是怕第一旅攻不下古溪日伪据点，偷鸡不成蚀把米，造成部队的伤亡。大家听了叶飞的分析，觉得师部的担心是多余的，他们已做好了充分的准备，有把握拿下日伪据点。

大家有保证，更加坚定了叶飞的信心。于是，他拍板仍照原定方案进行。

果然如叶飞事先预料的那样，一举突破敌据点，两个小时解决战斗，全歼伪军一个团，伪团长在逃跑时落水毙命，而我军伤亡不到一百人。

打下古溪，叶飞便集中全分区的地方武装四面出击。第一旅主力乘胜进攻黄桥，黄桥敌人赶紧向泰兴城撤。第一旅顺利占领黄桥，然后一路追击，并放风说要打到泰兴城。追击路上，叶飞的两个主力团，加上地方武装，横扫三分区内各敌伪据点。敌伪军闻风丧胆，叶飞率部乘胜收复了季家市、加力、孤山、石庄等地。处于长江之滨的日伪重要据点天生桥，也被泰兴独立团奔袭攻克，威逼长江交通线。至此，三分区的日伪据点大部被我军占领。第一旅主力乘胜包围了泰兴城，占领四关。泰兴城日伪军频频向南浦襄吉告急，但南浦襄吉旅团并未按叶飞所预料的那样，根本不理睬泰兴告急电报，毫无抽兵回调之意，而是继续扫荡盐阜区。

叶飞不达目的誓不罢休，他认为南浦襄吉不肯回调，是因为没有将他逼急。叶飞立即调整部署，命令分区武装接替第一旅主力，继续围困泰兴城；第一旅主力则向南浦襄吉旅团部所在地泰州城进逼，呈三面包围态势。南浦襄吉接到泰州城告急，这才南撤，丢下盐阜区，回援泰州。军部终于解围了，叶飞兴奋地说："南浦襄吉终于耐不住了，军部有救了。"

陈毅、刘少奇对第一旅指战员配合盐阜区反扫荡大获全胜十分满意,他们发来电报,表示祝贺和嘉奖的同时,还提醒叶飞要当心回头之敌的进攻。

叶飞对南浦襄吉率部回头南来,早在意料之中。等南浦襄吉离泰州城还有半天路程时,就撤了泰州、泰兴之围,当南浦襄吉赶到时,已是一座空城。第一旅主力向根据地腹地古溪、营溪地区隐蔽集结,待机应敌。南浦襄吉旅团由泰州出发,向东扫荡,企图寻第一旅主力决战。叶飞率第一旅对南浦襄吉采取了蘑菇战术,待南浦襄吉旅团东进到古溪、营溪附近,叶飞则率部于夜间急行军向西,转至敌背后,奔袭泰兴、黄桥之间的敌据点姚家岱,并一举攻克,歼敌一个小队。南浦襄吉闻讯,又气急败坏地从东向西追击第一旅。叶飞待敌迫近,又于夜间由姚家岱急行军向南,经靖江地区,东返根据地腹地南部集结。南浦襄吉旅团两次扑空,只得像一只斗败的公鸡,垂头丧气地撤回老巢泰州城。至此,南浦襄吉旅团由盐阜区南撤,转移兵力,对三分区的扫荡被粉碎了。

司令员开香堂收徒弟

1942年的中国抗战形势颇为艰难。正面战场上,蒋介石不主动出击,处在稳定、沉寂阶段。华北、华中敌后抗日军民处在抗战最困难时期。苏北的伪化、反伪化斗争尖锐复杂。日军千方百计扩大占领区,缩小抗日根据地。在这种形势下,叶飞为求得新四军的生存和发展,采取了特殊的方针,动员三分区司令员陈玉生开香堂收徒弟,受到华中局和新四军军部的高度赞扬和赏识。

陈玉生于20世纪30年代初在上海地下党的领导下,进行革命活动,后来和组织失去了联系。抗日战争爆发后,他拉起了一支游击队。为了有个名义,他只得依附于李明扬、李长江,当了个支队长。苏北特委解决了他的党籍问题,并向陈部派去了干部。郭村战斗时,他率部战场起义,随后任苏中行署保安司令。之后,在第一旅兼苏中三分区司令部,叶飞兼第一旅旅长、政治委员,陈玉生任三分区司令员,两人合署办公。

陈玉生和李长江部队的上上下下都有很深的交往,和本地有些部队的头头脑脑也比较熟悉,这些部队投伪后,叶飞和三分区地委研究决定,通过陈玉生的关系,开展伪军工作。成立敌工分会,由陈玉生担任副主任。

陈玉生是泰兴人,过去的社会基础主要在泰兴周边地区。当时的苏中三分区包括泰州、泰兴、靖江、如西,陈玉生在这一带很有影响。开展边沿区工作,群众工作不能公开进行,而这些地方又常常被流氓地痞所控制。这些流氓地痞往往又是敌我双方争夺的对象。和他们搞好关系,他们便可给我们送情报,掩护秘密工作,成为对我有利的积极因素;如果和他们的关系搞坏了,他们对我们的破坏性极大,甚至会使我们在那一带没有立足之地。这些流氓地痞的特点是不相信组织,只相信结拜兄弟和江湖义气,帮会在他们中间有一定的势力,"老头子"(帮会中的首领)可以左右他们。陈玉生当年拉队伍时就利用了这一点,他开香堂收徒弟,成为他们的"老头子"。为了开展边沿区、敌伪区的工作,争取这些流氓地痞站在我们一边,叶飞和三分区地委多次研究,认为最有效的办法,就是让陈玉生重新开香堂收徒弟。这是一套行之有效的办法,比起新四军千辛万苦地做工作,效果要好得多。可是,当叶飞将这个想法告诉陈玉生时,陈玉生却犯难了,他说:"过去,我搞那一套是迫不得已而为之,现在怎么能再搞这一套封建迷信的东西呢?再说,过去的那些关系也不过是相互利用,早就不来往了,恐怕再搞也搞不起来。"

叶飞说,现在要他开香堂收徒弟,不是搞什么迷信活动,而是为了革命工作的需要,最终,陈玉生同意了叶飞的想法。叶飞见陈玉生同意了,立即将这一想法报告了区党委。区党委接到报告不敢随意定夺,又上报了华中局。华中局权衡后认为这个办法可行,便批准了叶飞的报告。

在同意陈玉生开香堂收徒弟时,华中局提出的要求十分严格,要求收的徒弟名单一定要经组织上审查。

陈玉生利用旧帮会帮规严厉的特点强调集中领导、统一行动,任何人不得脱离帮会擅自行事;借助旧帮会笃信的忠孝仁义的形式,要求大家忠于国家、孝于民族、守信于民主政府与新四军;规定严格的奖惩制度。特别强调,凡叛变投敌者,由会众依规严加制裁。用这个办法,新四军控制了根据地内和边沿地区已经存在的流氓势力,利用它伸向敌占区。

摆香堂的场面很大，一次就有上千人给陈玉生送帖子，称弟子门生。收徒弟确实起了作用，非但边沿区的工作能开辟，而且把工作做到了据点里。好多伪军头目都是李长江的部下，也是陈玉生的熟人，甚至是把兄弟，泰兴城里伪军暂编第十九师师长蔡鑫元，就是当年和陈玉生义结金兰的。许多据点的伪维持会会长就是陈玉生的徒弟。有了这些徒子徒孙、把兄弟，情报自然特别灵。新四军的侦察人员也能进进出出日伪的据点收集情报，日伪的一举一动新四军都了如指掌。苏中三分区据点林立，敌伪军数量大，扫荡频繁，清剿残酷，新四军能在那一带坚持斗争，其中一条就是做好了伪军的工作。

叶飞的第一个女儿出生时，正碰上鬼子扫荡，叶飞将妻子王于畊送到黄桥附近季家市据点旁只有二里地的地方，在敌人的眼皮子底下住下来。叶飞经常穿着便衣，带着两三个人去那里看望她们母女，从来没发生过问题。从三分区的西来镇到张黄港，再由张黄港去上海，是很好的交通线。第一旅去上海采购书籍、药品和无线电器材，上海来参军的知识分子、工人和青年学生，都由这条交通线往返。有时，路过西来镇时，甚至可以在维持会会长开的旅馆里安然住上一宿。

新中国成立后，陈玉生夫妇为此挨整，关了几年。叶飞等出具证明，可是，审查陈玉生的一些人不相信。最后，事情告到了陈毅那里，陈玉生的问题才得以解决。

"伪军师长"为我所用

中国抗日战争最艰苦阶段，汪精卫叛国投敌后，国民党内叛国投敌的事件接踵而来，且愈演愈烈，出现了"降将如毛，降官如潮"的逆流。苏中伪军居华中各战略区首位，仅苏中三分区就有一万三千余人叛国投敌。

一天，陈毅对叶飞说："敌人驱遣伪军以攻我，伪军靠利用敌我矛盾求生存，我则靠利用敌伪矛盾以坚持。我军如能在军事上制服伪军，政治上控制伪军，就等于粉碎了敌人的清剿、扫荡。"

叶飞对陈毅的这番话心领神会，他在第一旅、三分区、三地委中成立敌工委员会,由朱克靖、陈玉生分别担任正副主任,第一旅和三分区设有敌工科,展开对日伪军的策反工作。工作方法上,采取灵活的策略,有时利用与伪军之间的关系、与上层人员的交往,晓以民族大义,陈明利害,指出前途;有时派可靠干部打入伪军内部,用秘密委任方式,秘密订立反正协定;个别发展组织;指定有社会关系的干部与伪军交朋友,促使他们改变对新四军的态度,为我所用,特别是叶飞通过伪军中将师长施亚夫控制、调动日伪军,最后指导施率部反正一事,是新四军军史上值得浓墨重彩抒写的一页。

施亚夫是南通唐闸人,1929年加入中国共产党,并参加了中国工农红军第十四军,任连长。1930年初转入通海特委,从事兵运工作。1931年4月,由于叛徒出卖坐牢,当年8月出狱后回到上海,参加国民革命军第十九路军,1933年回南通担任中心县委常委、组织部部长等职。1934年被捕,判刑十五年,关押在南京老虎桥监狱。1937年秋,日军轰炸南京,几颗炸弹落进监狱,施亚夫趁乱跑出来。1938年3月,日军在南通登陆,施亚夫拉起了队伍,成立中国工农守土团,并任团长,与党组织接上关系。1940年2月,经党组织同意,成立南通县宪兵队和特务队,施亚夫任队长。1941年2月,另拉队伍,成立施亚夫部队,担任司令;6月,又成立绥靖军第七师,担任中将师长。

1941年6月,以施亚夫为师长的绥靖军第七师在南通正式宣告成立。消息一经传到南京,正愁枪杆子少,无法向日本人讨价还价的汪精卫闻讯后,非常高兴,立即派心腹严济南到南通收编施亚夫。

严济南奉命出发,一到南通,见到施亚夫后,寒暄几句,便迫不及待地要施亚夫将全师的花名册交给他审查。

施亚夫手下实际上只有二三百人的队伍,一下子哪里能弄到一个师的花名册呢?他只好想方设法,应付严济南。他一面令几个副官与严济南巧妙周旋,一面带着一个副官匆匆坐船去了上海。

三天过后,施亚夫出现在严济南的面前,将厚厚的一本花名册交给他,笑着说:"严长官等急了吧?我到每个旅去拿花名册,途中碰到新四军袭击,所以,耽误了时间,请严长官包涵。"

严济南拿过花名册心不在焉地翻着,一目十行扫过,看到最后的总数一万五千人,便啧啧赞叹道:"亚夫兄治军有方,一万多人满员,装备又齐全,是绥靖军的模范啊!"

短短三天,施亚夫是从哪里弄来这么多人的花名册的呢?原来,他和副官赶到上海,买了一本电话号码簿,住在新雅饭店里,雇了两个先生,把电话簿里的人名改为绥靖军第七师官兵名,将一万多人的电话号码改为枪号码。

严济南回南京一周后,施亚夫接到严济南的急电,要他火速赶赴南京受衔。施亚夫到了南京后,在严济南的陪同下,受到汪精卫和日军高级顾问晴气庆胤中佐的接见。由于施亚夫做好了准备,在对他的当面考核中获得了满分。严济南将绥靖军总司令部委任施亚夫为伪第七师中将师长的委任状、将军服、军衔等,送给了施亚夫,并在日军招待所福昌饭店里宴请了施亚夫。

施亚夫回南通不久,接到南京绥靖军总司令部通知,要他参加汪精卫举办的将校集训班。集训班设在南京中华门外岔路口。集训期间,每逢节假日,汪精卫便邀请施亚夫到汪公馆做客。施亚夫博学多才,琴棋书画样样精通,善于兵法研究,称得上儒将,久而久之,取得了汪精卫的信任。

三个月的集训结束了,施亚夫回到南通伪第七师。一个漆黑的夜晚,他穿上便装,单身出城,来到与地下党接头的地方,与叶飞派来的敌工科科长见面,敌工科科长传达了叶飞的指示。他握着施亚夫的手说:"叶飞首长对你这一段的工作很满意,他再三要我嘱咐你,演戏要逼真。这是特殊战场,办事要灵活。"

叶飞给施亚夫的任务,是提供有价值的军事情报。施亚夫忠实履行职责,源源不断地向新四军提供极其重要的情报,使日伪军的作战计划破产。

开始,施亚夫孤军奋战,身边无可靠助手,传递情报有时也会出差错。

1941年7月,施亚夫在南通日军司令部参加作战会议。南浦襄吉在会上透露,日军将出动十个联队加上伪军一万七千人,从东台、兴化、射阳、陈家洋等地,同时向盐城新四军军部进攻。会议一结束,施亚夫迅速将这一情报派人连夜送到刘桥情报站。敌人的这次扫荡计划虽然被粉碎了,但叶飞收到的情报

并不是施亚夫送来的。施亚夫的情报怎么没有送到呢？这要从施亚夫送情报的方式说起。

新四军城工部与施亚夫约有暗号。为了不暴露施亚夫的身份，并防止情报员叛变泄密，一般用火柴和香烟表示敌情。一盒不满的火柴，表示敌人最近出动一个小队扫荡；一盒满满的火柴，表示敌人出动一个大队扫荡；一听大炮台香烟，表示敌人出动一个联队扫荡……

这些暗号只有施亚夫和城工部的人知道，各情报站的情报员并不知道具体代表什么内容。以往施亚夫送来的都是火柴，这次施亚夫送来了十听大炮台香烟。但情报员从来没接收过香烟，误以为这十听香烟是慰劳新四军的，便自作主张，将这些香烟分掉了，导致这个重要情报没能送到叶飞手上。

为了防止以后再出现这样的差错，叶飞从新四军中抽调了两个参谋给施亚夫当助手。两个参谋都是党员，有传递情报的经验，一个叫丁迁，被安排到施亚夫身边当副官；另一个叫李玉清，被安排在第一三五团当副团长。施亚夫有了助手，传递情报方便多了。

1942年11月，侵华日军总司令畑俊六和汪精卫决定在苏中南通地区清乡，整个清乡分三步：第一步在南通、如皋、启东、海门进行，第二步扩大到三分区沿江地区，第三步在整个苏中、苏北。

施亚夫得到这一情报后，派人火速通报了叶飞。叶飞一接到这个重要情报，立即和粟裕、管文蔚、陈丕显商量对策，决定通知各地委、军分区、旅的负责干部到南坎开会，研究布置反清乡工作。被陈毅谑称为谭老板的谭震林，代表华中局、新四军军部与会指导。粟裕、管文蔚、陈丕显、叶飞、王必成、陶勇等，都在会上对反清乡工作做了极为重要的讲话。

南坎会议是苏中军区指导反清乡斗争的一次重要会议。这次会议只有开会的少数人知道，可奇怪的是，南通日军最高司令长官小林信男的桌子上，却放了一份关于这次会议详细情况的密电。密电上标明新四军高级干部返回的行程路线。

小林信男如获至宝，立即召开紧急会议，布置四个日军大队和两个伪军师,追杀即将返回的新四军高级干部。幸好施亚夫参加了会议,听了小林信男的讲话,他的心悬了起来,一定是新四军内部有奸细!小林信男的追杀计划如果得逞,新四军将损失一大批高级干部!

事后有人说,如果敌人的阴谋得逞,新四军的历史将要重写!

施亚夫虽然心中焦急万分,但表面上装得平静如水。施亚夫要想方设法阻碍敌人这个追杀计划的实现,甚至不惜牺牲自己的生命。会议休息期间,他躲在厕所里写了一张字条,要副官火速送到情报站,并千叮咛万嘱咐,一定要将这个重要情报送到叶飞手中。同时,他决定见机行事,查出内奸。会议结束时,小林信男踌躇满志地向出席会议的人敬酒:"诸位,新四军高级首脑即将一网打尽,来,我们预祝扫荡南坎战斗胜利,干杯!"

施亚夫离开会场前,走到小林信男面前说:"小林将军,以鄙人之见,这杯酒喝得早了一点。"

小林信男一愣:"什么意思?你是不是怀疑我的指挥能力?"说罢,表露出极大的不悦。

施亚夫连忙解释说:"不,将军的指挥能力,任何时候都不容怀疑。我坚信有你指挥,消灭新四军只是个迟早问题。"

"那你想说什么?"小林信男的脸色好多了。

"我只是怀疑这个消息的可靠性。"施亚夫不动声色,指着地图,继续说,"新四军怎么会在南坎开会呢?南坎地处海边,北面、东面是海,一旦被包围,是很难突围的。而且,那里是一望无边的海滩,无法隐蔽,新四军高级首脑这点军事常识都没有吗?他们会选择那个死亡之地开会吗?"

小林信男愣了半晌,觉得施亚夫说的有点道理,他说:"嗯,你的分析似乎有一点道理。"他很快又摇摇头,用肯定的口吻说:"可是,我们的情报来源百分之百可靠,是我们特高科物色培养的新四军报务员发来的密电,你的怀疑毫无根据。"

弄清了内奸藏在哪里,施亚夫心里有了底,便解释说:"我只是分析,是我的一孔之见,可能是错误的,但我的本意是希望皇军少打消耗战。"小林信男

看不出有什么破绽,笑了笑转身走了。

施亚夫回到师部,不顾旅途疲劳,立即将这一重要情报派人连夜送到刘桥情报站,及时报告了叶飞。

叶飞接到情报,不由得大吃一惊。他和粟裕商量后决定,立即派骑兵通知正在返程的各单位领导,要他们改变行程路线。为防止敌人用测向器跟踪,命令所有电台暂停发报。

苏中行署主任管文蔚是从水路来开会的,他坐的船已返航,无法通知他。叶飞派人赶到管文蔚登陆的海港码头。此时,海港已有日军重兵埋伏,只要管文蔚一出现,必定落入魔爪。叶飞通过海防团,派小渔船到海里寻找,第四天终于找到了管文蔚的船。管文蔚得知此情,立即掉头到小洋口登陆,避免了这场灾难。

半个月后,苏中军区保卫部门几经周折,查到了那个奸细,立即秘密处决了。

小林信男在追杀新四军高级干部计谋落空后,认为施亚夫的分析是对的,对他更加信任了。但是,他联想到几次清乡作战计划破产,怀疑伪军内渗透了新四军。1943年春,他撤销了伪第五、第六、第七师,另组建了伪第三十四师,进驻如皋城。施亚夫由师长降为参谋长兼第一三五团团长。

有天午后,施亚夫与往常一样,带着随从刚出城门,后面一辆吉普车赶到了施亚夫的马前停住。不知对方来意,施亚夫顿时紧张起来。车门打开,下来一个日军军官,他向施亚夫敬了个礼,然后递上一份作战计划,要施亚夫带两个团,配合石港的山本大队,袭击掘港的陶勇第三旅。

施亚夫抬手看表,离规定出发的时间还有两个小时,已经来不及通知情报站了。怎么办?在回城的路上,他终于想出了一个缓兵之计。回到师部,他整理好队伍,很快就指挥部队出发了。他命令部队绕道石港到掘港。如皋、石港、掘港是三角地形,走在队伍前面的翻译问施亚夫:"参座,我们到掘港为什么要绕路走石港?"

施亚夫说:"军人以服从命令为天职,走石港到掘港是长官掌握的事,这是机密。"

翻译不吭声了,队伍继续向前走。施亚夫故意走石港是有他的目的的,山本大队驻石港,他要在这里制造事端,拖住山本。只要部队和山本大队打起来,掘港的陶勇听到枪声就会离开的。果然,施亚夫的队伍到了石港,山本大队的哨兵不让通过。

翻译根据施亚夫的意思,解释说:"太君,我们迷路了,军情紧迫,请让我们借道到掘港吧。"

哨兵坚决不肯放行,施亚夫坚持要走这条道。哨兵火冒三丈,朝伪第三十四师开枪,翻译中弹倒下。

施亚夫要的就是这个结果,他一不做,二不休,命令部队就地休息,埋锅造饭,并派人拼命叫喊,要山本出来检讨认错。

山本出来了,但不肯认错,两人便揪住衣领吵到南通。小林信男气得从椅子上跳起来,边走边骂:"你们这些混蛋,误了战机了,放跑了陶勇,该死真该死!"他走到施亚夫面前,瞪着眼睛气势汹汹地说:"你们中国人真难搞,叫你到掘港,你偏偏走石港,这件事完全是你的不对!"

施亚夫争辩说:"将军阁下,我看你有点是非不分,明明是山本制造了流血事件,你为他讲话,你们日本人帮日本人,老子不干了!"他气呼呼地脱下帽子、衣服,往桌子上一甩,掉头就走。

小林信男上前,双手一拦,口气也软了下来:"别耍孩子脾气,你别走,说两句就走,还算军人吗?这件事你们两人都不对,你满意了吧。"

施亚夫的目的达到了,不再争吵。

施亚夫打入伪军,使粟裕、叶飞心明眼亮,随时掌握敌人的一切动向。小林信男却两眼抹黑,作战计划屡屡落空。小林信男自袭击陶勇计划破产后,他开始清理整顿伪军的排以上军官,一旦发现嫌疑分子,便秘密处决。他发现陆舟舫暗中与新四军来往,派启东的龙本大队,以联合操练为名,一个早上将陆部解决了,枪杀了八名军官,陆舟舫差一点丧命,深夜逃到杭州;他发现杨仲华部有新四军活动,下令撤销了杨仲华部,杀掉了嫌疑分子。1944年初,小林

信男的魔爪终于伸向了施亚夫。

1月2日晚9时许,施亚夫查哨回家,副师长范杰夫人潘宜娟焦急地对施亚夫说:"今天下午在师长家打麻将,有人说小林信男已发现你早年是红军十四军营长,当过南通共党组织部部长,现在还在与新四军的叶飞有联系,你要当心啊!"

施亚夫极力控制住胸中那颗猛烈跳动的心,表面上若无其事,淡淡地对她说:"宜娟啊,谢谢你的关心。他们说我是共军就是共军啦?天下同名同姓的人多着呢!"

潘宜娟走后,施亚夫立即拟了封紧急电报,连夜送给叶飞。第二天,应情报站之约,他来到如西顾家庄,见到了副师长叶飞、三行署主任朱克靖。

叶飞紧紧握住施亚夫的手说:"亚夫,你工作很出色,鉴于形势恶化,组织上决定让你回部队。"

朱克靖说:"亚夫同志,粟师长、叶副师长决定你于本月11日率部起义,这样一石二鸟,既光明正大回来,又可以影响号召其他伪军起义,你有什么意见?"

施亚夫抑制住一颗因激动而狂跳的心,声音颤抖地说:"我完全服从组织决定,11日准时起义!"

叶飞交代说:"11日那天,我们派如西独立团接应你,现在是黎明前的战斗,你要警惕加警惕。千万不能稍有疏忽而功亏一篑啊!"

施亚夫回到城里,同往常一样,暗中却紧张地筹划起义事宜。第二天,他捉住跟踪盯梢的师部副官处长王宜山。经审问,施亚夫得知,1月6日,小林信男将以开会为名,将施的人马一网打尽,而且从1月3日起,全城戒严,不经师长同意,不许出城。

施亚夫派地下党员张信用秘密电台向叶飞报告这一新情况,请求将起义时间提前到5日。

4日吃过晚饭,施亚夫特别兴奋,因为明天就可以回"娘家"了,以后可以公开地痛痛快快地打鬼子了。这时,电话铃响了,施亚夫拿起电话筒,问道:

"谁呀？"

"亚夫兄,今晚我兴趣来了,到我家搞几圈怎么样？"电话里传来田铁夫的声音。

施亚夫心想,王宜山"失踪"后,他们是不是要提前行动？是不是想以打麻将为名逮捕我？究竟去不去呢？去！一定要去！前面就是刀山火海也要去闯,否则会引起他们的怀疑。主意打定,他打着哈哈说:"好吧,我一会儿就到。"

这时候,伪第三十四师已成立了党支部,下属两个党小组。施亚夫放下电话,立即将张信找来,对他说:"田铁夫今晚要我去打麻将,为了避免他怀疑我,我必须去。如果田铁夫变卦,起义部队由你和王冠军负责,你们要迅速将部队拉出城,到加力与一三五团会合,向根据地开进。"说完,他跳上车,先到金库拿出一箱钞票,准备让田铁夫赢个够。

离开金库,他驱车到了田公馆。田铁夫已和几个处长在牌桌上等候。打到凌晨3点,个个精疲力竭,田铁夫赢了二十五万。施亚夫见接近起义时间了,便连打了几个哈欠,假装睡意浓浓地说:"师座,我服了,今晚我是扳不回来了,明天再继续干吧。"

"一言为定,明天继续！"田铁夫兴奋得满脸放光。

施亚夫出了田公馆,便赶紧回到办公室,向部队下达了起义的命令。按照分工,张信、王冠军指挥部队上了卡车,为出城方便,他们将田铁夫的驾驶员押来,要他服从指挥,开着田铁夫的车子随起义部队出城。4时半,起义部队向南门开去。

到了城门口,守城值班军官拦住车说:"田师长有令,今明出城,要有他的电话通知才行,你们统统回去！"

田铁夫的驾驶员在被枪顶着腰的情况下,伸出头,照盼咐骂道:"混蛋,要师座的命令？师座就在我车子上,他现在就命令你开门,再不开门,老子毙了你！"

值班军官见这么多车子,又有师长、参谋长的车子,怠慢不得,便转身对哨兵说:"开门吧！"

起义部队出城不久,后面便响起了激烈的枪声。原来,那个值班军官放那么多人出城,虽说师长在车子里,可是自己没见着啊!想想心里总是不踏实,于是打电话到田铁夫家询问。田铁夫听说施亚夫出了城,咆哮道:"快来人啊,施亚夫造反啦!"他费了九牛二虎之力,集中了一个营的兵力,坐着卡车向城外追去。追到陆家庄,与起义部队接上了火。这时,天已放亮,起义部队出现了伤亡。施亚夫怕久拖下去,大批增援的鬼子到了,事情就麻烦了。现在摆脱不了田铁夫,施亚夫急得团团转。正在此时,接应的如西独立团赶来了,田铁夫见势不妙,拔腿就溜。

施亚夫在敌营战斗四个春秋,今天渡过了激流险滩,终于踏上了回"娘家"的路。

叶飞在他的回忆录中写道:"1944年1月5日,按照三地委敌工分委的决定,施亚夫在加力镇率部反正,受到热情接待,召开了欢迎大会。反正部队编为苏北人民抗日自卫军通如纵队,施亚夫为司令。"

施亚夫的反正,在伪军中引起强烈反响。1月24日,驻季家市伪第十九师连长吴日升带领全连反正;1月25日,驻鞠顾庄伪第十九师营长龚永嘉率全营反正;2月7日,驻石庄伪第三十四师营长薛仁杰率二百余人反正。此外,芹湖、搬经、石庄、姚家垛、分界、广陵镇、毗卢寺、新镇市、生祠堂等据点,都有小股伪军投诚。在一两个月中,反正伪军总计两千余人。

第六章　车桥大捷

找出来的战机

1944年初,第二次世界大战欧洲战场已见曙光,而中国战场仍是一片迷茫。在一次记者招待会上,有人向国民党总参谋长何应钦提问:"欧洲战场已见端倪,中国战场究竟还要打多久?"

何应钦一愣,随之回答说,战争起码还要打十年。

对于这个问题,粟裕和叶飞却不这么看,他们看到的是第二次世界大战成败已定,日本人开始走下坡路。为了加速日军的灭亡,他们积极主动地发起了震惊中外的车桥战役。

1944年2月,新四军苏中军区的领导们在三仓河边的一个小村庄里召开了区党委扩大会议。军区常委书记、军区司令员粟裕在会上做了形势报告。他挥动着有力的右臂,激动地说:"同志们,1943年,是世界反法西斯战争决定性胜利的一年,意大利已宣布投降。尤其是冬季以来,苏联红军展开了强大的攻势,德寇已基本上退到了苏联的境外,德国败局已定。在亚洲,小日本在太平洋战场连连失利,并遭到中国敌后各战场军民的沉重打击。世界反法西斯战争的形势,出现了一个巨大的转折,中国抗日战场出现了新局面,华中敌后形势也发生了很大的变化。日寇兵力不足而战场过宽,日本人不得不放弃若干次要点,以相对优势兵力,在重点地区清乡、清剿。我苏中三分区、四分区分别取得了反清乡、反清剿的胜利。"

粟裕继而话锋一转，严肃地说："但是，同志们应该看到，斗争仍然相当艰苦，日军绝不甘心失败，妄图依靠大陆做最后的挣扎。特别是苏中敌人的军事力量仍很强大，局势仍很严峻。敌人据点连据点，斗争还相当复杂，战事十分频繁，各分区被分割的局面仍没有得到改观。我根据地还不很巩固，拉锯战时有发生，军区和区党委机关现在连个安身之处也没有。机关的流动，给整风、训练干部、发展生产、改善民众生活，带来了很大的不便。同志们，我们虽然不能十分乐观，但是我们有信心改变这种严峻的局面！"

区党委副书记陈丕显接过粟裕的话茬说："粟司令的话说得很对，由于拉锯战，我区党校连个固定的校址也没有，今日由张庄搬到李庄，明日又从李庄搬到赵庄，这样天天折腾，学员们如何能安心学习？"

接着，由副师长兼副司令员的叶飞讲话，他说："同志们，我们不能气馁，抗日的大好形势不是敌人送给我们的，而是要靠我们打出来的！我认为，要改变苏中被动的局面，我们必须瞅准战机，积极主动进攻。所以，我建议在近期内，我们发动一场较大规模的歼灭战，以实际行动迎接大反攻的到来！"

"说得对！"粟裕坚定地说，"我们只有多打胜仗，打大胜仗，才能扭转局势，改善环境，扩大我军的机动范围。"他用手中的竹棒在墙上的形势图上画了个圈说："我们说干就干，大家研究一下，选择哪个地点作为我们的主攻目标呢？"然后，他将脸转向大家说："我建议这一仗要震动敌人，使局势有个根本的改观！"

经反复酝酿后，大家统一了看法，决定攻打车桥。

车桥是淮安县城东南二十公里的一个大镇，位于淮安城、泾河镇、泾口镇、曹甸镇之间。明朝末年建镇时，因镇边菊花沟没有桥，而是以水车代桥，故得名车桥。

韩德勤于1940年2月被日寇赶到车桥安营扎寨，筑起了深沟高垒。1943年春，日伪军扫荡，韩部不战自溃，使几十个乡镇、数十万同胞沦于日寇的铁蹄之下。从此，日寇盘踞车桥，又加筑了五十三个据点。城四周的大围子，长一千米,宽五百米,高五米。敌人曾口吐狂言:"新四军若打下车桥,我自退出华中!"可见车桥易守难攻,在敌人看来,固若金汤。

叶飞曾率部在这一带活动过,对这一带地形颇为熟悉。他走近挂图,用竹棒指着车桥一带说:"车桥位于苏中(第一师)、苏北(第三师)、淮南(第二师)、淮北(第四师)交界的战略机动位置。日伪军占据车桥,分割我苏中、苏北、淮南、淮北根据地。我们拿下车桥,这四块根据将连成一片。所以说,这一仗意义重大。驻守车桥的日军是华中派遣军第六十五师团山泽大队的一个中队,约四十余人;伪军是淮海省郝鹏举部的一个团。车桥是华北派遣军第六十四师团和华中派遣军第六十五师团的接合部,空隙较大,这是我们取得胜利的一个有利条件。"

"另外,还有两个有利条件。"粟裕接过话茬说,"车桥敌人工事坚固,距新四军活动区远,敌人想不到新四军会攻打车桥,我们正可利用敌人的麻痹,出其不意地发起车桥战役,这是一利;第二,车桥北面有我第三师,西有我第二师,我们攻打车桥,可得到兄弟师的及时支援,这是第二个有利条件⋯⋯"说完,他低下头考虑片刻,然后,悻悻地自语道:"只是车桥驻的敌人太少,打起来不过瘾。"

叶飞胸有成竹地说:"哎,这好办!我们可以扩大战场,利用车桥的枪声,打个大仗啊!"

"对对对!"粟裕一拍脑门,恍然大悟,激动地说,"我们可以用车桥吸引四周的敌人,来个攻点打援。"粟裕对叶飞的提议十分满意。

接下来,他们确定了以芦家滩作为打援的地点。

第二天继续开会,研究、部署了作战任务。粟裕说:"此仗是场硬仗。车桥的敌人认为车桥固若金汤,而我们必须攻克车桥,还要争取攻坚、打援双胜利。为此,我们集中五个团的兵力,组成三个纵队,一个纵队攻坚,两个纵队打援。"他抬起头来,见大家没有异议,接着又说:"为了打好这一仗,成立车桥战役野战司令部。我要主持召开区党委扩大会议,因此,野战司令部司令由叶飞担任,刘先胜任副司令,夏光为参谋长,张震东为副参谋长。"

叶飞受命后，做了具体布置：他令陶勇率第三旅第七团主攻车桥，廖政国、曾如清率第一旅第一团、第三军分区及泰州独立团负责淮安方向的打援，陈挺、李干辉率第十八旅第五十二团和江都高邮独立团负责对曹甸、宝应方向警戒，第四军分区特务团及师教导团第一营为预备队。

车桥战役野战司令部设在离车桥不远的收城镇，为确保胜利，叶飞仔细检查了各方面的准备情况。

首创华中生俘日军新纪录

3月4日夜晚，月明星稀，叶飞指挥参战部队，全部抵达车桥以东的蒋营。从蒋营到车桥，有水陆两路可行。因为蒋营与车桥中间隔着方圆几十里的马家荡与绿草荡，与陆路相比，水路要约近十几里路，所以，老百姓一般抄近时走水路。叶飞决定取水路而行。战士们跃上小船，千帆百舸，向车桥疾驶，部队很快秘密到达车桥。

战后，日军俘虏石川芳男对叶飞说："新四军用兵真如神，白天我连一个新四军的影子也没见到，夜间却枪声大作，四面八方全是新四军，犹如从天而降的天兵天将。"

3月5日深夜1点50分，三颗红色的信号弹腾空而起，划破了车桥的上空。担任主攻的第七团，在陶勇、彭德清的率领下，兵分两路，泅过外壕。在此起彼伏的爆炸声中，敌碉堡一个个飞上了天。

拂晓时分，陶勇已发射了四十二颗告捷的信号弹。叶飞仰望天空，高兴地说："打得好，敌人的四十二座碉堡已飞上了天！"

战斗持续到下午2时，车桥只剩下日军的两个小围子，我军已稳操胜券。

这时，第七团政治处主任蒋新生匆匆来到叶飞身边，他沉痛地告诉叶飞："叶司令，松野觉不幸身亡！"

这时，两个民兵抬着一副担架走来。叶飞急步上前，掀开被子，松野觉苍白的面孔出现在叶飞的眼前。叶飞的眼泪夺眶而出，他脱下军帽，默送着松野觉的遗体远去。

松野觉是日本人,生于广岛县宇品。战前是机械厂的工人,1940年被编入伍,为丸山旅团平间大队押川中队的上等兵。在苏中丰利战斗中,被新四军俘虏。

当了俘虏的松野觉,对新四军持敌对态度,用不吃不喝、自杀等行为进行反抗。然而,一件小事使顽石般的松野觉开了窍,真正了解了新四军,并坚决要求参加新四军,开始了他的革命生涯。

那是在他被俘后不久,叶飞专程来看望他。当有人向松野觉介绍,站在他面前的这位布衣打扮、笑容可掬的人就是新四军的副师长叶飞,是来看望他的,松野觉不禁愣住了,几乎不敢相信自己的耳朵。中午,叶飞、陶勇邀请他共进午餐。叶飞席间频频为他夹菜,嘱咐他要多吃一点,养好身体。松野觉真是受宠若惊,一颗冰冻的心开始融化。他站起身,向叶飞、陶勇深深地鞠了三个躬,恳切地说:"长官,新四军官兵平等,就凭这点,我要参加新四军!"

松野觉不久便加入了苏中反战联盟支部。他通过散发自己编写的文章传单、对碉堡内的日军喊话等形式,揭露日本军国主义的反动本质,号召日军摆脱武士道精神的束缚。他还积极宣传新四军的俘虏政策,动员日军放下武器,停止屠杀中国人民的罪恶行为。经过他的努力,苏中新四军部队中的日本同志日益增多,形成了一支重要的对敌斗争力量。

车桥战役前夕,松野觉正身患疾病。敌工部部长陈超环劝他不要参加车桥战役,他却坚决不从。叶飞得知后,下死命令要他养病。谁知,在部队出发的当晚,他又出现在队伍中。

松野觉到了前线,面对碉堡中的同胞,他一遍又一遍地喊话,宣传政策,指明出路。然而,垂死挣扎的敌人回报他的却是密集的子弹。松野觉打死两个日军后,不幸被敌人的子弹击中了头部。

叶飞听完松野觉牺牲的经过,大声疾呼:"为松野觉报仇!"部队以排山倒海之势,向负隅顽抗的日伪军小土围子冲去。

这时,又有三个人匆匆而来,他们是第三师参谋长洪学智、第七旅旅长彭明治和政治委员郭成柱。

原来,第三师师长黄克诚闻讯第一师发动车桥战役后,考虑到车桥枪声一响,四周的敌据点必定要出援。为确保兄弟部队的胜利,他便派参谋长洪学智率第七旅在车桥北面的沭阳至淮阴公路上,枕戈待旦,监视淮阴、沭阳敌之动静。

3月5日,车桥战役打响后,洪学智率第七旅在一夜之间,攻克了朱圩子,拔掉王集据点,牵制了敌人,确保了第一师北面的安全。次日,他们又风尘仆仆,在弥漫的硝烟中,快马加鞭赶到叶飞的指挥部,询问要不要兵力支援。

叶飞紧紧地握住洪学智的手说:"谢谢你们的支援,请放心,打车桥,打增援,我们还有两个团的机动兵力没用上呢!"

车桥战役发起后的当日下午,芦家滩的打援战斗也打响了。

芦家滩地处车桥以西六公里处。南岸有漳河,宽二十多米,水流湍急,河岸陡峭;北面是一片草滩,宽约五百米,长约一千米,芦苇密布,淤泥过膝;中间为狭窄的口袋形地域。这里是淮安至车桥的必经之地。3月5日拂晓,担任打援的第一旅第一团和第三军分区特务营、泰州独立团第一营,已由第一旅参谋长兼第一团团长的廖政国率领,埋伏在此,只等敌援军到来。

廖政国人称"独臂将军"。1930年参加红军,参加了二万五千里长征。抗战初,任江抗二路支队长,挺进上海近郊,夜袭浒墅关、火烧虹桥机场、血战黄土塘等战斗,他都亲自参加。在黄桥战斗中,他失去了右臂。由于他每战必胜,获得粟裕、叶飞的高度信任。因此,"独臂将军"的后面又加了个"放心将军"的美称。

廖政国率部来到芦家滩,便与政治委员曾如清研究打援方案。

二十分钟后,他们侦察完地形,作战方案随之而出。他们分析敌人只能沿公路来援,便指挥部队在韩庄以东的公路上挖了四道工事,并在坟包、公路侧坡、土埂坳处埋好地雷。直等到下午3点钟,才见远处黄乎乎的一大片人马,同时隐约听到了汽车发动机的声音。

由于电话线被民兵剪断,山泽大佐刚刚得知新四军攻打车桥的消息,他立即将淮阴、淮安、泗阳、涟水等地的日伪军集结于淮安,乘车赶往车桥。第一批七辆卡车,开到芦家滩不远处时,山泽大佐在望远镜中窥见公路两侧的新四军工事,便令部队下车隐蔽。日伪军听说有新四军,便纷纷寻找有利地形,他们趴在坟包斜坡上,以为那里最安全,谁知却踩响了新四军埋设的地雷。随着轰隆隆的一阵爆炸声,日伪军的残肢断臂飞上半空。敌人伤亡大半,山泽大佐大呼上当。

第二批日军到了,山泽指挥部队下车,向韩庄的新四军工事冲锋。当他们冲到工事前时,连一个新四军的影子也没看到,只好爬上车继续前进。

不远处,又出现了一道工事,山泽率队伍小心翼翼地摸索到工事前,仍未见一个新四军。

于是山泽的胆子大了。他率部队火速前进,向车桥驰援。当他看到第三道工事时,以为和前两次一样,于是仍命令部队加速前进。谁知卡车队刚接近工事,两侧的新四军就开火了。

山泽这时才知道这是新四军使的空城计,可是悔之晚矣!来援的日伪军一批批被歼。第二天拂晓,山泽腹部受重伤被俘,后死在第三营部队的担架上。

车桥战役新四军歼灭日军四百六十多人,俘虏二十四人,歼灭伪军五百余人。

饶漱石的指责

第二天,叶飞、刘先胜率指挥所进驻凤谷村,粟裕也骑马赶到。粟裕一下马,机要员就呈上一封电报,电报是陈毅军长从延安发来的贺电。

几天后,新华社从延安发布消息说:苏北新四军大捷,收复车桥攻入涟水。文章高度赞扬粟裕、叶飞以雄厚兵力,打了一个大歼灭战。

八路军总部公布:车桥战役,在抗战史上,是1944年以前我军在一次战役中俘虏日军最多的一次。

日本大本营垂头丧气地承认:车桥战役,标志着新四军反攻的开始,日军从此向下坡路滑行。

车桥战役大捷后,全国一片赞扬声和庆贺声。可是,在新四军军部里,饶漱石却在生闷气。他在屋里踱来踱去,口中不停地说:"粟裕、叶飞目中无人,无组织无纪律,擅自做主,太不像话……"

饶漱石为何生气?原来,粟裕、叶飞在发动车桥大战前,没向军部请示报告,饶漱石一直蒙在鼓里。直到胜利后,他们才向饶漱石发了告捷电报。饶漱石手持电报,气呼呼地说:"粟裕、叶飞发动车桥大战,过早地暴露了我军力量,刺激了敌人,将会招致敌人的反扑。粟裕、叶飞要负一切责任!"他越想越怕,愤然发电给粟裕、叶飞,严厉指责他们无组织无纪律,要他们做出深刻的书面检查。

粟裕看罢电报,将电报递给叶飞等人一一传阅。叶飞看后说,幸亏事前没汇报,要不然,这一仗是别想打了。

粟裕、叶飞为什么没有汇报就发动了车桥大战?在考虑发动车桥战役时,大家就提出过要不要向饶漱石请示。粟裕和叶飞分析后认为,如果让饶漱石知道了这个计划,是绝对不会同意打这一仗的。所以,他们研究后决定,来个先斩后奏。

在全国人民的一片赞扬声中,中央及各地的贺电像雪片般飞来,饶漱石的指责自然烟消云散了,责令粟裕、叶飞写的检讨,饶漱石也没有坚持追下去,也就不了了之。

车桥战役震动了苏北地区及整个华中敌后地区,敌人闻风丧胆。淮海地区的日军纷纷放弃次要据点,向大据点靠拢。这给新四军歼灭日伪军创造了新的战机。继车桥战役后,粟裕、叶飞又指挥部队,收复了曹甸、泾口、泾河镇、周庄、塔儿头、望直港等十余处敌伪重要据点,解放了淮安、宝应以东的大片地区。

第七章　转战齐鲁

风云突变，南下又北返

车桥战役后，粟裕和叶飞将苏中抗日根据地党政军领导机关转移到里下河地区的宝应县，他们想利用这相对稳定的大好环境在党校和军区开展整风运动，并组织大生产，整训部队。这个美好的愿望，却没能如愿以偿。

这时，国际形势出现了大的转折。苏军向德军发起攻势，向柏林推进；美军在太平洋上向菲律宾攻击，并对重庆政府许下诺言，要在中国东南沿海登陆，同中国军民一道，埋葬日本法西斯；日军面临灭亡，却企图猖狂一跳，拼命向东南沿海进攻，占领了温州、福州，企图阻止美军的登陆。

百万国民党军在日军的攻势下一触即溃，八个月损兵六十万，河南、湖南、广东、广西和东南沿海港口全部丧失殆尽。

敌进我进。中共中央根据变化的形势，确定了"发展东南沿海，迎接盟军登陆"的方针，命令华中局工作中心南移。中共中央还明确，由叶飞肩负此任，率部南下苏浙，打开东南局面。

这时，粟裕争挑重担，在征得中共中央同意后，由他首批南下，发展苏浙。1944年12月27日，粟裕率第一师师部、第七团加上三百名地方干部，由苏北仪征过江，到达浙江长兴，与第十六旅会合。

叶飞接替了粟裕的工作，担任苏中区党委书记、新四军第一师师长兼苏

中军区司令员职务，继续开展苏中抗日根据地工作。

两个月后，中共中央为配合盟军登陆，准备夺取杭州、上海、苏州、南京等大城市，便命令叶飞率领第二梯队南下，向东南大发展。

苏浙地区是全国的黄金地带，蒋介石得到新四军南下苏浙的消息后，急忙于1945年2月14日，命令顾祝同派第二十八军和忠义救国军五个团的兵力，消灭这一带的新四军，妄图夺下这块风水宝地。

新四军面对国民党军的进攻，毫不畏惧，在浙江的孝丰地区，两次击退顾祝同部队。两战两捷后，中共中央对打开东南局面充满了信心，确定成立苏浙军区，任命粟裕为司令员，叶飞任副司令员；同时，还成立了苏浙区党委，粟裕任书记，叶飞和金明任副书记。苏浙军区为提前实现中央提出打开东南局面的号召，确定由叶飞指挥三个纵队，渡过富春江，与新四军浙东纵队会合，打通了浙西与浙东的联系。叶飞的动向被顾祝同侦知后，他任命三战区副司令上官云为总指挥，第二十五集团军总司令李觉为前敌总指挥，集中七个师的兵力，共计七万五千余人，兵分三路压向新四军。

6月2日，顾祝同部队占领新登。粟裕认为顾祝同来者不善，与叶飞商量对付办法。叶飞盯着地图看了一会儿，然后指着地图对粟裕说："粟司令，我的意见是将计就计，我们主动撤退，在孝丰附近的山区诱歼之。"

粟裕接受了叶飞的建议。他以两个团守备孝丰，以诱敌深入；以七个团为突击队，隐蔽在孝丰西北地区，伺机伏击。

叶飞在计算敌我兵力后，对粟裕说："粟司令，顾祝同的兵力是我们的三倍，敌众我寡。我建议，我们不如集中兵力，歼其一路。"

粟裕也是这么想的，两人不谋而合，决定在敌人分三路来攻的情况下，我以三个团组成阻击兵团，顶住右路顽军的进攻；以六个团组成突击兵团，出击左路顽军；以一个团预伏在顽军侧翼的武康、德清一线伺机。

叶飞向粟裕建议说："伤其十指，不如断其一指。据说五十二师好大喜功，跑在了前面，现孤军深入。这个五十二师是皖南事变的真凶，现在位于左路，我们不妨歼灭它，为皖南的烈士们报仇，以解我们心头之恨！"

粟裕觉得叶飞的建议很好,于是调整了部署。6月19日,新四军于一夜之间歼灭了顽军第五十二师的两个团。两个团被歼的消息,上官云却一无所知,他下令所有部队放胆前进,三天之内消灭新四军。顽军第七十九师,突击总队第一、第二纵队,共一万二千余人,行进到草明山、白水湾、港口等纵横三十里的地带。

6月21日傍晚,叶飞发现一万多顽军收缩在只有三十里的狭小圈子里宿营。他向粟裕建议说:"此时不歼,还待何时!我们立即包围消灭了这股敌人如何?"

粟裕说:"这个情况的确诱人,可是,敌人太多,弄不好我们会被它撑死的。我们好好研究一下,如何吃掉这些诱人的'肉包子'而又不被它撑死。"

两人站在地图边琢磨良久,制定了一个作战方案,决定由第一纵队经大竹杆、山坞迂回,切断顽军退路;第三纵队经孝丰东北向顽军右翼迂回;第四纵队则向孝丰城正南突击,一夜之间完成包围任务。

为了让敌人疲惫,叶飞建议主力休息,炮兵开炮干扰敌人。

22日,新四军的几十门迫击炮向被包围的顽军实行炮火袭击。顽军第七十九师和突击第一纵队伤亡惨重,连夜向临安逃窜。23日下午4时,叶飞指挥第四纵队从虎岭关插至孝丰,截住了敌突击第二纵队,将其分割成七八段,然后实施多路突击,逐段歼灭。

这一仗,新四军歼灭顽军六千余人,韩德勤胞弟——第五十二师副师长韩德考及突击第一纵队司令胡旭旰被俘。

天目山三次反顽刚结束,就传来了日本无条件投降的消息。华中局和新四军军部接到毛泽东主席和朱德总司令的命令,要他们立即向华中各地的日伪军送出通牒,令其限期向新四军缴械投降,并派出代表就近与新四军各部接洽投降事宜。同时,还公布了一大批省市领导干部的名单:黄克诚为江苏省主席,叶飞为浙江省主席,罗炳辉为安徽省主席,刘长胜为上海市市长,粟裕为南京市市长。

叶飞和粟裕接到命令,那种兴奋和激动之情无法用言语形容,十几年的

1945年8月,叶飞于抗战胜利后在浙江留影

艰苦斗争终于胜利在即,曙光已在前头。他俩立即研究接收城市的日期和路线:粟裕率第一纵队接收南京,并指挥第三纵队进攻无锡、苏州;叶飞率第四纵队接收杭州,并增援上海工人起义。当叶飞率部向杭州、上海行进的途中,接到新四军军部紧急命令,要他担任上海起义军总指挥,率第四纵队横渡太湖,指挥上海工人起义。

8月9日早晨,叶飞在上海青浦县的观音堂里,见到了上海地下党来联络的人。来人向叶飞介绍说,以上海工人为主体的起义军有六万人,现已占领了重要工厂,急等着新四军主力的到来。

还不到一个小时,新四军军部又发来了急电,电报说国民党军已抢先占领了上海,苏浙军区停止向南京、上海等大城市进攻,部队主力就地迅速向日伪军进攻。

叶飞和粟裕指挥部队,向拒不投降的日伪军发起了大规模的反攻。8月16日起,先后占领了长兴、溧阳、金坛、溧水、高淳、句容、安吉、郎溪、广德、宜兴等地,淞沪支队逼近上海火车站,浙东第二纵队拔除了三十多处日伪军据点。

当时的中国,形势瞬息万变。叶飞每天都能收到几十封电报。上级根据形势的千变万化,发出不同命令,很多命令都是朝令夕改。

9月16日,新四军军部转来中共中央电报,说为了达成和平协议,也为了粉碎蒋介石散布的八路军、新四军与国民党争地盘的谎言,我方决定让出南方广东、浙江、苏南、皖南、皖中、湖南、河南、湖北等八个地区的根据地,主力撤到陇海路以北及苏北、皖中集中!

9月17日,军部来电,江南新四军有转移到苏北的可能性,苏浙军区要控制北上通道!

9月22日,粟裕、叶飞收到军部来电,要求迅速北撤,越快越好!

粟裕和叶飞立即召开苏浙军区高级干部会议,讨论北撤方案。粟裕传达完军部的电报后说:"同志们,为了和平,为了避免内战,我们要做出必要的让步,军部要求我们退出浙东、苏南。这看起来是退却,实际上,这是胜利的撤退。同志们,面临着的最大困难就是怎么向部队和群众讲清北撤的必要性。一定要向战士们说清楚这只是暂时的分离,我们一定会回来的。"

叶飞接着说:"此次北撤,是大部队行动,命令部队做到高度保密,迅速撤离。皖南事变的教训我们永远不能忘。国民党言而无信,对于我们的撤离,国民党顾祝同部队一定会使出浑身解数进行堵击,制造第二个皖南事变,他们要置新四军于死地而后快。我们决不能掉以轻心,重蹈覆辙!长江以南新四军有七万,这么多人马要在极短的时间内渡江北撤,并非易事。我建议皖南部队直接从繁昌过江,到巢县、无为,由七师接应;我们苏浙军区王必成、江渭清的一纵与陶勇、阮英平的三纵则从宜兴、溧阳出发,越过沪宁路,由西桥渡江北上;廖政国、韦一平的四纵与浙西地方武装,从吴兴、长兴、太湖一线出发,经宜兴、句容,随三纵渡江;何克希、谭启龙的二纵分批渡过杭州湾,经海盐、松江、青浦,越过沪宁路,在太仓、常熟间渡江至南通、东台地区。"

粟裕听完叶飞的行动方案,点头同意。他见钟期光、刘先胜也无异议,便对刘先胜说:"你立即拟一封急电,通知各纵队,要他们按上述指定路线,以高度的战备姿态,迅速北撤,越早越快越好。对工厂、后方医院、印刷厂及后勤机关人员,能撤的尽量撤。对于一时不能撤走的伤员——"他考虑了片刻,做了以下安排:一部分人尽量利用关系为掩护,着便衣公开乘汽车、火车、轮船到苏北;一部分重伤员及一些确实不能走的党员骨干、群众团体领导,隐姓埋名隐蔽起来。

会议结束后,各部队立即进行了紧张的准备。

叶飞率领第四纵队经宜兴、溧水、句容等地渡江到泰兴,10月25日到达涟水。10月26日,叶飞和金明到淮阴军部汇报部队北撤情况。11月12日,叶飞根据中共中央命令,在涟水组成远征军新四军第一纵队,开赴东北。远征军司令员叶飞,政治委员是原新四军参谋处处长赖传珠,原浙东纵队政治委员谭启龙任副政治委员兼政治部主任。纵队下辖三个旅,第一旅旅长廖政国,政治委

员阮英平;第二旅旅长刘飞,政治委员彭林;第三旅旅长张翼翔,政治委员何克希。

远征军编成后,立即奉命冒雨北上。预定的行军路线是越过陇海路,经山东滨海地区到达胶东,由龙口渡海到营口登陆,加入东北野战军(简称东野)序列参战。

12月7日,叶飞率部行至鲁南的朱梅境内,接到中央军委电令,因东北情况有变,部队暂留山东休整两周。不久,中央军委又来电,叶飞部去东北的命令取消,留在山东,加入山东野战军行列,编为山东野战军第一纵队。

苦战宿北

1946年11月,蒋介石出于政治上的需要,妄图在军事上取得一次胜利,占领我苏北解放区,割断我苏北与山东的联系,遂调集二十多个旅的兵力,分四路向解放区进犯。国民党军精锐主力之一的整编第十一师会同整编第六十九师,共六个半旅的兵力,由徐州绥靖公署副主任吴伟指挥,自宿迁向沭阳、新安进犯;整编第七十四、第二十八师共五个旅的兵力,由淮阴向涟水进犯;整编第六十五、第二十五、第八十三师共五个旅的兵力,由第一绥靖区司令李默庵指挥,自东台向盐城、阜宁进犯;第五十九师及整编第二十六、第五十一师共九个旅的兵力,由峄县、枣庄地区向临沂、郯城进犯。面对强大的敌人,陈毅决定:集中山东野战军主力和华中野战军第九纵队(五个团),打宿迁来犯之敌,另外三路敌人分别由华中野战军和山东军区部队牵制。

这一仗的第一个关键,是要迅速抢占峰山这个全战场的制高点。只有占领峰山,才可控制整个战场。陈毅、粟裕将这一艰巨任务交给了山东野战军的第八师。

这一仗的第二个关键,是要向敌纵深穿插迂回,实行分割围歼。宿迁进攻之敌是整编第十一、第六十九师,如不能迅速分割这两个师,我军就难以优势兵力各个击破。陈毅、粟裕将这个任务交给了叶飞。

12月13日，敌整编第十一师第一一八旅沿宿沭公路进占来龙庵，整编第六十九师进占人和圩、安仁集、邵店子、嶂山镇、峰山、晓店子等地区。

华野司令部下达命令，要求各部采取长距离突然急袭和南北对进的策略，右翼部队围歼蔡庄、宋营、刘圩子、罗庄、人和圩地区之敌；左翼首先歼灭进占新店子的敌预备第三旅与进占嶂山镇的敌预备第四十一旅，得手后乘胜歼灭晓店子的敌整编第六十九师师部及第六十旅，然后集中兵力歼灭敌整编第十一师。

12月15日，叶飞奉命率第一纵队各部抵达集结地新店子附近。南北对进的各路攻击部队，也基本上进入战役集结地。黄昏，山东野战军突然给叶飞打来电话说，宿迁北犯之敌已向南全线溃退，命令第一纵队迅即向井儿头、曹家集出击，由西向东与第二纵队会合，将敌人在撤退中歼灭，勿让敌退至宿迁城内。

叶飞火速率部出击。他指挥三个旅实行三路穿插，第一旅迅速抢占了井儿头，第二旅攻击晓店子，第三旅直插曹家集，叶飞随第二旅行动。这时，第二旅攻击受阻；第一旅到达井儿头、许庄一线后，却没发现敌人有溃逃的迹象；第三旅以第九团为前卫，越过骆马湖洼地，进至曹家集以西。叶飞仔细观察后发现情况有异，敌人正在构筑工事，加强防御，并不像电话中所说的全线向南溃退，而是侦察到我军意图后，向后收缩兵力，调整部署。他抬手看看手表，已是深夜2点钟了，遂果断决定撤回原集结位置。

拂晓时分，叶飞令第一、第二旅均撤到指定地点。这时，第三旅在最南面，已进入敌军纵深。事关重大，纵队副司令员何克希亲自去传达撤退命令，当他赶到第三旅旅部时，才得知第三旅的前卫第八、第九团接到命令已是上午8时，无法撤回。叶飞听到这一消息，顿时急出一身冷汗，两个团钻进了敌主力纵深心脏地带，危在旦夕！

就在叶飞悬着一颗忐忑不安的心为这两个团担忧时，这两个团却在向敌纵深挺进途中，俘虏了几个电话架线兵，从他们口中得知曹家集敌军是整编第十一师师部及其直属队，第十八旅位于曹家集东北，整编第十一师师部正向宿迁运动。他们不由得一阵欣喜,战机难遇!他们立即决定由第八团第一营向王圩发起攻击,其余部队占领冯庄、郭庄,阻击来自东北方向之敌。第九团参谋长俞慕耕率部,一举攻入曹家集,歼敌工兵营、骑兵营大部,俘敌六百余人,并将敌炮兵团击溃。随后,又占领了运河桥梁,距敌师指挥所仅二三百米。敌人被打得措手不及,又摸不清我方情况,不敢轻举妄动。待到天亮,敌人发现是我军一支孤军深入的部队时,立即调遣第十八旅全力反扑,妄图对我反包围。这时,我方的撤退命令已经到达,第八团一部迅速占领三台山南侧的许庄,向宿迁、晓店子方向警戒,以控制后撤道路。下午3时,第八、第九团全部撤出战斗,进入新店子地区集结。

16日下午,华野指挥部做出歼灭敌整编第六十九师的总攻部署,要求叶飞率第一纵队由峰山以南、晓店子以北地域揳入敌纵深,在敌整编第六十九师后方占领阵地,向南向北构筑工事,割裂该师和整编第十一师的联系,达成战役上的分割包围态势。

能否完成分割任务,是歼灭敌整编第六十九师的关键。叶飞以第一旅在前,第二旅在后,打开老虎洞后,直插傅家湖;以第三旅第七团的一个营攻占许庄,保障纵队侧翼安全,两个营向南直插,控制三台山高地及以东的张林、蔡林一线阵地。

16日晚,叶飞率第一、第二旅,在敌占领的村庄间隙中隐蔽穿插。第一旅第二团攻占老虎洞,第一团攻占高庄,打开缺口,揳入敌阵,前锋直指傅家湖。第二旅第四团包围了罗庄之敌,第六团控制了老虎洞阵地。第三旅第七团从老虎洞西南地区揳入,攻占了晓店子以北的许庄,随后以第三营转入防御,第一、第二营利用拂晓前的浓雾做掩护,继续隐蔽猛插,攻占了张林、蔡林、三台山、高家洼。至此,叶飞的第一纵队经一夜穿插,完成了对敌整编第十一师和整编第六十九师的战役分割任务,也完成了对敌预备第三旅与第六十、第四十一旅的战术分割任务。

此时,第二纵队向西进占了苗庄、李圩;第九纵队攻占了人和圩东北的李庄;第八师进至仇庄,准备对晓店子之敌发动攻击。

叶飞的第一纵队揳入敌纵深,夺取了十几个村庄,控制了一块长约六七公里,宽约一两公里的三角地带,构成了向北、向西、向东南的三面防御,给敌以严重威胁。但是,第一纵队因此而三面受敌,西有晓店子的敌预备第三旅,北有敌第六十、第四十一旅,南有整编第十一师的三个旅。第一纵队面临着阻敌预备第三旅、第六十旅东西相靠或南逃,以及堵敌整编第十一师北援的艰巨任务。

这时,野司下令叫他们撤出阵地。叶飞接到命令,考虑到面临敌三面夹击,白天是无论如何也撤不出去的,只有坚持到夜幕降临时再作打算。在这情况危急之时,他召集三个旅的领导开会,进行部署。他看看手表,离天黑还有四个小时。他说:"生死存亡在此一举!我们要坚持四个小时,就必须确保高家洼、沈庄这两个阵地,如果做不到,我们将全部被敌夹击,撼动全局。"为确保高家洼、沈庄这两个最后阵地,他急调第六团第三营驰援高家洼的第七团。然后,又令各部除留少数人警戒外,一律在战壕里睡觉,养精蓄锐,准备黄昏时冲出包围。

第七团固守的最后阵地是座小山,东西只有一公里,南北不足两公里长。第三旅参谋长谢忠良指挥该团,他接到叶飞的命令,要他无论如何必须死守。他向叶飞表示:"人在阵地在!"

敌整编第十一师第一一八旅步兵,在十二架飞机和榴弹炮团的火力掩护下,向我军张林、高家洼阵地发起多次猛烈的集团冲锋,致使阵地上的工事大部分被摧毁。同时,敌人又以一个营的兵力,自张林、高家洼之间揳入,猛攻我沈庄阵地,企图打通与晓店子的联系。北面的敌第六旅企图与北援的整编第十一师打通联系。晓店子的敌预备第三旅也数次北犯我许庄阵地,企图封锁老虎洞缺口,断我通路,陷我于绝境。

第一纵队三面受敌,战斗引向最后阵地。叶飞看到这万分危急的战斗场面,心急如焚。叶飞当机立断,决定提前一个小时出击。叶飞的命令一下,第一、第二旅突击部队以锐不可当之势,以一当十,杀入敌阵。

敌整编第十一师在第一纵队的突然猛烈反击下,全线溃退。叶飞乘胜指

挥部队奋勇追击,直追到唐湖地域,逼近宿迁运河边。

没有想到,就在这时,北面的敌整编第六十九师趁此机会南窜。叶飞见状,立即命令第一旅和第二旅停止追击整编第十一师,迂回包围整编第六十九师一部,我军把敌人全部兜住,歼敌于田野里。

17日午夜,友邻第八师攻占了晓店子,全歼守敌预备第三旅。敌整编第六十九师残部集结于人和圩、罗庄、苗庄各地。18日,叶飞的第一纵队和其他部队密切协作,全歼敌整编第六十九师,完成了原定的任务。敌整编第六十九师师长戴子奇自杀。至此,宿北战役胜利结束,共歼敌三万三千余人。

宿北战役开创了解放战争开始以来,全歼敌一个整编师的战例。陈毅诗兴大发,立即赋诗一首:

敌到运河曲,试看峰山下。

聚歼夫何疑?埋了戴子奇。

快速纵队快速灭亡

宿北战役即将结束之际,中央军委专电陈毅、粟裕:"下一步作战宜集中主力歼灭鲁南之敌,相机收复枣庄、峄县、台儿庄,并期望华东全军打一个比宿北战役更大的歼灭战。"

中央军委预定的鲁南战役计划,是依据华东战场形势和蒋介石当时的心态而确定的。

蒋介石当时的心态是什么呢?1946年12月19日,宿北战役结束,蒋介石在失败后的第二天,在南京的黄埔路官邸,亲自主持召开了高级军事会议。会上,他命令整编第二十六师师长马励武、整编第五十一师师长周毓英、第三十三军军长冯治安,加紧战争准备。宿北战役蒋介石丢了面子,为报宿北之仇,他咬牙说道:"你们待华东共军一到鲁南,就要坚决彻底地将其消灭!"

会议结束后,马励武、周毓英、冯治安三人受命返回各部。他们稍做准备,便率部向山东解放区临沂及临城至枣庄一线发起进攻。其中由峄县向临沂进攻的是马励武的整编第二十六师及第一快速纵队,于12月25日便开进了傅山口、卞庄,师部驻地卞庄。

敌整编第二十六、第五十一师和第三十三军的动向,引起了陈毅、粟裕的高度注意。他俩酝酿后形成一个战斗腹案,然后将叶飞请进了办公室,将腹案告知叶飞后,征求他的意见。

叶飞听罢,提出自己的看法,他说:"据这三路敌人的位置,我建议打二十六师较为适合。"没等两位首长询问,他便说出自己的三条理由:"第一,二十六师与五十一师、三十三军之间,间隔二三十里地,而且二十六师已处在我军附近,便于我们集中兵力全歼之;第二,二十六师是蒋介石的嫡系部队,师长马励武是黄埔军校第一期毕业生,曾长期担任蒋介石的副侍卫长,带兵作战时间不长,作战经验不足,为人却十分骄狂,目空一切,且是个喜吃喝、好色之徒;第三,我军刚刚取得宿北战役的大胜,斗志旺盛,应乘胜再打一个胜仗。"

陈毅问道:"马励武的快速纵队武器装备精良,他们配有美式坦克,你们能有办法打坦克吗?"

叶飞自信地挥挥手说:"他那些坦克有何用?鲁南地区不是山就是湖泊河流,那些坦克到了这里,哪有它们的用武之地!到时还不成了一堆废铁,成为他们的累赘和包袱。首长放心吧,我们有信心打赢这一仗。"

陈毅侧头对粟裕说:"你听到了吧,叶飞有决心要让坦克成废铁,你制定作战方案时,可别忘了安排一个让叶飞捉坦克的任务。"

粟裕点头笑笑说:"行啊!"

粟裕的作战方案很快下达到各部,命令叶飞的第一纵队和华中的第一师担负围歼敌整编第二十六师师部及第一六九旅、第一快速纵队的任务;山东第八师、鲁中第九师、鲁南第十师和鲁中军区第四师、滨海警备旅,歼灭敌整编第二十六师第四十四旅,并断敌退路,阻击峄县、枣庄之敌出援;山东和华中其他部队共二十四个团,在沭阳东西两地,阻击由涟水、盐城北进之敌。

叶飞接到命令,召开干部大会进行战前总动员。他将第一纵队的战斗任务归纳为两打:一打敌整编第二十六师师部,二打坦克。为了做好打坦克工作,他鼓励大家要抓住坦克的弱点,勇敢地进行攻击。他笑着说:"这些'乌龟壳'是人造出来的,我们就有办法毁掉它,坦克不可怕,只要我们发扬近战夜战的光荣传统,不怕流血牺牲,就会叫那些乌龟壳寸步难行,变成一堆废铁!"

12月30日晚上,伸手不见五指。叶飞指挥部队和兄弟部队一道,向敌整编第二十六师驻地开进。

战前,部队做好了打坦克的充分准备,准备打一场恶仗。可是,指战员们万万没有想到,这场战斗却打得那么轻松、那么迅速。究竟是什么原因呢?根子在马励武身上。

马励武虽戴着黄埔军校一期生的桂冠,却是个胆小如鼠的指挥官。宿北战役后,他唯恐被歼,每天行军时,规定部队只走两个小时就驻扎,多一分钟也不行。而且,他的部队每到一地,规定士兵站哨,军官放假打麻将。12月30日,部队开到了卞庄、塔山、青山、寨山一带。马励武这个花花公子,当然要过一个快乐的岁末。他将前方指挥任务交给了副师长曹玉珩和参谋长郑辅增后,自己坐着红色轿车到了峄县城内,看起了京剧《风波亭》。马励武做梦都想不到,他前脚刚离开指挥部,部队就被围歼。

叶飞纵队和兄弟部队昼宿夜行,正以最快的速度向鲁南抱头崮山区开进,迅速接近了敌整编第二十六师。

1月2日晚8时,第一纵队第二旅一举攻占了卞庄西北的102高地,同时向塔山发起攻击。1月3日晨,大雨倾盆。8时,敌第五十五团在坦克的掩护下出援,被我击退;15时30分,第一纵队攻占塔山制高点;16时,卞庄之敌在飞机掩护下突围,遭第一纵队部队沉重打击。1月4日上午,彤云密布,雨雪霏霏。敌整编第二十六师大部被我军各部歼灭,其残部及第一快速纵队即全部脱离工事,企图全线西窜,可是公路已被我军挖成了沟,坦克无法行进。坦克、自动火炮只好向两侧展开,从道路两旁的洼地里走。哪知道,雨后洼地泥泞,坦克一开下去就陷在了泥地里,敌坦克驾驶员使出了吃奶的力气,也无法让几吨重的庞然大物动起来,坦克前进不能,后退不得,驾驶员缩在"乌龟壳"中,不敢露出头来。坦克又有很大的死角,只能看到前方,左右及后方无法观察得到,只好任由我军战士冲上去一顿猛打。除了敌整编第二十六师副师长曹玉珩、参谋长郑辅增乘坦克逃回了峄县外,第一快速纵队顷刻之间在地球上消失了。我军缴获坦克二十四辆,俘获美械榴弹炮一个团、机械化步兵两个团。

敌整编第二十六师是蒋介石的嫡系部队,曾被国民党吹捧为"金刚钻"、"南京的长城",所以,它的被歼灭,在国民党军中的影响是巨大的,特别是敌第一快速纵队被全歼,极大地震撼了国民党军官兵。这支快速纵队原番号是装甲兵团,参加过美国史迪威将军指挥的缅甸战役。

敌整编第二十六师和第一快速纵队被歼后,战役进入第二阶段。野司传来命令,要第一纵队攻击齐村的敌整编第五十一师。

12日,叶飞带着少数干部,来到齐村以南察看地形。敌整编第五十一师第一一三旅旅部及第三三七团就驻扎在齐村。

齐村位于枣庄以西约六里处,中部有南北沙河一道,河东是大围子,河西是小围子,围墙外有深宽各两米的外壕一道,外壕外有鹿砦两道。围墙上有高碉堡,围墙内还有小围子、碉堡、暗堡等纵深工事。叶飞察看地形后,命令第一旅担任攻歼齐村之敌的任务。13日晚,第一旅奉命进占齐村外围,14日18时开始实施炮火袭击。连续爆破,炸开了一个大围子的石砌围墙,炸毁东南角的大碉堡,随后,又炸毁了东门门楼。同时,炸开了小围子,全歼敌辎重营。15日白天,他们击退了敌人的多次反击。黄昏,总攻敌第一一三旅旅部及第三三七团团部所据的小围子,凌晨3时许,全歼守敌,生俘其少将旅长李玉堂、少将副旅长李朴全以下两千五百余人。

部队打下齐村,又协助兄弟部队攻占了枣庄,歼灭了敌整编第五十一师师部及其部队。至此,历时十八天的鲁南战役,叶飞部队和兄弟部队经浴血奋战,歼敌整编第二十六、第五十一师和第一快速纵队,俘马励武、周毓英两个师长,创造了解放战争以来,华东战场上一次歼敌五万余人的纪录。

莱芜战役第一功

鲁南战役后,为便于作战指挥、避免番号重复、指挥紊乱及今后战局的发展,山东野战军与华中野战军统一整编,组成华野。叶飞的山东野战军第一纵队改编为华野第一纵队,原从中原突围到华东的皮定均旅改为独立师,暂归叶飞指挥。

1947年1月,华野领导合影。左起:叶飞、丁秋生、韦国清、邓子恢、陈毅、唐亮、粟裕、陈士榘、谭震林

整编后的第一仗,便是莱芜战役。

莱芜战役后的3月8日,粟裕在华野高级干部会上,就莱芜战役做了总结报告。在讲话中,他高度评价了叶飞第一纵队在莱芜战役中起到了举足轻重的作用。他说:"我仅以六十三个小时,就俘虏四万多敌人,加上被我毙伤敌人,共歼敌六万人左右,而我仅伤亡六千余人,这在中国战史上,是少有的胜仗。"他在总结这场少有的胜仗原因时指出:"在各纵队的配合上,第一纵队最吃力,虽然缴获不多,但在整个战役中,他们起了决定性的作用,应算第一功!"

粟裕赞扬叶飞第一纵队应算第一功,依据在哪里呢?

就在华野在临沂整编时,中央军委纵观全国战局,电令各大野战军,向全军提出在今后的几个月内,再歼国民党军四十至五十个旅;要求华野在一个半至两个月内,再歼敌十个旅,以配合其他战场的反攻。

陈毅接到中央电令,就和粟裕、谭震林开始运筹。粟裕提出,要依据敌情,机动处理。于是,他们密切注意敌人动向,寻机歼敌。

没几天,传来消息,说3月中旬,在莫斯科举行三国外长会议要讨论中国问题。

蒋介石得到这个消息后,十分焦急,他在接连吃了败仗的情况下,急需打一个大胜仗来给美国人瞧瞧,以争取更多的美援。为此,他亲自主持制订了以攻占临沂为目标,以徐州、济南为基地,集中三十万兵力,采取南北夹击战术,企图一举歼灭华野主力的计划。南线由欧震指挥八个整编师、二十五个旅为主要突击集团,以陇海路为依托,从台儿庄、新安镇、城头一线,分三路向临沂进攻;北线由李仙洲指挥九个整编师为辅助集团,以胶济路为依托,由淄川、博山、明水经莱芜、新泰南犯,企图乘虚进占蒙阴,配合南线之敌进攻临沂。

当时,华野整编后虽然有二十七万人,而南北敌人加起来却有五十万人。华野要同时吃掉这五十万敌人显然是不可能的,唯一的方案只能选择一路敌人打。那么,是先打南面之敌,还是先打北面之敌呢?陈毅、粟裕在下决定前,天天观察敌情,寻找战机。

一天半夜,陈毅收到情报部门送来的敌台电报,急忙把粟裕、谭震林叫醒,他指着手中的电报对他俩说:"北面李仙洲集团的三个军南下速度快,现已到达新泰、莱芜地区。敌人南北集团比较起来,南面之敌的数量大且又集中,不易被我分割,而北面只有三个军,势力相对薄弱,你们看是否先围歼北面之敌为好。"

粟裕负责作战指挥,曾经有个北上歼李仙洲集团的腹案在胸,当陈毅提出这个方案时,他立即表示赞同,并迅速提出了作战方案,他说:"留第二、第三纵队在南面,由陈士榘参谋长指挥,实行宽正阻击,引诱敌人占临沂但又不使敌人过早占临沂;主力第一、第四、第六、第七、第八共五个纵队隐蔽北上,会同由胶济线南下的第九、第十两个纵队,歼灭李仙洲集团。"

陈毅、谭震林同意粟裕的作战方案。命令下达后,主力五个纵队由南向北开进,叶飞的第一纵队立大功就在此时。

莱芜战役后,叶飞(左三)在庆功会上与战斗英雄合影

叶飞在莱芜战役大捷庆功会上举杯向战斗英雄们祝酒

华野参谋处长王德,在日记中详细地记下了当时莱芜战役的经过:

当天,最先到达莱芜西南地区的华野主力第一纵队,承担着协同右路军攻歼莱芜城及其外围敌人之任务。他们到达指定位置时,前后左右却找不到友邻纵队的踪影,连配属他们指挥的八纵那个师也联系不上。一纵毕竟是老部队,不管兄弟部队到达与否,照常坚决执行上级赋予的各项任务。恰在这时,一纵的八团却在城南与"友邻部队"相遇了。对方也认定他们是"自己人",派来了一位联络员。八团同志仔细一看,头上青天白日帽花在闪光,就不客气地把他抓住了。一纵司令叶飞同志亲自审讯,才得知来人是四十六军的。据他说,当敌人发现七十七师在博山以南遭我伏击时,就立即命令四十六军星夜撤回莱芜。他们与七十三军的联系并未被切断,现在李仙洲集团的两个军已经集中于莱芜。敌情的这一严重变化,当时我华

野指挥部还未掌握。令人担心的是：原先规定以五个纵队担负的分割、围歼李集团的任务，一下子全落到一纵身上，他们能挡住优势敌人的拼死突围吗？

据一纵报告，他们在向我们汇报敌情变化的同时，叶飞司令员已经把三个师全杀出去了：以第一师攻占莱芜城西北的400高地、北铺庄、小洼等要点；以第二师进占城东的孟家花园、吴家花园一线；以第三师攻占城西的大小曹村和城南的马湾崖、曹家庄地域，从三面包围了莱芜城，首先紧紧咬住敌人，决不放过一个敌人突围出去。一纵首长与同志们以全局为重，勇挑重担的战斗精神是值得赞扬的！

这一来，敌人可急了！第二天一早，飞机就在城西北上空盘旋扫射，大炮也开始向我军阵地射击。敌十五师师长杨明亲自指挥他的两个团和李总部的特务营，分四路进逼我小洼阵地。当敌人接近前沿时，才遭我突发、猛烈火力的杀伤，进攻就受挫。第一次试探性的攻击被我粉碎。

接着，敌人重新组织猛烈炮火对我阵地实施压制射击，九架飞机低空轰炸扫射。步兵以密集队伍，分两路不间断地向我发起轮番冲锋。右路约一个团向小洼东侧高地的第一团三连进攻，左路约一个团向小洼西南高地第一团一连进攻。同时，高踞于矿山之上的敌军亦积极策应，从背后向小洼压下来。

第一连在友邻配合下，坚守阵地，他们以连属各种火器组成突然、猛烈的火力，给敌人以大量杀伤，又以短促的阵前反击打垮优势敌人的多次进攻。在连长、指导员和三个排长、半数以上的班长都先后伤亡的危急关头，已经负伤的一排排长（党支部委员）王国栋挺身而出，高呼："全连听我指挥，共产党员站出来！""坚决守住小洼，只能前进一尺，不能后退一寸！"当敌人冲到阵前时，他不顾自己负伤的身体，亲自带了第三班向敌侧翼实施反冲击，再一次打垮敌人的进攻。激战到下午3时，由于全连伤亡过大，弹药消耗将尽，敌人乘隙冲上山来。战士们立即跃出工事，与敌白刃格斗。战士彭大昌来不及装上刺刀，就向冲到他面前的敌人猛扑过去，一下子就撂倒了三四个敌人；另一个战士陈瑞有，一口气刺倒了六七个敌人，自己力气也用光了，被敌人团团围住，他立即拉响了身上的最后一颗手榴弹，要与敌人同归于尽，吓得敌人纷纷后退。

据一纵司令员叶飞同志说："敌人对第一纵队三个师的阵地，都拼命争夺，特别是第一师占领的莱芜城北的小洼和400高地，是敌人突围的主要口子，战斗十分激烈，部队以一当十，在小洼阵地上展开了白刃格斗，打得极为英勇顽强，使敌人未能得逞，我阵地岿然不动。"第一纵队在连续三昼夜激战中，紧紧包围了莱芜之敌，为各兄弟纵队调整部署，最后共同歼灭李仙洲集团赢得了时间。

百万军中取上将首级

1947年2月，莱芜战役结束后，叶飞率第一纵队在张店、周村、淄川等地之间休整。

蒋介石在莱芜战役失败后，被迫放弃全面进攻，改为重点进攻，而且在兵力部署和战术上进行了较大的调整。在山东战场，敌人用于进攻华野的兵力为六十个旅，共四十五万余人，组成第一、第二、第三兵团，采取密集队形，齐头并进，从南面、西南面扑向沂蒙山区。在兵力部署上，敌人将十三个一、二等的主力部队都摆在第一线。一等主力部队第五军、第十一师、整编第七十四师都摆在第一线的中央位置，右翼为第七军和第四十八师，左翼为第七十五师和第八十五师。尤其是整编第七十四师，更是蒋介石的王牌部队，其右翼有整编第八十三师，左翼有整编第二十五师。据说，这个部署蒋介石和陈诚都十分满意，被称作为"硬胡桃、烂葡萄"战术。所谓"硬胡桃"，指的是第五军、第十一师、整编第七十四师，都配置在中央位置，排成一线，互相靠近，守望相助，万无一失。"烂葡萄"指的是摆在翼侧的次等部队,一旦受到我军攻击,他们便把这些"烂葡萄"塞上去打一阵,然后,将"硬胡桃"拉出来,以图一举获胜。这是蒋介石与陈诚惯用的"舍杂牌,保嫡系"的把戏。

陈毅、粟裕根据敌人的这一兵力部署,决定将主力后撤一步,佯装惧怕,尔后集中兵力歼其一路。这一着果然灵验,使敌人上当。第一兵团司令汤恩伯以为我军后撤是无力作战,由于他求胜心切,一反常态,改变过去一贯稳扎稳打的部署,不等其他兵团进入预定位置,于5月11日急不可耐地令其整编第七十四、第二十五师,从垛庄、桃墟地区向坦埠前进。他限令整编第七十四师于12日攻占坦埠,令整编第八十三师向马牧池方向进攻,掩护整编第七十四师右翼,令整编第六十五师担任蒙阴的防守任务。其主力集结于青驼寺,担任第一兵团的预备队。这样,敌第一兵团的几个一线部队,已全面向北推进,位置比较突出,形成了第一兵团与我华野单独作战的姿态。

5月10日夜,敌整编第二十五师一个旅占领黄斗山顶;整编第七十四师占重山、艾山一线,其一部渡过汶河,攻击我第九纵队杨家寨、孤山阵地,被我第九纵队击退;整编第八十三师攻占孙祖;第七军一部向沂水方向前进。11日晚,华野司令部查明敌整编第七十四师最为突出,认为首先将其歼灭更为有利,于是,立即命令各部停止执行原定先打第七军和第四十八师的计划。正在向东调动的各部队遂停止行动,返回原地待命。

在部署围歼敌整编第七十四师的作战会议上,陈毅把华野歼灭该师的部署概括为"百万军中取上将首级"。他说,要取这颗"上将首级",就要把这个"上将"从百万军中剜割出来,然后再攻上去;另一方面还要挡住外围敌人的增援。这的确是一项十分艰巨的任务,必须经过一番苦战。要把敌整编第七十四师剜割出来,就需要一支部队揳入敌人纵深,切断该师和敌整编第二十五师的联系。开始,陈毅、粟裕打算使用第八纵队,后考虑再三,担心第八纵队路远,难以进入预期攻击位置,而且第八纵队过去很少担任这种任务。于是,谭震林提出由叶飞第一纵队承担此任。陈毅和粟裕也觉得这个意见好。当时,叶飞没参加这次会议,由第一纵队副政治委员谭启龙、副司令员何克希表态受领任务。可是，他俩却不敢轻易拍板，理由是原部署没有第一纵队的任务，因此部队没有打的准备。会后，陈毅只好叫他俩向叶飞汇报，请叶飞来指挥部定夺。

此时虽是战云密布，但因为没有第一纵队的任务，叶飞的确感觉轻松，正在和别人下围棋，听了谭、何二人的汇报，他将围棋一推，跨上战马，直奔华野指挥部。指挥部里，陈、粟、谭都在，谭震林一见到叶飞，便笑着说："啊呀，你这个'梅兰芳'不登台，我们这个戏还没法开场嘞！"

粟裕向叶飞招招手，站在地图前，向他讲述了整个部署情况：第一纵队为右翼迂回攻击部队，主力自旧寨以西揳入，割裂敌整编第七十四师与整编第二十五师之联系，然后配合友邻部队，围歼敌整编第七十四师；另以一部阻截蒙阴敌整编第六十五师东援。第八纵队为左翼攻击部队，第九纵队为左翼迂回攻击部队，与第八纵队会师于垛庄，后继续向孟良崮攻击。第六纵队自鲁南进入垛庄、青驼寺之线，断敌后路。第四纵队于正面先阻敌北犯，待其他纵队完成对敌迂回分割后，合力向南出击。其余部队分别阻击和拖住增援之敌。

这时，陈毅插话进来，他讲了使用第一纵队的原因。他问叶飞："计划变了，本来想让你们休整的，现在安排了任务，你有什么意见啊！"

叶飞想了一下，回答说："既然如此，我们就接受这个任务，但是，我们打宿北、鲁南、莱芜后，确实太疲劳，没有一点思想准备啊。"

陈毅严肃地说："任务十分艰巨，责任也非常重大，一定要完成任务。如果你们完不成这个任务，整个战役部署也就完了。我们已把独立师加强给你们一纵，你就有了四个师的兵力。你们的战斗作风是好的，是可以信赖的。"

叶飞愉快地接受了这个任务。回到第一纵队，叶飞见四个师的领导都已在等他。他们听到有仗打，二话不说，只等具体命令。叶飞和大家交换了意见后，用红铅笔沿沂蒙公路一画，地图上出现了一条弧线。叶飞指着这条线说："同志们，责任重大，我们一定要不惜一切代价，坚决完成任务。一定要分割敌整编第七十四师和整编第二十五师，并从中间穿插过去。具体部署是：以第一师攻取塔山、尧山，打掉敌整编第二十五师的牙齿，割断他们和敌整编第七十四师的联系,并阻击敌整编第六十五师东援;以第三师为第二梯队;第二师、独立师归第二师师长刘飞指挥,从这个口子向纵深穿插,与友邻会师后,全力攻击孟良崮。"叶飞看了看何克希和谭启龙,见他们没有意见,然后宣布说:"我带领第一、第三师,何副司令、谭副政委随第二师、独立师行动。"

13日黄昏,战斗如期打响。叶飞赶到老鼠峪子,督促第二师、独立师前进。就在第一纵队向前开进时,敌整编第七十四师也正向孟良崮开进。两军靠得很近,双方几乎都能看到对方在运动的情况。敌人在山岗,第一纵队在山坡。第一纵队知道对方是谁,而对方却不知道山坡上是解放军的第一纵队,还以为是他们的友邻整编第二十五师。因此,敌人不吆喝口令,也不向第一纵队打枪。当时,暮霭浓重,能见度很低,但是,叶飞知道,这时决不能掉以轻心,如果让敌人发现山坡上是我军在运动,我军的处境将十分危险。所以,第一纵队必须保持快速行进,决不能停下来。这时,谭启龙从第二师打来电话,报告说第二师师长刘飞把第六团的一个营带进了山口,其余部队在重山山口遭到宫庄敌人和空中炮火的阻击,前进不得。

叶飞听后,立即下达一道死命令:"不要理会敌人,继续前进。"

不久,刘飞向叶飞报告说,把敌整编第二十五师的阻击部队打垮了,第四、第五团和独立师都穿插进来了。

这时,第一师攻占了塔山、尧山,第一纵队遂完成了穿插分割任务。14日2时,独立师攻占了天马山和界牌,但第八纵队因路远未能赶到与第一纵队会师。天色已亮,叶飞从报话机上侦听到敌整编第七十四师各部都在行动。估计他们可能想恢复与整编第二十五师的联系,也可能是想迅速撤向孟良崮。上午9时,野司指挥部指示,要第一纵队独立师和第二师不顾一切,猛攻孟良崮,除一个团在正面阻击敌整编第二十五师外,其他五个团全力攻击。当时敌整编第七十四师已后撤,我第八、第九纵队不可能赶到,而第六纵队也要第二天才能赶到。我军只有攻占孟良崮才能阻击敌人。因此,叶飞命令第一师留下一个次要团,守备黄斗顶山一线阵地,其余两个团和第三师攻击前进。下午3时,从报话机又侦听到敌整编第七十四师三个旅已到达孟良崮。这样,攻占孟良

崮已不是一个纵队所能完成的任务了。叶飞立即向陈毅发电报,建议:"敌已占孟良崮,且我大量部队已攻占界牌及垛庄并向西前进,情况已起了变化,宜采取围攻。"

野司指挥部电示第一纵队:"暂停对孟良崮的攻击。"

14日一整天,战斗进行得十分激烈。塔山、尧山我阵地被敌重占,后又夺回;凤凰山、曹庄、天马山、蛤蟆崮亦不时告急。蒋介石得到报告后亲自指挥督战。整编第七十四师师长张灵甫狂妄至极,提出要坚守孟良崮,以他为"磨心",拖住我军四面围攻,企图"碾叶飞的第一纵队"。于是,蒋介石严令整编第二十五、第六十五、第八十三师和第五军等部,从东、南、西三面发起猛烈攻击。第一纵队遭到敌军迭次进攻,血战竟日,阵地笼罩在一片硝烟之中。

15日拂晓,独立师第一团和第二师第六团夺回了230高地和285高地,重占围攻孟良崮的有利阵地。此时好消息接踵而来,其他友邻部队亦进逼孟良崮;第九纵队攻占孟良崮高地一处,第八纵正围攻卢山,第六纵队已进抵垛庄,第四纵队前锋直逼520高地。但是,敌各路部队在蒋介石的严令下,也不断向我军进逼,情况又趋于紧急。敌整编第七十四师被我各路大军压缩于孟良崮荒山后,在各路进援部队的呼应下,企图以第五十八旅掩护其向西南突围。叶飞获悉此情报,即令第一师第一团进抵北庄,第二师第四团进抵石王河集结,以截敌突围之路。张灵甫发觉后路已被我切断,遂改为固守孟良崮及其以西的600、540、520高地,坚守待援。

这时,陈毅给叶飞打来电话说:"党中央毛主席又来了指示,说不要贪多,首先歼灭敌整编第七十四师,然后再寻战机。现在敌人的十个整编师已围在我军四周,先后打响。当前,你们的主要任务是协同兄弟纵队,把敌整编第七十四师这个轴心敲掉。这样,敌就没有指望了,我们也就免得两边作战。如果拖延下去,情况的逆转是可以预料的。"

叶飞将陈毅的指示传达给大家后,纵队的几位领导都感到身上的担子太重,也感到两面作战兵力不够。叶飞下决心说:"从阻击部队中抽兵,集中力量向孟良崮攻击,一面挡住'百万大军',一面取'上将首级'!我们一定要做到!"

叶飞的意见得到大家的赞同,接着,他们研究了具体部署。叶飞抓起电话,亲自向各师交代任务,并将第一师师长廖政国找来,叶飞对他说:"我把主力部队都拿去攻击孟良崮了,只留给你从地方上刚升级的三团、九团,加上你师的二团,扼守六十多公里的阵地,挡住敌人两个整编师,保证主力拿下孟良崮,你看行吗?"

廖政国用坚定的口气回答了叶飞的询问,转身便执行任务去了。

敌人不顾遍地遗尸,继续成群结队地往我军阵地上涌。中午,三山店、交界墩我阻击部队伤亡殆尽,阵地被敌人强占。下午4时,界牌又被敌人占领。随后,我军天马山、覆浮山、蛤蟆崮全线告急,敌人已攻上天马山的山腰。接着,部队与指挥所失去了联系。叶飞见部队伤亡很大,手中的预备队也打光了,临时调部队又来不及,急得团团转。就在他手足无措之时,接到了廖政国的电话:"我们已将敌人击退,天马山阵地稳固!"廖政国对叶飞说,就在天马山十万火急之时,第四纵队第二十八团的一个营正奉命往孟良崮飞驰。他命令该营营长服从自己指挥,急援天马山。他指着硝烟弥漫的天马山,对那个营长说:"天马山阵地的得失,关系全局的胜败,如果敌人打通了联系,我军全盘皆输。"

那个营长听到此话,点头说:"好吧,为了整体利益,我执行你的命令!"随即率部赶到天马山,和守军一起将敌击退,巩固了天马山阵地。

15日晚10时左右,陈毅接通了叶飞的电话,他说:"敌整编第九、第十一师已靠近蒙阴,第五军已到新泰,整编第六十四师到了青驼寺。如果明天拂晓前不能全歼敌整编第七十四师,我军将陷入敌人的重围!"形势十分严峻,电话两端出现了长时间的沉默,叶飞心急如焚,一时不知说什么好。这时,沉默后的陈毅又说:"叶飞啊,这场战斗是虎口里拔牙,无论如何,我们一定要在明天拂晓前拿下孟良崮,消灭整编第七十四师。否则,后果不堪设想啊!"

在电话中,陈毅授权叶飞,统一指挥第一、第四、第六、第九纵队,总攻孟良崮。他命令叶飞,不论付出多大代价,哪怕拼掉两个纵队,也要坚决完成任务!

粟裕从陈毅手中接过电话问叶飞:"什么时候可以组织好总攻?"

叶飞考虑了一下,回答说:"需要两个小时,下半夜1点钟可以实施总攻。

我规定了总攻信号,并同四纵、六纵接通了电话,只是九纵一时还没有联系上,请总部通知他们做好总攻准备!"

5月16日深夜1时,总攻开始,各纵配合默契。深夜2时,第一师第一团,第二师第四、第六团,独立师第一、第三团与友邻第四纵队所部,攻占了520、540一线高地;第六团又配合出击,拂晓时分占领了附近山头。

总攻开始不久,野战军首长十分关注战场情况,几乎每隔五分钟就要打一次电话,询问战况。战斗空前激烈,情况瞬息万变,叶飞指挥所的电话铃声不断。

在我强大的攻势下,敌整编第七十四师频频告急。西面之敌整编第六十五、第二十五师,在蒋介石的严令下,冒死支援。敌我双方反复争夺,最后,我军终于挡住了敌人的进攻。

击毙张灵甫之地

5月16日拂晓,各路大军云集前线,在叶飞的统一指挥下,万众一心,直取孟良崮。下午4时,敌整编第七十四师终被我全歼,山谷里顿时响起了一片欢呼声。顽固而又狂妄至极的国民党军中将张灵甫,终于惨败在我军手中,陈毅取"上将首级"的心愿也最终如愿以偿。

鲁南突围

孟良崮战役后,进犯鲁中的国民党军全线溃退。6月25日,敌人休整了四十天后,稍稍恢复了元气,便以三十二个旅,共二十四万兵力,向我沂蒙山区进犯。陈毅、粟裕根据敌人动向,立即决定采取正面阻击、两翼出击的战法,向来犯之敌进行了有力还击。他们制定的作战方案是:由野司直接率四个纵队阻敌前进,右路兵团三个纵队由陈士榘、唐亮指挥,出击鲁西敌后,左路兵团第一、第四纵队由叶飞统一指挥,出击鲁南敌后。

6月28日,叶飞奉命率第一、第四纵队向鲁南开进。时值雨季,河水暴涨。经五百里急行军,他们抵达鲁南时,这里已是一片泽国。这一带老百姓十分贫困,部队找不到粮食,常常吃了上顿没下顿。在这样艰苦的环境下,部队仍积极寻机歼敌。7月1日,第四纵队攻击费县;7月7日,第一纵队攻克峄县、枣庄,威胁徐州、台儿庄之敌。这时,敌人弄不清华野的所在地,见鲁南枪声不断,以为华野主力到了鲁南,于是,急忙调第五、第七军,整编第五十七师等七个师的兵力,回援鲁南。华野首长原打算将第一、第四纵队调往鲁南,而主力放在北线的南麻、临朐进攻,一旦得手,便南北夹击。谁知由于连日暴雨,北线部队在反击敌整编第十一、第八师时打得不甚理想,而此时的鲁南也是连降大雨,兰陵以南地势低洼,一片汪洋,交通断绝,北进困难。这样,不仅没有达到南北夹击的战役意图,反被敌人抓住我华野两个主力纵队孤悬鲁南敌后这一弱点,敌人在电报中称我第一纵队为"面包",称第四纵队为"西瓜"。他们认为,攻击第一、第四纵队的是五个整编师,后续欧震兵团的三个整编师也即将赶到,南面的台儿庄、运河一线又有冯治安部的两个军,解放军要想突出他们的重围,那真是天方夜谭,这"面包"和"西瓜"他们是稳吃了。蒋介石更是要亲自指挥,报孟良崮王牌军被歼之仇。

陈毅和粟裕也为第一、第四纵队的安危担忧,他们在电文中指示说:"以插回蒙山争取东返会师为行动方针。"如果在枣庄地区或兰陵地区,"应有决心在鲁西地区机动转移一时期,打一两个胜仗,不过早暴露东返企图";如果在峄枣地区,则可派一个师"引敌人向西北,你们才能迅速向东"。并问:"能否分出一个到两个师协同鲁南地方武装开展局面,使主力隐蔽在适当地点,然后于适当时机突然向东或东北经费县以西地区回蒙山。"他们为叶飞设想了东返会师的不同行动方案,同时又指出:"总之,靠你们机断处理。或两个纵队集结行动,或分两路行动,均诸考虑实施,一切机断处理,争取胜利转移为要。"

叶飞手捧陈毅和粟裕的电报,站在地图前,脑子里飞快地思考着。他认为,向北、向南突围都行不通,那里有重兵把守;向西则是津浦路,敌人正在调动,准备对我拦截。最后,他考虑只有向东北渡沂河,然后跃入沂蒙山。但是,当时山洪暴发,沂河水位猛涨,河上没有桥,如何渡河呢?虽说沂河水的特点是暴涨暴落,但一时也难以退尽。战场瞬息万变,一分之差也可能导致全军覆没。叶飞和陶勇商量,决定向鲁西南突围。如果这个计划得以实现,就可与我第三、第八、第十纵队组成的右路兵团会合。可是,向鲁西南突围又谈何容易?

第一、第四纵队陷入困境的消息惊动了延安总部,他们及时给叶飞发来情报,为叶飞提供敌情。总部并不知道,由于叶飞的电台主任秦基及时准确地破译了敌军的电文,他们发来的情报,叶飞早一天就已掌握。

叶飞根据敌情判断,国民党军全力防第一、第四纵队向东突围,因此,兵力主要集中在鲁南地区。于是,叶飞决定采用声东击西的战术,以一部向东佯动,给敌人造成错觉,引敌东去。这样,第一、第四纵队主力与追击之敌就可拉开距离,趁机西去,跳出敌人的合围圈。要达到这一目的,引敌向东的部队必须是一支强有力的队伍,以造成强大的声势。这支部队在敌人的重围之中,处境将是十分危险的。派谁去担任这个艰巨的任务呢?陶勇建议派第四纵队的彭德清师担任佯动掩护任务。彭德清师即第十师,是第四纵队的主力。叶飞考虑到该师只有两个团,兵力相对不足,便派第一师参谋长余光茂率第三团加强该师力量。

7月24日,叶飞指挥部队故意向东行动,直逼向城,与敌整编第七、第四十八师激战终日。敌人果然中计,立即调整部署,26日,敌伞兵纵队自台儿庄进占峄县,敌第三十三军一部进占齐村,一齐向东压来。彭德清师与敌纠缠后,趁天还没黑,就有意大张旗鼓地向沂河前进。敌人不辨真伪,对彭德清师穷追不舍。叶飞立即率主力西进,以第一师为前卫,在距敌军五公里外急速前进,进占齐村西北七公里的要隘山下,掩护全军通过。28日晚,第一、第四纵队于滕县以南,冒着倾盆大雨,跨越津浦铁路。此时,我军已与追击的敌人拉开了整整一天的路程。

天色放亮后,敌人发现中计,大呼上当。遂放弃彭德清师不追,掉头去追第一、第四纵队主力。可是,为时晚矣!我军六个师已乘虚向西突围。由于敌人改变部署,放弃追击彭德清师,该师也完整地顺利渡过沂河,跃入沂蒙山。

第一、第四纵队跨越津浦铁路,到达独山湖。这里是水网地带,七八十里路上汪洋一片,部队无遮无挡,全部暴露在敌机之下,任由敌机疯狂扫射。由于连绵阴雨,被服装具全部湿透,鞋袜全无,指战员们赤脚在水荡和泥泞里行进。村庄已被国民党军队和还乡团抢掠一空,我军粮秣无着,再加上到处是地主还乡团的反动武装,不时响起冷枪,飞来流弹。部队吃尽了苦头,受到了严峻的考验,也遭到很大损失,非战斗减员不断增加。

7月28日晚,第一、第四纵队冒着大雨,跨越津浦铁路。29日,因沙河水位暴涨,北上受阻。30日,敌欧震兵团的整编第七十五、第八十五、第五十七师,自滕县西犯,堵截北上之路,企图将叶部压缩在天独山湖以东狭小地区后,加以围歼。叶飞命令第二师抢占休城东北的战家河,其余部队于白天冒着敌机的轮番扫射和轰炸的危险,分路徒涉沙河等三条急流。此时,敌已抵沙河东岸,与叶飞第二师隔河对战。当晚,叶飞率部队开进,敌仍尾随追击。第四纵队第十二师抢占大古村一线高地,掩护其余部队向西北挺进。叶部后卫第一师接替该高地时,敌整编第五十七师趁隙占领,经第一师猛攻后夺回。31日,第一师阵地整天为敌猛攻,虽数度告急,但敌终未能得逞。入夜,叶飞率领部队继续北上。第一师扼守郭里集东北的王山、卧牛山一线,以掩护全军通过郭里集至马坡一段水阔八里、深及胸部的泛滥地带。敌人当然不会放过机会,攻击更为猛烈,第一纵队扼守王山的第一团第九连的一个排,英勇奋战,伤亡殆尽。8月1日,叶飞率部队白天行进,通过泗河,终于与右路陈(士榘)唐(亮)兵团胜利会师。

第八章 血战睢杞

诱歼"尾巴"

1947年夏天,中国广袤的大地仿佛是一个偌大的棋盘,车、马、炮纵横驰骋,士、相、卒各领风骚。手掌帅旗将印的毛泽东、蒋介石作为对弈双方,以黄河为界,以举棋不悔的决战信心,调兵遣将。蒋介石采取进攻、重点进攻、两翼出击的战术,如同一把铁钳,欲将共产党死死钳在西北、华东乃至华北、东北;毛泽东纵观全局,趁蒋介石得意忘形之时,摆了一着险棋,指挥刘邓大军轻松出线,突破黄河,给蒋介石铁桶般的阵营来了个开膛剖肚的大手术。紧接着,又指挥陈赓集团和陈(毅)粟(裕)大军挺进中原。三路大军气势恢宏,成"品"字形阵势,在中原与国民党军展开殊死大厮杀。

鲁南突围后,华野部队一分为三,陈毅、粟裕率领叶飞纵队、何以祥纵队等八个纵队组成外线兵团,亦称西线兵团,执行外线出击的战斗任务;许世友、谭震林率领四个纵队,组成内线兵团,亦称东线兵团,开赴胶东作战;第十一、第十二纵队坚持苏北敌后斗争。

8月底至9月初的一个夜晚,华野外线兵团抢渡黄河,来到郓城、红船口地区。蒋介石命令第五、第五十七师紧跟在后,企图伺机歼灭华野外线兵团。

叶飞向陈、粟首长建议:"抓住战机,歼灭尾随之敌!"

站在一边的陶勇附和着说:"是啊,该打一个大胜仗了。我们纵队有的干部已经流露出不满情绪,牢骚怪话也出来了,他们还编了一个顺口溜。"

"什么顺口溜?念出来听听!"陈毅挺感兴趣。

陶勇说:"我念出来,陈司令可不要生气。"

"念吧,念吧,我生啥子气哟!"陈毅挥挥手,示意他快说。

陶勇便念了起来:

什么运动战?只运不战。我走弧形,敌走直线。敌人走一里,我们走十里。这样走下去,只有拖到死。与其拖死,不如打死。

陈毅默默听完,低头思索了好一会儿,然后抬头对叶飞和陶勇说:"你们是不是觉得应该打一仗了?"

"是该教训一下屁股后面的尾巴了。"叶飞表态。

陈毅问:"依你们的意见,我们就打他一仗。不过,我们不能一次歼灭两个师,只能先歼其一,你们看选择哪一个师比较好呢?"

叶飞建议说:"我的意见是先打五十七师,这个师兵力相对较弱。五十七师原为九十八军,曾经在浙江天目山与我们交过手,是我们的手下败将。后来,他们的残部到了苏北,与一一七师合并,改番号为五十七师。全师一万余人,装备较旧,战斗力也差。我们可以将它引到适当位置,一举全歼。"

这时,粟裕说:"叶飞的这个建议很好。据最新情报,在我军四周不仅有五十七师和五师,还有六十八、五十五、八十四师几路敌人。要歼灭五十七师,必须将五十七师引到适当位置,使其处于孤军无援时,才能吃掉它。"

陈毅与粟裕研究后,对叶飞说:"那就让你们一纵和何以祥的三纵当诱饵,在这几天内把五十七师引走。"

从8月30日开始,华野外线兵团大部分纵队隐蔽行军,忽东忽西,叶飞的第一纵队和何以祥的第三纵队则公开摆开北上架势。途中,他们走出几里路后就停下来,向敌第八十八师打一阵枪,敌第八十八师和第五十七师不知是计,立即围了上来,对第一纵队发起攻击。叶飞则以一个排兵力迷惑敌人,主

力继续北移。

何以祥的第三纵队则与敌第五师纠缠后,突然撒手北移。不仅敌第八十八、第五十七、第五师对第一、第三纵队紧追不舍,敌第六十八、第八十四、第六十五、第五十五师等,也从四面八方向第一、第三纵队围来。9月6日,当敌第五十七师尾随追至贾家庙、贾敬屯、沙土集地区时,他们距其他师已有三十多里的路程。陈、粟见时机已到,迅速调整部署,以第三、第六、第八纵队担任主攻,其他纵队担任阻击。主攻部队于8日晚6时发起攻击,凌晨3时解决战斗,一举全歼敌第五十七师,活捉师长段霖茂。

横扫豫东

沙土集战役后,刘邓大军已越过黄河、淮河和黄泛区,插入大别山地区。蒋介石集中了三十三个旅,围攻刘邓大军。中央军委为将敌人调出大别山,命令陈粟大军挺进豫皖苏。

豫皖苏即豫东地区,东起津浦线,西到平汉线,南临淮河,北止陇海路,面积约六万平方公里,人口约两千万。该区敌军兵力空虚,便于我军机动作战。在华野部队进入该区前,我党已在该地建立起三个专署和拥有两万五千人的地方武装。但该地大部分处于国民党的统治之下,建有许多土杂部队,宿县南北有交警总队及装甲教导总队驻守;徐州以西黄口、砀山一线为敌江苏保安队管辖,反动势力较强大。因此,我华野进入豫皖苏的五个纵队面临的战斗任务仍然十分艰巨。

叶飞到豫皖苏地区后,传达了以陈毅名义下达的对敌军官兵的四大保证:

一、缴枪不杀。

二、放下武器者一切私人财物概不没收。

三、携带枪械器材来归者有赏。

四、凡自动来归者,按下列情况处理:

1.愿工作者,分配工作,并保留其年资及抗战中的功绩。

2.愿回家者,发路费,资送回籍。

3.愿在解放区生活者,协助其安家生产。

9月26日,华野外线兵团五个纵队在统一时间,从徐州至开封间,跨越陇海路南下。叶飞的第一纵队于26日晚攻占内黄车站,并破击陇海铁路内黄至野鸡岗段。27日奔袭杞县县城。28日拂晓全歼守敌,攻占通许县城。30日夜通过了黄泛区。10月1日攻占尉氏县城。2日攻占鄢陵县城。3日奔袭敌西华县政府所在地逍遥镇,继向西华县城进击,敌闻风逃窜。5日到达太康地区集结。此番作战共计歼敌九百余人,除内黄车站为敌第二十四师一个连外,均为地方保安团队。

第一纵队和兄弟部队攻克城镇二十余座,在东西六百里的广阔平原上,正面推进了三百余里。我军所到之处,国民党政权基本被摧毁,保安团队大部分被歼或溃散流窜。敌人仓皇从鲁西南、山东抽调兵力南下,并加强防守津浦、陇海、平汉沿线的徐州、蚌埠、开封、郑州、许昌等主要据点。

至此,我刘邓、陈粟两大野战军及陈赓兵团,都打出了外线,展开于黄河以南,长江以北,西起汉水,东迄黄海的大中原原野上,鼎足而峙,互为犄角。

叶飞第一纵队和其他部队进入豫东以后,敌主力第五军,第七十五、第二十四师等部尾随而至。这里和根据地的情况有很大不同,群众不了解解放军,消息闭塞,群众的支前工作更谈不上。敌人又紧紧尾随,就像一条尾巴;我们的情报来源,破译敌人的电报只能知道一个大行动;再就是上级通报,都来得较迟,只能依靠战场侦察了解,但侦察部队报来情况时,敌军已跟随而来。这使叶飞想起三年游击战争时,粟裕曾和他谈起当年挺进师进入浙西南的处境。那时,粟裕称赞闽东独立师"狡兔三窟"。想起这事,叶飞觉得他们现在一"窟"也未经营成,必须使广大群众站在我军一边,要做到这一点,有军政两个方面的问题要解决,而主要是要多打胜仗,才能站住脚跟,才能争取群众。

在适应外线作战的过程中,他们打了两仗。

第一仗是破击陇海铁路。我华野外线兵团和刘邓大军、陈赓兵团配合作战,已迫使中原敌人转入重点防御。敌人企图全力确保陇海、平汉、津浦三大铁路交通线,以保证其运输补给及调动兵力之需要,并以此企图随时集中兵力,向我分进合击。华野外线兵团为分割敌人,掌握主动,创造战机,使苏鲁豫皖解放区连成一片,便利今后机动作战,并策应陈赓兵团对平汉铁路的行动,野司决定对陇海铁路的徐州、兰封段展开破击战。作战方案是:以第四、第十纵队附冀鲁豫地方武装部队,组成一个兵团,破击砀山至兰封段铁路,拔除沿线据点,并相机攻取虞城、朱集;以叶飞第一纵队、冀鲁豫第十一纵队附冀鲁豫三分区武装,组成一个兵团,由叶飞指挥,破击郝寨至砀山城。

11月8日晚,叶飞第一纵队各部分别进入攻击位置,分别包围砀山城、砀山车站和李庄车站。当日黄昏,敌由商丘增援砀山暂编第二十四师张岚峰部一个旅。叶飞根据敌情,决心延迟攻城战斗,巩固已得的四关阵地。10日15时,炮击开始。16时,各部同时发起总攻。十五分钟后,第一纵队的第一、第二团先后胜利登城,第一纵队的第五、第六团亦在一度对峙后冲入城内,22时结束战斗,全歼守敌四千余人。与此同时,彻底破坏铁路七十余里,占领李庄至黄口的沿线车站与敌据点。11月11日,又继续向东南开进,扫除陈寨、回龙集等据点多处,解放萧县城,进占曹村车站,直逼徐州南郊。

第二仗是在1947年年底到1948年年初进行的。敌人为了阻止我在大别山建立根据地,曾由白崇禧指挥着三十三个旅,于1947年12月,进行过一次清剿,企图摧毁我新解放区。我刘邓野战军,一面给白匪以迎头痛击,歼其一万一千余人;一面以主力一部越平汉路西进,开辟了桐柏、江汉两新解放区。同时,我陈粟野战军及陈(赓)谢(富治)兵团联合向陇海线民权到砀山段及平汉线新郑至确山段,发动大规模的破击战,以配合刘邓野战军作战。在12月这一个月中,共歼灭敌整编第三师、暂编第二十四师及骑兵第五旅共四个旅及其他部队四千五百余人,吸引了白崇禧部分兵力北援。

叶飞第一纵队在第二次战斗中,12月12日攻克了朱仙镇,13日克中牟,14日克八岗,全歼敌保安团队,完成郑州东白沙镇至中牟铁路的破击任务。20日向西南泌川地区开进,22日下午沿平汉路东侧急速南下,25日到达漯河及其以北地区集结,拟进至西平以南引敌整编第二十师北援西平,以歼灭该敌于运动中。但敌第五兵团部及整编第三师已于26日为我华野第三纵队及陈赓兵团歼灭于西平地区,该敌困守确山。叶飞第一纵队即移至郾城东北地区。1月3日自郾城地区北上,6日攻占许昌城。由于漯河、许昌是敌军补给站所在地,第一纵队在这里得到充足补充,日子好过了起来。敌军被迫分兵扼守要点,没有很大的机动兵力来尾追解放军,叶飞第一纵队终于在许昌地区得到了近一个月的休整。

奇袭开封

华野外线兵团挺进广阔的豫东地区,辉煌的战果引发了毛泽东的伟大战略构想。他考虑到解放战争至今已打了十八个月,再打三年半,便是五年了。他构想着在五年内,建设五百万解放区,歼敌七百五十万,就能基本上打倒国民党的反动统治。为把战争进一步引向敌人的深远后方,以配合正面战场的战略进攻,再来一个"大别山",他决定派粟裕、叶飞率华野第一兵团三个纵队渡江南下,前出福建、浙江、江西交界地区,在国民党的心腹地带实施新的战略展开,直逼国民党老巢南京和中国最大的城市上海,迫使中原之敌主力南下回援,从而动摇敌人的战略体系,为歼敌创造条件。

1948年1月27日,毛泽东将自己的这个伟大构想付诸实施,电告粟裕,为迫使敌改变战略部署,吸引敌二十至三十个旅回防江南,确定华野第一、第四、第六纵队组成东南野战军,由粟裕率领渡长江南进,在南方数省执行宽大机动作战任务。……先在湖南和江西两省周旋半年至一年,沿途兜圈子,以跃进方式分几个阶段到达浙赣边,使敌人防不胜防,完全处于被动应付的地位。渡江时间,可在2月或5月,或秋季。要粟裕"熟筹见复"。

粟裕接到毛泽东的这封电报,立即通知叶飞率领第一、第四、第六纵队北渡黄河,休整后再南下。这时,第一、第四、第六纵队正被敌第五军,新编第五十七、第八十五、第五十八师纠缠于鲁西南考城、曹县一线。叶飞接到通知,为了摆脱敌人的纠缠，令第一、第四、第六纵队边走边打，他们一路攻克考城、兰封后，弃城北上，又急速南下，经西陵寺至太康以东，然后向西绕至太康以西，将敌军吸引到南边。敌军中计，像听话的羔羊，纷纷南下。叶飞在适当时机突然挥师北上，以每晚行军八十里的速度，于3月7日到达濮阳以南休整。粟裕与叶飞在此会合，两人做了简单分工，粟裕运筹南下路线，叶飞负责南下组织工作。经研究，确定华野第一、第四、第六纵队组成第一兵团，由粟裕任司令员兼政治委员，叶飞任第一副司令员兼第一政治委员，张震任参谋长，并相应地成立中央分局，粟裕任书记，叶飞任第一副书记，金明任第二副书记。接着，他们又研究了作战方案，方案决定：在适当时机，渡长江南下，在闽、浙、赣、皖、湘、鄂等南方数省，实行宽大机动作战任务。计划在湖北的宜昌至监利之间的几个地段，渡江进入湘西，或从洪湖、沔阳地区渡江进入鄂南，先在湖南和江西两省周旋半年至一年，以跃进方式分几个阶段到达浙赣。

粟裕对上级的指示，虽从不含糊，却也不盲从。1934年，粟裕曾和寻淮洲、乐少华率领红七军团经敌后北上，在江西被打散，对孤军敌后作战有过血的教训。他分析此次挺进江南，虽与1934年有很大不同，但是要转战数省，行程却比当时抗日先遣队的行程更远，在无后方依托的条件下，连续作战的困难是可想而知的。他认为，即使挺进了江南，但是否能达到调动敌人中原战场力量，实现预定战略意图，仍没有什么太大把握，并且，我军在万里转战中，损失不会小。想到这些情况，他认为倒不如把第一兵团的三个纵队留在中原，协同中原野战军（简称中野）。两大野战军背靠解放区的有力支持，在黄淮之间打几个大的歼灭战。敌于中原黄淮地区虽集结重兵，但防守任务也多，相对机动兵力并不多，且地形有利于我军实施广泛机动作战，尤其是在铁路、公路被我军破坏的情况下，敌人重装备将受到限制，我军则可以充分发挥徒步行军能力强的优势，迅速集中兵力，分进合击，实现战役上的速战速决。

粟裕考虑成熟后，将自己的想法告诉了叶飞。叶飞认为粟裕的见解具有远见卓识，而且符合当时的实际。粟裕得到叶飞的支持后，向中央建议暂缓南下。

第八章 血战睢杞

毛泽东纵观全局,采纳了粟裕的建议,并要粟裕、叶飞在中原黄淮地区,寻歼敌第五军,多打大仗,力争在四至八个月内取得歼敌五六千,甚至十一二个旅的战果。

同时,毛泽东还告诉粟裕,因工作需要,陈毅将调至中野工作,由粟裕任代司令员兼代政治委员,统一领导华野全面工作。

任务明确后,粟裕和叶飞寻机捕捉歼灭敌第五军的战机。他曾于6月5日、12日,两次准备围歼敌第五军、整编第五十七师,终因敌第五军、整编第五十七师惧怕被歼,枪声一响就缩了回去,而两次被迫放弃作战计划。

这时,粟裕、陈士榘、唐亮、张震等认为应该先打开封。他们认为,开封守敌以整编第六十六师第十三旅三个团为主力,还有第六十八师一个团与河南省保安队七个团,共三万余人,名义上由省主席刘茂恩统一指挥,实际上刘茂恩却指挥不动。整编第六十六师师长李仲辛对保安团也指挥不了。守军对城防工事曾做了长期经营,自吹固若金汤。他们的守城部署是:整编第六十六师师部位于龙亭,第十三旅驻城区和曹关、西关。保一旅、保二旅和另一个保安团,以一个团守省政府,其余守南关、宋门关。

陈士榘和唐亮还提出,具有攻城爆破经验的第三、第八纵队紧靠开封,敌人对纵队毫无防备,此时如突然袭击,一定会收到出其不意的效果。

粟裕采纳了陈、唐的建议,并做出"先打开封,后歼援敌"的方针和部署,由陈、唐指挥第三、第八纵队,以奇袭手段夺取开封;由叶飞指挥第一、第四、第六纵队及中野第十一纵队,从正面以运动防御战术,阻滞邱清泉兵团西援。

当命令传达到叶飞部队时,出乎许多人的意料。原因是在这之前,中央已明确规定攻打敌第五军的战斗任务,朱总司令还亲自从中央机关到河南濮阳来,进行战前动员。有的部队已奉命开到了郓城附近,眼看就要与邱清泉兵团主力第五军交手决战,万事俱备,只欠东风。现在,战斗计划突然改变,令他们措手不及,思想难以转变,牢骚怪话自然多起来了。

叶飞领会粟裕的意图,他向大家解释改变计划的原因:"地处鲁西南的敌第五军,四周有十一个整编师,队形密集,不易分割。如果我们攻打第五军,很可能不仅吃不掉它,还会遭到十一个整编师的反包围,局势一定会不利于我而利于敌。"

6月17日晚,第三、第八纵队对古城开封发起了攻击。蒋介石闻讯,急令邱清泉兵团西援。叶飞指挥四个纵队,像一座铁塔,将邱清泉第五兵团与开封之敌死死阻隔开,使邱清泉兵团无法西援。叶飞为了让邱清泉兵团受到威胁,命令廖政国率第一纵队第一师赶往曹县以东朱庙一带奔袭敌整编第七十五师。

廖政国接到叶飞的命令,利用夜幕掩护,带领部队,用三个小时赶到曹县朱庙,迅速指挥部队投入战斗。

6月21日,开封城即将解放,蒋介石向邱清泉下了死命令,要他于21日晚饭前,务必赶到开封。邱清泉不敢违抗,下令部队向开封猛扑,誓死抵抗。

叶飞及时向阻击部队通报了敌情,要廖政国率部赶至兰考东北于黄河两岸,组织防御。

敌第五军在蒋介石的催逼下,开往开封增援,路经此地,还没来得及喘一口气,就与早他们赶到的廖政国部交上了火。这时狂风陡起,昏天黑地。敌第五军在此时此地遭廖政国部袭击,不知道对方是什么部队,更不知道对方有多少兵力,没有明确的目标,只能胡乱放枪,也不敢再向前。

廖政国部阻击成功,6月22日开封解放,邱清泉兵团只得望洋兴叹。

飞兵活捉区寿年

解放军攻占开封,犹如在国民党营垒中投下了一颗重磅炸弹,南京政府一片慌乱。蒋介石为了挽回面子,命令邱清泉兵团、区寿年兵团不顾一切向开封对进,与解放军争夺开封。他相信重金之下,必有勇夫。为达目的,他许下诺言,谁先打进开封,谁便升官两级。

魔高一尺,道高一丈。为保卫开封,击退邱清泉兵团、区寿年兵团,粟裕使出奇招。他决定利用蒋介石急于求成的心理,先退出开封,集中优势兵力,在邱清泉兵团、区寿年兵团之间选择刚刚组建不久的区寿年兵团,加以歼灭。粟裕将这个作战任务交给了叶飞,任命叶飞为阻击兵团司令员,指挥四个纵队,在睢县、杞县、太康之间地区,实施南北夹击,围歼区寿年兵团。其余部队部署在杞县、郑州东南等地,隔离邱清泉兵团、区寿年兵团,阻止邱清泉兵团东援。

叶飞接到命令时,他正在和司令部的参谋们下围棋。叶飞正拿起一枚棋子要落子,机要员送来了这封加急电报。叶飞放下棋子,接过来一看,是粟裕签发的,便一把推开棋盘,迅速召开作战会议。

他手指地图说:"同志们,打仗如同下棋,局部连着全局。下棋首先要找到棋眼,围歼区寿年兵团一仗,也要先找棋眼。区寿年兵团的两个师一个旅团在一起,将两个师和一个旅分割成两块,这就是此次战役的棋眼。"叶飞的作战方案是由一部分兵力监视铁佛寺的敌第七十二师,主力攻占龙王店的区寿年兵团部和第七十五师及第二十一旅。

叶飞的战役设想,博得了大家的一片叫好声。第一纵队第一师师长廖政国请命说:"叶司令,请将穿插的任务交给我们师吧,我保证将敌七十五师和七十二师劈成两半。如果我们师打得只剩下一个旅,我就当旅长;剩下一个团,我就当团长;剩下一个连,我就当连长。全师打光了,对得起党!"

叶飞提醒说:"担任穿插任务要有千斤顶的气概,因为两面受敌,弄不好就要被敌人包了饺子。"

廖政国充满信心地说:"叶司令就放心吧,朱总司令动员我们要钓大鱼,邱清泉这条大鱼不上钩,能抓住区寿年这条鱼也不错啊。"

叶飞考虑后说:"行啊,就由你们师担任穿插任务。"接着,叶飞布置作战任务说:"同志们,大鱼塘就是龙王店,廖政国把七十二师和七十五师割开后,派一个旅守着七十二师,由第一纵二师、第六纵十八师从南面和东面进攻龙王店,以第四纵十师和十二师从龙王店西北、东北角突击。"

据侦察,区寿年兵团在龙王店外围修筑了三道工事,防守比较严密,只有北面的小树林便于隐蔽接近敌人,也便于突破后向纵深发展。叶飞说:"我们要直捣区寿年的兵团司令部,我要提醒我们的各级指挥员们注意,战士的生命就握在你们的手心里,希望你们要珍惜他们的生命!他们的血肉之躯是父母给的!流的是血而不是水。"

6月27日晚，廖政国和政治委员曾如清指挥第一师，沿着睢县城的西侧，像一把钢刀一样，向北面敌人的纵深猛插过去。师侦察连在第二团前卫营配合下，穿插凌厉，分割迅速，首先攻占了三里庄和段吉屯，俘敌二百余人。接着，他们又向纵深插进十几里，至拂晓时分，区寿年兵团正面防御被撕开了一个长十三公里，宽四公里的大口子。廖政国亲自抓来了一个敌排长，经审问得知，他们撕开的这个口子，正是敌两个师的接合部。

天亮时，区寿年接到报告，说龙王店发现大量共军。他急急命令第七十五师师长沈澄年向东面开炮。敌人的炮弹呼啸着飞过第一师的阵地，不偏不倚都纷纷落在了敌第七十二师的阵地上。敌第七十二师发现西面有解放军，以为炮弹是解放军打来的，他们做梦也不会想到，他们吃的是自己人的炮弹。所以，他们立即开足马力，拼命向西面开炮，炮弹纷纷落在第七十五师的阵地上。敌人的两个师就这样炮火交锋了三个小时。廖政国坐山观虎斗，像看西洋景似的看了三个小时。在这三个小时里，叶飞指挥第一、第四、第六纵队围攻龙王店。沈澄年见四周被围，知道大事不妙，一个劲地向区寿年建议突围。区寿年犹豫不决，足足考虑了三分钟，才回答他说："我已向南京求援，老头子已命令邱清泉兵团向我们靠拢，我们还是坚持一下吧。"

区寿年死死盼望的邱清泉兵团却始终不见踪影，区寿年哪里知道，邱清泉来不了了。他们被粟裕指挥的打援部队挡在了杞县以西的王固集、陈留一带，无法向他靠拢。

邱清泉不愿眼睁睁地看着区寿年兵团被歼，狗急跳墙，倾其全部兵力，向解放军发起了猛烈的攻击。

"必须在一两天内解决龙王店战斗！否则，就有被敌人夹击的危险！"粟裕这样考虑后，立即命令叶飞火速解决龙王店之敌。

电报发出后，张震走到他的面前，在他的耳边低语："粟司令，从打开封起，连续作战二十天，伤亡增加，人困马乏，粮草不济，尤其第一线兵力……"

粟裕明白张震的意思，当务之急是第一线兵力不足。他一挥手说："立即发动机关干部投入战斗！"

张震答应着,转身准备去执行命令。

粟裕在身后又叫住了他说:"动员南下的干部也投入战斗。"

6月30日晚,华野机关人员和各纵机关人员及南下的干部们,全部投入战斗。双方激战到天明,最后连通信员、炊事员、担架员、卫生员、轻伤员、华野文工团和各纵文工团的女兵们,也都拿起了武器,加入了战斗的行列。可是,龙王店仍在敌人手中。

龙王店久攻不克,叶飞急了,命令预备队警卫营的战士们上。警卫营的战士们接到命令,如猛虎下山冲向敌阵。突然,敌人的四辆坦克冲了上来,沿着大街肆无忌惮地直奔东大门,街道上来不及躲闪的十几个敌人被自己的坦克碾成肉泥,惨死在坦克的履带下。原来,区寿年见工事被占,便爬进坦克,准备悄悄逃跑。

解放军第六纵队第十八师第五十二团参谋长袁捷见敌坦克上来了,急令第二、第三营退到围墙后,各自寻找有利地形向坦克进攻。许多干部战士第一次见到这个怪玩意儿,不知如何下手,眼睁睁地看着一辆坦克从东门溜走了。后面的坦克轰隆隆地紧跟着,也想趁机溜走。这时,不知是谁大喊了一声:"不能让敌人溜走!"那些干部战士像听到命令,纷纷举枪向坦克射击。排长印永鑫情急之下,纵身跃到了坦克的装甲板上。他趴在炮塔上,打开了坦克的顶盖,正准备探个究竟,谁知从坦克里伸出一支手枪,一颗子弹打在了靠在坦克边的周参谋肚子上。印永鑫怒目圆睁,手举手榴弹,大声吼叫道:"不投降就炸死你们!"

"千万不要扔手榴弹,我投降,我投降!"随着坦克中发出的战战兢兢的哀求声,从里面伸出高举着的两只手。

首先出来的是一个大个子,接着又爬出来一个。原来,这两人就是区寿年和兵团参谋长林曦祥。与此同时,战士们在另一辆坦克里抓住了整编第七十五师师长沈澄年。

7月2日凌晨3时,战斗结束。区寿年兵团部、整编第七十五师师部及第二十一旅一个团被我军全歼,龙王店被克。在龙王店战斗和许岗、桃林岗阻击战

斗中,解放军的伤亡很大。粟裕决定休整一天后,再集中兵团,歼灭铁佛寺的敌第七十二师。

此时,区寿年被活捉,蒋介石还蒙在鼓里。他还在为解区寿年之围调兵遣将,他从山东调来了黄百韬兵团,从武汉调来黄维兵团、吴绍周兵团,从平汉路调来胡琏兵团、张轸兵团。

以上敌人加上邱清泉兵团,全部压向华野,这在华野战史上实属首次。华野这支十几万人的疲惫之师,一下子要对付如此众多的敌人,要想取胜是不可能的。这时,叶飞已指挥部队歼灭了帝邱店的敌整编第七十五师第十六旅,并对黄百韬兵团形成包围圈,陶勇第四纵队和王必成第六纵队也各消灭了黄百韬的一个团。

粟裕和张震权衡再三,决定撤出战斗。叶飞接到撤退命令,设想了一个以打助走的战术方案。7月6日夜晚,叶飞指挥大部队井然有序地撤出阵地,留下十几门大炮,拉开距离,对着邱清泉兵团、黄百韬兵团阵地猛轰。一时间,天昏地暗,地动山摇,火光冲天,邱清泉、黄百韬以为解放军向他们发起总攻,命令部队拼命抵抗。一直打到第二天太阳上了树梢,黄百韬、邱清泉举起望远镜一看,解放军阵地上没有一个人影,气得咬牙切齿,大呼上了叶飞的当。

第九章　渡江南下

渡江序曲与"紫石英"号事件

1949年2月,人民解放军百万大军饮马长江,准备越过长江,解放全中国。叶飞因患严重的黑热病,在济南治疗和休养,没有参加淮海战役,心里觉得很遗憾。淮海战役歼敌五十五万五千余人的捷报传来时,叶飞也战胜了黑热病。叶飞返回部队时,华野已整编为第三野战军(简称三野),叶飞担任第十兵团司令员。叶飞一到职,就和兵团政治委员韦国清到合肥瑶岗总前委指挥部,参加渡江战役作战会议。总前委书记邓小平、第二野战军(简称二野)司令员兼政治委员陈毅、三野代司令员兼政治委员粟裕,分别做了渡江战役的形势和任务的报告。叶飞听了这些报告,茅塞顿开,心胸顿时开阔了。

第十兵团的渡江作战任务十分艰巨,要切断京沪铁路,占领苏南,解放上海。对陈毅布置的这个任务,叶飞有十足的把握,他向陈毅保证,一定准时打过长江去。

叶飞和韦国清受命返回泰州兵团部,

1949年,王必成(左一)、粟裕(左二)、叶飞(左三)、陶勇(左四)合影

立即召开第十兵团四个军军级领导干部作战会议,参加会议的有第二十三军军长陶勇、政治委员卢胜、副军长梅嘉生、副政治委员刘文学;第二十八军军长朱绍清、政治委员刘培善、副军长萧锋、副政治委员张闻初;第二十九军军长胡炳云、政治委员张藩、副军长段焕竞;第三十一军军长周志坚、政治委员陈华堂、副军长姚运良等。

会议开始,叶飞向大家传达了由邓小平制定,经中央军委批准的《京沪杭战役实施纲要》。然后一改惯例,不开座谈会,来到长江边观察地形。

对于长江,叶飞并不陌生。1939年10月,他曾率领江抗部队,从阳澄湖根据地撤到了扬中,接着,又从扬中渡江北上郭村;1945年4月7日,他率领苏中军区第一师教导旅和三百人的地方干部,从丹阳和靖江地区,分两路渡江南下浙江长兴,与粟裕会合,举行了天目山战役;1945年10月,他曾率第四纵队,在丹阳至丹徒渡江,北上涟水。此次渡江,是他第四次。

对岸就是敌人的阵地,胡炳云说:"白崇禧说什么'长江自古天险,共产党如果能过长江,除非太阳从西边出'。这真是痴人说梦,过分夸张。我看长江虽险,却并非不能逾越。"

叶飞严肃地说:"我们以前虽也多次渡过长江,可是,那时是游击战争时期,日军的防备不严,加上我们是小规模的偷渡,人数不多,容易成功。今非昔比,我们要组织的是百万部队过大江,敌人又是倍加防范,万万不可大意!"

从江边回到泰州兵团司令部,叶飞要求大家抓紧做好三件事:第一,开展政治练兵。要求大家组织指战员联系实际,学习毛泽东的1949年新年献词《将革命进行到底》,揭露国民党玩弄的和平阴谋,将革命进行到底,决不能半途而废!

第二,开展军事训练。我军以往长期作战于北方平原和山地,缺乏江南水网地区的作战经验,尤其是北方同志太多,没有见过长江这样宽达数里至数十余里的河川,因此,部队当时对渡江作战存在着"十怕",即:

1.怕长江无边无际,无风三尺浪,晕船难以通过。

2.怕船小,又是木船。

3.怕遇到敌军舰,尤其怕遇到炮舰,在水里不能机动。

4.怕轰炸扫射,不能对空射击,不能躲避。

5.怕当二梯队,认为一梯队可以出敌不意地偷渡,二梯队就不行了。

6.怕水雷。

7.怕在渡江时负伤,在江中不能救治。

8.怕当突击队,怕登陆后背水作战。

9.怕迷失方向。

10.怕南方的蚊子和蛇。

对这"十怕",叶飞要求指战员们消除思想顾虑,熟悉渡江和水网地区作战的战术。

第三,筹集船只。船只是我军过江的唯一工具,而长江两岸的民船,几个月前就被国民党军抢掠一空,因此,征集船只有一定困难。叶飞要求每个军起码要筹集四五千条船。有了船后,还要训练一批水手,每个军一定要训练七百名水手。

经过一段时间的军政训练,指战员们克服了"十怕",士气高涨。

这段时间里,叶飞的主要精力用于筹集船只上。幸好扬州、泰州、兴化、高邮、宝应是抗日战争时期的新四军三分区范围,叶飞是三分区政治委员兼三地委书记。这次渡江重返故地,乡亲们热烈响应。经过两个月的奔忙,我军终于筹集了四千条船。

有了船,官兵渡江训练立即全面展开。在当地群众的热情帮助下,短短两个多月的时间,官兵们学会了游泳、撑船、打篙,还掌握了水上浮动打枪、打炮的要领,发明了土造浮水衣、救生器。4月初,开始组织实战演练。

4月20日,国共谈判最后破裂,百万大军渡江开始。按照总前委的部署,第十兵团的渡江开始时间为4月21日17时30分。

4月20日上午,叶飞下达通知,要求指战员养精蓄锐,准备21日晚横渡长江。下午4时,电话铃声急促响起,叶飞拿起电话,传来了陶勇的声音。陶勇报告了一个意想不到的消息。他说,有几艘军舰,由东向西从上游向下游游弋,突然在第二十三军的江面上停滞不动。这几艘来路不明的军舰停泊在江面上,其动机是什么?我们怎么办?

前几天,叶飞收到军委、总前委转来的通报说,国民党海军林遵的第二舰队即将起义,并规定了起义的信号和联络办法。叶飞设想这四艘军舰会不会是林遵的起义军舰,便问陶勇:"军舰上有无挂起义信号?"

陶勇回答说:"没见到,挂的是花花绿绿的旗。"

叶飞一听,不由双眉紧锁,看来不是林遵的起义舰,那是什么舰呢?半个小时后,提前渡江的第二十三军先遣队侦察营就要出发,直插江阴要塞,控制要地长山,这几艘军舰不走,必然妨碍我军渡江。

电话那端的陶勇急着问叶飞,是不是要打掉这几艘军舰。

叶飞考虑后认为,暂时不要太鲁莽,便对陶勇说,先要前沿观察所发信号,警告这几艘军舰赶快离开,如果对方不理睬,迫不得已时再炮击。陶勇遵命。可是,我方的信号发出后,停泊在长江上的军舰开始毫无动静,不久却发现舰上的人员都向舰尾集中,并且将炮口转向了我江北阵地。

叶飞命令炮兵开炮。

榴弹第六团和部署在江边沿岸阵地上的炮兵都投入了炮战。首先击中的一艘,带着浓烟驶离战场,接着,另一艘也被我炮火击中。

此时,野司将电话打到了指挥所,询问叶飞为什么与外军军舰发生炮战?战端是谁先挑起的?

叶飞将事情的原委报告了一遍,放下电话后,接通了陶勇的电话,他告诉陶勇:"江面上停的是英国军舰,我们把英国军舰打伤了,上面正在追查!"

陶勇气不打一处来,气愤地大声喊道:"我部伤亡了二百三十人,我最好的团长邓若波被他们打死了!文武双全的人哪!"

叶飞下令炮击英舰,在军事上和政治上都有着巨大的意义。事情发生后,粟裕命令第八兵团政治委员袁仲贤和华东炮兵第三团政治委员康矛召,与英军上将朗特交涉。

1989年,康矛召在他的回忆录中记载了《英舰"紫石英"号事件》,文章说:

> 4月20日在长江出现的并不是美国军舰,而英国军舰的到来倒出于我们意料,我们把"紫石英"号击伤搁浅在三江营后,来援的竟又是一艘英舰"伴侣"号。"伴侣"号早就停在南京也是我们的疏忽。重创两英舰后……芜湖以西的几路解放军开始利用黑夜,偷渡并取得成功。镇江以东的几路解放军则在21日击退了英国远东舰队"伦敦"号诸舰后,才发动渡江的总攻。当时,千帆掩霞,万桨拨浪,炮击南岸,尘烟蔽空,船如潮涌,残敌胆丧。江防顷刻突破,开始追奔逐北。这伟大的胜利鼓舞着解放军将士连续战斗的热情和壮志。相比之下,我们同英国军舰的小规模的战斗更显得微不足道了。直到4月23日中共中央军委根据外电最早的报道和评论,向解放军通报了"炮击英舰的新闻已经震动了世界",才激起我们的重视和欢腾。
>
> ……
>
> 一提到英国的炮舰政策,我们就想到鸦片战争和英国动用强权手段逼迫中国割地赔款,签订一系列的不平等条约。这是我们的国耻……我没想到在中国人民革命战争即将全国胜利的渡江战役的前刻,由一次偶然事件发展为中英关系的重大交锋中,看到英国的炮舰政策在中国的终结。

千帆竞渡过大江

4月20日晚11时,华野中集团第一梯队第二十五、第二十七、第二十四军和第二十一军,按照总前委计划,首先发起攻击,突破敌人荻港沿江防线,揭开了横渡长江的序幕。

4月21日一早,叶飞询问报务员,江阴要塞区有没有发来电报。报务员

摇摇头。

叶飞正在发愁,突然报话机响了,里面传来了江南八圩港敌第二十一军军长王克俊的骂声。叶飞立即附身细听,只听到王克俊大骂江阴要塞炮兵为什么不打共军专打自己人。从中,叶飞听出了眉目:敌第二十一军阵地被江阴要塞的大炮炮击得一塌糊涂,二十一军军部门口的旗杆也被打断了,王克俊十分生气,所以破口大骂。

叶飞听到这里,心中的一块石头落了地。他兴冲冲地对韦国清说:"江阴要塞起义成功了!在江阴要塞这段防线上,我军可以减少损失,加速追击进程了。"

叶飞和韦国清在制订渡江作战计划时认为,如果选择东面渡江,江面太宽,部队不易于拂晓前登陆,而如果选择西面渡江,又靠南京太近,不便于围歼南京之敌。最理想的渡江位置应该选择在江阴,可是,现在江阴还掌握在敌人手里。江阴只有掌握在我们手中,才能顺利地渡过长江。

江阴是长江下游江面最窄的地方,宽仅一千五百米,素有"江防门户"之称。这里又是向南、向东发展的有利地区,倚江据险,自古以来就是兵家防守重镇。宋朝南渡后置营寨于城北,设军州,为战守要地。明代是防歼倭寇的战场。鸦片战争后,清政府向德国克虏伯工厂购置大炮,建立炮台。日军侵华时,因从正面夺取江阴比较困难,是由无锡从陆地迂回夺取的。如今,这里是国民党军的防守重点。1949年初,国民党重要军事头目接二连三地前来视察。4月17日,李延年还陪同美军顾问团的头目来过,为国民党出谋划策,以加强防守。

江阴要塞虽是我军最理想的登陆点,但国民党军对这里的防守也十分严密。怎么办?叶飞苦思冥想,如果能在江阴要塞组织起义,这对夺取要塞,打开国民党的长江防线能起到极为重要的作用!

叶飞将自己的想法上报,竟和上级领导的想法不谋而合。华野首长立即把江阴要塞我地下组织的关系交给叶飞。原来,在1947年初,华中工委就通过华中五地委组织部部长唐君照,与他在江阴要塞国民党军中任职的两个弟弟

(一个是江阴要塞炮兵总台长唐秉琳,另一个是工兵营营长唐秉煜)及其表弟(守备总队队长吴广文)等建立了联系,成立了党小组,并在江阴城内建立了联络站。要塞各部门已被我地下党掌握,要塞司令戴戎光实际上已被架空。

一天,叶飞将掌握这一关系的华东局社会部情报科科长王澄明接到兵团部,和韦国清一起,听取了他的汇报。王澄明有着丰富的对敌工作经验,在济南战役中策划吴化文起义,就是他的杰作。叶飞对他说:"你和江阴要塞党支部的基本任务是:保持六十里防区,控制三至四个港口,不打枪,不打炮,迎接我军登陆。"

"知道了!"王澄明自知肩上担子重千斤,他已做好了充分的准备,去迎接这场特殊的战斗。

叶飞和韦国清商量后做出决定,同意王澄明提出的派一些干部去,把要塞的关键部门直接掌握起来的建议,并提名由第二十九军派团长李干及营教导员徐以逊、陆德荣、王刚等四位同志去江阴,由政治交通员吴铭带路,由唐秉琳等做具体安排。

4月15日,王澄明来信报告了安排情况,并请示下一步行动。

叶飞复信写道:

澄明同志:

  来信收到,我军行动已推迟到本月二十日以后,可告吴铭。因此,你暂不必南去,再等三四天以后去更好。同意吴铭来信所规定的联络信号,信号是要在行动时候采用,以免暴露。请告吴铭他们,不要心急,不要松懈,按我们前天所谈的告诉他去做。保持交通关系最要紧,但在这几天内,如无特殊情况,交通不要太频繁,可适当减少一些。

  此致

敬礼

叶飞
一九四九年四月十五日

4月18日晚,王澄明由江南工委护送到江阴要塞,做好了起义的准备。21日零时刚过,渡江先头部队在江阴要塞炮台火力范围内的长山北麓登陆,在接应同志的带领下,迅速击溃了敌第二十一军一部,控制了长山;另一路先头部队也在萧山顺利登陆。2时,要塞地下党组织逮捕了国民党江阴要塞司令戴戎光。八圩港敌第二十一军与要塞敌人争吵不休,这些叫骂声被叶飞从报话机中听到,知道要塞起义成功,一颗悬着的心才放下来。

江阴要塞在总台长唐秉琳、流动炮团工长王德容、守备总队长李云葵和吴广文的率领下,宣布起义,配合我军渡江作战。

江阴要塞被我军控制后,渡江困难少了许多。但是我军渡江靠的是一条条木船,而木船航行,需要顺风顺水。可是渡江这天,从早上到中午,没有一丝风,急的叶飞团团转。直到下午4时才起风,叶飞情不自禁大叫一声"天助我也"。

早两天,粟裕曾打电话给叶飞,第十兵团的登陆地域在上海和南京之间,有汤恩伯的重兵驻守,要他随第一梯队过江,设立指挥所,对登陆部队实施直接指挥。

叶飞带着警卫排跳上了木船。不到一小时,他就登上了南岸。叶飞一上岸,立即叫喊:"快快,快打开电台,向粟司令报告,我十兵团司令部已到江南!"

可是,叶飞喊了两声,却无人回答。回身一看,报务员上的是另一条船,没有跟上他。叶飞急于想向粟裕报告,他估计第二十八军军部已占领前面不远的小村庄,便想借第二十八军的电台使用一下。

走了两个多小时,叶飞找到了第二十八军军部,用第二十八军的电台,向粟裕报告了第十兵团渡江的情况。粟裕立马回电:"十兵团除胡炳云的二十九军沿京沪铁路向苏州进逼,监视上海方向敌军外,二十八军、三十一军沿太湖西侧,以吴兴、长兴为目标兼程前进,首先占领宜兴,再继续向长兴挺进,在长兴与九兵团会合。另外,命令二十三军从长荡湖东、西地区,向南疾进,切断溧阳、宜兴之间的通路。"

十分钟后,粟裕又来电指示:"八兵团的二十军、二十八军临时归十兵团指挥,向丹阳、金坛以西机动作战。"

天下着蒙蒙细雨,国民党军兵败如山倒。第十兵团的四个军分数十路,乘胜追击逃亡之敌。为了抢时间,许多部队饿着肚子急行军。

叶飞在丹阳附近接到消息说,国民党军第二九一师从南京逃到常州,便命令陶勇派部追击。陶勇的侦察营追到常州,与敌第二九一师展开殊死搏斗,消灭了敌第二九一师,击毙了敌师长。

4月24日,叶飞得知第二十、第二十三军占领了金坛、溧阳、宜兴,湖桥的宁杭公路上发现国民党军七八个纵队,前不见头,后不见尾。

叶飞命令第二十八军拦头截住这股敌人,协助第九兵团封锁了汤恩伯七个军逃往杭州的去路。4月27日,第二十九军解放了苏州。4月30日,苏州市军事管制委员会成立,韦国清为主任,惠浴宇为市长兼书记,吴明为副市长,林修德为副书记。4月30日,叶飞指挥第十兵团协助宋时轮第九兵团在郎溪、广德全歼敌人七个军。至此,渡江战役京沪杭三角区的追击战胜利结束,渡江战役告一段落。

接着,叶飞指挥第十兵团马不停蹄直逼上海近郊。

第十章 解放上海

准备在"瓷器店里"打老鼠

三野渡江后,第八兵团留在南京,第七兵团控制了杭州、余杭、萧山地区,准备向宁波、温州地区推进;粟裕和张震参谋长及三野机关进抵古城苏州,开设前线指挥部。与此同时,肩负解放上海重任的叶飞第十兵团与宋时轮第九兵团,分别进驻苏州、吴江、常熟地区。

就在第九、第十兵团马不停蹄地向上海挺进之际,正在苏州城里的粟裕突然接到中央军委的电报:

第三野战军暂时不要进攻上海,而且也不要靠近上海,何时占领上海,要等我们的命令。此点请粟裕、张震注意。

上海在即,毛泽东突然招手叫停。叶飞立即遵照中央军委指示,就地转入战备状态。

叶飞一边为攻打上海做充分的准备,一边打电话给粟裕,报告第十兵团抵达苏州、常熟、太仓的情况,询问何时攻打上海。

粟裕告诉叶飞,解放上海的问题十分复杂,时间和方式一时都难以决定。原因有三点:第一,现在的上海是只火药桶,弄不好要引起帝国主义的武装干涉。粟裕说的这个可能性是存在的。在近代史上,就曾有过帝国主义出兵直接干涉中国革命的先例。第二次世界大战以后,虽然撤销了租界,但上海仍然驻扎有外国舰队和武装力量,毕竟上海有这些国家太多的政治和经济利益,他们绝不会轻易放弃这座远东第一大都市。蒋介石不甘心失败,准备在上海和我们进行最后一搏,他一定会千方百计地将外国人扯进来,而这些帝国主义国家为了保护自己的利益会同蒋介石站在一条战线上。渡江战役前,杜月笙曾出面与绅商各界搞了一个上海国际化运动,妄图使上海成为一个不设防的城市,地方秩序则暂由外国军队维持。美方的喉舌《大美晚报》也曾以国际化的上海为题,试探民间意向。有消息说,美国驻华大使司徒雷登曾到上海与杜月笙商定,以市议会名义发起一个上海人民自救救国运动。

杜月笙在前台活动,他的后台就是蒋介石。蒋介石要杜月笙以国际化运动支撑着,再拉美国人出面阻挠解放军进驻上海。为此,蒋介石信誓旦旦地给守上海的汤恩伯打气加油说,不出三个月,第三次世界大战就要爆发。

美国人究竟会不会干预,还很难说,他们不会做蚀本的生意。不过,我们要有所准备,才会防患于未然。

第二,上海有人口六百万,工厂一万二千家,工业总产值占全国的二分之一,商店有六万余家,上海是工商业最集中的大城市,也是中国最大的金融中心。采取何种方式解放上海,党中央考虑再三,认为最好是像北平那样,以和平的方式,这是最理想的方式。这样可以使城市免遭破坏,使人民少受或不受损失。这种方式,是解放上海的上策,也是人民的愿望。粟裕告诉叶飞说:"陈老总说,单纯的军事上的占领是小胜,只有完整地把上海交给人民才是大胜,是全胜。"

第三,原来设想渡江战役要两个月完成,事实上只用了十天时间,这是好事,但也产生了一个问题,解放上海的各项准备工作还没做好。上海一旦解放,六百万人的吃喝拉撒是个十分现实的问题,困难很大。当然,我军的立足点还要放在打上。根据中央对上海战役"既要打城市攻坚战,又要将上海完整地接管过来"的方针,粟裕初步设想了三个方案:一是围困。解放战争后期,解放军对许多内地城市都曾采用过这个方案。但对于上海,此战法有明显的不利。国民党方面仍有海上通道,围而不死。另外,从全国解放进展的形势看,也不允许长期围困的战法。二是选择敌人防御薄弱的苏州河以南实施突击。这一战法虽然避开了敌人防御的重点吴淞,伤亡也可能减少,但主要战场将在市区,城市会遭受严重的破坏,这不符合中央解放上海的方针。三是钳击吴淞。这个方案最接近中央指示精神,可以将市区的敌人主力吸引到外围攻打,不至于对上海造成破坏。

粟裕对叶飞说:"中央和总前委批准了第三个方案。你们从现在起,对部队进行教育,要统一认识,打上海只使用轻武器,不许用炮轰。"粟裕用了一种形象的比喻说:"就是要你们准备在瓷器店里打老鼠,老鼠要消灭干净,瓷器却不能损坏一件。"

叶飞决定在"瓷器店里"打一场漂亮仗。

知己知彼,百战不殆。叶飞从侦察部门和情报部门送来的大量材料中获悉,守军以水泥地堡为核心,构筑大量集团工事,形成了面的防御体系,不便于大兵团机动和迫近作业。市内高大建筑物多而坚固,主要市区傍黄浦江西岸,市北吴淞位于黄浦江与长江的交汇点,是上海市区出海的交通咽喉。京沪杭警备总司令汤恩伯以第二十一、第五十一、第五十二、第五十四、第七十五、第一二三军等六个军共二十个师,配属坦克、装甲车,守备黄浦江以西市区及外围太仓、昆山、嘉兴、金山等地;以第十二、第三十七军共五个师,守备黄浦江以东地区。另以海军和驻上海空军协同防守。其防御重点置于浦西市吴淞、月浦、杨行、刘行、大场和浦东高行、高桥等地区,借以屏障吴淞和市区,保障其出海通路。

叶飞感到地形对我不利,敌人在武器装备上占绝对优势,加上敌人已修筑了大量集团工事,形成了面的防御体系,使得这次战役面临的困难很大。

5月10日,叶飞收到了由陈毅、粟裕、谭震林、张震四人署名发布的《淞沪战役作战命令》。作战命令分析了当前敌人的主要情况,指明了三野各兵团的具体任务,特别对直接参加上海战役的第九、第十兵团的作战任务,做了详细的布置：

决以九、十兵团并二十六军首先包围上海，截断敌之一切逃路，封闭上海物资之窃运，进而全歼该敌或迫敌投降，求得和平解放上海，待命进入上海市区。兹将各部任务区分割如下：

一、十兵团（欠三十一军）并指挥二十六、三十三军，附特纵炮五团、炮六团并工兵一个营，应首先以主力攻占吴淞、宝山，封锁黄浦江口，阻截敌之出口船只运输，其余就分割歼灭昆山、安亭镇、太仓、嘉定地区之敌，尔后即控制该带阵地，待命由上海西北地区协同九兵团会攻上海。内定：

1.以二十九军（欠一个师担任苏州城防）主力附炮五、六团，应于十二日晚，由吴市（二十八军）、常熟、支塘（二十九军）地区出动，于十四日拂晓前，攻占吴淞、宝山。如吴淞、宝山一时难于攻占，暂以一部监视之，而应以得力一部配合炮兵由吴淞与江湾之间揳入黄浦江边攻占殷行镇，切实封锁黄浦江（二十八军并派一部控制太仓、嘉定、田湾、殷行镇及其以北地区），尔后待命配合二十六军向上海攻击。

2.二十六军第一步应于十三日控制昆山、安亭镇（并首先以一部抢占昆山东大铁桥）策应二十八军主力作战，掩护其侧背之安全，尔后待命沿京沪路、苏州河左岸向上海攻击。

3.三十三军应于十五日集结常熟地区，准备接替担任太仓、嘉定、宝山、吴淞之警备任务，以便二十八、二十九军参加攻沪，或开赴吴兴、吴江、苏州地区开辟地方工作。

以上各部具体部署，统由叶（飞）司令、陈（庆先）参谋长决定之。

二、九兵团（欠三十三军）并指挥三十一军附炮四团，应首先以一部攻占平湖、金山卫、奉贤、南汇、川沙沿线阵地，断敌由沪向东南逃窜之退路，并割歼嘉善地区之敌，其余主力视机控制青浦、松江

（均不含）以西地区，尔后待命由东、南、西三面协同十兵团会攻上海。内定：

1. 二十七军应于十四日晚集结嘉善（有敌则袭歼之），并控制大东浜铁桥，监视松江、青浦之敌。如该敌撤走时（确实逃走），应立即进到青浦以东、泗泾镇以西地区，待命沿苏州河以南攻占上海。

2. 二十军应于十四日攻歼平湖、金山卫之敌，并以一部控制待交三十一军接替，尔后集结于松江以南、黄浦江右岸。如松江敌逃走，应立即控制松江，待命沿铁路向老法租界以南及南市攻击。

3. 三十一军应于十五日接替二十军之平湖、金山卫地区之防务，封闭沪敌南逃退路，其主力（担任三十军二梯队）应适时尾三十军之后，加入浦东作战。

4. 三十军应沿嘉兴、金山卫以北、黄浦江右岸向奉贤、南汇、川沙攻击前进，歼灭该地区之敌，确实控制该线阵地，截断上海敌之海上一切逃路，其先头部队力求十六日晚占领川沙。

以上各部具体部署，由宋（时轮）司令、郭（化若）政委、覃（健）参谋长决定之。

三、作战分界线：苏州河，即吴淞江（不含）以南及浦东属九兵团，苏州河（含）以北及闸北、吴淞属十兵团。

作战命令还明确了各军在完成占领上海后的警备任务分工。最后，命令列了两点注意事项：

一、在我开进或攻占指定地区后，敌人溃乱或和平解放时，我各部应按警备区分，以第二十、二十六、二十七军进入上海市区，其余各部均不得进入上海市区，在攻占上海时，除担任市区警备三个军外，其余应于战斗结束后二十四小时内撤出市区。

二、各部应教育所部切实执行本部五月八日电关于入城警备规定。

叶飞认真阅读完作战命令,看到作战命令上对第十兵团的指令是:第十兵团的战场西起浏河、太仓、昆山,东至宝山、吴淞的黄浦江,北起长江,南到安亭、南翔、真如、大场、江湾一线。这一线守敌有四个军十三个师,命令规定第十兵团在5月12日从常熟出发,限于5月14日到达吴淞。叶飞考虑,第十兵团要在两天内从常熟赶到吴淞,这是一百二十公里的一段路,其中有敌人四个军把守着,两天之内歼灭四个军,很难做到。于是,叶飞赶到粟裕那里,说出了自己的疑虑。粟裕告诉叶飞,之所以要求第十兵团两天内赶到,是在上海张权准备起义成功的前提下决定的。但是,张权起义成功的把握有多大,到目前为止,心里没数。

叶飞表示,张权起义之事,自己确实一无所知。我们要打有把握之仗,凡事从坏处着想,有备而无患。叶飞说,我们推迟进上海不妥。据说蒋介石、汤恩伯已将上海搬得差不多了。如果上海成为一座空城,我们的损失就太大了,必须制止蒋介石、汤恩伯的行为。

粟裕赞同叶飞的意见,表示立即将叶飞的建议上报总前委和中央军委,将战役时间提前到5月12日前后。而此时中央急电粟裕,要其数日内先占领吴淞、嘉兴两地,封锁吴淞口及乍浦海口,断敌海上退路。战役时间提前,不等起义了。叶飞的想法与中央的不谋而合。

事定,叶飞告别粟裕,返回常熟。

血溅月浦

第十兵团一切准备就绪后,战役于5月12日发起。

归第十兵团指挥的部队,除第三十三军机动外,第二十六、第二十八、第二十九军于5月12日全部出发。第二十六军由苏州经昆山向上海疾进,第二十八军由常熟支塘经太仓向上海疾进,第二十九军由常熟经浏河向月浦疾进。队伍出发后,下起了瓢泼大雨,给队伍行军带来了意想不到的困难。

第二天早饭后,雨过天晴,三个军陆续传来捷报:第二十六军占领了昆山。第二十八军攻占了太仓、嘉定,正马不停蹄地向刘行、杨行和刘行的国际电台逼近。第二十九军第八十七师攻占了济河,歼灭守敌第五十二军的一个营后,向月浦镇挺进。

午后,天又下起雨来。叶飞对下雨特别反感,在华野战史上,因为下雨导致打仗失利有两次记录:一次是1946年8月7日,陈毅指挥山东野战军第八师和华中第九纵队,攻击泗县城,守城的是国民党桂系第七军一七二师两个团。由于连日暴雨,护城河水猛涨,从西北方向攻城的第八师伤亡溺水者甚多,阵地丢失,只得撤出战斗。第九纵队攻击城东,也因洪水泛滥未能见效。那次战斗虽歼敌三千余人,但是自己的伤亡也不小。

另一次失利发生在1947年7月,华野攻打南麻、临朐的敌第十一师,因连日暴雨,弹药受潮,虽歼敌一万四千余人,但自己却损失了两万一千余人,最终也没有攻占南麻、临朐,打成了消耗战。

这两次战斗,叶飞虽然都没有参加,但在华野召开的几次作战会上,他都听陈毅提起过,所以印象特别深。他急令值班参谋通知各军,雨天作战,要加强对地形和敌情的侦察,不可掉以轻心。

没多久,叶飞接到第二十九军报告,说第八十七师第二六〇团已到月浦,从俘虏口中得知月浦工事不多,他们便趁着夜色,大胆向前穿插,进入了月浦街旁的一片坟地,待天明后再向吴淞攻击。

谁知,天亮后,第二十九军军长胡炳云向叶飞报告,说第八十五师第二五三团和第八十七师第二六〇团中了敌人的埋伏,伤亡很大。

第八十五师第二五三团渡江后,驻防在苏州,担任警卫市府机关和守护铁路的任务。战前,兵团首长提出第二五三团不参加打上海,留在苏州继续执行警卫和守护任务。军长胡炳云却有不同想法,他觉得第二五三团老兵多,战斗力强,一定要参加打上海。所以,他便命令这个团和第二六〇团担任主攻月浦的任务,第二六一团揳入月(浦)宝(山)公路,截断月浦守敌的逃路,协同第二五三、第二六〇团全歼月浦之敌。另外,要第二五九团配合月浦作战,攻占大叶村,寻机夺取狮子村炮台。第二五三团接到命令半小时内,就奔袭月浦。

月浦是淞沪敌人在月宝公路上设置的重要据点,它与北面狮子村炮台、南面杨行连成一体,互为犄角。因此,月浦是吴淞、宝山的西大门,要歼灭吴淞、宝山守敌,必须从月浦下斧,破门而入。第二五三团在距离月浦三十里时,发现河边的大树被砍倒,参谋长王剑秋判断有情况,便向团长建议,部队以战斗姿态摸索前进。晚10时,部队来到月浦街,发现了四周净是坟包,蒙蒙细雨下辨不出真伪,团长便下令就地宿营。第八十七师的第二六〇团也在这里宿营。

第二天,天空刚现一抹亮光,隐蔽在"坟包"中的数以千计的敌人,突然向我军这两个团发起猛烈袭击,封锁了通往月浦街的唯一一座小桥。第二五三团和第二六〇团指挥所通向各营的电话线被炮火炸断,指挥所的命令一时传达不到部队。部队在没接到上级命令时,依然采取突击队为先导、集团冲锋的战术。在误入敌地堡群的情况下,战士们毫不畏惧,向月浦前沿的地堡群和碉堡群冲去。可是,隐蔽在河沟对面地堡中所有火力都向小桥密集射击,据守月浦东南高地上的敌重火力迫击炮也居高临下,向解放军开火,冲锋中的解放军战士一排排地倒在敌人的枪口下,小桥周围堆满了解放军的尸体。第二六〇团副团长梅永熙和政治委员肖卡眼见伤亡惨重,两人冲到小桥附近,却无法制止战士们冲锋。只得带着大家拼死冲锋,终于冲过了小桥,迅速占领了镇前的几座碉堡,月浦街前沿阵地的敌人开始后缩。

月浦东北角紧靠长江,停在江上的军舰突然开火,飞机也来丢炸弹。接着,敌人的四辆坦克也开来了,呈"一"字队形,向第二六〇团刚刚占领的阵地冲锋。第二六〇团战士们的枪和子弹受潮,无法作战,只能用集束手榴弹反击敌人的疯狂扫射。

战斗到下午3点多,第二五三、第二六〇团与第八十七师的电话线接通了,师长张强生将这两个团的遭遇向胡炳云做了详细报告。第二五三团一千多人,现在只剩下一百二十人。第二六〇团伤亡也很大。

胡炳云又急又气,急的是部队损失太大,气的是部队战前对月浦的地形、敌情不明。因此,他在向叶飞汇报时大声指责说:"你们兵团首长瞎指挥,月浦的敌情没侦察清楚就下命令叫我们打,难道战士的命就不值钱吗?"

叶飞了解胡炳云,他是个从不叫苦的硬汉子。他出生在四川南充,1932年参加红军,打仗勇敢。抗日战争时期,担任八路军苏鲁豫支队第一大队大队长。1939年刘少奇南下华中,就是在胡炳云率领的第一大队护送下,平安到达淮北的。1940年至1944年,胡炳云部队驻在双沟、洋河一带。他的部队只要出征,每战必胜,淮北人民都称他"胡大胆"或"胡老大"。淮北的日伪军听到他的名字,心里直发怵。他们说,天不怕,地不怕,就怕碰到"胡老大"。每次行军,听说前面是"胡老大"的部队,他们一定会悄悄绕道,避开"胡老大"。

叶飞还知道,胡炳云从不乱骂人,对上级也很尊重。这次见部队攻打月浦受挫,伤亡惨重,十分痛心,这才发了脾气。因此,14日晚,叶飞在电话中向胡炳云表示,月浦失利,责任在兵团,并提出放弃原定15日攻打吴淞的计划。

月浦一线是国民党王牌军第五十二军的精锐。第五十二军在北伐时小有名气,军长关麟征善于带兵。抗日战争初期,第五十二军参加了台儿庄战役,配合友邻部队打了大胜仗,日军板垣征四郎事后曾在一份报告中写道:"中国军队并非都是豆腐,关麟征的五十二军不能小看,这个军可视为支那军的十个军。"

这年夏天,蒋介石在武汉路珞珈山军官训练团训话时说:"我们的国军如果都能像五十二军那样有战斗力,五年打败日军是不成问题的,你们都要像关军长那样严格训练部队。"蒋介石重用关麟征,提升他为陆军大学校长,刘玉章接任了第五十二军军长,他总结第五十二军作战经验时,提出三个字:"稳"、"忍"、"狠"。1948年,国民党在东北战场连吃败仗,蒋介石把第五十二军调到东北,想挽回败局。可是,在辽阳、鞍山被东野撵得鸡飞狗跳。蒋介石在东北战局无可挽回之时,为保留第五十二军,命令该军迅速撤出东北,使该军免遭损失。所以,进驻上海的第五十二军,仍然装备精良,编制完整,气焰嚣张。汤恩伯将之配置在吴淞、宝山一线,是为了保证上海出海通道的安全。刘玉章也非等闲之辈,他熟读兵书,在吴淞、宝山一带约二十公里的防御地带,筑起了四五千座地堡,并在地堡上面盖上厚厚的草皮、树枝,这就是解放军看到的一座座"坟包"。

胡炳云不信邪,同样王牌军的敌整编第七十四师被歼灭于孟良崮,难道对敌第五十二军就没办法了?他不信世界上有摧不垮的堡垒。他伏在地图上研究后向第八十七师下达了命令,抽调位于叶大村的第二五九团第二、第三营,加入月浦攻坚战,与第二六〇、第二六一、第二五三团相互配合,争取在15日拂晓攻占月浦。

第八十七师师长张强生带着四个团长,到前沿阵地前观察地形,选择进攻路线,布置火力点,规定步炮协同和联络信号,准备第二次强攻。

四个团长于14日下午6时,领着部队向月浦攻击。部队很快就突入街区,向一座座碉堡、地堡及明暗工事里的敌人攻击,整个月浦成了一片火海。部队的建制也被打乱了,出现了以班为战、人自为战的局面。上级找不到下级,干部找不到战士。15日拂晓,第八十七师占领了月浦,但还没来得及打扫战场,江面上突然开来了敌十五艘军舰,运来了两个连的兵力和两辆坦克,敌人在坦克的掩护下,一波又一波地向解放军阵地反击。接着,天上又飞来十八架飞机,超低空在解放军阵地上来回扫射和丢炸弹。敌人海陆空配合,月浦到处是火光,到处是废墟。第二十九军的四个团从早打到黄昏,双方死伤无数。我军第二五九团团长胡文杰胸部被弹片击中,当场牺牲。

第二十九军的右翼是由朱绍清、陈美藻领导的第二十八军。叶飞赋予他们的任务是首先扫清太仓、嘉定、罗店地区之敌,尔后突破刘行、杨行国民党守军的主阵地,直取吴淞。

第二十八军在攻打太仓、嘉定、罗店中,虽然遇到了敌人的抗击,但打得比较顺利,于12日晚一夜连克三城,歼敌三千余人。但是,他们在攻击到刘行、杨行时遇到了麻烦。

刘行、杨行与月浦是由南向北"一"字形排列的,属于汤恩伯设计的地堡工事防御区。早在抗日战争初期,张治中率部抵上海抗战时,在杨行、刘行修筑了两三千座地堡工事。1941年,太平洋战争爆发,日军为防止美军在此登陆,又修筑了不少地堡工事作为上海防御的主阵地。这次汤恩伯将月浦视为抵御解放军进入吴淞的重要门户,而将刘行、杨行视为防止解放军直接进入苏州河的重要门户。因此，国民党在刘行、杨行除了修筑地堡外，还设有鹿砦、竹签子、陷阱、铁丝网等，构成了纵深配备的系统防御阵地。

13日晚，第二十八军第八十四师完成了对杨行的包围后，第八十三师迅速包围了刘行。天亮时，这两个师却发现陷入了敌人迷魂阵般的工事中，遭到了敌人猛烈的火力杀伤。第八十七师第二四八团伤亡三百余人。叶飞要求第二十八军用小群攻坚战术，分路穿插，充分利用炸药摧毁敌堡和工事。

第二十八军按照叶飞的指示，组织兵团对刘行守敌发起攻击，一阵阵密集炮火轰击后，敌人开始溃退，第二十八军占领了刘行，歼敌第五十二军第七十三团第一营。但是，紧靠刘行镇的国际电台，因工事坚固，布防复杂，第二四四、第二四七、第二四八团几次进攻，由于敌人拼死反扑均未拿下，第二十八军伤亡很大，一时形成对峙局面。

蒋介石明知守上海无望，他命令汤恩伯坚守两个月，其目的之一是争取时间，将留在上海的黄金、白银运往台湾；目的之二是想将美国人拉进战争，以上海为导火索，引起第三次世界大战，绝处逢生。守月浦、刘行、杨行的第五十二军军长刘玉章，知道蒋家王朝气数已尽，上海一仗是他军事生涯中的最后一战。他想让自己的最后一击在历史上留下浓重的一笔，绞尽脑汁，想起了一个乌龟壳顶泥巴的谋略，指挥三个师从刘行、杨行、月浦至吴淞范围，大修地堡群，而且每座地堡上面盖上厚厚的新鲜草皮，远看如坟包。解放军又是晚上进攻，不料，步入了他的陷阱。刘玉章捞了点便宜后，亲自开车跑到市内，向汤恩伯报告战果。

刘玉章的捷报给灰心丧气的汤恩伯注入了一针兴奋剂，为鼓舞士气，他立即召开新闻记者招待会，大肆宣传月浦、刘行、杨行大捷，要上海工商界犒劳国军，还给刘玉章颁发青天白日勋章，并在国际饭店举行庆功宴。一时间，上海舆论倒向国民党，乐得远在宁波奉化的蒋介石手舞足蹈。自渡江战役后，蒋介石就像进了冰窖。此时，一颗近乎停跳的心突然又狂跳不已，他专程赶到上海督战。蒋介石对汤恩伯、刘玉章说："月浦大捷说明什么呢？说明一个我过去多次讲过的道理，世上没有常胜将军，也没有常败将军，这是永恒的法则。

国军是有能力打败共军的,共军并不是举世无双的常胜军。五十二军月浦大捷还说明,只要我们精诚团结,我们有信心保住上海,夺回南京。今日的辉煌,预示着我们要从月浦走向南京!"

王者之师战上海

就在蒋介石、汤恩伯、刘玉章弹冠相庆之际,粟裕接到叶飞关于第十兵团月浦、刘行、杨行受挫的报告。为了鼓舞斗志,他向叶飞反复强调说:"月浦战斗失利,责任在我们,是我们司令部对月浦敌情侦察不透、了解不深,不要埋怨下面。"

为了总结教训,叶飞和张震认真分析了敌情和部队的思想状况,决定调整部署,改变战法,于5月15日发电报给总前委和中央军委,电报指出:

吴淞、月浦、刘行均为敌主阵地,钢骨水泥地堡群多至七道之多,且附近村庄均为敌拆除,难于一下插入吴淞控制。……据我们研究,该线事实为淞沪主阵地,必须有准备之攻击方易奏效。为全歼据点之敌,与迅即完成封锁江口阻敌逃跑,部署如下:

一、九兵团应以最先头军(原定三十军,如二十军或三十一军在先头即用该军),力求迅速攻占川沙、高桥,并确实控制东沟镇以北与全国海港检查处之间,以炮火封锁江面,但必须有负责干部掌握,不得轰击外国兵舰……

二、十兵团除依叶、刘(十四日)二十时电外,应以二十九军全力解决月浦之敌五十二军二师主力,尔后再揳敌,迅即将炮兵开入,封锁江口。二十军主力,应先解决杨行之敌,对刘行之敌,则以一部包围、待交三十军接替,并由该军负责歼灭之,尔后该军应对大场、江湾警戒,以保障二十八军侧背之安全。二十八军解决杨行之敌后,即扑入吴淞与江湾之间,进逼黄浦江岸,封锁江面,尔后协同二十九军会攻吴淞,完成淞沪作战第一阶段之任务。二十六军则保持与当面

敌接触,如南翔敌已撤去,即占领之,但正面不应攻击,伴动钳制当面之敌,使其不能他调。

总前委得知第十兵团受挫消息后,当即回电给三野前指,指出:

敌目前似企图坚守,在我钳形攻之下已难逃脱,请你们更明确告知前线军师团首长,攻沪战役不要性急。……我军应立于主动地位,做充分准备。大量使用炸药,配合炮兵及坑道作业去克服敌之钢骨水泥碉堡。十兵团、九兵团两方面均应以此为基础去部署。

三野前指根据总前委的指示精神和部队的作战情况,于16日下达了《淞沪作战的战术指示》,指出:"敌现已完成收缩,而以市区为核心守备计划,而敌守备重点为浦西重于浦东,苏州河北重于苏州河南,其企图则求控制吴淞与大场、江湾机场核心阵地,保持海上退路。"所以,"目前我作战已不同于野战,亦不同于一般攻坚战,已为我济南战役后再次之攻坚战。因此,对永久设防阵地攻击,应慎重、周密组织"。为了实现战役目的,在战术手段上,三野前指提出五点战术指导意见:

一、肃清敌外围之后,对主阵地攻击,应周密侦察,选择敌突出部或接合部与较弱的敌攻击,揳入敌之纵深,尔后由敌侧背或由内向外打,来撕破敌之防御体系。太原战役此种方法收效很大。

二、集中兵力(应是小群动作群群攻击),尤应集中火力(实施压制射击与破坏射击)与发射筒轰击一点,以炸药来软化敌钢骨水泥工事,轮番不停地攻击,这样使敌不易重新组织防御,更可避免敌已测量好之火力封锁。

三、交通壕作业迫近敌人,可采用淮海战役歼灭杜聿明时钳形作业交替攻击,力求歼敌于阵地内。

四、发挥孤胆攻击与守备精神,发挥爆破威力,以炸药开辟冲锋道路与歼灭敌之反击部队并进行打战车、装甲车之教育,纠正集团攻击与集团守备方式,减少不必要的伤亡。

五、指定对空射击部队。

叶飞接到三野前指的指示后,和陈庆先研究后决定停止攻击。

这时,粟裕打来电话,说刚接到上海局策反工作负责人沙文汉的来信,获知以张权为司令的上海市区武装起义遭到敌人的残酷镇压。

张权是国民党军联勤总部中将视察员。早在北伐时期,他就担任国民革命军第六军第十九师师长,与第六军党代表林伯渠素有交往。受其影响,张权从此与共产党建立了联系。1944年,时任国民党中将总队长的张权,率领陆军战车防御教导总队到重庆驻防,与周恩来直接联系渡江战役后,他接受中共中央军委命令,组织指挥武装起义。他以老同学的名义,联络了陆军第五十一、第三十七军第二〇九师两个团以及部分军舰准备起义。不料,起义的前一天,即5月15日上午,张权到吴淞争取炮兵司令起义,以减少断敌海上逃路的阻力。没料到此时第一三二师情报科科长张贤叛变,张权等大批组织起义的领袖落入汤恩伯的魔爪。汤恩伯以银圆贩子的罪名,将张权等一批地下党枪决于南京路大新公司门口。

起义的流产,增加了解放上海的难度。

叶飞对攻击刘行、杨行和月浦的作战部署进行了调整,具体方案:以第二十九军全力解决月浦敌第五十二军第二师主力,尔后再揳入宝山、吴淞之间江面,向吴淞迫近;待解决宝山之敌,速将炮兵开入,封锁江口。第二十八军主力应先解决杨行之敌,对刘行之敌则以一部包围,待交第三十三军接替,并由该军歼灭之。第二十八军解决杨行后,即扑入吴淞与江湾之间,进逼黄浦江岸,封锁江面,尔后协同第二十九军会攻吴淞,完成淞沪作战第一阶段任务。

作战方案上报后,得到粟裕的首肯。为减轻第十兵团的压力,粟裕做出了加快浦东作战节奏的决定,以第九兵团第三十军为先头军,迅速攻占川沙、高桥,确实控制吴淞口右岸,策应第十兵团作战。

5月19日辰时,三野司令部向所属部队发出《关于敌守备战术特点的通报》,其中特别提到第二十八军总结的经验:锥形攻击,以地壕作业进行包围迂回,实行单人爆破。

淮海战役中,三野各部队打黄百韬时,就是采取了以地壕作业进行包围迂回的战术。粟裕特别关照司令部,第二十八军经验也要发到浦东第九兵团各军参照执行。

在总结经验教训时,叶飞派出侦察分队,密切注视敌人动向。5月17日,据侦察报告,汤恩伯为加强西线月浦、刘行、杨行的防守,将敌第二十一军从城里调到月浦、刘行、杨行。敌变我变,叶飞报请粟裕批准,将预备队第三十三军调到前线,第三十三军的第九十九师配属第二十九军,总攻月浦;第九十八师配属第二十八军,总攻杨行;军部领导第九十七师,驻守嘉定,并指令第九十七师,以一个营在浏河担任兵团左翼侧的战斗警戒,

叶飞(左)在上海战役中指挥战斗

防止敌人从海上实施偷袭。

万事俱备,叶飞令第十兵团部队于5月22日发起总攻。新投入的第三十三军在张克侠、韩念龙的指挥下,攻势凌厉。23日夜,第三十三军第九十八师进入杨行东北阵地,采取边挖地壕边前进的战法,稳扎稳打,逐步推进,这种战法虽速度慢一点,但收效明显,24日便攻占了宿家弄东南、正南子母堡,切断了杨宝公路。第九十七师突入杨行西北敌人阵地,直插敌人指挥所。

第二十八军也攻克了杨行外围的张宝、老宅地堡群,第二十六军占领了刘行、大场、真如等地。

5月25日,汤恩伯见解放军第九、第十兵团炮火猛烈,虹桥、徐家汇、川沙阵地失守,大势已去,便一面将第七十五军第六师从高桥调往月浦增援,以保

障吴淞的安全,一面指挥苏州河以北主力,向吴淞收缩,准备从海上撤逃。汤恩伯的撤退命令一下,那些不叫撤退的部队也纷纷向江边溃逃。

5月25日下午3时,叶飞得到大场、月浦敌人向吴淞撤退的情报后,下令各军追击,大胆揳入守军纵深,分别截歼溃逃之敌。各军接到追击命令,兵分多路,快速跃进,勇猛穿插,迂回包围,直插每条街道。敌人开始自找生路了,敌第二十一军被我第二十六军第七十六师包围后,军长派人到我军交涉投降事宜,公路两侧、树干上挂满了表示投降的白色毛巾、白色被单等物。有一个连的敌人,见解放军攻上来后,由于一时找不到白色被单等,只好齐齐跪在路边,举着枪,等解放军来接收。

5月26日上午9时,叶飞收到张克侠、韩念龙的电报,说8点30分时,第三十三军与第二十八、第二十九军占领了宝山、吴淞口,切断了敌人的海上退路。此时,宋时轮指挥的第九兵团第二十三、第二十七、第二十军,分别从徐家汇高昌庙、龙华进入市区,控制了苏州河以南地区,又利用夜色强渡苏州河,迅速占领了河以北市区。临时负责指挥上海国民党余部的淞沪警备副司令刘昌义率部投诚。27日,上海全部解放。

上海解放了,陈毅坐着吉普车进入市区,他见一幢幢高楼大厦完好无损地回到人民手中,尤其是淮海路和外滩,没有留下一丝战争的痕迹,很是兴奋。但是,他还有一件事放不下心,担心部队进城后,纪律不严明,给人民解放军带来不良影响。所以,当他来到第十兵团司令部时,第一句话就问叶飞:"仗打胜了,瓷器店老鼠捉到了,楼房保住了,纪律怎么样?"

顺着叶飞手指的方向,但见蒙蒙细雨中,战士们抱着枪睡在马路上。兵团司令部设在弄堂口用雨布撑起的一个小棚子里。陈毅目睹这一切,赞扬道:"这是你们给上海人民最好的见面礼啊!"

早在渡江之前,在合肥瑶岗总前委召开各兵团负责人会议上,陈毅就向各部队规定,进入南京、上海后,不入民宅,睡马路,要求部队指战员当作三大纪律八项注意的补充规定,坚决认真执行。

5月26日,部队进入市区,叶飞重申不入民宅的规定,各部队指战员们严

格地执行纪律。

中国人民解放军在十里洋场露宿街头的照片,很快出现在香港、纽约、伦敦等世界各地的报纸上。在许多国家睡马路的只有叫花子和穷人,攻占了大城市的胜利之师睡马路,却是旷古未有。当时销路最广、财大气粗的美国《生活》杂志,在刊登这些照片时,加了一句说明词:"共产党睡马路等各项消息,指出一个历史事实,即国民党的时代已结束了。"

第十一章　鏖兵八闽

提前入闽

1949年5月27日中午,甫获新生的大上海还未扑灭城市四周的战火,苏州河上空依然弥漫着硝烟,第十兵团就接到三野首长电示,未担任警备任务的各军于战斗结束后撤至市郊休息,进行入闽准备。

中共中央在1949年1月8日下发的《目前形势和党在一九四九年的任务》中,有这么一个提法:"一九四九年夏秋冬三季,我们应当争取占领湘、鄂、赣、苏、皖、浙、闽、陕、甘等九省的大部,其中有些省则是全部。"当时的考虑是,今年冬季先相机占领与浙江毗邻的闽北一些地区,到明年再解放全福建。

中共中央决定提早入闽,是出于对解放全中国的通盘考虑,是因为局势发生了变化。

中共中央年初部署,是考虑到京沪杭解放后需要一段时间巩固,且估计蒋介石不会轻易退出其江浙老巢,可能会在浙江一带顽抗一段时间,加上美帝插手等因素,所以在既定计划中,确定二野、三野协力经营东南,把解放福建的计划推迟到明年。谁知蒋介石不经打,4月中旬发起渡江战役,其千里江防顷刻间化为乌有,上海也不过打了半个来月。汤恩伯集团逃跑后,国民党军队土崩瓦解,展开了一场逃跑竞赛。美国陈兵于东南沿海,试图武装干涉,但看到蒋介石政权已成腐木朽株之势,难以扶持,便也不敢贸然动手了。形势的

发展比预想的快得多,中共中央审时度势,决定修改计划,提前一年解放全中国。

在最高统帅部运筹帷幄之际,下面战略区的首长也有了前瞻性的设想。统帅部和各个战略区就是这样的默契、合拍,以至于解放战争越打越精彩,时间也越缩越短。还在5月22日午时,当淞沪战役激战正酣、胜负几成定局之际,三野副司令员粟裕和参谋长张震就致电中央军委说:"蒋匪已全线溃退,福建守敌不多,我入闽部队是否可能提早,应准备何时出动,以便淞沪战后进行准备,调整部署,请指示。"真可谓英雄所见略同,早在考虑这一问题的毛泽东,翌日便以中央军委的名义电告总前委及三野前指:"你们应当迅速准备提前入闽,争取于六七两月内占领福州、泉州、漳州及其他要点,并准备相机夺取厦门。入闽部队只待上海解决,即可出动。"

29日,华东局和总前委向中央军委报告:"叶飞第十兵团三个军拟休整一个月,于七月初开动,以便迅速夺取福建全省。"6月2日,毛泽东又亲自拟稿以军委名义复示:"同意以叶飞三个军入闽,行动时间如能提早至本月下旬更好。"

就这样,有了这场提前入闽的重头戏。

对于安排自己负责这次军事行动,叶飞也并不感到意外。因为早在解放战争初期部署外线出击和组建华野第一兵团南下时,毛泽东就曾有意要他这个福建佬回福建。如今大上海已解放,蒋介石跑到台湾去了,以后大的战役就日见其少了,百战之将,谁不想在最后关头多指挥几场过瘾大仗,何况还是解放福建故乡。叶飞接令后,马上和韦国清率兵团部及所属三个军集结于苏州、常熟、嘉兴一带休整,进行入闽的各项准备。

6月初,叶飞出席了华东局、华东军区、三野在上海国际饭店召开的部队师长、政治委员以上,地方地委书记、专员以上的高级干部会议。会上,三野代司令员粟裕传达了中央军委《关于向全国进军的部署》的电示,正式宣布中央提早入闽的决定,并命令叶飞率第十兵团两个军火速南下,争取在6、7两个月内,解放全福建。

第十一章 鏖兵八闽

叶飞考虑后认为此时入闽困难不少。首先,时间太紧,上海一仗打了半个来月,尤其在攻占月浦时,由于情况不明,第十兵团伤亡一万多人,现在还来不及补充兵员。其次,以两个军兵力入闽明显不足,盘踞福建的敌兵至少有十个军,加上地方武装,当有二十来万人,解放福建的兵力起码应与敌军相当。第三,思想政治工作也要时间。第十兵团是在渡江战役前组建的部队,指战员大部分来自北方,有些是从上海或苏南到解放区参军的,他们希望在上海解放后有机会回家与亲人相聚,可现在要马上南进福建,身体怕是吃不消,思想上一下子也转不过弯来。另外,渡江后新补充的解放军战士需教育整顿,不然,届时可能会出现开小差现象。因此,他向陈毅提出,入闽时间须推迟一个月,至于兵力,以第十兵团三个军全部南下为宜。

拟任福建省委书记的华东局常委、组织部部长张鼎丞表示支持叶飞的想法,并说入闽的接管工作也需要适当的时间进行筹措。张鼎丞摆出的困难,主要是干部严重短缺。他说:"福建从元代开始,就有建宁、延平、邵武、汀州、福州、德化、漳州、泉州八个地市,全省总共有八十来个县,因此接管和经营福建,需要一个省级、两个市级(福州、厦门)、八个地区级、八十来个县级的党政领导班子和业务领导班子的干部,福建解放后的工作才能启动,第十兵团休整一个月,他们刚好可以做好调集干部、筹措接管工作等方面的准备。"

陈毅听后表示,第十兵团三个军全部南下,但时间推迟一个月,要请示中央才能定。至于干部,不能向中央伸手,只能自己想办法解决。

领受任务出来,叶飞和张鼎丞立即投入了入闽的准备工作。他们了解到,华北局从老解放区太行、太岳地区选调四千多名青壮年组成一支南下开辟新区的干部队伍,名曰长江支队。这是一支难得的力量,一定要把他们争取过来。张鼎丞特地把华东局组织部副部长温仰春找来,要他去苏州张家花园了解长江支队的干部情况。

几天后,总前委书记邓小平在上海国际饭店主持军事会议,二野第四兵团司令员兼政治委员陈赓要求总前委让长江支队随他们进军大西南。张鼎丞据理力争:福建是东南海防,解放福建后还有解放台湾的任务,十分需要干

部,长江支队还是随三野第十兵团到福建去。

最后,邓小平一锤定音:长江支队去福建!

手中虽有了长江支队,可张鼎丞仍感干部不足。

张鼎丞通过苏南区党委书记陈丕显,在苏南地区商调了两套市级领导班子的干部,又在上海、苏州吸收了一些知识青年。

张鼎丞决定在上海面向学校招兵买马,组织随军南下服务团。招募布告贴出后,复旦、暨南、沪江、圣约翰大学等几十所院校的青年学生踊跃报名。

随军南下服务团组建起来了,两千五百多名青年学生被编成四个大队二十一个中队。张鼎丞亲自兼任团长,陈辛仁、伍洪祥任副团长。

不久,华东局在临时办公的上海建设大厦开了一次会议,专门研究第十兵团南下和新的中共福建省委领导班子的组建问题。会上,张鼎丞着重谈了福建省委的组建问题,提出新的省委要以第十兵团领导为重心,司令员叶飞、政治委员韦国清、政治部主任刘培善都要参加省委。叶飞和韦国清汇报了第十兵团各军入闽作战的准备情况。

张鼎丞和叶飞都是福建人。张鼎丞在红军时期当过福建省苏维埃政府主席。红军长征后,坚持三年游击战争,担任闽西南军政委员会主席。那里的老百姓都管他叫"土地爷"。叶飞从闽南到福州,再到闽东,活动了大半个省,抗战后才离开福建。中央和华东局派他们入闽,一个主政,一个主军,用陈毅的话说,是天生一对,地设一双。这样的搭配,大大增加了大家对南下解放福建、建设福建的信心。

6月13日,粟裕、张震向中央军委转告第十兵团建议延至6月25日开始入闽进军行动的报告。中央军委复电:"同意十兵团行动日期延至六月二十五日,如果准备工作尚未做好,延至七月上旬亦可。"为了防备解放福州、厦门时美帝国主义可能出兵干涉,军委决定,以二野主力继续控制浙赣线,掩护第十兵团执行上述任务。

一着险棋克榕城

第十兵团司令部设在原国民党苏州市法院的院子里,连日来,叶飞都在这里和韦国清等紧张地筹划着南下的准备工作。

三野首长说了,解放了京沪杭,好比锯倒了一棵大树,还没挖根,福建就是树根,要是不挖掉树根,它还会发芽长枝,到时候再动手就费劲了。毛泽东刚草就的"宜将剩勇追穷寇,不可沽名学霸王"诗句,告诉叶飞和战友们许多战争哲学。

"用兵制胜粮为先。"叶飞谨记古训,和有关人员对粮草做了个初步统计:第十兵团作战部队有十多万人,随同的干部和随军南下服务团有八千多人,骡马有数千匹,长途行军,每天要消耗掉大约二十万公斤大米、三十万公斤草料;这些物资需要六十多辆八吨卡车才能装下(因此交通运输也是个大难题),如果没有足够的物质保障,大兵团的长途行进难以想象。必须组织一支部队先行南下,负责筹集粮食,解决交通运输,并且充分了解福建的敌情。经和兵团政治委员韦国清等领导商量后,他们也同意组建一个先遣队,人数要恰当,多了暴露目标,少了易被敌人吃掉。

叶飞把先遣任务交给了熟悉福建情况的第二十九军参谋长梁灵光,命令他率领兵团侦察连及司令部、政治部、后勤部十几名干部及一部电台组成先遣队,提前入闽,与曾镜冰的闽浙赣边纵队取得联系,发动群众,筹措粮食柴草,整修道路,建立兵站,收集敌情。

其间,张鼎丞往来于上海、苏州之间,与叶飞、韦国清等共同商议实施提早进军福建的各项准备工作。组织南下,尤其是干部队伍的准备,是与作战并列的两大任务。以部队攻城略地,以干部实施政权接管,是解放福建的两部重头戏。部队倒好办,要组建干部队伍并统一他们的思想,却颇费精力。

在苏州集结待命的长江支队,原是要接管苏南的,听说临时决定要南下连条铁路也没有、"天无三日晴,地无三里平,人无三分银"、"地瓜当粮草,火笼当棉袄"的福建,一些人的思想起了波动,有的瞻前顾后,心里犹豫;有的大发牢

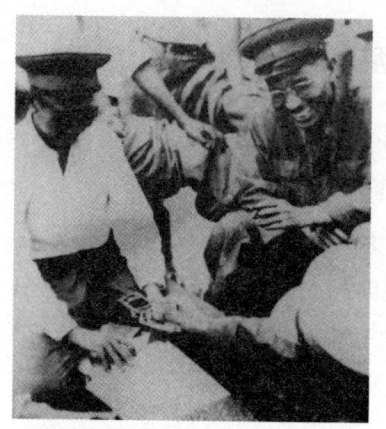

20世纪50年代初,叶飞(右)在前线与官兵同娱乐

骚,称病要求留在苏沪;有的干脆不辞而别。张鼎丞得知此情,亲自到长江支队驻地做了场形势和任务的报告,消除了大家原先的顾虑、恐惧和误解。

6月19日,经中共中央批准,以张鼎丞、曾镜冰、叶飞等十二人组成的中共福建省委在苏州成立,张鼎丞为书记。福建军区由第十兵团兵团部兼,叶飞为司令员,张鼎丞为政治委员,韦国清为副政治委员(仍任第十兵团政治委员),刘培善为政治部主任。这两套班子的建立,有力地担负起了解放福建的重任。

6月下旬,叶飞得知梁灵光率先遣队已到闽北,工作进展顺利后,立即命令各军抓紧时间起程。6月26日,大军即将出征,陈毅和三野其他领导在上海国际饭店接见了第十兵团团以上、长江支队地专以上干部。号召第十兵团全体指战员发扬"红军不怕远征难"的精神,战胜一切困难,彻底消灭残敌。

7月2日,各军从驻地先行拔营起寨后,叶飞和韦国清率兵团前指从苏州起程,乘火车南下。十多年前,叶飞率领由闽东红军游击队改编的新四军第六团北上抗日时不过千把来人,在大江南北纵横数年,此番渡大江、克淞沪后,归来却是十万大军,这一切似乎只在弹指之间。

来自山东、苏北的支前民工车推肩挑粮食和物资,随军南下。长江支队的带队领导冷楚因病留在了南京,支队在周璧、刘尚之等人的率领下,精神饱满地踏上了征程。陈辛仁、伍洪祥率领的由学生队伍组成的随军南下服务团,也雄赳赳气昂昂地踏上了南下征程。

大军分两路入闽,一路就是梁灵光走的那条线,从江山越过仙霞岭,经浦城、水吉到建瓯;一路从江西上饶到铅山,越过武夷山分水关到崇安(今武夷山)、建阳。

几天后,叶飞和韦国清率兵团前指在浙江江山下车,开始翻越崇山峻岭。

此时仲夏将至,逼人的热浪在大地上蒸腾,热得指战员们透不过气来,加上身上近二十公斤的负荷,不少人累得张着嘴巴直喘气。进入闽北后,除了山还是山,一座连着一座。与行路难相比,更令官兵们头痛的是山林中的蚊子。被蚊子咬过之后,不少人便患上了疟疾,打摆子,发高烧,非战斗减员迅速增加。闽道行军虽难,但他们克服了一个又一个障碍,过了世称"东南锁钥"的枫岭关隘口,直抵福建最北边的浦城县境。

当叶飞率兵团前指经福建崇安、建阳,冒着暑热向建瓯进发时,第二十八、第三十一军和第二十九军,也正在火速行军。经半个多月的艰难跋涉,三个军于7月下旬按规定的时间先后到达建瓯、南平、古田一带。

叶飞率前指到达闽北古城建瓯,受到中共七届候补中央委员、闽浙赣省委书记曾镜冰等人的热烈欢迎。还在闽东时,叶飞和曾镜冰就认识。如今故友重逢,两人都十分高兴。曾镜冰握着叶飞的手说:"早就盼望你们来了,中央和华东局都来电指示,让我们边纵全力配合南下大军解放福建!"

到7月中旬,曾镜冰领导的闽浙赣省委,帮助第十兵团先遣队共筹得大米三百五十余万公斤、柴草四百五十万公斤、马料六十五万公斤、食油三万公斤、食盐五万公斤,且充分利用地形,抢修道路,以使大军顺利南下。闽浙赣省委还派出省委委员苏华潜入福州,搜集敌人的情报。在此之前,国共两党在福州隐蔽战线上的一场大较量,也悄然拉开了帷幕。受中央委派,谢筱迺秘密潜入福州设立电台,掌握退缩到华东、东南,尤其是台湾的国民党军的部署情况,建立中共中央社会部福州海军工作站,做好闽系旧海军人员的统战策反工作。

不久,张鼎丞等省委领导人也到了建瓯。7月29日,叶飞出席由张鼎丞在建瓯主持召开的省委会议,专门讨论了战时财经工作。会上,张鼎丞指出:"一切为了战争的胜利,必须先解决兵团吃饭问题。"他指示省委、省政府和曾镜冰领导的支前委员会全力支持第十兵团"吃饱饭,打胜仗"。

第十兵团指战员尚未来得及洗却征尘,就迅速投入备战。叶飞经与张鼎丞及第十兵团政治委员韦国清、参谋长陈庆先、政治部主任刘培善研究,决定

分两个作战阶段完成解放福建的任务：第一阶段集中全力围歼福州守敌朱绍良、李延年所部，解放福州；第二阶段乘胜攻占泉州、漳州及平潭、厦门、金门（包括大小金门、大担、二担、东碇、虎仔屿、草屿等九个岛屿）等岛屿。

为夺取福州战役的胜利，叶飞与张鼎丞等省委、第十兵团主要领导人，认真分析研究情况。作为十万大军的最高指挥员，叶飞知道，最大限度地减少己方的伤亡，最大限度地歼灭敌人，才是对部属最好的关怀。对福州战役，他酝酿了两个攻击方案：一是向南大迂回，占领福州以南的福清、宏路，截断福（州）厦（门）公路，分割福州朱绍良集团和厦门方向汤恩伯集团之联系，并防止福州之敌从福厦公路南逃；一是向东迂回，攻占马尾，断敌海上退路。

在福州战役军事决策会议上，大家认为第一个方案虽好，但执行起来困难很多，因为向南迂回的部队要从尤溪出发，翻越百余公里的崇山峻岭，然后从永泰钻出，攻占东张，才能夺取福清、宏路。这一段路程二百公里，山多且高，没有公路和像样的大路，只有山地小径，无法携带大炮、山炮，只能轻装上阵。而且，这个方案还是一着险棋，险就险在担任攻占福清、宏路的部队需行军五天。在炎热的天气下背负武器弹药和粮食长途跋涉，指战员们必定相当疲惫，以此疲惫之师插入福州、泉州间，极有可能遭到敌人的南北夹击。

而如果采取第二个方案，危险系数就要小得多，而且担任攻占马尾的部队，只要两天的路程。这个方案虽然稳妥，但由于没有大迂回占领福清、宏路，无法断敌陆上向南退路，即使追得再快，也不能顺利通过闽江、渡过乌龙江，那就可能变成赶鸭子，福州之敌势必由陆路沿福厦公路向南逃窜，不能达到全歼的目的。

大家反复研究，各有说法。叶飞权衡再三，认为占领福州是小胜，全歼守敌才是大胜。第十兵团的任务是负责解放东南沿海和厦门、金门等岛屿，如果不将福州守敌歼灭干净，让敌人逃到厦门、金门、台湾等地，势必为日后解放这些岛屿增加困难；我们缺乏海军，海上作战必有许多不利，所以，全歼福州之敌是首要任务。于是，他决定采取第一个方案，在福州外围撒下一张大网，力求将敌一网打尽。

第十一章 鏖兵八闽

8月1日,福建省委和第十兵团在建瓯举行誓师大会。8月4日,兵团指挥部获悉福州外围罗源、丹阳守敌开始向连江收缩,为了不让敌人乘隙撤逃,叶飞决定提前发起攻击,战役部署是:第三十一军为左翼,由古田出发迅速攻歼连江、长门、闽安、马尾守敌,断敌海上退路,尔后由东向西及由东北向西南会同第二十八、第二十九军围歼福州守敌;第二十九军为右翼,从西向东,远程迂回,由南平出发,翻越沙县、永泰一线大山,攻歼福清、长乐守敌,断敌向东、向南之海陆退路,阻击可能由泉州、德化、仙游地区北援之敌,尔后以一部会同第二十八、第三十一军由南向北攻歼福州守敌;第二十八军为中路,沿闽江两岸正面推进,以全力由西及西北会同第三十一、第二十九军攻取福州。

作战命令还规定:如福州之敌增援马尾向左翼第三十一军反击,第二十八军则趁机向福州攻击,以策应第三十一军作战;如敌南逃,第二十九军坚决阻止,其他两军自行跟踪追歼。

第十兵团各军进攻福州的路线几乎全是爬山,而右翼第二十九军是实施叶飞钳形大迂回作战这着险棋的关键,他们必须在五天之内翻越几座高山,夺取闽江以南的几个城镇,并以疲惫之师对付南逃、北援之敌,否则就难以达到战役目的。叶飞指出:"此次作战关键在切断敌之退路,因此对二十九军的要求动作迅速勇猛比三十一军更重要。"为此,他对第二十九军军长胡炳云、政治委员黄火星做了特别交代。

第十兵团挥戈入闽之际,国民党福建驻军正在整顿内部的混乱局面。这些部队除独立第五十师,其他的都是在京沪杭吃了败仗溃逃下来的,番号有五个兵团级单位、十几个军,兵员达二十万之多。这些残部官多兵少,人心涣散,军纪废弛。他们在二十多天中从长江沿岸到福建一退两千余里,多数部队不仅辎重丢尽,轻武器也损失不少,指挥系统完全紊乱。

蒋介石比谁都看重福建的防卫。京沪杭等相继失守后,福建成了拱卫台湾的最后屏障,当务之急他要考虑的是如何确保这最后一隅立足之地。还在海上向着人生最后的落脚点台湾漂泊时,他就草拟了一个计划,决心以第六、第二十二、第八、第十二兵团为主力,在福州、厦门、漳州及闽粤交界地区设

防,屏障台湾,以台湾为反攻大陆的基点,东山再起。

用他的话来说,台湾好比是头颅,福建就是手足,没有福建则无以确保台湾。为此,他一再电令汤恩伯和福州绥靖公署主任兼福建省主席朱绍良坚守福建。

6月21日上午,蒋介石一身戎装,从台湾坐"美龄"号专机飞抵福州。可蒋介石只是在机场的办公大楼召开了军事会议,要求众将与共党做殊死战,死守福建,巩固台湾。当天下午,蒋介石就乘专机腾空东去。蒋介石的福州之行,并没有给国军将士增添多少决战的勇气。他让"国防部"从台湾运来一个团以加强福州防备的恩宠,也徒遭讥议。只是在他的严令下,驻闽国军还是迅速做了整编(只有闽南的刘汝明第八兵团拒绝整编,仍按自报名额领饷),核实兵员大致为十七万人,补充了武器。在防御部署上,以福州为第一线,闽南为第二线,并在沿海建立起从马祖(湄洲)、平潭、金门、厦门到东山岛的岛屿防御线。

这番整编后,汤恩伯奉令守厦门,朱绍良则以五个军约六万人守福州。虽然早对固守福州丧失信心,但朱绍良还得遵令部署战事:以第一〇六军防守市区,第九十六、第二十五军及独立第三十七师防守雪峰、大湖、闽清至徐家村等闽江两岸地区,以独立第五十师防守大小北岭,第七十四军防守罗源、连江琯头一线,第七十三军防守福清和平潭岛。朱绍良做的是表面文章,他一点也不积极在福州修筑外围坚固工事。第六兵团司令李延年则更为悲观,成天泡在官邸吸鸦片、搓麻将。福州守敌将无信心,兵无斗志,已非人力所能挽回。

与国民党福州守军相反,第十兵团指战员精神饱满,斗志昂扬,迅速施行爬山行军和迂回穿插的任务,声势浩大地拉开了福州战役的序幕。

8月6日,右翼第二十九军在军长胡炳云、政治委员黄火星的率领下,由南平、尤溪地区向东开进,翻越戴云山,以急行军飞速穿插敌后,11日攻占永泰县城,14日进抵预定目的地,逼近福清。

8月8日,左翼第三十一军在军长周志坚、政治委员陈华堂的率领下,从驻地古田出发,迅速向东运动,分路隐蔽开进,13日攻占丹阳。

中路第二十八军在军长朱绍清、政治委员陈美藻的率领下,由建瓯起程,以迅猛之势攻雪峰,取大湖。

叶飞下达战役命令之后,最担心的便是第二十九军指战员能否适应长途跋涉,按时攻占宏路、福清和长乐,断敌陆上逃路。14日下午,叶飞接到了第二十九军发来的部队到达指定目标的电报时,备感欣慰。

当叶飞接到福州守敌已乱作一团,有可能弃城逃窜的侦察报告时,感到情况紧迫,立即急电各军加速行动。

15日,第二十九军攻占福清、宏路。兵锋所至,摧枯拉朽,把一路守敌打得稀里哗啦。我军很快就控扼了福厦公路,切断敌南逃陆路,并向南构筑工事,实施警戒。第三十一军则在16日一举歼灭连江、汕头、闽安、马尾之敌,以炮火紧锁闽江口,切断了敌人的海上退路,并即由马尾向西向福州攻击前进。第二十八军夺下了大小北岭,打开了福州的北大门。

如是,三支劲旅密切配合协同,从四面逼近福州,形成了瓮中捉鳖的态势。

16日晚,解放军先头部队兵临福州城下。敌守将朱绍良、李延年慌忙趁夜幕爬上飞机,向茫茫大海逃窜。

17日5时,随着叶飞一声令下,担任正面攻击的第二十八军由西洪门从西向东,第三十一军从东向西,几乎同时向福州城发起猛烈攻击。攻城的两军指战员发现,福州之敌不同于上海之敌,上海之敌尚有拼死顽抗的一面,而福州之敌却像个豆腐军。究其因,打上海时,蒋介石手中还把捏着南中国,所以国军尚且还有点精神寄托,而现在的形势则完全不同了,蒋介石大面积地丢城失地,只能偏隅台湾,福州之敌的精神支柱都垮了。再加上主帅临阵逃脱,士兵们更是无心再战,于是在混乱中径自逃命。不到一小时,第二十八军便攻入了市区,直插朱绍良、李延年的指挥部,并和第三十一军抢占了市区的制高点仓前山,控制了闽江万寿大桥。第三十一军第九十一师一部控制了清凉山,防敌东逃。

当左翼由东向西攻击,中路军由西向东对福州发起总攻时,守敌即争先恐后地向闽江以南溃退,谁知遭遇右路的第二十九军的迎头痛击。在宏路以北十公里处,我军俘敌兵团部、中将参谋长及其他将官多人。

8月17日黎明,国民党福建省政府被解放军占领,福州解放了!后来人们把市内一条主要街道称作八一七路,以纪念福州古城的解放。

三野第十兵团进军福州后合影。左起:刘培善、韦国清、叶飞、陈铁君、陈超寰

叶飞在福州鼓山西麓的兵团指挥所接到前线部队的捷报后,兴奋地对政治委员韦国清、政治部主任刘培善、副参谋长陈铁君等人说:"走,我们到院子里去照张相。"大家有说有笑地来到办公楼前,拍下了一张具有历史意义的合影。

下午,叶飞和韦国清等兵团领导驱车进入福州城。环视一片狼藉的国民党福建省政府大院,叶飞的脸上漾出了笑容:"电告张老,福州今晨解放,请迅速接管。"

8月20日晚,张鼎丞与曾镜冰等率省级机关干部二百余人,赶到省城福州,住北门半野轩。张鼎丞抵榕后,征尘未洗,即与叶飞、韦国清等把福州战役胜利情况迅速向华东局做了综合报告。至8月23日,第十兵团共歼敌一个兵团部、五个军部、十四个师,加上保安部队等共计近四万人,自己伤亡两千余人。

8月24日,福建省人民政府奉令成立,主席张鼎丞,副主席叶飞、方毅。同日,福建军区奉令正式成立,叶飞为司令员,张鼎丞为政治委员,韦国清为副政治委员,刘培善为政治部主任。与此同时,福州市军管会和警备司令部成立,军管会由韦国清、叶飞、刘培善、方毅、梁国斌、朱绍清、陈美藻组成,韦国清任主任;警备司令部司令员为朱绍清,政治委员为陈美藻。

在福州,叶飞和张鼎丞一起接见了中国人民解放军闽粤赣边纵队派来联络的参谋主任王汉杰等人,听取了边纵对敌斗争的情况汇报。早在5月间,闽粤赣边纵队在司令员刘永生、政治委员魏金水的领导下,解放了广东梅县地区八个县城,并把闽西、闽南和广东饶平的游击区连成一片。国民党闽西专员兼保安司令练惕生和民团司令傅柏翠等为形势所逼,通电起义。

张鼎丞和叶飞对边纵领导边区军民与国民党反动派斗争的情况十分满意。9月2日,两人联名致电"华东局转中央转闽粤赣方(方)、魏(金水)、刘(永生)","代表兵团指战员及全体党政人员热烈祝贺边纵的胜利",并指示边纵迅速动员力量,配合第十兵团进行漳(州)厦(门)战役和解放全福建。

叶飞和张鼎丞在秣马厉兵挥师奏响解放福建号角的同时,也在紧锣密鼓地描绘建设八闽的蓝图。

跨海取厦门

对即将发起的漳厦战役,叶飞和张鼎丞等省委及兵团领导的看法一致:进军泉(州)漳(州)可能不会有大的战斗,主要的战斗是进攻厦门的渡海登陆。

兵团司令部离开福州之前,开会决定9月中旬发起漳厦金(门)战役,彻底扫清南逃漳厦金之敌,解放福建全境。整个战役分两个阶段进行:第一阶段歼灭以漳州为中心的金厦外围之敌,第二阶段则攻击厦门、金门。具体部署是以第三十一军攻取漳州,第二十九军一部攻占厦门以北沃头、集美等地,尔后第三十一军会同第二十九军主力夺取厦门岛,第二十八军和第二十九军各一部攻取金门。根据兵团战役决心,各军陆续从福州地区出发,兼程南下。

9月中旬,叶飞率兵团指挥部离榕南下。第十兵团各军在叶飞的指挥下,海陆并进向攻击目标推进。

与第二十九军和第三十一军不同的是,第二十八军主力是搭乘在福州缴获的木船南下的。叶飞安排第二十八军乘船走海路,一方面是为了顺路解放福建沿海最大的岛屿——平潭岛,另一方面是要使这支一向在陆地作战的部队熟悉一下海洋环境。

9月16日,第二十八军历尽千辛万苦登陆平潭岛时,只有两个团上岛,幸亏岛上有地下党和游击队接应,送粮带路。台风的肆虐,气象条件的恶劣,也使得国民党空军无法出动轰炸渡海的解放军,金门、厦门和台湾的国民党军也未向平潭岛增援。于是,解放军两个团上岛后,竟使得岛上守敌整编第七十四师万余人失魂落魄,一触即溃,纷纷寻船逃向台湾,来不及逃跑的八千之众只好缴械做了俘虏。

在解放平潭岛的前后,第十兵团也分兵渡海占领了南日岛和湄洲岛。这些岛屿上的守敌只有千把人,一见解放军登岛,或降或逃。

第十兵团主力由陆路南下陆续到达漳州附近地区后,于9月19日开始发起漳厦战役。叶飞的战役决心是首先歼灭漳州之敌,控制进攻厦门、金门的有利阵地,尔后视情况同时或先后夺取厦门、金门。

蒋介石在福州战役失败后,重新调整指挥系统,撤销了福州绥署和第六兵团建制,由汤恩伯接任福建省主席兼东南军政长官公署厦门分署主任,统一指挥刘汝明兵团、胡琏兵团、李良荣兵团,将兵力收缩于厦门、金门、漳州及潮汕一线。汤恩伯命刘汝明第八兵团守卫漳州,从大陆上拱卫厦门、金门,命李良荣第二十二兵团守卫金门。

漳州之敌四个师,经不起解放军暴风雨般的袭击。战斗一天后,刘汝明率兵团司令部和第五十五军仓皇逃到了厦门。

9月19日下午,漳州解放后,第十兵团进而攻取集美、东屿、高埔一线厦门外围大陆沿海地区。

至28日,漳厦战役第一阶段以闽南沿海大陆全部解放而告终,从而形成了对厦门、金门两岛守敌的三面包围,下一阶段的任务就是占领厦门、金门,为以后的台湾战役扫清外围,占领出发阵地。

9月26日,叶飞在泉州市郊召开第十兵团师级以上干部参加的作战会议,讨论金厦战役的作战方案。会上针对厦门守敌有三万余且工事坚固,金门守敌虽有两万余,但几乎没有坚固工事的态势,提出了金厦同取、先厦后金、先金后厦三个方案,并逐做分析,权衡利弊:金厦并取,可造成国民党指挥及兵力火力的分散,使其顾此失彼,可求全歼,缺点是我以三个军同时渡海作战,所需船只一时难以解决。先厦后金,当面敌情清楚,距离近,便于准备,攻击易于奏效,但一旦厦门攻下,金门守敌则可能逃跑,不能全歼。先金后厦,可以形成对厦门的完全包围,暴露厦门的侧背防御弱点,便于趁隙攻击,问题是厦门国民党军已有逃跑迹象,若先攻金门,厦门守敌就有可能逃走。

经反复讨论研究,多数与会者认为,金门、厦门两个海岛相邻并列,扼台湾与大陆海上交通要冲,紧紧拱卫闽南大陆,从军事上看,唇齿相依。厦门守敌汤恩伯、刘汝明,金门守敌李良荣,虽然按蒋介石的命令做顽抗准备,但都没有坚守厦门、金门的决心,应该趁敌军士气不振之际,一鼓作气,同时攻下厦门、金门。于是,叶飞做出了金厦同取的决定。

漳州既失,蒋介石还企图凭借厦门海岛的有利地形及原有要塞的永久性工事抵抗解放军的进入,固守厦门作为台湾的屏障。为加强厦门防卫,蒋介石特将嫡系主力第五军第一六六师、第九十六军一个团和一个装甲连调来,并命军统特务头子毛森率特务武装赶到厦门,担任厦门警备司令,搞白色恐怖。

在蒋介石死守的严令下,汤恩伯对已够坚固的厦门工事又大大地下了一番本钱。

还在抗战沦陷时期,日本人就在厦门构筑了大量坚固、隐蔽、堪称永久性的防御工事。说其隐蔽,是因为这些工事与海礁、岸石的颜色差不多,不易被察觉,非到近处不能发现(可以说,解放军还从未打过如此设防的岛屿)。汤恩伯集团是如何精心谋划、赶修另外的坚固防线的呢？他们在厦门外围嵩屿切削山坡，掘壕积土，筑起四五米高的围寨，并配置单堡与集团堡相结合的火力点；在高崎要塞，东西两边筑起一条三里长的防御线，前面挖了一道两米深的外壕，埋上地雷，架设起五道铁丝网，后面又修筑钢筋水泥的子母堡群；从鹭江道第一码头到厦门大学的海岸线上，均筑有明碉暗堡，组成交叉火力网；鼓浪屿的环岛海滩上，更是敷设了水雷、电网，形成环状的水陆防御体系。汤恩伯由是吹嘘："厦门是我们最后复兴的堡垒、台湾的前进基地，我们已在厦门建立起钢铁般的防御体系，金厦两岛固若金汤，守他三年五年没问题。"他下令守军加强防御，不断以海空军袭击解放军占据的港口码头，毁坏船只，破坏解放军渡海作战的准备工作。

10月4日，第十兵团下达作战预令：以第三十一军三个师、第二十九军两个师共五个师攻取厦门，以南下途中有过海上航行实战经验的第二十八军攻取金门。各部立即进至南安、同安、石码等沿海一带，开始进行渡海作战准备。

叶飞率第十兵团指挥所从泉州移驻同安后，于10月7日听取第二十八军副军长兼参谋长萧锋和政治部主任李曼村汇报准备情况。叶飞要他们抓住时机，按金厦两岛一齐打的方案准备，随即他把金厦同取的方案上报三野前委。

也就在这天上午10时半，蒋介石乘座舰来到厦门。随蒋前来的除蒋经国外，还有东南长官公署副长官林蔚，中央委员谷正纲、俞济时等一帮要人。东南长官公署长官汤恩伯，中央委员方治、雷震，舰队司令黎玉玺，兵团司令刘汝明及厦门警备司令毛森等人乘炮舰登上座舰欢迎。其实厦门的外围既已被解放军控制，孤立无援的厦门想要凭借海岛的天然屏障和岛上的坚固堡垒做长期据守是不太可能的，但蒋介石却还在作如许奢望，以至今天硬着头皮专门进行厦门之行，以给厦门守军鼓气。在座舰上听取了汤恩伯等人的汇报后，为了对这些"忠诚"的部属在党国危难之际坚守最后的阵地表示感谢和慰问，他特地与众人共进午餐。下午3点，蒋介石离舰上岸，来到设在胡里山的汤恩伯总部，接见参加防卫厦门的海陆空要塞的有关指挥官，大做勉励和训话。晚餐后稍事休息，在随从的劝说下，他才怀着无限惆怅的心情，结束了平生第五次也是最后一次厦门行,乘座舰匆匆返台。

11日,三野就第十兵团的7日电予以复示:

> ……同意你们来电部署,依战役及战术要求,最好按来电同时攻歼金厦两地之敌……但请你们考虑,根据金厦两地之敌兵力及敌人内部情况(刘汝明、王修身之关系如何?)及我方准备程度(尤其是船只),如以五个师攻厦门(有把握)同时以两个师攻金门,是否完全有把握?如考虑条件比较成熟,则可同时发起攻击,否则是否以一部兵力(主要加强炮火,封锁敌舰增援与载逃)箝制金门之敌,首求攻歼厦门之敌,此案比较稳当,但有使金门之敌逃跑之最大坏处。究如何?请你们依实情办理,自行决定之。应以充分准备有把握地发起战斗为宜。

手揣野司电复,叶飞再三咀嚼。复电虽然同意金厦同取的方案,但关键的话是在后面几句,归纳起来有三层意思:其一,金厦同取的方案条件是否成熟,"是否完全有把握";其二,比较稳当的方案应是"以一部兵力箝制金门之敌",主力"首求攻歼厦门之敌";其三,"应以充分准备有把握地发起战斗为宜"。综合这三层意思可以看出,野司虽然要第十兵团依实情办理,自行决定,但并不赞成金厦同取的方案,还是倾向于先取厦门。

经慎重考虑,叶飞将金厦同取改为先厦后金。第二十八军攻金任务不变。

叶飞与汤恩伯的较量不止一次,对汤颇为熟悉。如今又是以十万胜利之师对付其五万惊弓之旅,应如重锤击卵。问题是,既无渡海经验,又无足够船只,这原本悬殊的力量便大体扯平。因此,重兵在握的叶飞,并没有掉以轻心,更没有把对手看成一块豆腐。多年后,他如是回忆:"虽然福州战役、泉漳战役顺利,但我们对渡海作战攻取厦门这个要塞是认真对待,进行充分准备的,生怕在入闽取得一连串的胜利之后出问题。"

汤恩伯主力在厦门,鼓浪屿只有五千余人的兵力,该如何攻取厦门呢?叶飞一番思考后，决定首先渡海登陆佯攻鼓浪屿，给敌人造成错觉，使其调动厦门纵深机动部队增援鼓浪屿，然后将我军主攻方向放在厦门岛北部的高崎。当然，这是冒险的行动。

10月13日，叶飞和副参谋长陈铁君做出进攻部署：以第三十一军第九十一师并加强第九十三师两个团强攻鼓浪屿，得手后向厦门市区攻击；以第二十九军第八十五、第八十六师和第三十一军第九十二师采用偷袭手段夺取厦门岛北半部，尔后与第九十一师南北对进，全歼岛上守敌；以第八十七师和第九十三师各一个团分别为第二十九、第三十一军的预备队；以第二十八军一个师又一个团配置于莲河（今同安）、澳江一带，监视并以少量炮火牵制金门国民党军，如发现金门守军增援厦门或准备撤逃，则立即对金门发起攻击。

10月15日，第十兵团越海进攻厦门的战役在鼓浪屿拉开序幕。这个不足两平方公里的弹丸之地，被汤恩伯视为整个厦门防御的主要固守点之一，专派第二十九师据守。鼓浪屿一战，关系到整个战役的全局，如能拿下，不仅可以牵制厦门之敌，还等于在厦门敌人的背后插了一把尖刀，可以迅速封锁鹭江和控制厦门港，减轻进攻厦门的压力。因此，叶飞十分重视这一仗，严令第三十一军只许成功不许失败。

这天下午4时30分，第三十一军首先对鼓浪屿实施炮击。黄昏时分，由第二七一、第二七七团组成的第一梯队四个营的船队，在第二七一团团长王兴芳的率领下分别从海沧湾和沙坛湾起渡，向鼓浪屿的西南部进发。不料遇上逆风，一时波涛汹涌。船队多是平底江船，一部分被强烈的东北风吹散而漂了回来，一部分航至鼓浪屿二百米处，遭到守敌猛烈的火力拦阻。突击船队冒着枪林弹雨奋勇向前，团长王兴芳不幸中弹，以身殉国。

第一梯队的船只大部分被敌炮火击沉或被风吹散，最后登上鼓浪屿的不到五个排，登岸后在滩头又遭到敌人的火力杀伤。23时后，虽然第九十一师又组织了第二梯队三个营起渡，皆因风大浪高，最终只有两个排上岸。就是这些小部队，在前有强敌后无援兵的情况下，以孤胆作战、不惜全部战死的精神，上岸后连续炸开鹿砦、铁丝网，突入滩头地堡，直插日光岩两侧制高点。后来，在烈士们牺牲之地的山崖上（战后被命名为"英雄烈士山"），刻上了叶飞饱蘸热血题写的悼亡诗："勇士鏖战急，热血染军旗。雄威镇敌胆，英魂化虹霓。"

不出叶飞所料，鼓浪屿战斗打响后，汤恩伯果然产生了错觉，以为鼓浪屿是叶飞的主攻方向，立即将他掌握的预备队一个师从厦门调来增援鼓浪屿，包围解放军登陆部队。叶飞在回忆这段历程时，如是记下一笔："战后，被俘的国民党军七十四师中将师长李益智说，从我军进攻北半岛开始起渡直到抵滩登陆，国民党军一直被鼓浪屿方向的登陆所迷惑，放在岛腰部的机动部队，始则左顾右盼，继而南调增援鼓浪屿，北半岛就只有挨打了。他还说……从来没有想到你们这样打厦门。"

控制厦门岛腰部的敌机动部队一调走，解放军则趁机发起了强攻厦门的战斗。晚7时，随着叶飞一声令下，第三十一军和第二十九军的五个主力团，分乘二百五十条木船，在茫茫夜幕中从鳌冠、离厝起渡，朝目的地顺风顺流驶去。8时许，船队抵达厦门北半岛。守敌发现解放军的船队时，第三十一军的突击部队已大部下船，在离岛约千米之地多处抢滩登陆，向敌人发起强攻。岸上的炮兵亦猛烈开火，大量摧毁国民党在海边的堡垒和工事。

经过一夜苦战，16日6时，号称"海上堡垒"的高崎要塞易手，高崎机场很快也插上了红旗，守敌丢弃了一架运输机和几辆坦克向南逃窜。接着，解放军又撕开了神山的口子，占领了北半岛至厦门岛中段第一线阵地。

登陆部队建立稳固的滩头阵地后，返航的船队不顾敌机轰炸，来回作业，将后续部队源源不断地运上厦门岛。

当解放军以三个师偷袭厦门时，根据叶飞命令，已攻占大嶝岛的第二十八军驻莲河、大小嶝岛、石井一线待命，严密监视着金门岛之敌。若其轻举妄动，如增援厦门或撤逃，则立即对金门发起攻击。

解放军第八十六师从厦门岛东段的钟宅、下马一线登陆后，攀越陡壁，出其不意地突到国民党军阵地。守敌起初误将解放军当自己人，待如梦初醒，立刻以坦克和装甲车为前导，进行反扑。虽做如此竭力反击，但因其正面防线已被解放军全线突破，守敌只能陷入顾此失彼、惊惶被动的境况。

当汤恩伯明白中计时，为时已晚，气急败坏地命令第八兵团司令刘汝明调集机动部队，以飞机做掩护，进行拦阻并加以反击。叶飞本来已令第二十九军第八十五师师长朱云谦渡海上岛统一指挥登岛部队，但朱云谦起程后一直联系不上，因此很是着急。此时能联系上的师级领导只有第八十五师参谋长吴森亚一人，乃果断决定委托吴森亚统一指挥岛上部队。16日下午2时，叶飞与吴森亚取得联系，并向所有登陆部队下达命令：赶快出击，迅速抢占岛腰部的一线高地，抗击敌军的反扑。

解放军施放烟幕使敌机迷失目标，并猛插纵深，抢占据点，在十多公里宽的正面上，以近战打击国民党反击部队，连续击退敌人的五次反扑。汤恩伯见有生力量被大量歼灭，只好与厦门警备司令毛森商量，运送其麾下特务营前来拦阻。16日午后，解放军在松柏山口全歼毛森特务营。

汤恩伯得悉，惊慌失措逃向海边，用报话机呼叫海上军舰放小艇来接应。刘汝明也吓得慌了神，丢下部队找逃命的汽艇。一时间，失去指挥的厦门守敌狼奔豕突，各自奔逃。

蒋介石得知厦门守军被撵下大海，这颗璀璨的东海明珠转眼就要易手，对汤恩伯怨恨到了极点，他由是恶向胆边生，命令厦门码头的军舰离开厦门，欲置汤恩伯于死地。于是，汤恩伯在海滩整整呼叫了一个来小时，终是无人理睬。这一情况被解放军监听到后，叶飞亲自用报话机命令追击部队迅速向厦门港追击，活捉汤恩伯。只可惜打头的追击部队只顾猛追猛打，不同后方指挥部联系，以致叶飞连呼数次，都没法同追击部队联络上。

在海滩急得团团转、跺脚等死的汤恩伯，还亏了刘汝明找来艘小汽艇，载着他们及第五十五军军长曹福林，往金门逃生。几分钟后，解放军追到，只可惜追击部队未携带火炮，只好眼睁睁地看着他们逃走。

17日上午11时许，厦门岛战斗枪声渐稀，第三十一军第九十一师第二七三团第二营在鼓浪屿再次登陆。鼓浪屿之敌已得知厦门失守，知道大势已去，乃纷纷下海东逃金门，未来得及逃的一千四百余名官兵全成了俘虏。至此，厦门渡海战斗结束。

漳厦战役自9月16日解放平潭岛开始,至厦门解放,前后历时一个月。解放军以伤亡一千余人的代价,取得了歼敌一个兵团部、一个要塞司令部、两个军部、七个师及其他部队共五万余人的巨大胜利。

漳厦战役中的厦门之战,是解放战争中一次成功的渡海登陆作战,是在不宜于航海的台风季节,进攻有重兵防守并有永久性工事的要塞岛屿的胜利之战。此战在解放军战史上占有一定地位。

饮恨金门

漳厦战役结束后,第二十八军进入攻金准备。

金门自古就是福建泉州府辖区的一个县治,包括大小金门、大担、二担、大小嶝等岛,总面积一百四十九平方公里,人口四万余。金门的战略地位极为重要,素有"攻台必先攻金,守台必须守金"的说法。

当年郑成功率水师从金门料罗湾扬帆出海,后来康熙收复台湾亦循此前例。

对已提上日程的金门战斗,叶飞还在运筹指挥厦门战斗时,就予以特别关注。10月17日厦门战斗落幕时,叶飞又专门召见第二十八军负责人萧锋、李曼村,就攻金任务做出三个决定:

一、二十九军八十五师二五三团和八十七师二五九团,由八十五师师长兼政委朱云谦率领,归二十八军指挥,参加攻金战斗。

二、三十一军九十二师作为攻金预备队。

三、十月二十日发起攻金战斗。

叶飞听取萧、李汇报金门作战的准备工作后,向两人详细介绍了厦门登陆作战的经验教训。其要点有二:一、登陆作战胜败的关键在于首先攻占滩头阵地,所以要采取打厦门的办法,首先占领北半部,使各团靠拢,然后迅速构筑工事,准备击破敌人反扑,巩固滩头阵地,待第二日晚后续部队全部登陆集

结之后,再展开向纵深发展。二、船只是个严重问题,攻厦时准备了七个团的船,第二天只剩了两个营的船,损失了十分之八,损失原因未查明,但这点要特别注意,防止敌机轰炸船只,船只要疏散、伪装、隐蔽。

叶飞认为,金门战斗宜早不宜迟,迟了金门的敌人兵力一定会增加,必然给部队登岛带来更大的困难,所以一定要争取在胡琏援兵还未到达金门之前,发起登陆,一举拿下金门。

之后,叶飞率兵团指挥所离开同安,进入厦门。

刚获新生的厦门,与全国所有刚被解放的大中城市一样,处于混乱状态。闽南本来就缺粮,蒋军溃逃到此后横征暴敛,致使这一带群众尤其是厦门岛上的二十万市民严重缺粮,贫困百姓连糠菜也吃不上,岛上燃料供应也成了问题,出现了拆门板当柴烧的现象,弄得人心惶惶。新成立的厦门市政府,职权局限在厦门岛,无法从泉州、漳州等地调拨物资。为此,厦门市委、市府请求第十兵团进驻厦门,强烈邀请叶飞坐镇厦门主持工作。

既然厦门市委、市府如此恳请,厦门又是通商口岸,如果接管工作搞不好,发生混乱,在海内外都有影响。叶飞决定将兵团指挥所移驻厦门,协助厦门市委主持接管工作。

叶飞任代理福建团省委书记工作时期的秘密住址——厦门市鼓浪屿三明路17号

为什么做这样的安排呢？叶飞是这样回忆的："这是因为轻视了金门，认为金门没有什么工事，金门守敌名义上是一个兵团，即李良荣兵团，实际只有两万多人，而且都是残兵败将；厦门是有永久性设防工事的要塞，守军是汤恩伯集团，兵力充足，已被攻克了，则认为攻取金门问题不大。"

10月20日，奉华东军区命，叶飞兼任厦门市军事管制委员会主任。

按计划，厦门战斗一结束就要进行金门战斗，但由于征集木船和船工都很困难，不得已，发起攻击的日期一拖再拖。

当时不独是船，其他准备也不尽充分。

第十兵团情报部门对胡琏兵团是撤往台湾还是增援金门判断不定，叶飞认为在胡琏兵团仍于海上徘徊时发起登陆进攻是一个战机，乃电令第二十八军："必须趁敌增援部队未到金门之时，抓住战机，发起登陆，攻取金门。"

24日上午，第二十八军前指在厦门莲河再次召开作战会议。参战的第二十八军和第二十九军三个师长及六个团长在会上发言。军部侦察科科长说，胡琏兵团的两个军已到金门海域，还有一个军正向金门海域航行。第八十五师师长朱云谦说，第二五三团还缺一个营的船只。第八十二师师长钟贤文说，征集来的船，小船多而大船少，水手又来自外地的内河，不熟悉海上航行，又未经训练，协同不力，调度不灵，有的船工不可靠，枪一响可能有逃跑的问题发生。第二五一团团长刘天祥说，他们团有三分之一的船帆没修好，今晚不能参加战斗。第二四四团团长邢永生以前就对攻金表示"决心很强，信心不足"，但服从领导命令，这次听到金门敌情有变，则表示"不准备回来了"。不仅师团级领导信心不足，而且李曼村也有顾虑，他说："情况至今未弄清楚，如果打了败仗才糟糕呢！"……大家的发言，反映出一个严肃的问题：攻金条件不成熟。

掌握决定权的萧锋，他虽然也有顾虑，但考虑更多的却是兵团对攻金要求宜早不宜迟的指示，他也一心想早点完成战斗任务。作为受命攻金的第二十八军代军长，他还有另一种考虑：兄弟部队已攻克厦门，如果第二十八军总强调客观原因，迟迟不攻金门，于情于理说不过去。因此，萧锋没有接受大家的意见，主观地做出了于今晚发起战斗的决定。他说："这次战斗，估计有三种可能:第一,是按我们的设想打下去,争取26日解决战斗;第二,是注意敌情变化,如果敌人增兵就不好打了;第三,最坏的情况是我军登陆,胡琏兵团也登陆,敌人利用军舰运输方便,又有空军掩护,这样我们登陆后会遇到激烈艰苦的战斗,要准备伤亡四五千人左右。如能打下金门,歼灭汤恩伯集团,为解放台湾创造条件、打下基础,这个代价还是值得的。渡海作战我们没有经验,主客观条件很勉强,我们要凭着英勇战斗打好这一仗,向兵团、三野、党中央和毛主席报喜。"

萧锋的这个讲话,决心不可谓不大,也想到了困难情况,但对困难却还是蜻蜓点水,未曾虑及渡海作战的特殊性(我军无海空军配合)、艰巨性(敌人的顽抗和决心)、残酷性(渡海作战有敌无我,有我无敌,如失利则将全军覆没)。更严重的是,他没有把部队准备不足、信心不足的情况向兵团反映。

24日中午,叶飞接到第二十八军电报,说当晚要向金门发起进攻。时间紧迫,叶飞马上召集兵团作战处处长、情报处处长和有关人员分析情况。叶飞向情报、参谋人员查问胡琏兵团是否已到金门,得到的报告说,胡琏兵团虽已到金门海域,却仍在徘徊。此时,机要人员送来一份截获胡琏23日给蒋介石的电报,直到此时,胡琏仍请求撤回台湾,但蒋介石的回电未及截获。与会人员认为,趁胡琏兵团尚未到达金门之时与其抢时间登陆,发起战役,是攻取金门最后的战机,即使胡琏兵团真要大规模增援,但在其还未站稳脚跟前攻占金门,还是可能赢得战役的胜利。于是,叶飞批准了第二十八军的这一行动。

这天傍晚时分,木帆船从各个防空区域分别开到了沃头、莲河、大嶝岛等地,在正面的海面上排成了整齐的队形。攻击金门第一梯队的第二四四团(加第二四六团第三营)、第二五一团和第二五三团八千多名指战员,背上三角形的竹制救生圈,陆续上了木帆船,待命出发。由于船只不够充裕,致使战斗人员挤得几乎船船超载,但每个团还是有一部分指战员挤不上去。

25日2时前后,第二十八军先头登陆部队两个团和第二十九军一个团,在约十公里的正面上,突破敌人的第一道防线,顺利登陆,夺取了古宁头滩头阵地。叶飞接到登陆成功的报告,放下心来,谁知登陆后就发生了问题!

关于金门战斗,第十兵团战史如是记述:

> 战斗于10月24日晚发起,第一梯队3个团黄昏登船,但因对涨潮时间掌握不准确,船只集合编队费时过多,故延至24时才起航开进,25日2时先后于兰厝至龙口段(二四四团)、湖尾乡两侧(二五一团)、古宁头及其以东地段(二五三团)突破登陆。除二四四团在接敌时伤亡较大外,其余登陆均较顺利,并攻占古宁头、林厝、清头、双乳山一线歼敌一部,但由于航行中队形混乱,联络失灵,登陆后兵力分散,各自为战,又未巩固滩头阵地,打通联系,即向纵深猛插,故在敌优势兵力和战车连续反击下,被敌各个击破。二四四团首先失利,二五一团、二五三团苦战两昼夜,伤亡大半,最后退守古宁头地区。情况危急,但第一梯队船只因退潮后搁浅,并遭敌炮火破坏,无一返回北岸,二梯队无法增援。兵团在厦门地区紧急调集船只,但为数甚少,25日晚始由二四六团团长率领6个排增援,26日2时于林厝以北地区登陆,击溃敌人一个营之反击,但终因兵力太少,无济于事。26日晚,二五九团又派一个排至古宁头地区侦察联络,亦遭损失。至此,战斗乃告结束,我损失3个团又2个营共8000余人。战后,敌人反映其伤亡近1万人。

可以说,登陆部队三个团都是第十兵团各师的主力团,战斗力强,作战也极为英勇。从国民党军的一些回忆中所用的词语,如"负隅顽抗"、"困兽之斗,颇为凶悍"、"中毒甚深,拒不投降"等,以及台湾"国防部史政局"编印的《金门保卫战》一书所描绘的情景,即可从另一方面反映出登陆部队的顽强和壮烈。只是,以区区三个团渡海去打国民党两个兵团,该是场怎样殊死的战斗!

半路还真杀出了个"程咬金"!

胡琏率其兵团撤防潮汕后,开始确是想回撤台湾的,航于半途接到台北电令:"去金门与李良荣换防。"但他还想静观其变,于是开头只派第十八军两个师先行防卫金门。不知是何原因,蒋介石把金门看得比厦门还重,在10月22日如是电令逃往金门的汤恩伯:"金门不能再失,必须就地督战,负责尽职,不得请辞易将。"刚吃败仗的汤恩伯惶恐之际,也只能督促守军(包括胡琏兵团先行到来的第十八军两个师)赶修工事。让他稍为放心的是,在蒋介石和他的严令下,胡琏兵团部及第十九军总算海运到了金门料罗湾。金门战斗发起时,胡琏兵团还在登陆(因海面风大浪高、登陆设备不够所致)。听得枪声大作,从潮汕一路败逃下来的胡琏顿时慌了手脚,不知来了多少解放军,对胜负也没个底。为防重蹈淮海战役只身逃脱的不测,他不敢下舰,坚持蹲在舰上指挥。拂晓时分,胡琏在望远镜中发现解放军后援不继,已成孤军,心始安。又见解放军把纵深李良荣兵团击溃,一直向料罗湾方向追来,他不得不拼命了,于是迅速组织主力反击,弃船登岸,实施更大规模的反包围、反冲击,并以坦克、飞机、军舰轮番向海滩扫射,又派部队迂回切断解放军的后路。适逢退潮,解放军的登陆船只在古宁头海滩上搁浅,在敌人的炮火中损失殆尽,致使第二梯队无法向金门增援。

前方战斗打得异常残酷,一再要求前指派兵增援。可有什么办法呢,没有船只,有兵增不上去,要退退不下来,过去的"打得赢就打,打不赢就走",在这岛屿孤军作战的特定条件下行不通了。前线指挥员萧锋只好命令大嶝岛的炮群压制敌人的火力,但打不到纵深,起不到压制作用,有几发炮弹反而打到了自己的阵地上。下午3时许,前指电台截获敌报话机向上级报告内容,宣称俘解放军一千八百余人。敌人虽然惯于吹牛,但此时此刻不可不信,指挥所里一片沉默,谁也不吭声。

得到急报,叶飞心急如焚。他没想到,登陆部队中三个不同建制的团竟然没有一个师级指挥员统一指挥,更没想到登陆部队没有按照他事先交代的行动。为解登陆部队之危,兵团部领导机关和第二十八军前指一边研究作战对策,一边紧急向厦门及毗邻各地动员一切可用之船。经多方努力,至25日日落前,所得之船不解燃眉之急。

紧急组建的一支小部队,在第二四六团团长孙云秀的率领下,渡海登陆金门。

国民党部队最为担心的就是解放军进行后援，因而派飞机在海面上巡逻，并投掷了大量的照明弹，"太平"号旗舰率两艘炮艇往返巡行于古宁头以北的海面上，拦截一切从大陆来的船只，并不断向大陆及古宁头方向炮击。面对如此险境，孙云秀率四个连的官兵，不顾炮火袭击，灵活机动，利用夜幕的掩护躲过了国民党海空军的巡查，终于在26日拂晓分别在湖尾乡和古宁头登陆成功。经一场血战，增援部队在古宁头与第一梯队余部会合，歼敌一部。

由于第二梯队增援人数实在太少，众寡悬殊，无法扭转战局，未几即遭强敌包围。

天亮后，岛上的情况急剧恶化，经休整的蒋军，在汤恩伯和胡琏的亲自督战下，又一次在海空军掩护下向古宁头、林厝、埔头一带猛烈反扑。接到登陆部队发来的危情报告，叶飞手上一条船也没有，只能扼腕长叹，束手无策。多年后，他如是叙述："当时的沉痛心情真是难以描述。"

26日夜，弹药不继，且两昼夜未进粒米的登陆部队已难以支持。孙云秀召集第二四四团团长邢永生，第二五一团团长刘天祥、政治委员田志春，第二五三团团长徐博、政治委员陈立华等在一个山沟里举行了临时作战会议，鉴于登陆部队伤亡重大，已没有完整的连和营，决定将所存部队分为几股打游击，同敌人周旋到底。

22时，第二十八军前指在毫无办法可施的情况下，萧锋和李曼村联名致电登陆部队各指挥员："为保存最后一分力量，希望前线各级指战员机动灵活，从岛上各个角落，利用敌人或群众的竹木筏及船只，成批或单个越海撤回大陆，前指将在沿海各地派出船只、兵力、火器接应。"

26日深夜之后，登陆部队与大陆的联系逐步中断。

27日凌晨，第二五一团团长刘天祥最后一次同军前指通电说："我的生命不长了，为了革命没二话，祝首长好，新中国万岁！共产党万岁！毛主席万岁！⋯⋯"第二十八军前指还未听刘团长把话说完，耳机里传来一阵爆炸声，刘团长牺牲了。随后，前指电台与金门的联络全部中断。

这天上午8时,第十兵团向三野发电,报告金门战斗失利情况。

据后来的史料挖掘,在这场战斗中,第十兵团登陆部队三个团九千零八十六人(内有船工、民夫等三百五十人),除少部分被俘,大部分壮烈牺牲,两批登岛部队无一退回。国民党守军的伤亡亦相当惨重。

攻金失利,负责前线指挥的第二十八军代军长萧锋和军政治部主任李曼村面色惨白,失声痛哭地来见叶飞。叶飞说:"哭什么?!哭解决不了问题,现在你们应该振作精神,鼓舞士气,准备再攻金门。这次攻金失利,我身为兵团司令,由我负责,你们回去吧。"

萧、李走后,叶飞心绪难平,亲自起草电报,报三野前委并中央军委,深刻检讨金门战斗经过和失利原因:"我们检讨造成此次金门作战之惨痛损失原因,主要是由于我们急躁、被胜利冲昏头脑、盲目乐观、轻敌所造成。虽然在福州战役之后,前委及华东局一再告诫勿轻敌、勿急躁,我们进行漳厦战役之时,亦兢兢业业,恐轻敌受损……但我们自己在全战役中即种下重福厦轻金的轻敌思想与战役指导……厦门攻克之后,更被胜利冲昏头脑,认为金门无问题,更加情绪急躁,督促二十八军能搜集到三个团的船只即可发起攻击(当时估计三个团登陆即可站脚),只求速攻勿让敌有喘息与重新整顿之余地,而未在困难方面多着想与考虑,与对敌最后挣扎之严重性估计不足……直到发现胡琏兵团已开始从汕头船运增援金门,仍要求应在援敌未全部到达时予以攻击,在船只不足的情况下,未断然下决心停止攻击,这是最严重的错误,充分表现了是轻敌急躁、主观主义打没有把握与冒险的仗。"

10月28日,三野副司令员粟裕、代参谋长袁仲贤、副参谋长周骏鸣给第十兵团司令员叶飞、参谋长陈庆先及福建省委并报中央电,内称:"查此次损失,为解放战争以来之最大者,其主要原因为轻敌与急躁所致。"

毛泽东看完这封电报,心情沉重,于29日以中央军委名义,向各野战军前委和各大军区发出《严重注意攻击金门岛失利的教训》,转达粟裕等人的电报内容,并称:"当此整个解放战争结束之期已不在远的时候,各级领导干部中主要是军以上领导干部中容易发生轻敌思想及急躁情绪,必须以金门岛事件引以为戒。对于尚在作战的兵团进行教育,务必力戒轻敌急躁,稳步地有计划地歼灭残敌,解放全国,是为至要。"

金门之战的失利使中央最高层对渡海登陆作战的特殊性高度重视起来。12月18日毛泽东赴苏访问期间,专门电告准备指挥解放海南岛的第四野战军(简称四野)司令员林彪等人,除指出渡海作战完全与过去我军所有作战的经验不同,即必须注意潮水与风向外,还提示"必须集中能一次运载至少一个军(四五万人)的全部兵力,携带三天以上粮食,于敌前登陆,建立稳固滩头阵地,随即独立攻进而不要依靠后援",不然,"便有后援不继,遭受重大损失之危险。三野叶飞兵团于占领厦门后,不明上述情况,以三个半团九千人进攻金门岛上之敌三万人,无援无粮,被敌围攻,全军覆灭。你们必须记取这一教训",还要林彪等人向粟裕了解"渡海作战的全部经验,以免重蹈金门覆辙"。这是统帅机关第一次对渡海作战规律的系统总结。

金门之战后,丢失了整个大陆后的蒋介石集团接连几天为这个"辉煌战绩"进行"祝捷"活动,吹嘘说"金门大捷,是反共复国的转折点",并将之拍成电影,报纸上公布的消灭解放军的数字,竟然是第十兵团总人数的数倍,成为人们的谈资笑柄。第十兵团士气因此大受影响,情绪普遍低落。叶飞为此深感不安,指示政治部必须立即进行强有力的解释教育工作。

10月31日,经叶飞批准,第十兵团政治部就金门战斗的解释教育发出指示:"这一件事,确是我党我军的一大损失,对我之继续进军歼敌与建设福建,有其一定影响。但是,这一损失乃是我之伟大胜利中的一个挫折,乃是进军福建以来几十个胜利战斗中的一个失败的战斗,乃是我们胜利前进中所遭受到的一个挫折,绝不能动摇我之根本,绝不能减损我以往千百次胜利的光辉。在敌人方面,失败之局已定,绝不能因金门战斗的暂时侥幸而挽救其败亡之命运;金门迟早必被打下,守敌必遭歼灭,台湾以至其他地区的顽敌也是如此。因金门战斗的一次失利,部分力量的损失,就否定我军的全局胜利,夸大敌人的力量,长敌人气焰,灭自己的威风,甚至悲观失望,失却胜利信心,是完全没有根据的。但是,我们不应消极,不应埋怨,而应更加努力,更加团结,从失败

的教训中,教育自己,加强自己。争取更多更大的胜利,来补偿我们的损失和消耗。"

10月31日至11月1日,第十兵团党委在厦门老虎山洞召开扩大会议,总结金门失利教训。除叶飞外,张鼎丞和第十兵团政治委员兼福州市委书记韦国清专程从福州赶来,与会的还有第二十九军军长胡炳云、政治委员黄火星,第二十八军代军长萧锋、政治委员陈美藻、政治部主任李曼村等二十四人。

在对待金门战斗失利问题上,叶飞主动承担起了一切责任,并先后两次亲自起草电报,请示华东军区和中央军委、毛泽东给予处分。虽然上级没有给其处分,但正如他所说:"我思想包袱很重,只有积极准备再攻金门,立功赎罪。"

1950年1月8日,叶飞致电华东局、前委并报中央,在汇报了金门守敌情况后,称:"我为再战金门胜利歼敌起见,根据金厦海岛屿作战经验,其战前准备工作之中心环节,主要是船只及船工之工作准备,与季节气象掌握问题。为此,攻金兵力须使用六个师或七个师,即十八个团或二十一个团。其第一梯队要有十个团或十二个团,余作为二梯队。为适合浅水逆风逆水均能航行登陆作战起见,其船只准备以每只乘坐三十至五十人为宜……在月底对船只征集修理及造船与船工动员训练等,所有准备工作,按时保证完成任务……"

在四野第十五兵团准备攻击海南岛的同时,毛泽东和中央军委也在考虑解放舟山群岛和再攻金门。1950年1月13日,在莫斯科访问的毛泽东看完有关海南岛作战的国内来电后指出,解放舟山群岛和金门,"要调查敌情、民情、地形、船只、兵力和后勤情况","请粟裕、叶飞到北京同聂荣臻、刘亚楼等研究商议如何做好这些工作"。在毛泽东的指示下,中央军委和三野决定在取得舟山后再南下攻占金门。海南岛和舟山群岛解放后,攻占金门就成为华东军区的主要作战任务,要为台湾战役准备出发阵地,尤必攻占金门、马祖。华东军区副司令员粟裕根据中央军委的指示,具体负责实施台湾战役,叶飞所部第十兵团被指定为攻台第二梯队。攻台必先攻金,叶飞渴望能有"再攻金门,立功赎罪"的机会。

第十一章 鏖兵八闽

就在叶飞等待"再战金门"的电令时,形势却发生了变化。

1950年6月,朝鲜战争爆发。早已宣布不再去管蒋介石死活的美国政府宣布恢复对台湾的经济援助,并对新中国实施禁运,美国总统杜鲁门还发表了援蒋声明:"鉴于共产党军队的占领台湾将直接威胁到太平洋区域之安全,并威胁到在该区域履行合法而必要之活动的美国部队,因之,本人命令美利坚合众国第七舰队防止对台湾的任何攻击……"

国际和国内形势发生重大变化,中共中央和毛泽东决定把解放台湾的时间往后推,但还寻机攻击金门等沿海岛屿,因此,原定入闽配合第十兵团攻金的第二十四、第二十五军和炮兵第三师仍按既定部署于7月入闽。7月12日,福建前线部队还派遣了一个营渡海,对外担岛进行武装侦察。随着东北边防局势紧张,8月11日,中央军委致电华东军区陈毅,明确指示解除福建前线再攻金门的任务,集中全力剿匪,限期肃清福建境内一切成股土匪。

叶飞一生坦荡,对金门失利也从不讳言,在其"自传"中称"金门失利是我在军事上的一次最大错误,轻敌冒进是最大的教训,我时时在警惕这个教训"。

1993年6月22日,晚年的他向年轻作家沈卫平敞开胸怀回顾了金门失利这段往事:"我这个人既没当过兵,又没上过军事院校,一当就是师长,从战争中学习战争。要说常胜将军,那是瞎吹牛,古今中外都没有的。一般指挥员,三仗里边,有两仗能打赢,一仗没有打赢就算不错了。打好了有经验,打不好有教训,认真总结,都是宝贵财富。金门一仗,我就没有打好,麻痹、轻敌、无经验、不懂渡海作战的特点,导致损失很大!在福建,我就是想再打一次金门嘛,可以立军令状,再打不下,把我的头割去。"

谁都不会怀疑叶飞有把握夺取金门,可在福建工作了十七年,他一直没有机会实现这一愿望。虽然于心不甘,但正如他说:"后来,了解了毛主席的意图,心也就逐渐放宽了。军事从来都是实现政治目的的手段,如果不通过战争、破坏,用和平方式完成国家统一,岂不最好,皆大欢喜?"

叶飞这番话,是对金门战役的一个颇含哲学意味的注脚。

第十二章 剿匪与巩固海防

中南海发来剿匪电令

开国之初,第十兵团兼福建军区担负着再攻金门和剿匪的任务。这两大任务都相当紧迫:如果攻不下金门,就谈不上解放台湾;如果完不成剿匪任务,后方不得安宁,社会秩序也不稳定。根据部署,第十兵团把注意力和兵力主要放在了攻金上,在这方面配置了第三十一军和第二十九军,而剿匪和警备的任务则主要由第二十八军执行。

福建的匪患历史上就很出名。这是由于福建山高林密,地形复杂,便于土匪藏匿和活动有关。解放前,不少人既是土匪头目,又是国民党地方政府的官吏。渡江战役后,国民党残余部队一路向闽狂逃,不少散兵游勇在山区和海岛当起了土匪。福州和漳厦战役消灭了大量的国民党主力,但部分残余势力犹存,国民党打起了组织土匪武装、实行"游击计划"的主意。特务头子、厦门警备司令毛森逃台前夕,就专门进行了应变部署,有计划地潜留大批反动军官、特务分子,收罗散兵游勇,和土匪统一组编为反共救国军、民众自卫总队、海上保安纵队等,给以政治撑腰和经济、军事援助。此后,台湾还不断派遣中统、军统高级特务指挥,妄图利用福建复杂的地理环境,开展所谓"敌后游击战争",妄图颠覆新生的人民政权,进而配合台湾反攻大陆。

据不完全统计,这些打着各种旗号、大大小小的武装股匪有四万之众,分散在全省六十多个县。他们或残杀农会和地方干部，或抢劫仓库和物资、破坏交通和邮电通信，或袭击下乡工作队和新生的基层政权，甚至公开进行暴动，攻打区乡政府。匪患对新生的人民政权构成严重威胁，因此，福建的剿匪任务迫在眉睫。

福州战役结束后，叶飞就令第二十八军派两个团到匪情最重的闽北剿匪，并控制和维护南平至江西上饶的入闽公路通道。根据中共中央、华东局的指示，福建省委、福建军区以彻底解放福建、剿匪反霸、建设地方武装作为1950年的中心任务。对剿匪问题，叶飞

1950年初，叶飞（左）与张鼎丞、方毅（右）在福州合影

决定投入野战军八个主力团协同各军分区展开全面有重点的剿匪战斗。1950年1月开始全面展开剿匪行动，力争在春夏两季消灭那些最反动、最猖狂、危害最大的成股土匪，秋冬两季消灭残匪。

第十兵团三个军既要攻金，又要剿匪，首要问题就是兵力不足。中央军委考虑到福建的困难和实际情况，于1950年3月，调第三十二军入闽，拨归第十兵团指挥。叶飞指令第三十二军代替第二十八军执行剿匪和警备任务，使第二十八军从剿匪任务中脱身，专门为攻金备战。随后，第二十四、第二十五军入闽。第二十四军主要担负保护闽北公路工程的任务，第二十五军则准备参加攻金。

一时间，福建重兵集结，战云密布，大有踏平金门之势。为部署再战金门，第十兵团先后十几次派出侦察小组，从金门诸岛捕捉俘虏，搜获文件、地图、资料，并根据侦察结果绘制了金门岛前沿地形工事图、金厦海峡海情航线图、金门岛岸滩情况图、实测潮汐情况表等图表。

叶飞和第十兵团的将士们都在急切地盼望雪耻的日子快些到来。

此间,驻闽兵力由于大部分用于再攻金门,剿匪进程不甚理想。在剿匪工作中,有的部队对福建的匪情和特点不太了解,以致在执行政策上偏于宽大。部分俘匪放走后重新为匪,并对人民群众进行威胁报复,以致出现了群众怕土匪的局面,群众不能很好地发动,给剿匪造成了一定的困难。

恰在这时,朝鲜战争爆发。美国与台湾的军事合作,使蒋介石认为反攻大陆的时机已到,特地设立敌后工作委员会,成立福建游击军区,由金门防卫司令胡琏兼任指挥,不断有组织、有计划地派遣武装匪特潜入福建,充当土匪武装的骨干。

由于抗美援朝和军队建设的需要,第二十四、第二十五、第三十二军陆续北调离闽和进行整编。这样一来,福建的剿匪工作便全部落在了第十兵团身上。

在此前后,受蒋介石亲自委派的"国防部"第三厅参谋处少将主任李森,化名为唐宗潜入福建后,在留大陆的多股匪特基础上,大肆扩编了闽粤赣三省三十七个纵队的土匪武装,组织起所谓的"中国人民自由军闽粤赣边区总司令部",自任总司令(后升为中将)。唐宗部署在福建省的股匪有十四个纵队,其中七个在闽西大山一带活动。一时,福建匪情更趋严重,各种破坏活动日益猖獗。

11月18日,毛泽东致电华东军区,指出:"闽浙两省剿匪工作极为重要,特别是福建匪患必须使用四五个主力师,全力穷追猛打,限期肃清,该省剿匪成绩较他省为差,必须检讨原因。我提议从现在起,和广泛开展土地改革工作相配合(福建必须迅速实行土改),限六个月内剿灭一切成股土匪,责成叶飞、鼎丞全力以赴,做出成绩。只要福建的土匪消灭、土改完成,即便蒋介石登陆进犯,也是容易对付的。"

张鼎丞、叶飞马上在福州鼓山召开地委书记、军分区司令员会议,贯彻毛泽东的指示,对全省的剿匪、土改做出新的部署。

省委会议讨论通过了《关于加紧剿匪及开展土地改革运动的决议》。决定全省划分十个重点清剿区,投入四个师十二个团的兵力,加上各军分区警备团,担任重点清剿任务。采取的方针是"重点清剿,面的坚持,先闽北,后闽南,再闽西,最后会剿于闽中的戴云山区",做到"清剿一股消灭一股,解放一地巩固一地"。

随后,叶飞主持召开第十兵团和福建军区党委扩大会议,专题研究部署剿匪工作,对福建前线部队重新做了部署:除了进山剿匪的四个师,另以三个师追剿海匪,切断海陆土匪联系,加强海防,防止美蒋登陆;进一步贯彻"军事清剿、政治瓦解、发动群众"相结合和"剿匪与土改、镇反相结合"的总方针,依靠主力部队、地方武装和民兵三结合的力量,限于1951年5月底肃清全省股匪。

会后,根据叶飞指示,第十兵团很快就从部队中抽调出九千二百八十名骨干,分赴八闽大地,加强和配合地方开展土改、镇反运动。

至1950年年底,全省共歼匪五万多人,解放了全部匪占县城,击毙和捕获唐宗、贺可泉、刘午波、吴全荣等一批重要匪首。

考虑到抗美援朝战争后福建在国内外的特殊位置,毛泽东对福建的剿匪甚为关注。1951年1月16日,毛泽东给陈毅发来电报,要他"督促福建担任剿匪的四个师两个团积极动作,每星期要有成绩,成绩多者应受奖励,少者应受批评,犯错误应受处罚"。

福建的剿匪工作起步虽较晚,但令毛泽东欣慰的是,这项工作在叶飞的领导和督促下,连续取得喜人成绩。1951年1月,创剿匪以来月计最高纪录,全省歼匪四千七百四十一人。活捉了在闽北为非作歹数十年的土匪头子、"中国人民自由军闽赣边总指挥部"中将司令严正。毛泽东接到报告,于2月26日致电福建军区叶飞等领导:"一月份剿匪简报,已收到阅悉。剿匪成绩甚大,极慰。望继续不懈,坚持到底,务于三月底以前肃清福建一切股匪。如那时尚有残匪未清,仍须以地方武装及民兵继续坚持清捕,直至完全消灭匪众为止。在清匪斗争中,对于一切为民众痛恨的匪首、惯匪及恶霸,必须在人民同意下,坚决迅速地处以死刑。是为至要。"华东军区也于2月28日通电表扬,并要求各

地研究参考福建的剿匪经验。

叶飞对毛泽东的嘉勉电和指示迅速做了传达和贯彻,福建军民的剿匪热情空前高涨。剿匪部队发扬连续作战的精神,先后全歼了匪"福建人民反共救国军第八纵队"、"闽浙赣前线突击司令部暂编第三师"、"福建游击军区闽西南边区指挥部"等部。廖其祥、黄雨定、朱树堂、罗伯盛等重要匪首被处死。一时间,匪众土崩瓦解,一部分散匪、潜匪被清剿,其余的则下山投降。

4月1日,毛泽东再次致电叶飞、张鼎丞:"你们在一二两月消灭股匪万余,成绩甚大,极为欣慰。尚望继续努力,消灭一切残匪。只要消灭了土匪,镇压了反革命分子,在大部分地区完成了土改,厦门平潭的防御工事又做好了,福建的形势就改变了,台匪如敢进攻,你们就有完全的胜利把握了。"

4月中旬,在省委扩大会议上,叶飞做了《关于春季剿匪成绩与今后剿匪方针的报告》,指出福建的股匪已化整为零,基本消灭,今后的方针是"转入肃清散匪、潜匪,进剿海匪,结合镇压反革命及摧毁其地下组织,以达到彻底根绝匪患的目的"。根据叶飞的讲话,会议将"肃清散匪,根绝匪患"确定为福建当前的主要工作之一。至1951年5月,全省共歼匪七十三万余,其中大队长以上匪首一千余人,缴获长短枪二十七万余支、轻重机枪三百余挺,彻底清除了匪患这个历史毒瘤。

1951年9月,华东局在福建省委、军区党委呈报的《关于两年来福建省剿匪工作的总结》上,做了如是批示:"福建剿匪工作的总结很好,希望各地党委注意研究学习。"这是对福建剿匪工作的肯定,也是对叶飞的肯定。

1951年12月25日,叶飞(前排右一)在福建省首届人民代表大会上当选为省人民政府副主席

海防线生命线

福建和台湾一水之隔,国民党势力败退台湾后,福建成

了最前线。蒋介石不甘心在大陆的失败,他利用福建海岸线长、防守困难、解放军兵力分散等状况,经常派小股匪特登陆,或不时以空海军轰炸,对大陆沿海地区进行骚扰。

由于福建位置特殊、对敌任务重,解放伊始,中共中央和中央军委就对福建的战备和海防工作特别重视。1950年年底,志愿军准备入朝,毛泽东电令华东局备战并责成叶飞负责福建地区战备工作。本来接令准备动身前往南京军事学院学习的叶飞,受命留了下来。

1951年1月,志愿军在朝鲜战场取得第三次战役的重大胜利,美军败退汉城以南。恼羞成怒的杜鲁门推翻了半年前发表的援蒋声明所谓"本人已请台湾的中国政府停止对中国大陆的一切海空活动"的条陈,密令侵朝联军最高总司令麦克阿瑟给台湾带去飞机大炮,与蒋介石密谋大规模进犯厦门、汕头等沿海地区,向还相当"危弱的中共"大显身手。被"反攻复国"梦幻激励的蒋介石与美方一拍即合。2月,由宋美龄、"飞虎将军"陈纳德、CIA(美国中央情报局,简称中情局)头子艾伦·杜勒斯共同倡议,在美国匹兹堡市正式成立了西方企业公司,招募情报老手,借调美国武装部队军官等七十余人,于3月抵达台北。在西方企业公司的幕后支持下,金门防卫司令胡琏和大陈岛指挥官胡宗南的上万反共救国军,不时突袭解放军控制的沿海岛屿。蒋介石的战略意图是:积极配合朝鲜战争,将共军吸引和牵制在南线不得脱身,同时显示国军实力,扩大政治影响,争取更多的美援。

鉴于这种情况,毛泽东和中央军委要求华东军区迅速研究对策。陈毅提出以四个军确保厦门,毛泽东同意了该计划,并下令再将第二十五军和炮兵第三师调回福建。厦门处在海防前线,又是美蒋意图联合进攻的主要目标,毛泽东对此专门致电陈毅,下达了"加强纵深工事,务必长期确保厦门"、"不令侵入"的命令。该如何防御,确保无虞呢?叶飞根据福建前线的实际出发,将福建前线划分为两个作战方向,即闽北福州方向和闽南厦(门)漳(州)泉(州)方向;对沿海防御,采取"控制重点海岛以防御海岸"的方针,这样做大大节约和减少了第一线的防御兵力。照此方针,福州方向控制闽江口及三都澳、沙埕港外各要岛,控制了海岛就控制了海岸线;闽南方向则控制厦门、东山岛及泉州湾。运用这个办法,就可以克服分兵把口、处处防御又处处薄弱的弱点。

解放初期,福建的公路桥梁多被国民党飞机炸毁。为了保证战时兵力和物资运输畅通,省委、省政府、福建军区动员沿海群众抢修公路桥梁,另外还专门向上级呈送了关于修建福建水吉至建瓯新线公路的请示报告。

厦门的任务是抢修高崎机场,准备迎接新成立的人民空军进入福建担负防守任务。厦门市采取了以工代赈的办法,群众昼夜不停地铺设简易跑道。

海峡形势日趋紧张之时,福建境内的匪特活动也更加猖獗。台湾不断派遣特务到大陆来,并空投武器、弹药、通信器材,支持内地的潜匪,企图对沿海解放军造成内外夹攻之势。

1952年10月8日,国民党金门防卫司令兼福建游击军区司令胡琏派特务化装成渔民,潜入莆田湄洲湾外的南日岛侦察。得知南日岛只驻扎了解放军一个加强连兵力时,胡琏认为偷袭的好机会来了。10月11日晨7时,胡琏指挥九千余众,分乘十艘舰艇,在八架飞机的掩护下,突然向南日岛发起袭击,企图以大吃小,消灭解放军驻岛部队,扩大其政治影响。

还在1951年12月,海匪"福建省反共救国军南海纵队"就曾窜犯南日岛,但像前几次蒋军窜犯一样,很快就被解放军给打退了。战后,军区针对敌人企图,命第二十八军派一个营控制南日岛,待工事修好,即以一个连驻守。任务下达后,军区未加检查,实际的情况是,工事还没有修好,第二十八军也只派了一个连的兵力防守南日岛。而且,海防部队事前虽然获悉国民党军的窜犯企图,但未立即处置,以致守岛官兵陷入占绝对优势的国民党军的包围之中。接到严重的战情报告后,第二十八军领导人还错误地判断敌情,只派小部队(两个连又两个班)前往增援和反击。最终,守岛部队虽顽强抗击,激战十一个小时,终因寡不敌众,大部分壮烈牺牲。胡琏强兵在手,又早有准备,解放军增援部队上岸一部就被吃掉一部,立足未稳便被各个击破。

当设于大陆的第二十八军指挥部与守岛部队失去联络,可以判定南日岛上有组织的抵抗已不存在时,其负责人还决定再派一营的兵力增援。由于指挥不当,增援部队逐次增兵,未能改变敌我兵力的对比,再加上工事未修好,不但未奏解危之效,反而遭敌各个击破,虽杀伤进犯的国民党军八百余人,自身却损失一个营三个连又八个排,计一千三百余人。

全岛一度被蒋军占据。

叶飞闻知,心情沉痛,认为是自己的领导作风简单生硬,对南日岛战斗指导不力,于是把南日岛失利的责任一己担下来。在1953年12月中央军委召开的高级干部会议上,他又主动做检讨,称南日岛事件"是领导上和指挥上的问题","把重大的责任交给我,我没有尽到责任,这是我要负责的"。

1954年6月,在福建军区党委扩大会议上,叶飞再次主动检讨。第二十八军副军长陈景三认为:"南日战斗是在我的错误指挥下失利的,二四七团二营的损失是我一手造成的。"第二十八军政治委员张闯初也说:"南日岛失利问题,主要责任是二十八军负。开始下决心由我负责。……我们犯错误在于从未考虑到敌人会以大批主力来犯……南日岛失利,军队兵团毫无怨言。"

在会议上,各级指挥员没有互相推诿责任,而是认真地总结经验,以利再战。由攻金转为防御,尤其是巩固海防,这对叶飞和第十兵团来说,无疑是个新问题。

建设和巩固福建海防,不仅是福建的事,也是全国防务的大事,关系到共和国的安全。1952年12月,蒋介石为了配合美军的朝鲜作战,拟从台湾、金门调动一部分兵力(据报一个军)进攻福建岛屿,并妄图攻占两三个县。中央要求福建军区不要依赖任何外援以现有兵力粉碎敌军的进攻。彭德怀向周恩来提议,要中央让已调华东局工作的张鼎丞回福建主持党政工作,使叶飞能专心于军事领导。周恩来马上与张鼎丞通了电话,做了任务布置,并在12月26日将此情报告毛泽东。28日,毛泽东亲自起草文件,以中央和军委名义,向华东局、华东军区、福建省委、福建军区并中南军区,发出《加强防备,粉碎国民党军对福建沿海的进攻》的指示。指示对福建军区提出如下要求:

(甲)迅速地坚决地加强必守岛屿的防御工事,预储充分的粮弹饮水,鼓励守军作长期坚守的准备,不许再犯南日岛那样的错误,否则须予负责者以应得的处罚。

(乙)预计敌攻岛屿的几种可能,决定明确的增援计划。

(丙)预计敌在大陆上某些可能登陆的海岸要点,做好若干非永久的战术性的防御工事,例如最近我以一个排坚守海岸工事,赢得时间,以一个连增援,歼灭了登陆敌人百余那样。这种以排以连以营为单位的战术性的若干防御工事,是必须做的,不是要你们做大规模的和永久性的大陆海岸防御工事。而在选定必守的岛屿上则必须是永久性的和十分巩固的工事。

指示还特别说明:"张鼎丞同志即回福建担任省委书记并省府主席,叶飞同志专任军事。在张鼎丞同志未到福州前,由他人暂行主持省委、省府工作,叶飞同志立即抽出身来全神贯注于对敌作战方面。从目前起两个月内是最关重要的时机,务必唤起福建全军及沿海要地党政及人民群众充分注意对敌斗争,不得疏忽大意,致遭不应有的损失。"

1953年1月8日至10日,福建省委召开有省委委员和地委书记、专员参加的紧急扩大会议。张鼎丞和叶飞分别就形势和战备问题讲了话。

叶飞认为,如果敌人大规模登陆,除了坚守厦门,其他如漳州、泉州都可不守,避开我们没有海军无法切断敌人海上联系的短处,让敌进来,敌人的海军就发挥不了作用,其空军也是有限的,而关门打狗恰是我们的拿手好戏。本着这思想,他提出了"诱敌深入,然后集中优势兵力聚而歼之"的战略方针和作战方案。

这个积极防御的方案获得会议通过,并得到华东军区和毛泽东的批准。随即,福建省委、福建军区采取有力措施加强备战工作,对敌人可能登陆进犯的地方,都制定了作战方案。

关于海防,叶飞与苏联顾问有过争论。苏联顾问提出的防御方案,在沿海做正面防御,单纯地消极防御。叶飞说:"我们的方案是积极防御的方案,是经华东军区、毛主席批准的,苏联红军的卫国战争与我们有所不同。"苏联顾问连连摇头,连听也不想听,好像叶飞讲的是什么"海外奇谈"。

第二个争论更是可笑。叶飞在谈及登陆作战时,说要总结自己的经验教训,同时要学习人家美国、英国的战例,而苏联专家则要求叶飞学习他们的登陆作战经验。在叶飞看来,苏联专家虽对中国有帮助,但脱离实际,硬搬教条,他说:"学习先进的经验本来无可厚非,但只此一家,别无分店,这就只能把自己禁锢起来了;而且在第二次世界大战中,英美军队登陆作战经历较多,而苏军则缺少这方面的实战战例。"这样一来,苏联总顾问可就大光其火了,在陈毅面前指责叶飞是个英美派,还向中央军委告了黑状,回苏前又向毛泽东告状,还说要告到斯大林那里。

国民党军突袭大陆沿海以牵制中共在朝军力的企图屡遭失算后,不仅蒋介石急,美国军方更急。于是,美国中情局控制的西方企业公司从幕后跳到了台前,策动国民党军加紧反攻大陆的步伐。他们的目光落在了东山岛上。

国共大陆最后一战

东山岛位于福建南部诏安湾东侧,面积约一百九十平方公里,是福建第二大岛。其形似翩翩欲飞的蝴蝶,故称蝶岛。岛的东南临海,西北近陆,北端八尺门渡口距大陆仅五百米,近陆地区多丘陵,临海

1951年,叶飞(左)陪同陈毅在厦门云顶岩指挥所视察

地区较平坦,沿岸滩窄水深,便于舰艇活动。东山地处闽粤两省结合部,位置特殊,是沿海防御的一个薄弱点。叶飞认为这里易受敌人进攻,因此十分注意东山的防御,对蒋介石的举动,保持高度警惕。

为了准确并及时掌握情报,1953年初,叶飞指示在金门岛对面的厦门云

顶岩山上设置观察所。三四月间，金门守敌不时派出舰艇向南行驶，探测航线水位，对镇海角、东园角、大偶角、东山岛屿进行火力侦察；5月，金门敌军进行登岛演习训练；随后，金门陆军与伞兵进行对抗演习训练……

7月10日前后，金门、马祖国民党军调动频繁，出动舰艇屡屡在福建近海窥探，派出飞机低空侦察。7月12日至14日，厦门云顶岩观察所发现大金门料罗湾停泊的舰艇和运输登陆船只突然增多，超过平时活动的数量。

叶飞获悉这一情况后，立即命令沿海岛屿各部进入一级战备状态，密切关注敌人动向。他指示第三十一军军长周志坚，如敌向平潭岛、南日岛、大嶝岛进犯，驻岛部队应坚守待援，歼灭犯敌；如敌侵犯东山岛，则按原方案进行，即守岛部队予敌杀伤后，留一个精干的营机动防御，其余人员在拂晓前撤出岛外，然后组织反击。

一时间，福建充满了火药味。

7月15日黄昏，国民党"高安"号军舰驶离金门，国民党二级陆军上将、金门防卫司令胡琏正频频向岸上送行人员招手，身后跟着十二艘舰艇和三十多艘机帆船，诡秘地向东山岛扑来。胡琏被蒋介石选中负责此次重大战事，除了在1949年10月保卫金门有功，还因为他在南线偷袭中振作了士气。退守台湾后，蒋介石以二胡探路，以图反攻大陆。北线司令为胡宗南，驻节大陈；南线司令即为胡琏，驻节金门，各统精兵数万，组成海上突击部队，袭占闽浙沿海岛屿。结果北线胡宗南连连失利，南线胡琏却数番得手，胡琏也因此被人称作"狐狸"。

胡琏自北犯湄洲岛捞到便宜后，便将南下偷袭东山岛作为下一个目标，并为此备战了很长时间。为了给解放军造成错觉，胡琏还命令所率战舰船只"一"字形先向南，欲给对手造成"驶航台湾"的错觉，然后突然北折，向着东山岛逼近。胡琏对此次偷袭信心十足，自诩这是次狮子吞蚂蚁行动：自己有十三万人马，有海空军配合，而岛上共军不足一个团，加上水兵，总共不过千把人，集中优势兵力打歼灭战，国军将士就是傻瓜，十个也能缠死共军一个。

其实，当胡琏的联合舰队驶出料罗湾时，福州叶飞指挥所的数部作战电话便此起彼伏地响了起来。盯着作战地图上紧紧尾随敌人标注其运行航迹的红线,叶飞陷入沉思。从敌人的出发时间、规模和一反常态的运动方式判断,不像是例行的运输和演习,更像一次较大规模的实战行动。问题在于:如此漫长的海岸线,其攻击方向究竟落在何处?及早确定这个点至关重要。叶飞分析着敌人的诡秘行动:敌人十有八九将于拂晓登陆,可将在何处登陆呢?他判断敌人最大可能就是进攻东山岛。对东山岛,叶飞考虑还是不准备打,因为此次敌人过于强大,而驻守该岛公安(边防)第八十团有一个营在漳州搞边防,守岛部队加起来不过一千二百来人,可谓兵少将寡,加上距离过远,也无法及时增援。于是,叶飞做出了可以视情做机动防御,避免无谓损失,以后再寻机反攻的决定。

参谋人员把叶飞的指示拟成电文,从福州直达东山:"由于此次进犯之敌过于强大,守岛部队可实施第二个方案做机动防御,于16日晨4时以前撤出东山岛,然后组织力量再行反击。"

军区既定的海岛防御有两个方案:一、如敌力量不大,我则固守待援;二、如敌人多势众,我则主动撤出,避免吃亏受损,然后再寻机反击。简而言之,便是固守防御和机动防御。两个方案虽都有"防御"二字,但一字之差,大相径庭。现在强敌压境,福州方面为慎重起见,避免南日岛事件重演,决定采取第二个方案,不失为明智之举。

接到电令后,担任守护东山岛的公安第八十团团长游梅耀和东山县党政领导人紧急研究。游梅耀根据敌情和地形,果断地改变机动防御的作战预案,认为:"地方党政机关可以撤出岛,但部队坚守待援!"

东山县地方党政领导认为游梅耀的分析很有道理,也表示不撤退,将协助部队打好这一仗。

游梅耀上任前曾向叶飞保证坚守一天,他给福州回了电,同时发电给第三十一军,表明固守待援打赢这一仗的决心。

叶飞接到游梅耀的回电时,根据情报跟踪,已完全可以断定敌人的目标就是东山岛了。叶飞问游梅耀:"这次敌人总兵力估计有一万多,你真能顶

得住？"

游梅耀回答："报告司令员,我们能顶得住！"

叶飞又问："你估计能守多久呢？"

游梅耀回答："保证守一整天！"

叶飞犹不放心,关切地问："你一个团的兵力怎么顶？"

游梅耀汇报说"前轻后重",即把第一营放在200和425阵地防御,第二营坚守410阵地,水兵连则扼守八尺门渡口,县公安中队、盐警中队在城关待命。在给敌人一定的杀伤后,收缩兵力,转入主阵地,依托工事,固守待援。他表示："请司令员相信,只要我的脑袋还在脖子上竖着,决不让敌人的企图得逞！"

16日凌晨5时半,月黑风高,敌十三艘舰艇像一条已经盯死了猎物的游蛇,不声不响地游进了东山岛东海岸泊地。随着胡琏一声令下,从登陆艇上开出二十一辆水陆两用坦克,登上海滩。海军陆战队少将司令周雨寰和第一旅少将旅长何恩廷指挥督导第一波六千人马,紧随坦克跟进,气势汹汹地抢滩登陆。

严阵以待的守岛官兵立即予敌以迎头痛击。一时间,枪炮声、喊杀声震天动地,打破了海岛凌晨的寂静。游梅耀的布阵起到了明显效果,放在滩头一线的尖刀小分队迟滞了国民党军的行动,使敌人延至8时前后才陆续抵达前沿。

胡琏见偷袭不成,遂下令海空力量加入战斗。于是,飞机滥炸,舰炮狂轰,从新竹机场起飞的十几架运输机以"一"字形队形飞到八尺门上空,天女散花似的丢下一批批伞兵。这是国民党军首次在战争中使用伞兵。

叶飞密切关注着战况。战斗打响后,他即按预定作战方案,命令第三十一军(留一个师守备厦门)与第二十八军第八十二师,分别由泉州、漳州南下,由沿线地方客货运车辆运送增援东山岛,统归第三十一军军长周志坚指挥,并通知驻广东黄冈(今饶平)的友军(第四十一军第一二二师)急速东援。

增援十万火急。各增援部队运动迅速,沿线地方车辆也配合默契。驻漳浦以南旧镇的第三十一军第二七二团行动最快,凌晨5点50分接令后,先头部队坐部分军车立即出发。6时不到一刻,其余人员分乘各种汽车向东山岛方向进发了。

7时，游梅耀打电话向叶飞报告："敌人经过庙山向西埔和200高地进攻，已被挡在了石坛。"

叶飞知道，东山岛中间有一条公路，路东是410高地，路西是425高地，这是全岛的两座主峰和主阵地。从岛中间的前楼向南延伸到海边的陈城，是全岛的战略支撑点200高地。200高地正北是350高地，是全岛最后的一道屏障。他手拿话筒，两眼却盯在地图上，沉思俄顷，向游梅耀下令："敌人的目的是冲过200高地，再向425高地进攻，占领425高地后，与降落在八尺门的伞兵会师，企图占领全岛。你命令三连守住200高地，二连守住425高地，拖延敌人会师的时间。无论如何，要坚持到上午10时，10时以后，我们的援军就会赶到。"

游梅耀回答："坚决遵照叶司令的指示！"

国民党军使用伞兵，且以八尺门为空降点，叶飞的眼睛一直没有离开过地图上的八尺门位置。就整个东山岛战况来说，他最关注的莫过于这个八尺门。八尺门是东山岛通往大陆的咽喉，大陆要增援东山岛，非经八尺门不可。如果敌人的伞兵控制了八尺门，等于关闭了东山岛最重要的大门，解放军援军即使及时赶到，短时间内也只能隔岸观火，顿足苦叹，岛上守军也便无路可走了。即使今后要再赶走敌人，就等于再解放一次东山岛。于是，他关切地向游梅耀询问了八尺门的形势，并作了指示："八尺门是东山的命根子，你无论如何也要叫水兵连牢牢控制在手中！"

叶飞刚刚放下电话，电话铃又骤然响起，是远在上海的陈毅打来的，第一句话即是："叶飞啊，全国人民都在看着你们哪，无论如何要打赢这一仗！"

叶飞对着话筒大声说："陈总请放心，我们一定打赢这一仗！"

面对强敌陆海空优势兵力的联合进攻，守岛部队在岛上群众和民兵的配合下，按照作战预案，边打边撤，步步阻击迟滞敌军。但由于众寡悬殊，随着战事的持续，情况对我十分不利。游梅耀指挥部队在大量杀伤国民党军后，集中主力在公云山、王爹山和牛犊山三个核心阵地（即200、425等高地），同进逼阵地前沿的敌军展开殊死搏斗。游梅耀遵照叶飞的指示，把兵力收缩集中于此，乃是抱着人在阵地在的决心坚守,直至增援部队进岛。胡琏见快速消灭守岛解放军的目的难以达到,便对这些阵地展开疯狂的进攻。坚守高地的守岛部队克服了弹药缺乏和吃不上饭喝不上水的困难,依托堑壕和土坑道顽强战斗,打退了敌军的数十次进攻,以血肉之躯筑起坚不可摧的长城。

蒋介石、胡琏和美国顾问对东山岛志在必得。因此,蒋介石不惜血本把刚由美国顾问训练的空降部队首次派上战场。胡琏登岛的消息刚传到台湾,蒋介石马上召开祝捷大会,广播全世界,吹嘘这是"反攻大陆的前奏"。美方也宣称这是"国民党退出大陆以来的最大一次进攻"。

陈毅得到广播的消息后,立即致电叶飞:"敌人电台已经广播了,总指挥就是那个古宁头'大捷'的英雄,这叫作不是冤家不聚头,是个冤家打破头。叶飞啊,你可得招待好'贵客'哟!"

叶飞铆足了劲儿,告诉陈毅:"他们这个祝捷大会是不是开得太早了?有个山头还在我们手里呢!"

陈毅说:"此君到底得手过几次,不可轻视!眼下,我最关心的还是八尺门,那边情况怎么样?"

叶飞答:"仗打得很激烈、很艰巨,水兵连牺牲很大,但还在坚持。不过,增援部队快到了!"

扼守八尺门的水兵连在民兵的积极配合下,毫不畏惧地打响了反空降战。面对一个营五百多国民党伞兵部队的轮番冲锋,从连长王德长到普通民兵,都抱着死守的信念,顽强抵抗。胡琏和他的美国顾问满以为以奇险之招,在八尺门甩下一个营足矣,殊不知,狡猾的敌军还真小看了防守八尺门的一个水兵连。

守岛部队的顽强阻击,为增援部队争取了时间。16日上午9时,驻漳浦旧镇的第二七二团在团长郑克诚的率领下,以十万火急的速度赶到了八尺门的对岸。先头排迎着敌人伞兵劈头盖脸的弹雨奋勇抢渡,与危急中的水兵连余部会合。

随着大部队上岸,迅速向敌伞兵发起猛烈反攻,敌伞兵非死即俘。

叶飞及时向陈毅通报战况:"伞兵垮了,八尺门已安然无恙。"

时刻关注战况、一天一夜未合眼的陈毅在电话里爽快地大笑:"好哇,这样龟儿子就没得咒念了!"

当侦察机报告共军东西两路车队向东山岛增援的消息时,等吃胜利果实的胡琏犹且不信:"九龙江大桥不是已经炸毁了吗?我算叶飞的增援最快也得四十八小时。"

胡琏说的倒没错,战前他已令空军把九龙江大桥和从漳浦到东山公路上的其他三座桥都炸毁了。解放军从泉州赶来增援,最快也得两天,他哪里知道,解放军护桥部队两个小时就修起了便桥!

胡琏发狠,将预备队投入战斗,同时下令飞机对八尺门渡口以及增援车队猛烈轰炸,以使它全部瘫痪。但任他使尽招数,解放军第二七二团还是如期抵达火线,与公安第八十团协力抗击强敌,将三个核心阵地牢牢地掌握在手中。16日20时,第四十一军的一个先头团急速赶至八尺门渡口。17日4时,第二十八军的先头团也开始渡海进岛。叶飞接报后,立即命令:"不待增援部队全部到达,即向国民党军发起全面反击。"

一时间,胡琏所部反攻为守。待第三十一军军长周志坚率第九十一师指挥所上岛,一夜之间,东山岛的军事力量对比已发生了急剧变化。看到解放军增援部队源源不断地进岛,声势浩大,一直希望再打一个大胜仗回去的胡琏信心受挫。战至17日上午9时,胡琏意识到相持下去有被全歼的危险,只有作撤退的打算。他首先把二十多辆坦克撤走,以少数部队向解放军发动佯攻,以掩护大部队撤退。

叶飞急令周志坚:"立即跟踪追击,要贴着他们的屁股追,决不能让胡琏来此一游就算了,那样太便宜了他!"

这时,毛泽东来电。因路途遥远,线路不好,声音不清,华东军区正在值班的副参谋长张翼翔便在中间一句一句地向两边传话。

毛泽东问:"叶飞,东山战况如何?"

叶飞没有料到东山战斗竟然惊动了毛泽东:"报告毛主席,敌人顶不住

了,开始撤退了。"

毛泽东关切地问:"你们有什么困难和要求?"

叶飞想了想,说:"主要是汽车不够用,现在地方上的汽车都用上了。我已下令把上饶到福州公路干线的地方车辆集中到福州机动,请求中央命令江西接替上饶到福州的地方运输任务。"

毛泽东有些奇怪地问:"华东军区不是有个汽车团在上饶,为什么不给你们用?"得知华东军区未批准叶飞调上饶的汽车团入福建的请求后,毛泽东似乎有点生气:"莫名其妙,我马上下令给华东军区,那个汽车团立即开到福州,归你调遣!"

然后,毛泽东还是关切的口气:"叶飞,你要想清楚,东山岛登陆会不会是声东击西,分散吸引我们的注意力,然后他从别的地方打进来?你手上的兵力够不够?"

叶飞回答:"我手上还有一个军的机动兵力,不怕他从第二个方向打进来,我也一定注意敌人的动向。"

17日19时许,胡琏登上指挥舰,灰溜溜地撤逃台湾。历史清晰地记下了他的败绩:被歼俘三千三百七十九余人(其中俘七百一十五人),炸毁坦克两辆,击沉登陆舰三艘,击落飞机两架,而且一仗就将只有两个旅两千来人的国民党伞兵部队报销了五百多人。在东山岛保卫战中,解放军伤亡一千二百五十人。

当叶飞向陈毅汇报战果时,陈毅说:"东山战斗胜利的意义不在于战果数量多少,而在于把敌人的计划彻底粉碎,不仅是军事上很大的胜利,而且是政治上很大的胜利。"

毛泽东接到东山岛战斗报告后,说:"东山战斗不光是东山的胜利,也不光是福建的胜利,这是全国的胜利。……你们头脑要冷静,不要轻敌,现在美帝蒋介石就是看中了你们福建。……我们还要准备比东山更大规模的战斗,把敌人消灭在水上,如上来了,消灭他在陆地上,不要怕。"得知守备部队伤亡不小,毛泽东便指示从家乡抽调一个营以做补充。不久,从韶山开来的一个营五百来人加入了公安第八十团的序列。

为什么说东山战斗是全国的胜利呢？联想毛泽东和陈毅的话，叶飞很快就明白了其中的道理：东山战斗不是蒋介石的单独行动，而是美帝下的一着棋；当朝鲜停战拖延以后，美帝破坏签字是利用李承晚释放战俘及利用蒋介石向大陆侵犯，想给我们打击来破坏停战；我们反过来给他打击，把反动气焰打下去了，敌人的惨败就是我们的胜利，这不是局部问题，而是全国问题。

17日，中央军委号召全国边防团向公安第八十团学习。新华社也广播了东山战斗，最后说："巩固海防，巩固国防，保卫世界和平。"

为了贯彻毛泽东"头脑要冷静，不要轻敌"的指示，7月29日上午，叶飞在有省委部处长、省府党员厅长、军区部处长出席的会议上，做了关于目前形势的报告，从朝鲜和国际局势讲到福建当前的三个情况：第一，我们的口号不能改变，要继续巩固海防加强战备，特别要提出防止松懈。我们福建的形势与朝鲜有密切的联系：1951年美帝在仁川登陆，我们这里紧张；今年春天美帝企图在朝鲜扩大战争，我们这里也紧张。最近7月13日我们在朝鲜进行反击战，7月16日蒋匪在东山登陆。所以朝鲜停战后，我们这里有文章，文章怎么做法是不清楚，金门我们要解放，只是时间问题。

第二，停战后美帝仍然是会以各种办法破坏停战协定，不仅在朝鲜，也可能在我们这里，我们要提高警惕。

第三，朝鲜停战后，蒋匪大举登陆可能性不大，最大可能是东山式的袭扰。因此，我们在群众中要进行宣传，继续巩固海防，防止松懈麻痹，在部队里要从任务上来提，要加强巩固海防工作，经常提高警惕，不但要反对轻敌，还要果断、胆大心细，始终保持清醒的头脑，要狠狠地打击敌人，要积极出击。东山战斗使我们得到一个经验，我们完全可以用少数兵力抗击敌人，等待主力增援以消灭敌人；最近闽东北水兵师陆战团出击海岛胜利，也给我们提供了一个经验，我们可以在海上进行出击以消灭敌人，过去那种犹豫、顾虑是没有根据的。

东山岛战后，台湾扬言报复。但胡琏在东山岛战斗中吃尽苦头后，没敢再

来,国民党也一直没有报复行为。

东山岛之役是美国中情局所属西方企业公司在台湾及外岛准军事作业的转折点。自此以后,西方企业公司认为蒋介石是扶不起来的阿斗,遂逐渐对其终止了支持。1955年,当该"公司"的老板、美国西点军校毕业的"独眼龙"汉密尔顿转告宋美龄西方企业公司即将寿终正寝的消息时,宋美龄如"密友死亡"般震撼,满怀悲伤地在雨中踽踽独行。后来,曾在西方企业公司干过的老成员霍洛伯著有《中国海上突击队》一书,最后一章写的就是失败的东山岛之役。时隔四十多年后的1996年,汉密尔顿重游西方企业公司旧址时,还曾触景生情地吟起中国唐代诗人刘禹锡的《西塞山怀古》一诗:"……人世几回伤往事,山形依旧枕寒流。今逢四海为家日,故垒萧萧芦荻秋。"

"文化大革命"期间,造反派给叶飞罗列了几大"罪状",其中军事上有两条:一是金门失利,二是东山战斗没有打好。叶飞说:"你们的情报不准确,金门失利我有责任,可东山保卫战是受到毛主席通令嘉奖的呀!"

第十三章 经略东南

筑起造福万代的海堤

新中国成立初期,刚接管过来的福建,除了工业落后,交通也极为闭塞,可谓"手无斤钢,路无寸轨"。

当中共中央在北京召开七届三中全会时,因为洪水冲坏桥梁,断了福州北上的唯一通道,张鼎丞因此没能赴会。交通不便、运输困难,不仅成为福建发展经济的严重障碍,而且对军事影响也甚大。就拿厦门来说吧,因为是海岛,对外联系全靠船只,在敌人进行封锁的情况下,厦门的经济发展和战备工作都受到严重影响。陈嘉庚曾经向中央建议修建海堤连接厦门与大陆,但争议很大。福建方面经过勘测,认为可行,这便成了叶飞朝思暮想要解决的问题。

1951年春,华东军区司令员陈毅来厦门视察,检查战备工作,传达毛泽东"务必长期确保厦门"的指示。叶飞向陈毅汇报并提出了省里的方案。他说得很婉转:厦门作为解放金门、台湾的最前沿阵地,一旦遭敌袭击,打起仗来,岛上部队就会因海峡的阻隔而无法得到增援,因此需要一条海堤与大陆联系。现在

1951年3月,叶飞(右)陪同陈毅视察福建前线

厦门被封锁,群众生活很困难,有近万劳动力找不到出路。国家如能拨款修建一条海堤,一方面可解决厦门交通和经济发展问题,另一方面又可以大量以工代赈,安排群众就业,解决暂时的困难,战备工作也更加落实。

这个一举数得、具有超前意识的大胆设想,得到陈毅的极力赞同,并表示要向中央提议。不久,陈毅到北京汇报战备情况,在政治局会议上果然提出了修建厦门海堤的问题,当场获得毛泽东同意。可当时中央财政困难,尽管毛泽东点了头,财政部还是拿不出钱来。所以,修建厦门海堤的事一年多没有提起。叶飞迟迟不见动静,可不想让它石沉大海,他每次去华东军区开会,都要从战备角度催促陈毅尽快落实此事。

叶飞(前一)视察厦门海堤工地

在1953年初的一次中央会议上陈毅又向毛泽东建议:"厦门海堤早修为好。"毛泽东欣表同意:"厦门海堤一定要修好,简单一点,钱交给你,由你陈毅负责。"陈毅回到南京,马上给叶飞打电话:"项目中央批准了,给一千三百万元,包干使用,由你叶飞负责,政务院很快就要下文。"叶飞听罢,立即打电话告诉刚调省里任工业厅厅长的梁灵光,要他赶快去南京找陈毅落实此事。梁灵光赶到南京,陈毅说海堤项目和经费毛主席都批给我了,我转给福建,事情由你们去做,做好了我给你们庆贺,搞坏了各打五十大板。

不久,政务院颁布了《关于修筑厦门市高集海堤工程的决定》,明文规定:"工程之具体领导及其行使管理、干部与职工之调配、政治工作、具体施工组织领导等由叶飞同志负责指挥。"并派一位苏联专家来帮助工作。

叶飞决定由福建集中水利厅、交通厅、厦门大学土木系工程人员和市建设局力量,自己负责设计。

叶飞是在厦门检查战备和海堤建设工作时,接到军委赴京汇报的通知的。在此之前他还没有到过北京,也没有见过追随多年的统帅毛泽东,如今这一愿望很快就能实现了。

抵京翌日,叶飞与陈毅、张鼎丞等人来到中南海颐年堂。刚坐定,毛泽东就在主持军委工作的彭德怀的陪同下,大步走进来。彭德怀见大家已站起来,意欲抢先一步做介绍,毛泽东却向陈毅、张鼎丞点点头,径直向叶飞走去:"你是叶飞?"

叶飞立正报告:"主席,我就是叶飞。"

毛泽东动情地握住叶飞的手,端详着他:"打了这么多年交道,今天终于见面了。"

短短一句话,竟在叶飞心里涌起一股暖流。

叶飞和毛泽东,可谓是先心知而后面识。自投身革命以来,叶飞屡建殊勋,不负重托,他的名字记在了毛泽东心间,因而在许多重要关头,毛泽东都能想到叶飞,并加倚重。即使在金门失利后,毛泽东也没给叶飞处分,只是说:"金门失利,不是处分的问题,而是要接受教训的问题。"

苏联顾问在福建前线的战略部署上与叶飞发生争执,向毛泽东告状,说叶飞是英美派,靠不住,建议取消他的前线指挥权,毛泽东置之不理。对毛泽东的信任,叶飞自然感激。

毛泽东招呼大家坐下,尔后问叶飞:"现在福建谁主持工作?"

张鼎丞接过话来:"我到华东后福建第一书记还没免,实际上工作是叶飞同志主持。"

毛泽东问此话,是因为中央已明令叶飞负责福建军事,所以才关心省委哪一个负责。听张鼎丞回答后,他点了点头,要叶飞先汇报厦门海堤的进展情况。

毛泽东听得认真,连连称赞厦门海堤工程有远见,是百年大计,不仅对当前准备打仗,而且对今后经济建设也有不可估量的意义。

随后,叶飞又汇报了福建前线的战略部署。毛泽东说:"东山岛战斗打得不错,他们(指国民党军)可能会老实一阵子,但不会一直老实下去,要提高警

惕,要有打仗的思想准备。但不管怎么说,往后打仗的机会是少多了,要集中精力搞生产、搞建设。"

话到这里,毛泽东意味深长地扫了大家一眼,说:"打仗,我们有经验;搞建设,就要重新学习,向苏联学习,向实践学习,向所有内行的人学习。此外,还要沉下心来读书,不光读政治书,学马列理论,也要读点历史,还要读点技术知识书。"

会见快结束时,毛泽东再次把目光投向叶飞,和蔼地问:"你没去过朝鲜吗?"他还环顾大家说:"你们几个也没有去过吧,应该去,朝鲜战争打得不错,特别是最后几仗,值得研究。前些天参观团回来说,亲眼看一看很有收获,你们应该去一下。"

毛泽东在朝鲜战争爆发后,没派叶飞这员勇将赴朝,主要是让他镇守海疆,防着台湾的蒋介石。但此时考虑让他赴朝参观,研究战情,也有深意。

在这次会见后的当月(10月),叶飞与张爱萍等高级将领一同赴朝,考察志愿军在各个战役的情况,回国后还向毛泽东写了报告。

1951年10月,叶飞(左四)、张爱萍(左二)访问朝鲜前线与杨勇(左一)、王平(左三)合影

第十三章 经略东南

像指挥重大战役一样，叶飞亲自指挥了这场堪称移山填海的大工程。1954年1月，高集海堤开始全面施工。虽然没有吊重机械，没有施工条件，甚至连必需的钢材也没有，但大家凭着一股拼劲，用热血和智慧，在跨海修堤这个中国历史未曾有过的建设中创造了一个又一个奇迹。

海堤施工中，总参谋长粟裕来厦门视察，见原设计没有航道，提出一点意见："不应把海堤全部封死，应在海堤的深水处留条航道，以便战争时潜艇通过，这对军需民用都有好处。"叶飞采纳了这个建议，并采用了苏联专家设计的航道方案，引桥为四百吨，足够应付战争情况。

高集海堤是在敌前施工的大工程。厦门前线和国民党军占据的大小金门处于对峙状态，厦门和小金门的距离不过三千多米，前沿阵地大小嶝岛与大金门就更近了。国民党以一个兵团的重兵防守金门，解放军也以一个军的兵力防守厦门，双方对峙，剑拔弩张。金门蒋军炮火占优势，厦门全岛包括鼓浪屿完全在其炮火控制之下。此外还不断以海军袭扰福建前线沿海地区，封锁厦门港、福州马尾港，以空军空袭厦门、福州。可以说，在1950年至1954年间，厦门军民经常遭受蒋军炮击和飞机轰炸，有时一日数次，几成家常便饭。

在国民党飞机、大炮的轮番袭扰下，海堤工地经常硝烟弥漫，建堤干部和工人常有伤亡。龙溪地区的一条援建船只，在海面上被敌机炸沉，一次伤亡就有七十六人之多！据统计，到海堤建成，建堤干部工人先后遇难者达一百五十余人。

1954年下半年，美国不甘朝鲜战场的失败，酝酿与蒋介石签订所谓《共同安全双边条约》，并策划组织太平洋反共军事联盟。国民党军为此增兵金门，加大对福建沿海的袭扰。而中共中央在朝鲜战争结束后，再次将武力解放台湾问题提到议事日程，在这年专门成立了中央对台三人小组。7月23日，《人民日报》发表《一定要解放台湾》的社论。8月1日，朱德以中国人民解放军总司令的名义在建军节纪念大会上发表讲话，号召解放军"为解放台湾，使台湾人民重回祖国怀抱，为祖国的完全统一和人民解放事业的彻底胜利而奋斗"。同日，周恩来代表中国政府公开重申："台湾是中国的领土，中国人民一定要解放台湾,这是中国的内政,决不容许他人干涉。"接着,全国八个民主党派发表中国人民一定要解放台湾的联合宣言。与此相配合,中央军委决定采取军事行动。于是,在8月25日这天,叶飞接到军委命令,为了打击美帝和制止国民党军对东南沿海的侵袭,在美蒋预谋签订《共同安全双边条约》期间,对金门国民党军实施惩罚性打击。

此时,也正是高集海堤工程为提前通车开展突击竞赛运动的最紧张阶段。叶飞认为炮击十分必要,一箭双雕。

9月3日下午2时许,随着叶飞一声令下,集结于厦门的福建前线部队,以一百五十门火炮和约一个营的海岸炮,对大小金门岛敌舰艇泊地及岛上目标实施炮击,持续一小时又十五分钟。此间,国民党军炮兵进行报复性射击,解放军地面炮兵也多次进行反击。这次炮战持续到22日。由于福建前线的炮兵力量不够强大,加上海空军都没有入闽,防空力量薄弱。美蒋抓住这个弱点,从台湾派出飞机轮番轰炸福州、厦门及前沿炮兵阵地。为了加强福建前线的防空力量,在福建省委、福建军区的请求下,中央军委从北京调第八十二高射炮团入闽,部署在福州、厦门两地,重点放在福州。福建的防空力量得到加强,国民党空军在屡遭打击下,气焰稍为收敛,对福州、厦门的空袭稍见缓和。但很快,他们就又发现了福建空防的弱点,即只能在福州、厦门构成对空防御,对厦门前线其他前沿炮兵阵地就顾不过来了,于是国民党军卷土重来,集中轰炸厦门侧翼的解放军前沿炮兵阵地。一时间,浯屿、大小嶝岛的解放军炮兵阵地上浓烟滚滚。为了狠狠地教训来犯之敌,叶飞导演了一出空城计。国庆前夕,第八十二高射炮团突然从福州直奔厦门,于29日拂晓前隐蔽进入阵地,构成强大的对空火力网。这天中午,大批敌机又肆无忌惮地飞来轰炸,突遭高射炮密集火力猛射,霎时便被击落三架、击伤多架,其余飞机见势不妙,乃仓皇逃去。当天晚上,该高射炮团借着夜幕的掩护,又神速调回福州。

持续了二十来天的炮击金门,共击沉、击伤国民党军舰艇七艘,摧毁炮阵地七处,毙伤国民党军一千余人。此战规模虽不大,却使蒋介石极为恐慌,也使美国政府受到极大震动,西方舆论称之为台海危机。

就在福州、厦门及前沿阵地上空的紧张状态有所缓和之际,厦门海堤的建设者正快马加鞭,为提前完成任务而奋力冲刺。

海堤是从高崎和集美两边同时进行修筑的,到海峡当中合龙时,水急浪大,漩涡飞转,船只根本停不住。根据观察,只有在平潮和开始退潮的四十分钟时间,才适合于行船抛石合龙。合龙那一天,叶飞亲临现场观看。

高集海堤从正式动工到基本建成,前后花了两年又三个月。高集海堤全长两千二百多米,高二十多米,顶宽十九米,动用土石方七十多万立方米,这是中国跨海修堤的首创之举。它的建成不仅从根本上改变了厦门孤岛交通阻隔的状况,适应了海防斗争的需要,而且大大地促进了厦门经济的发展,数千群众的失业问题,也因海堤的修建而得到缓解。

1954年10月15日,高集海堤工程提前修建完成,12月10日举行了正式通车典礼。

高集海堤建成通车

当高集海堤建设热火朝天之际,1954年初,陈嘉庚向周恩来提出在厦门杏林和集美间再修一条长两公里的海堤。陈嘉庚如此动议,还针对已提上日程的鹰厦铁路建设。在鹰厦铁路如何从南山进入厦门的问题上,原方案是由南山经灌口绕道同安、霞店,沿杏林湾东南到集美再到厦门。陈嘉庚认为这个被称作绕海线的方案不妥,建议采用海堤线方案,即从角美经灌口向东,修一条杏林到集美的海堤进入厦门。还说,这条海堤应修成不透水的,它的经济效益一是铁路不用向东北绕大圈,可缩短里程二十公里,修堤费用虽比绕海线多花一百六十多万元,但建成后十年,即可节省营运费用一百九十多万元;二是修了海堤可围垦近四万亩良田,每年可增加收益一百六十万元至三百万元。两相对比,还是海堤线方案为佳,不仅节省时间,而且于军用民用都划得来。

叶飞根据周恩来的指示,责成省政府有关部门和高集海堤指挥部就此进行测量、勘察及土壤采集研究以及收集资料等工作。1955年1月,厦门市政府根据一年来工作中所获得的资料,并经高集海堤工程师们研究,提出集美杏林湾工程初步方案。但遭苏联专家否决,认为修杏林海堤过火车,技术上没有把握,不能定案。4月上旬,厦门市政府将修筑集杏海堤的初步方案向交通部水利工程顾问萨福洛夫提出,萨福洛夫认为:堤会渗透海水,不利于农垦,如不渗透海水,则造价太高;其次该地处于前线,如被破坏,修复困难,如铁路线在大陆,则修复较易。

陈嘉庚得悉萨福洛夫的不同意见后,马上于4月21日发函给国务院副总理陈云及铁道部部长滕代远,对苏联顾问和专家的反对意见做了一一辩释,坚持修堤。同一天,他还给叶飞写了一封信:

叶省长:
　　关于杏林至集美建筑海堤问题,因苏联工程师认有未合,闻将中止。再将鄙见五点,面向陈副总理暨滕部长提出解释,请予酌夺。兹将函稿复写奉阅,尚望台察,支持建议,为盼。

叶飞赞同陈嘉庚的看法。4月下旬,恰逢铁道兵司令员王震就鹰厦铁路问题来闽视察,叶飞便趁机提出了陈嘉庚的建议。王震听后亲往厦门,到杏林、集美地区视察,赞成修堤,并责成福建进一步收集资料,进行研究并提出修堤的计划意见书。

5月4日,叶飞又收到陈云的来信:

叶飞同志:

  接陈嘉庚先生四月二十一日来信,另纸抄送请一阅。他对修筑杏林至集美海堤问题提出一些意见,请将情况及你们的意见告知,以便复他的信。

  敬礼

陈云
五月四日

为了给王震和陈云一个明确的答复,叶飞当即指示召集原勘察工作的工程师进行讨论,并由他们会同厦门市和高集海堤指挥部研究,提出计划意见。主张修堤的意见书拿出后,叶飞当即给陈云复信:

陈云副总理:

  五月四日来示并陈嘉庚先生信,敬悉。关于拟修筑杏林至集美海堤的情况及我们的初步意见,报告如下。

  ……

  经我们研究后,同意厦门市所提出的"建议鹰厦铁路结合集美杏林湾滩地利用计划意见书"。

  (意见书附上)。以上意见,是否有妥,请速复示。

  此致

敬礼

叶飞
一九五五年五月二十三日

陈云在听取各方汇报后,拍板决定在杏林与集美之间的杏林湾再兴建一条长两公里的海堤。

像高集海堤一样,工程优质至今仍坚如磐石的集杏海堤,也是在极其困难的条件下修建的。它的建成,使鹰厦线不用绕路进入厦门,从而缩短二十公里路程,节省了投资,提高了效益。

厦门海堤的修建,使孤悬在东海之滨的厦门岛变成与内陆连接的半岛,半个多世纪以来对厦门的民生和经济建设起到了至关重要的作用。

1954年年底,在叶飞陪同下,中央军委副主席、国防部部长彭德怀率副总参谋长陈赓、海军司令员萧劲光等视察厦门,就是从这条十里海堤上驱车驶过的。目睹这移山填海完成的雄伟景象,涌起在这些"气吞万里如虎"的大将军们心间的,是一种何等激越和壮阔的豪情啊!

彭德怀是为研究解放金门问题来闽的。叶飞在汇报中,向彭德怀建议,中央已同意兴建鹰厦铁路,为了准备解放台湾,应尽速调铁道兵入闽,力争用两年时间修成。彭德怀回京后报中央同意,久经筹备的鹰厦铁路终于上了马。

修筑交通大动脉

孙中山在他的《建国方略》里,曾规划了福建铁路。"筹建铁路以图自强",也一直是福建人的世纪梦想。早在鸦片战争后,旅居海外的闽籍华侨就呼吁"福建也应自办铁路",并且募集股款,汇寄回闽。省内商家百姓,也交捐纳税,为营建铁路筹集专款。1905年成立商办福建全省铁路有限公司,推举赋闲在家的晚清名臣陈宝琛当总理。但从1907年至1910年整整四年时间,前后耗资数百万元,只修建了一条二十八公里长的漳厦铁路。就连这段实际上是从漳州江东桥到厦门嵩屿、前不跨海后没过江勉强通车的盲肠路,也由于经营不善和抗日战争爆发,被国民党当局拆毁路轨,车辆、器材也被洗劫一空,最后荡然无存。

在全国政协第一届全体会议上,陈嘉庚就向大会提出修建福建铁路的提案,并获通过。只因朝鲜战争爆发,暂时未能实施,但毛泽东的批示却留了下来:"此事目前虽一时不能兼顾,但福建筑路的正确意见,当为彻底支持。"

1951年10月3日,张鼎丞向华东局、中央建议,尽快考虑修建鹰潭至南平铁路,解决福建出省通道问题。为了福建的发展,也为了战备的需要,中央决定修建福建铁路。陈嘉庚闻讯,感奋不已,亲赴家乡考察线路。

不久,铁道部根据毛泽东、周恩来的批示,开始对福建铁路勘测设计,提出三个选线方案提交福建省委讨论。叶飞认为,修建铁路应从长远考虑,固然应以国防为主,但必须结合福建的经济状况。比较三个方案,他认为以东线方案(从鹰潭经资溪、邵武、南平、永安、漳州至厦门)为最佳,其理由除了军事意义和政治影响外,东线里程较西线、中线短,工程费用较省,而且东线吸引人口最多,货运量较大,并与浙赣线接轨便利,从货源流向上更合理,便于闽西北森林资源开发,又可以沟通闽东、闽中、闽南经济。他委托梁灵光征求陈嘉庚的意见,陈嘉庚同意东线方案。最终,中央批准了东线方案,全程由鹰潭至厦门,共七百余公里,预算投资五十五亿多元。

彭德怀对鹰厦铁路的修建极为重视。朝鲜停战后,解放军远射程炮兵部队可以大量调来福建,集中力量对付金马和台湾方向,但福建的交通条件太差,不仅没有一寸铁路,公路也只有几条干线,运输极不便利。为日后解放台湾计,他建议中央调铁道兵入闽抢修鹰厦铁路,还准备调空军入闽。而这二者中,抢修鹰厦铁路则更为急迫。1955年2月,根据彭德怀命令,铁道兵部队七个师由副司令员郭维城、刘克带领,浩浩荡荡地向闽赣挺进,进驻鹰厦铁路各主要路段。兵部设在南平黄金山上,代号八○部。鹰厦铁路正式宣告动工修建。

叶飞把抢修鹰厦铁路当作头等大事来抓。为此,福建省委成立支前委员会,指定梁灵光负责这项工作,动员十万民工配合铁路大军施工。

7月1日,王震到现场召集师长会议,部署全线工程。他号召部队要像在朝鲜战场作战一样抢时间、争速度,提前完成鹰厦铁路的修建任务。叶飞陪同王震到前沿阵地眺望蒋军盘踞的金门岛,指着游弋在海上的美国军舰说:"这就是福建的形势,无论于国防,还是于建设,福建都需要有铁路啊!"

王震听出了弦外之音,笑道:"你是福建人,又是父母官,当然要为福建着

想啰!"

叶飞说:"总理最近说,当前问题要看两王:一个是王炳南大使在华沙跟美国谈判,一个是王震将军率领十万大军修建鹰厦铁路。老兄,现在大家都在看着你呢!"

王震深刻理解周恩来这句话的分量,又经叶飞这一激,立即下令增兵。集结在鹰厦铁路的铁道兵,最多时竟达十二个师。可以说,铁道兵将大部分力量都用在了鹰厦铁路。

修筑鹰厦铁路的工程十分艰巨。闽西北山地是全福建地形最险峻的地区,为长江流域与东南沿海流域的分水岭。崇安、邵武、建瓯、大田是福建的屋脊,由石英岩、砂岩构成的山顶常为悬崖绝壁。向南进入闽东南丘陵地带,绝大部分为花岗岩丘陵,浅丘群中,可见孤立的花岗岩低山,很多河流切丘陵平行入海,河流下游一般有冲积平原,也分布着低缓丘陵。在这种地貌条件下修筑的鹰厦铁路绕山爬坡很多,需要炸石开路,常在悬崖峭壁和溪山峡谷中施工,要修的隧道多、桥梁多,可以说,在大西南铁路工程修建之前,鹰厦铁路堪称难中之难。叶飞曾用一句形象的话来说:"如果说厦门海堤是移山填海,那么鹰厦铁路就是劈山开路。"

全线最艰巨的工程是武夷山工段和分水岭工段。王震曾言,凿通武夷山是"咽喉工程",劈开分水岭是"心脏工程"。

铁道兵献计献策,摸索出一套切实可行的施工办法,大大地加快了工程的速度,为鹰厦铁路的修筑立下了汗马功劳。

1956年12月9日下午1时35分,鹰厦铁路的最后一根铁轨铺到了终点——厦门。这一天定格在福建史册上——这一天,福建告别了没有铁路的历史。

毛泽东曾言:"鹰厦铁路一通,三个姓陈的都高兴啦!"这"三个姓陈的"就是陈嘉庚、陈毅、陈绍宽。陈嘉庚是最早以全国政协副主席之职发起提案,报请国家进行这一大工程立项的。陈毅则为鹰厦铁路上下奔波,多方协调,功不可没。而原国民党海军总司令陈绍宽,新中国成立后出任福建省副省长,也是多方关注这项前所未有、功在当代利在千秋的工程。其实,叶飞又何尝不高兴呢!

鹰厦铁路这条大动脉,全线都穿行在崇山峻岭中,沿途要打通四十六座隧道,架筑一百五十九座桥梁和一千六百五十八座涵洞,中间还有无数的断层和险滩。历史已经做了如此定论:鹰厦铁路的横空出世是个奇迹,不仅在于它前后仅用了一年零十个月时间,比原定计划提前一年竣工,其速在中国铁路建设史上至为罕见,而且还在于它是中国唯一的跨海铁路。

鹰厦铁路总造价是五亿五千多万元,竟剩下近两亿元,主要是有的地段在施工中遇到太大困难时,不免降低标准,造成坡度太高、弯度小而多等问题。所以也就有了铁道部部长吕正操后来视察福建铁路时的一番感慨:"铁道兵功在贵省,祸在鄙部。"

如此造成的后遗症是严重的,修修补补的钱比节省的经费还花得多,此是后话。

鹰厦铁路竣工之前,叶飞接受负责鹰厦铁路支前、刚增补为副省长的梁灵光的建议,利用鹰厦铁路的剩余资金及施工材料,修筑南平到福州的铁路,即南福铁路。鹰厦铁路剩下的近两亿元,被铁道部抽走一亿多,用于南福铁路建设的只有八千多万元。

就在工程全线展开时,铁道兵副司令员刘克跑到福州告诉梁灵光:由于资金紧缺,铁轨供应困难,铁道部决定南福铁路今年完成土石方工程后就停工下马,待1958年再安排铺轨通车。

梁灵光和在家的省领导可就急了,立即将情况报告还在北京参加中共八大的叶飞,并发了一封电报给国务院、中央军委、铁道部,请求按原定计划安排在1957年铺轨通车。

叶飞在北京得悉情况,会议空隙找中央领导反映情况,提出要求,但终因铁轨供应吃紧,南福铁路还是于年底停工下马,施工队伍相继撤走。叶飞知道无力回天,只好下令养护好已修成的桥涵,把损失减到最低。

南福铁路总预算近亿元,资金由铁道部掌握。经再三做工作,1957年,铁道部总算安排了一千多万元资金,铺轨到古田的表洋。10月中旬,铁道部又传

出一个佳音:莪福段于1958年1月复工。

因为铁道部要重新修改设计方案,南福铁路真正复工铺轨是1958年7月20日。8月底铺到水口时,大炼钢铁运动正在全国如火如荼地开展,上海铁路局来了个决定:铺福州的钢轨,没有拨到的搁住,不再调来,已经拨到还没铺上的要调回去。

叶飞是早两天从北京"情报员"的电话中得知这事的,他当时就说:"这没有道理,已经拿给我们了,好不容易才运到了,怎么还要拿回去?这事情无论如何要打官司,打到党中央毛主席那里去也要打。"话是这么说,但叶飞还是采取了一个果断行动,向驻闽铁道兵下命令,突击把已拨到手的铁轨铺上去。一查才知,铁道兵事先因施工缓慢,此时还没铺到闽清白沙。叶飞急得不得了,批评驻闽铁道兵负责人,限令连夜突击,一天一夜必须把二十里铁轨全部铺上,并表示可从福州就地动员人马,要一万就一万,要五万给五万,赶快上阵。

铁道兵负责人见叶飞决心已定,立刻上阵指挥,果然一天一夜就铺上了。

第三天,上海局的检查人马来了,可一看沿线铁路,一根剩下的铁轨也没有,只好一声不吭回去了。

叶飞认为铁道部门这样调没有道理,在后来的武汉会议上,他公开对铁道部领导讲:"你知不知道,你要调,可是我们也有情报,连夜就突击。你知道吗,你们这样调,我们是要和你们打官司的。"

铁道部门也检讨了工作不够缜密。经洽商,铁道兵部把留在沈阳的战备铁轨调来了,于10月5日开始继续自水口铺轨。月底铺到桐口,轨材又用完了,不得不再次歇马。铁道部得知,表示尽快调拨第二批铁轨接应。11月中旬,轨材到齐后,又上马铺轨,终于在11月底把轨铺到了福州。1959年元旦,南福铁路全线正式通车。

福建在短短几年间,不仅实现了几辈人魂牵梦萦的铁路梦,而且还一下子就拥有了一千多公里的铁路,比起邻省也毫不逊色。

在鹰厦铁路竣工前后,叶飞还利用国防需求大抓公路交通建设。几年间,联结八闽四通八达的公路交通网大体完成。

铁路和公路网这些交通大动脉的建成,不仅解决了福建前线的国防需求,更为福建的经济建设注入了巨大活力。

党政军一肩挑

1954年7月20日,时任中共中央组织部第一副部长的张鼎丞向刘少奇并中央提出自己"脱离福建工作到现在已经两年多了,而我仍挂着省委书记和省府主席的名义,这样对省委领导和提拔干部上是没有什么好处的,建议中央免去我省委书记并任命叶飞为省委书记,免去我省府主席由叶飞为省府主席"。10月29日,中央考虑到张鼎丞已当选最高人民检察院检察长,乃下文批示:"免去张鼎丞福建省委书记、福建省人民政府主席职务,由叶飞继任。"

叶飞(右)为前线民兵代表授奖章

南下福建后,叶飞身兼党政军重要领导职务,工作千头万绪,为建设一个新福建而殚精竭虑。

解放初的福建,按张鼎丞的说法是"民穷财尽"、"困苦颠连"。就拿省会福州来说吧,说来也真让叶飞难以置信。当第十兵团的将士们把红旗插在国民党省政府驻地时,他登高望远,发现家乡这座名声在外的古城,只有可怜的几个烟囱在冒烟。而曾经是近代中国工业摇篮的马尾,除了马江上偶尔往来的船帆,几乎看不见一丝生机。他到市区一看,但见房低屋破,而且80%为木结构建筑,真可谓是"纸裱的福州城",哪堪台风、洪水等自然灾害的袭击。据报告,三十六万市民中,除掉老人孩子,失业半失业的达十万之众。全省的情况就更糟糕:没有一寸铁路,可通车的公路不到一千公里,三分之二的县城不通汽车,二十三个县不通长途电话,十三个县不通电报,全省粮食总产量五百六十六亿斤。另外,卖淫嫖娼、吸毒贩毒、聚众赌博、黑社会势力横行等社会丑恶

现象也触目惊心。

共产党人敢于打破一个旧世界,更善于建设一个新世界。福建省人民政府从新生之日起,就严令禁烟禁毒,取缔娼妓,铲除这些毒瘤,建立新的社会秩序。至1952年,全省五万多名吸毒者大都戒了毒,旧社会遗留下来的游民和娼妓经过各地政府的教育和改造,大多成为自食其力的劳动者。

历史上,福建就是各种疾病流行的地区。解放初,省人民政府和福建军区联合成立防疫委员会,叶飞为主任委员,训练了四万名乡村卫生员,深入山村海防防疫。1952年,消灭了流行六十多年的鼠疫,次年消灭了天花,防止了霍乱,取得了很大成绩。

虽然叶飞的主要精力放在军队,但受中央和张鼎丞委托,也经常要兼顾地方工作。1952年5月初,张鼎丞因病到北京休养后,刘少奇批示:"在鼎丞同志休养期间,福建省委书记及鼎丞同志担负的其他职务由叶飞同志代理。"9月初,张鼎丞养病回来,但身体还是不好,中央卫生部副部长傅连暲向中央办公厅主任杨尚昆建议:"应继续休息,每天工作不宜超过六小时。"9月19日,中央决定调张鼎丞回华东局工作,因此,叶飞又更多地承担起了地方工作。

这年9月,福建省委为了统一对全省公营工厂企业的领导,决定成立工厂企业委员会,由叶飞兼任书记。11月,共和国第一个五年计划将要开始,叶飞亲自兼任省委新成立的工业部部长。

全国"一五"计划,重点摆在东北,优先发展重工业,尤其是集中力量建设苏联帮助中国设计的一百五十六个重点项目,为实现国家工业化和国防现代化打下基础。贫穷落后的福建,也精心制定了《福建省发展国民经济第一个五年计划(1953—1957)》,只不过送华东局汇总,却没有一个项目列入国家计划,原因只一句话:"福建是前线,要准备打仗。"

福建要发展地方工业,唯一的办法是自己创业。

可福建的工业基础实在是太落后了。据1950年统计,福建全省私营工业有七千二百六十七户,资本总额只有两千八百六十三万元。经过近三年国民经济的恢复,情况虽有所好转,1952年全省工业产值达四亿元,但与华东几个省相比,福建的工业基础仍为最落后。在这样的基础上实现工业化,起步无疑是艰难的,更何况福建是海防前线,还笼罩在战争环境中。

还在南下前,福建省委班子就开始构想新福建的建设蓝图了。考虑到福建的水力资源在东南几省中最为优越,发展水利电力工业具有得天独厚的条件,张鼎丞、叶飞、方毅等在苏州时就向华东局提出要建设古田溪水电站,并且从上海原国民党资源委员会里要了一批水电专家,随第十兵团南下。福建省人民政府成立后,虽然百废待兴、财力十分困难,却还是调配了大批人员,挤出经费,着手建设代号为101工地的古田溪水电站。1951年3月,古田溪一级水电站一期工程动工,施工人员克服重重困难,靠着土法打硬仗,最终把古田溪水电站拿了下来。这是福建解放后第一个上规模的基本建设工程,也是新中国成立后最早开工的水电建设工程。

对地方工作,叶飞自称是个新兵,因此像初次行军打仗一样,刚接手地方工作的他,小心谨慎地来领导。

作为对敌斗争的最前沿,又是美蒋重点实行封锁、禁运的受灾区,而且自身经济又非常落后,所有这些构成了福建的特殊性。但如何把福建的特殊性放在全国情况之内,既力求跟上步调服从全国共同利益,又能因地制宜,这也是需要认真研究和解决的问题。当时要搞好福建省的工作,既不能只强调特殊,而不注意服从全国和华东一盘棋;也不能只强调一盘棋,而不注意因地制宜。福建最关键的问题,也就是既打又建的问题。打有两种:一是经常有情况,要紧一阵子,如朝鲜战争、艾森豪威尔上台、东山战斗等;一是准备解放金、马,甚至反对美帝侵略。建也有两种:一是中心工作或大些的问题,如"三反"(反贪污、反浪费、反官僚主义)、"五反"(反对贪污盗窃、反对投机倒把、反对铺张浪费、反对分散注意、反对官僚主义)、镇反(镇压反革命)、中央和华东决议贯彻;一是经济建设和经常性工作,如发展工农业生产、基本建设、机关建设、支部工作、海防斗争等。打与建是矛盾的,叶飞与战友们定出细致可行的方案,以使二者能并行开展。

至于农村,经过土改和合作化运动,农业生产有了很大发展,但粮食还是不能自给。要在经济如此薄弱的基础上、硝烟未尽的战争环境中建设社会主义,举步维艰。

1953年11月,在福建省第二次代表会议上,叶飞提出福建在"一五"期间,国民经济实行"农轻重"布局,即以发展农业、林业为首要任务,同时有计划地发展以交通和能源为主的地方工业。福建"一五"计划于1955年6月在福建省第三次代表会议上获得通过。实践证明,福建"一五"计划的指导思想是符合实际而有成效的。

张鼎丞调离福建工作后,叶飞担任省委第一书记、省长,并兼南京军区副司令员、福建军区司令员等职。

1955年5月30日,中央军委电示,以福建军区司令部为主,南京军区予以加强,组建福建前线指挥所(简称福建前指),下设空军前指、海军前指。叶飞被任命为司令员兼政治委员,皮定均、聂凤智、彭德清为副司令员,刘培善为副政治委员。6月13日,福建前指正式展开工作。随后,南京军区党委批准成立福建前指党委,以叶飞为书记,刘培善为副书记。

7月30日,福建省委发出《关于肃清暗藏反革命运动情况的第二号报告》,为了加强对运动的领导,根据省委负责同志在运动时期的分工,叶飞又着重照顾军事。中央有规定,叶飞虽任省委第一书记,但主要责任在军区,一旦军事问题突出,在省委可以不负实际工作责任(实际工作由第二书记负责),只负政治上的责任。负政治责任,即重大方针政策决定必须通过叶飞,地市委第一书记、厅局党组书记的配备也要得到叶飞同意。

9月27日,叶飞被授予上将军衔。

同年10月,福建军区在叶飞主持下,拟定了福建设防的初步意见上报,获国防部批准。接着,为开始实施福建军区的防御部署和设

1955年,叶飞被授予上将军衔

防计划,叶飞于次年5月16日至6月16日,组织实施了战役战术勘察。

1956年4月22日,考虑到福建面对台、澎、金、马这一特殊的地理位置,为了适应平时领导国防建设和战时指挥作战的需要,国务院决定将原本隶属于南京军区的福建军区划出来,与江西军区一起,单独成立一个大区(福州军区),直属国防部建制、领导。叶飞为此投身于筹建福州军区的工作。7月1日,福州军区正式成立。8月11日,中共中央批示,同意福州军区成立党委会,以叶飞等十五人组成,叶飞、刘培善、皮定均、刘永生、廖海光等七人为常委,叶飞为书记。8月23日,国防部转国务院总理周恩来8月10日命令,任命叶飞为福州军区司令员兼政治委员,免去其南京军区副司令员职务;皮定均、刘永生为福州军区副司令员,黎有章为福州军区参谋长。

在军事问题突出时不负省委的实际工作,却要负政治上的责任,叶飞认为这样很难搞,因此福州军区成立之初,他即建议中央让他或回部队或留地方,如果没有派司令员来,还要他当司令员、当政治委员坚持军区工作,请中央派省委第一书记来。

但中央不仅没派省委第一书记来,也没派司令员来,而且要叶飞任司令员、政治委员,并继续当省委第一书记、省长。叶飞曾说:"56年以前,我屁股主要是坐在军区。

叶飞(右一)接见外国代表团

工作重点完全放省委,是在56年底开始。"

1957年10月,韩先楚来福建后,叶飞才卸下大区司令员的重任。当时,总政治部主任罗荣桓元帅代表军委找叶飞谈话,说他还是军队的人,保留军籍,是军队干部兼地方干部。直到"文化大革命"中离开福建,叶飞都还兼着福州军区第一政治委员、党委第一书记的职务。

"黄金时代"

1956年,福建的形势和全国各地一样,呈现出一派欣欣向荣的景象。

1955年下半年,中央指出,全国完成半社会主义的农业合作化可能要经过两个或几个浪潮。在毛泽东关于农业合作化指示的号召下,福建各地农业合作化运动发展迅猛,于1955年秋天开始了第一个浪潮,入社农户由占总农户的15%发展到60%。有些同志认为发展速度过快,怀疑是否能巩固,能否靠得住。叶飞便拿毛泽东1955年11月的指示来说服他们。毛泽东说:"农业合作化来势很猛,这不必害怕,也没有偏向,要有缺点的话只是两条,一条是可能有少数农民勉强入了社,另一条是工作有点粗糙,但这两个缺点,只要社办起来后能够增产也就没有了。"毛泽东还指出:"当然,大发展后不是没有问题,确实需要一段时间来整顿和巩固合作社,否则就要犯错误。"因此,他说两个浪潮之间,应该有一个间歇,特别提出每年应该整顿合作社两至三次。

如同毛泽东所指出的那样,福建不少农民确实是带着"反正要入社,迟入不如早入"的思想勉强入社的。合作化运动中单纯比办社数量、比发展速度的现象,以及一些硬性动员等错误做法,叶飞在福建广大农村也看到了。因此,在1956年1月4日的省委扩大会议上,叶飞总结时一方面宣布:福建完成农业合作化需要经过两个浪潮,第一个浪潮现在已经差不多了,第二个浪潮应该是今年春耕以后,或秋收前后,或者是夏秋之间;一方面又指出,目前福建正处在两个浪潮之间的间隙时期,应集中力量整顿和巩固合作社,以巩固第一个战役(即第一个浪潮)的战果,并为第二个战役(即第二个浪潮)做准备。如果说现在要再来一个大发动的话,那就是发动一个空前规模的生产高潮,以巩固和提高合作社。

这次会后,全省广大农村持续出现了并社、扩社、升级办高级社的热浪。

正在这时,中共中央于1月23日提出并于1月26日在《人民日报》上公布了《一九五六年到一九六七年全国农业发展纲要(草案)》(即《农业四十条》),指出:"对于一切条件成熟了的初级社,应当分批分期地使它们转为高级社,不升级就将妨碍生产力的发展。"这个纲要,连同农业部部长廖鲁言专为此所做的说明,实际上给全国各地农业合作化运动的发展速度定下了基调,更不是不久前那个试办的精神了。洋溢着农业合作化热情的福建广大农民群众,自是更添一份热情。

这年春节,叶飞接到喜报:福州、厦门两市全面实现了农业高级合作化,完成了农业社会主义改造。

春潮涌动,八闽大地竞争先,只不过,这个速度过快,快得令人炫目。在这个自下而上、方兴未艾的高级化高潮面前,叶飞没有盲目乐观。他看出了由于高速发展带来的一些问题,认为必须进行引导,刹刹车,为此指示省委农村工作部代省委起草《关于高级农业合作社中若干具体政策的处理意见》,于1956年2月由省委批准下发。

在制订全国"一五"计划的过程中,毛泽东提出了过渡时期的总路线,即"要在一个相当长的时期内,逐步实现国家的社会主义工业化,并逐步实现国家对农业、对手工业和对资本主义工商业的社会主义改造"。这条总路线被简称为"一化三改"路线,也叫工业化与社会主义改造同时并举的路线。1956年初,随着农业合作化高潮的到来,私营工商业全行业公私合营的高潮也迅速形成。对资本主义工商业的社会主义改造问题,叶飞极为重视,在上年底就把这事作为一个重要问题摆在了桌面上。

1月20日,他在福州市做《为争取资本主义工商业社会主义改造的胜利而奋斗》的报告,阐明国家和平改造资本主义工商业的方针政策。在召开的省委扩大会议上,有人对资本主义工商业改造诸问题产生了疑问,比如规划、步骤和速度是否太快、冒进了?有什么根据和条件呢?叶飞回答:"我们制订计划不是像国民党统治时期的通货膨胀直线上升一样,是有根据的,主要是根据本省的条件和工作基础。"

也有意见认为慢一些才叫稳重,慢一点才不会出乱子。对此观点,有人斥之为"右倾",叶飞却说:"我们不要拿右倾的帽子扣住他,因他有一定的道理,我认为我们要有辩证的看法,在大变革的时候,慢了不一定不出乱子,有时是

会出大乱子的。"

在高潮迭起的改造面前，叶飞的头脑并没有发热。1956年1月31日，他在地市委书记联席会议上做总结报告时指出，对私改造问题，不要一哄而起，"不要轻易改变商业网和手工业、小商贩的原有习惯，要看清问题后再处理，没有把握的，目前应暂维持原状"；福州、厦门、漳州、泉州、南平五个城市可以迅速开展，因为各县的思想、组织、领导的准备都不如这五个城市，所以还应该准备好后再进行，春节后再行动。当时报上公布邻省江西已经搞了一半，但叶飞认为不打无准备、无把握之仗，不要到处强调一步登天，"我们要从本省的具体情况出发，不要焦急，要求在上半年能完成对私改造、对手工业改造的任务就可以了"。

但这个已经过急的时间表，却还是被革命群众冲天的干劲给提前刷新了。至4月中旬，全省实现了全行业公私合营。本来，中共中央打算用十五年左右的时间完成社会主义改造，现在很多地方不到三分之一时间就超前完成了，连基础落后的福建也用了不到四年时间，这个速度确实出乎人们的预料。也正是由于速度过快、要求过急、工作粗糙、形式单一，所以遗留下很多问题未能处理好。

对合作化，叶飞希望不要过快，要刹车。谁知，工商业改造高潮一来，城市一宣布进入社会主义，农民就急起来了，要求迅速由初级社进入高级社。

针对合作化速度过快的问题，叶飞指示省委农村工作部研究制定相应政策。但高级合作化起来后，如同洪水决堤，其势根本无法控制，原计划在1956年控制在30%，结果半年时间就基本完成。经检查，大部分是健康的，合作化高潮带来了一个生产高潮。但也有些地方属于一哄而起，高级社并得过大，有的甚至并得一塌糊涂。福安专区最典型，一个社的户数平均不下三百户。群众叫喊社大，叫喊到什么程度呢？队员要求和队长照个相，就是因为队员见不到队长。因为社大，所以社员闹分社，分社不成，意见就闹得更大。到1957年初春耕时，全区各县都发生了闹粮、分社、退社、罢耕事件。

此事引起叶飞的重视，他特地带上省委农村工作部部长郭述尧等人，前往福安专区调研并处理情况。叶飞过去曾在这一带打过游击,因此熟悉这里的情况。叶飞每到一处,群众都纷纷向他反映情况。叶飞一一记在心上,并不时对随行的其他领导提出自己的意见。叶飞在调查中,没有落下改制问题。

福安改制的问题,一个是地瓜改水稻,结果是水稻没有好收成,好好的地瓜又大减产;二是单季改双季,提高复种指数,不问条件,山高水冷的地方也要改。

叶飞紧蹙眉头,对福安地委书记程少康说:"制定政策,如果不花时间搞好调查研究,不先了解当地的历史、生活习惯、耕作等方面,是会犯错误的。我在闽东打了多年游击,打游击前也在这里做秘密工作,都是同群众生活在一起,晓得人家是吃地瓜米的,只有过年过节才吃大米,而且还是大米同地瓜合起来吃,你们怎么不问青红皂白就强迫人家改制呢?"

程少康无言以对。

吃饭时,叶飞交代说:"群众现在生活困难,粮食紧张,我们不要吃大米稀饭,要吃地瓜米。"谁知,端上来的都是大米稀饭。叶飞很是恼火,严厉批评了区干部。

这一骂,竟骂出个问题来。区干部委屈地说:"群众现在宁愿卖大米,也不愿卖地瓜米给我们。"

叶飞就觉得奇怪:"什么道理呢?"

区干部答:"一斤地瓜米顶二斤大米,一斤大米吃不饱,一斤地瓜米吃得饱,耐饥,因此群众要求留地瓜米给他们,那些大米给下来的干部吃。"

区干部怕叶飞不信,叫来卖米的群众。群众说:"我们知道你们当干部的,吃大米习惯。米给你们吃,地瓜米给我们吃,就是你们照顾我们啊!"

叶飞知道群众说的是实话,以略带嘲弄的神情看着地县的头头脑脑们:"你们瞧,我们的同志好心好意,为了改善群众生活,把苦日子抛弃,吃上大米,本来种地瓜的地方,也不准人家种,要改种稻子,结果呢,一减产,二不够吃,要害死人呀!"

这顿饭吃得不香。饭间,叶飞又批评起盲目的单改双来。一位县领导大着

胆问:"叶书记,您说单改双,就没有成功的?"

叶飞说:"有,确实有,平原地区劳力多,洋田,肥料够,这些条件,单改双好。可你们闽东地方山高水冷,劳力又缺,土壤又不适宜,阳光不够,单改双,群众不骂娘才怪呢!"

叶飞以商量的语气对郭述尧和程少康等人说:"农业我不太懂,但我在农村蹲过,总有点发言权吧。对单改双,我们要具体分析,不要一棍子打死,大概在全省来讲是三七开,30%改对了,但在福安,至少二八开,80%改错了。"

福建提前基本实现农业高级合作化,虽是1957年3月宣布的,但历史清楚,这是1956年开的花结的果。

整个1956年,全省农业、林业增加了积累,工业开始发展,完成了城乡生产关系的变革,福建人民被引上了社会主义道路,并提前一年基本实现了福建"一五"计划的主要指标。

1956年,成为新中国成立以来福建各项建设事业最有成就的一年,群众反映这是"黄金时代"。

为经济发展定调子

1956年4月,叶飞出席了中央会议。这次会议原叫省市委书记会议,着重讨论农业社的分配问题,后来改为政治局扩大会议。

4月25日,毛泽东发表《论十大关系》,提出了十大关系或叫十大矛盾,后来又称作十大方针。十大关系主要讨论经济问题,在谈到沿海工业与内地工业的关系时,毛泽东说,过去为什么会对沿海工业注意不够呢?主要的原因是由于我们中间有人认为:原子弹就要在我们头上落下来了。而实际上我们可以估计得到,在今后十到十二年内仗是不一定打得起来的,即使在最近几年内仗打起来了,但是我们对沿海工业不能因此不搞。

福建工业落后的原因,一是新中国成立前就落后,二是新中国成立后福建一直被当作国防前线。在这次会上,叶飞和一同出席会议的江一真代表福建省委叫了苦,毛泽东和许多中央领导同志都表示支持福建搞些必要的工业。

叶飞认识到毛泽东所讲这十大关系,提出了一条完整的社会主义建设总路线,国民经济以农业为基础,粮食是基础的基础。十大关系的提出,使叶飞在主持制定福建的规划时有了理论依据和主心骨。

省委在讨论制定《福建农业发展十年规划草案》时,叶飞强调要从福建的实际情况出发,发挥山海优势,在大力抓好粮食增产的同时,全面发展农林牧副渔。

1956年6月27日至7月13日,福建省第一届代表大会在福州召开。这是福建省委在新中国成立后召开的第一次全省党代表大会,也是集思广益对福建今后经济建设道路进行初步探索的重要会议。

这次党代会,通过了相应的决议,确定了以"农业为重点、农工并举"的方针,并明确今后福建的方针任务是:一面加强社会主义建设与社会主义改造的全面领导,一面加强海防,积极准备解放沿海岛屿和台湾。

这次会议,还根据中央要求,和各省一样准备一份在八大会上的发言稿。中央对发言稿提出要求:不要太长,内容要精彩;要有分析,把成绩说足,把缺点说够,不要枯燥无味,听了让人打瞌睡。

福建的发言稿,是在叶飞总结报告的基础上加以修改的,于8月底上报给中共中央办公厅。全文约八千字,讲了四个问题:一是福建农业合作化运动中存在的问题,二是福建地方工业发展问题,三是侨务工作问题,四是解放台湾保卫国防问题。

1956年9月,叶飞率福建代表团赴京,参加八大。

福建代表团被周恩来定为八大会上发言单位之一,由叶飞代表福建代表团发言。

叶飞的这份发言稿本来准备讲四个问题,但最终叶飞只讲了两个半问题(半个问题,是讲了有关解放台湾问题的两句话)。是什么原因呢?主要是开预备会时,大会秘书长邓小平向发言单位打了招呼:"为了让更多的人发言,发言一般不超过二十分钟,要有三五分钟发言的,要多样化,活

泼一点。"

在八大会上,叶飞当选为候补中央委员。

八大政治报告不仅对国防问题讲得少,对解放台湾问题,也换了一种说法,即"我们愿意用和平谈判的方式,使台湾重新回到祖国的怀抱,而避免使用武力。如果不得已而使用武力,那是在和平谈判丧失了可能性,或者是在和平谈判失败以后"。决议上还有另外一句话,即"也要准备在不能和平解决的时候,采取其他方式达到解放台湾的目的"。这里没有"武力"两个字了。有些人对这个问题弄不明白,问:"其他方式指什么?是不是要请第三者调停呀?"

对这个问题,叶飞在关于八大学习的工作笔记本上写道:"解放台湾问题,开幕词未提,该注意政治报告中'其他方式'指什么?"

在前一段检查转业复员军人的工作中,叶飞发现由于天天讲和平,不少指战员的脑袋里只有和平和建设,不注意讲战备,忘掉了战争。叶飞感到这样下去不行,非纠正不可,切不可因为对外讲和平而自我麻痹,解放台湾这个问题也是一样。他结合自己的学习和理解,回福建后,在10月20日上午传达八大精神时,有所发挥地为大家解答了"其他方式"这个疑问:"不是什么其他的,我们过去讲以武力解放或是其他方式,没有讲和平方式,过去讲的其他方式就是指和平方式。现在是和平解放摆在第一位了,现在讲的其他是指什么呢?就是打嘛!没有别的意思。但为什么不讲打,不讲以战争方式,而讲其他方式呢?也就是为了与现在国际的政治气氛符合嘛!……今天我们军队的同志、地方的同志,对这问题弄清楚是有必要的,不要因为现在我们在对外宣传上、在报纸上,讲和平讲得多,讲打讲得少,就认为没有战争了,我们这里是还有战争的。我们不能麻痹起来……假如说可能哪一天,中央下一个命令要我们去执行武装解放的任务,我们平时不准备,你看怎么办?……解放台湾这个问题,现在讲清楚,这个任务没有解除,不是说现在来了一个和平解放的任务,不准备武力解放了。用战争方式解放这个任务具体地讲,不是旁的,就是我们福建前线的任务。这一条要讲清楚。"

叶飞这次讲话后,随即又发出《一九五六年度公安、边防部队的坑道作业任务》的指示。从此,福建开始了大规模的国防工程建设。

通过学习八大文件,贯彻八大精神,全省上下思想活跃,积极探索福建经济建设的具体道路,并对"二五"计划提出有建设性的设想。在叶飞的倡导下,省委正式形成了"农轻重"的方针,把全面发展农业放在发展国民经济的首位,把山区建设作为"二五"计划的重点,特别强调要整顿巩固农业合作社,解决农业社规模过大、林木果树处理不当以及经营管理中存在的问题,允许、鼓励、支持男女社员从事家庭或个人生产劳动。

因为叶飞在八大会上对中央有关部门予以批评,尤其举了新闻纸厂因扯皮而难以上马的例子,由此引起了国家轻工业部的高度重视和过问。这年10月,新闻纸厂终于在南平市郊马林溪下地带破土动工,代号102工地。国家轻工业部部长贾拓夫在叶飞陪同下亲临南平,共同主持了南平造纸厂的开工典礼。十九个月后,南平造纸厂正式建成投产,这是第一个由中国自行设计、自行制造、自行安装、日产二百吨的大型新闻纸厂,标志着福建现代工业技术的提高和造纸工业的重大发展。

崛起三明工业城

八大会后,叶飞按照大会的决议精神,引导福建全党把工作重心转移到经济建设上来。

为了加强"二五"期间福建工业的发展,叶飞强调自力更生之时,不忘借力上海,亲自向上海市委书记陈丕显求援,请上海市在经济调整中搬迁一部分工厂到福建来。获陈丕显支持后,叶飞派梁灵光两次赴沪谈判,最终达成协议,从上海迁入三十家工厂。虽然这些工厂多是里弄小厂,设备也不甚先进,但工人技术水平高,管理也上轨道,有些项目还填补了福建的空白,对促进福建地方工业的发展起了一定的作用。

在执行"以轻为重、以轻养重"的方针时,叶飞感到必须花大力气来抓基础工业。基础工业抓什么呢?叶飞腹有良谋,一是电力,二是化工,三是钢铁。

福建的水力资源在东南几个省最为丰富。1956年3月，古田溪水电站一期工程竣工；1959年10月，二期大坝工程竣工，为福建工业发展提供了主要能源。叶飞还花很大精力抓农村小水电电力工业建设。一时间，小水电在八闽大地形成了万马奔腾的气势。到"文化大革命"前夕，全省建起小水电站近两千座，使福建农村水电建设走在了全国前列。

1956年农业合作化运动蓬勃开展时，化肥供应不足成为一个日益突出的矛盾。叶飞下决心抓化肥生产，把发展化学工业作为支农的重点，于1956年开始抓化工项目的设计。名噪东南的三明工业基地选址确定后，第一个安家落户的就是年产四万吨的石灰氮和十六万吨联碱的化工厂。1958年，叶飞又抓了厦门电化厂，利用海盐电解生产烧碱，开国内首创。到1959年，全省化工产值从1952年的三百万元激增到将近三亿元，为后来化学工业成为福建五大支柱产业之一打下了极好的基础。

在一次中央工作会议上，毛泽东对叶飞说："福建是前线，没有安排大项目，也需要搞一个小钢铁厂。化肥要上，钢铁也要上，怎么办？"叶飞和伍洪祥、梁灵光等领导几经研究，决定在"二五"期间加快"二线"建设，兴建新的工业基地，改变福建工业都集中在沿海一带的格局。

1957年，叶飞等省领导与专家共同研究讨论后，决定将工业基地设在三明梅列。

1958年4月，福建省委批准成立党政合一的三明重工业建设委员会，任命省委工交部副部长张维兹为党委书记兼主任。

建设者们拿出了"革命加拼命"的精神，众人拾柴火焰高，1958年年底，一期工程的土建部分就宣告完成，开始安装调试。三明化肥厂上马后，三明钢铁厂也已进入生产阶段，叶飞很是兴奋，提出："三明钢铁厂于元旦出钢，来个开门红。"

1959年1月2日，三明钢铁厂一号转炉炼出了红彤彤的第一炉钢。按照当时的说法，中小高炉炼出来的钢是"土钢"，钢铁厂炼出来的钢为"洋钢"。恰逢大跃进的号角吹得正嘹亮之时，三明钢铁厂炼出来的这一炉"洋钢"，被赋予重大意义,成了福建现代钢铁工业进入新阶段的标志。

三明工业城起始于大跃进之前,在大跃进中形成,也因大跃进而赢得速度和时间。这个1957年还是仅有六千多人口、二百来万元工业产值的山区小县,经过四年多的日夜苦战,竟脱胎换骨,成为一个拥有六十来家大中小型企业和十二万人口、一亿多元工业产值的新型工业城市。

初到三明的人,很难将这个福建重工业基地与当初的那片荒芜联系在一起。可以说,崛起于沙溪河畔的三明新城,无不凝聚着叶飞的心血。

1961年2月,全国人大常委会委员长朱德到三明视察。朱德一行在叶飞的陪同下,视察了三明钢铁厂和三明化工厂。朱德一边视察,一边询问。对张维兹希望能安排一些轻工业以解决男青工的恋爱问题,朱德点头表示同意。

后来叶飞专门给上海市委书记陈丕显打电话,商谈此事。

叶飞(左二)视察三明钢铁厂

陈丕显回闽时还专门来三明,根据朱德的要求,安排了一些轻工业。

三明工业基地建设,如果没有叶飞的决心和气魄,难以在短短的四年多时间里建成那样的规模。它的建成,为福建地方工业的发展奠定了基础。虽然它基本上算是大跃进的产物,在大会战中也出现过一些失误,但正如伍洪祥所说:"我始终认为,省委的这个决策是完全正确的,叶飞同志是起着主导作用。"

1960年5月,国务院批准设立三明市。三明设市后,正赶上国家三年困难时期,但叶飞还是顶住重重压力,力保三明的工业建设不下马。到1962年年底调整后期,终因困难过大,才决定将三明工业城的一些建设项目下马,将三明市委改为三明地委。三明的工作重心虽由工业建设转向发展农业,但还是保留了基础,后来逐渐恢复。

1999年春,叶飞最后一次故乡行,得知三明这座全国闻名的精神文明城市,已拥有福建省最大的钢铁厂、化肥厂、重型机器厂、农药厂等各类企业三十三家,各类小型企业三千多家,感到万分欣慰。可以说,三明工业城的崛起和成长,是福建工业建设的一个缩影,叶飞的名字与这座城市已融为一体。

第十四章　热运动中的冷思考

运动中不盲从

1956年社会主义改造基本完成后，中共中央在八大会上明确宣布："我国国内的主要矛盾，已经是人民对于建立先进的工业国的要求同落后的农业国的现实之间的矛盾，已经是人民对于经济文化迅速发展的需要同当前经济文化不能满足人民的需要的状况间的矛盾。"如果年轻的共和国循着八大指明的正确道路前进，必将以更大的魅力和成就引来世界的瞩目，但历史不允许假设，新中国1957年的历史是由整风和反右派斗争书写的。

开展整风，愿望和开端都是好的，那就是密切党群关系，通过批评和自我批评，整掉主观主义、官僚主义和宗派主义的思想。只不过，其结果正如列宁所说："本来要进这个房间，却进了另一个房间。"因整风途中的风云突变，导致了共和国历史上第一次阶级斗争扩大化。

早在1956年11月召开的党的八届二中全会上，中央领导人就以当时波兰和匈牙利发生的罢工、游行示威和骚乱事件为鉴戒，强调在兼顾国家建设和人民生活的同时，必须警惕和防止干部特殊化和脱离人民群众，决定第二年开展全党整风，会后即进行酝酿和准备。1957年2月，毛泽东发表了题为《关于正确处理人民内部矛盾的问题》的重要讲话，从理论上阐述了当时存在着的不同矛盾，着重强调了要正确认识和处理人民内部矛盾。

就福建的情况来说,1956年秋冬以后,城乡确实相继出现了一些不安定的状况。面对人民内部矛盾日益突出的新形势,叶飞亲率工作组深入到社员闹缺粮、闹退社比较突出的基层调查研究,直接倾听群众意见。

经过调查,叶飞发现问题的根源在于干部脱离群众,搞强迫命令、违法乱纪和官僚主义。叶飞严厉地批评了种种不良现象,及时地解决了群众生活缺粮和生产缺钱的问题,提高了农民对合作化的认识,为争取他们今后参加合作社创造有利条件。所有这些,对激发群众的生产热情和扭转当时生产下滑的局面起了巨大的推动作用。

1957年4月底,叶飞驱车来到厦门大学调研,应校长王亚南、党委书记陆维特的邀请,在全校关于学习毛泽东在华东四省一市党委书记思想座谈会上的报告的动员大会上即席讲话。这个讲话反映了他此时的心得:毛主席讲矛盾有两类,一类是敌我矛盾,另一类是人民内部矛盾。这两类矛盾的性质不同,处理方法也不同,对敌我矛盾要压服,对人民内部矛盾则要说服,这就叫作民主。正确处理人民内部矛盾问题是新问题,我们工作中出现了官僚主义,在阶级斗争基本结束后,这个问题更加突出了。叶飞号召知识分子到工厂、农村去,和工农打成一片,从而解决自己的世界观问题。

1957年5月1日,《人民日报》发表了《中共中央关于整风运动的指示》,整风运动正式开始。

对这场整风,中央认为:"这次整风运动,应该是一次既严肃认真又和风细雨的思想教育运动,应该是一次恰如其分的批评与自我批评运动,应该多采取个别谈话或开小型座谈会和小组会的方式,一般不要开批评大会或斗争大会。"为了把党内整风运动开展得更轰轰烈烈一些,毛泽东还提出请党外人士帮助整风,支持采用鸣放的方法。在这样自上而下政治气氛比较浓厚的环境下,党外人士各种各样的说法相继出现,有些人利用共产党鼓励党外人士提意见的机会,发表攻击性和反党反社会主义的言论。毛泽东对此警觉日深,于5月15日深夜写下《事情正在起变化》一文,并立即送高级干部阅读。

在5月31日召开的省委扩大会上,叶飞传达了毛泽东《事情正在起变化》

等指示,讨论研究全省整风运动的情况。

在自上而下都鼓励大家对党提意见帮助党整风的强大宣传下,不少人完全拆除了心理屏障,对一些敏感的政治问题袒露心迹。伴随鸣放气氛越来越热烈而来的,是形势变得复杂起来,偏激和混乱从机关、文教系统迅速向全社会扩散,全省各地出现了种种不安定的迹象。

毛泽东密切注意全国的鸣放形势,对鸣放出来的意见,他套用王勃的诗说:"毒草与香花齐放,落霞与孤鹜齐飞。"有人预言,整风再这样搞下去,用不了一年,共产党就要分化,天下就要大乱。毛泽东警惕之余,开始酝酿反击的战略。6月8日,毛泽东为中共中央起草了《关于组织力量准备反击右派分子进攻的指示》。同日,《人民日报》发表了毛泽东亲自撰写了《这是为什么?》的社论,标志着反右派斗争的正式开始。

由此,从6月底至7月初,福建全省的整风运动转入了反右派阶段。中共中央在6月26日发布的《关于打击、孤立资产阶级右派分子的指示》中说,对右派分子的数量不要估计不足,划得太少,也决不要扩大化。尽管如此,指示却又强调,右派划得太少是右的表现,也是危险的。因此,福建的情况与全国差不多,在"左"的指导思想影响下,随着运动的深入,全省反右派斗争不断升温,一再扩大,被划为右派的人越来越多。

对这场反右派斗争,中央本来只打算用一个月的时间来开展,然后再转入搞和风细雨的整风运动。此时福建旱情十分严重,叶飞便决定暂停县级以下机关的反右派斗争,集中力量开展抗旱斗争,争取秋季丰收。但7月中下旬,中央在青岛召开省市委书记会议,不仅没有鸣金收兵,还进一步部署了这场斗争,毛泽东专此写了《一九五七年夏季的形势》。中央又接连下发文件,要求把反右斗争推向科学界和中小学教职员工,推向各个领域,"深入挖掘"。

党外反右派斗争进入高潮后,党内的反右也开始了。7月28日,《人民日报》刊发了社论《反右派斗争是对每个党员的重大考验》,直言不讳地说,中国共产党内也有右派,号召共产党员对党内的右派分子进行严厉批判,决不能对他们表示出"温情主义"。在此鼓动下,福建各地各单位唯恐反右落后,一些

党员也唯恐自己陷入右派的泥坑,纷纷进行各种各样的批判、揭露、告密,各种方式交织在一起,很快,党内反右派斗争就"战果累累"。

当时中央还没公布划分右派分子的标准,叶飞反复思考之后,提出要像朝鲜战争那样划一条"三八线",立两三个典型,以他们为标准。有错误言论可以进行批判,但不划为右派,今后其他人有类似错误的都不能随便打成右派。江一真和伍洪祥对此办法表示支持。

8月中旬,省委召开扩大会议,叶飞就深入反右派斗争、农村社会主义思想教育等问题做了部署。月底,叶飞又亲自和伍洪祥去晋江做工作,他谆谆告诫地委领导:"应当历史地全面地看待一个人,不能不看过去表现,不能一有了点错误就一棍子打死,如果这样反,打击的面就宽了。"

对知识分子的问题,叶飞是看重的。在1956年1月4日召开的省委扩大会议上,叶飞就着重谈到了有关知识分子的问题。他说:"做好知识分子工作,最主要的环节是对全党做好政策教育,弄通思想,提高领导水平,使我们党的组织成为不仅是军事战线上的能手、经济战线上的能手,同时也是文化战线上的能手。为此,必须坚决反对在知识分子工作上的右倾保守思想。譬如,第一,不看知识分子进步、有用的主要一面,只看他们工作成绩不大和一时尚无成就的一面;第二,不看党的政策的伟大号召力量,只停在办公室内墨守成规,人家进步了,我们的眼光还没有改变。"

1956年秋冬,中共中央召开了全国高级知识分子工作会议,会议的主题是贯彻落实高级知识分子政策,发展党员,调整职务,提高政治和生活待遇。毛泽东亲自接见了全体与会者。叶飞通过认真学习中央的有关文件和政策,深刻认识到一种新变化:知识分子现在的社会地位已经发生了根本性的转变,现在他们不是与地主阶级、资产阶级结合,成为地主阶级、资产阶级的知识分子,而是和工人阶级结合,成为工人阶级的知识分子。因此,知识分子是劳动人民的一部分,是和工人、农民共同建设社会主义的。党内的同志看不到这一变化,就是右倾,"也等于抹杀党几年来对知识分子进行改造的工作成就"。

叶飞还批驳了一提起高级知识分子,有些人就说其成分不纯,历史复杂;政治不纯,思想落后的偏见。他认为:"成分不纯,要教育他们从思想上割断关系;历史复杂,要进行系统的审查,老账交代了,就不看问题了;政治不纯,要贯彻反斗争,把他们搞清楚,真正反革命的只有百分之几;思想落后,要在实际工作中给予考验,并给他们以耐心的教育培养。"

针对党内对知识分子改造有思想抵触的现象,叶飞说:"主要的根源还是骄傲自大,看不起别人,认为天下是工农打出来的。不改变这种骄傲自大的情况,我们就有亡党亡国的危险。"

叶飞注重统战工作,对知识分子中的民主人士,悉心爱护。清末民初闽籍大名士、思想家严复的儿子严叔夏,精通中国文学史,叶飞安排他担任福州市副市长。反右运动一来,有关部门要把严叔夏打成右派,叶飞得知消息后,立即指示对严叔夏要划"三八线",予以保护。

不仅如此,在反右运动日趋深入之际,叶飞在7月29日还主持制订了《关于执行中共中央〈关于在一两月后吸收一批高级知识分子入党的通知〉的计划》。他指出:"为了建成社会主义,工人阶级必须有自己的知识分子队伍。"

曾任福州市委第一书记的张传栋回忆:"福建的反右倾,各级党委没有把知识分子作为批判的重点,这与在反右倾之前叶飞的一次讲话有关。"回顾历史,事情该追溯到1957年4月召开的省委扩大会议上,针对"把知识分子当作革命对象"等错误倾向,叶飞提出了严厉批评。

其实,即使在反右倾正当风头之际,叶飞对知识分子也采取了一些保护措施。这种保护延续到1959年更大规模的反右倾运动中。

"跃进"和"收兵"

1957年12月12日,《人民日报》发表社论,要求各地区、各部门把1958年的各项计划指标定得尽可能先进些。这实际上是发出了制定高指标的号召。在强大的社会舆论下,大跃进也就成了弦上之箭。

新年伊始,1月2日,在福建省召开的新年广播大会上,叶飞做了实现生产

大跃进的动员报告,指出十年后使福建成为千斤省。无论从当时还是今天来看,这个指标还是符合实际情况的。1957年福建粮食平均亩产已达四百四十九斤,从福建的地理、气候条件和历史种植经验来看,十年后粮食产量翻番,达到一千斤,可以说不成问题。

1月中下旬,叶飞出席中央在南宁召开的九省市委书记会议,会议主要讨论经济计划的国家预算问题。回到福州,省委一届二次党代会尚未结束,叶飞遂向大会传达了南宁会议精神。

会议响应党中央提出的号召,以"跃进的思想"重新修订了福建省第二个五年计划指标,提出了以提前五年即在1962年实现四十条为中心的大跃进规划,要求到1962年粮食生产争取成为千斤省。

对于工业的跃进,毛泽东当时提出两个目标:一是在十五年内,在钢铁和其他主要工业产品产量方面赶上或超过英国,一是各省地方工业总产值要在五年、七年或十年内,赶上或超过地方农副业总产值。对于这两个很是鼓舞人心的目标,全国各地都表示一定会达到,基于此福建当然也不甘示弱,于是提出:生产钢二十至三十万吨、生铁三十至五十万吨;在"二五"期间地方工业总产值,要从六亿多元增长到三十多亿元,赶上全省农业总产值。

这种高指标的产生有其来由。在南宁会议上,毛泽东严厉批评了1956年的反冒进,主张反冒进的周恩来、陈云为此做了检讨,这使得大多数与会者头脑发热起来。过去几年内一连串接踵而至的胜利,使得人们相信中国富强的目标可能在一个较短的时间内就会实现。会上,有人提出编制1958年计划时应搞两本账,一本中央的,一本地方的。中央与地方亦有两本账,一本是必成的计划,进行公开;一本是期成的计划,不公布。毛泽东接受了这个建议,并要各地将1958年计划在会后立即上报中央。由于有了两本账,各地生怕自己落后,纷纷拔高指标,这样一来,高指标就产生了。

对这段历史,时任国务院副总理的薄一波回忆说:"采用自上而下刮大风式的推动工作的方法,特别是在反'右倾保守'的紧锣密鼓声中,即使是正确的指示,也难免被扭曲,往往弄得面目全非;更不用说一系列过高的指标、求成过急的要求,一些并不科学或只在一定条件下见效的具体经验被拔高为普遍经验加以推广。"

关于福建修订"二五"指标,梁灵光有个说法:"以前福建的一些设想,还是比较切合实际的。可是,到了1957年夏季发动反右斗争以后,经济工作中'左'的倾向又开始抬头。中央发动全民讨论《全国农业发展纲要》修正草案时,广东和福建两省已有七个县粮食亩产达千斤,江西的自然条件差一些,但他们提出争取到1962年全省粮食亩产达千斤,把十二年实现纲要修正草案规定的指标提前了五年。这样,我们福建就沉不住气了,省委也提出全省提前五年超纲要。"

在1957年12月于杭州召开的华东六省市委第一书记会上,毛泽东说:"你们这些当第一书记的,要抽出时间到外省去跑一跑,不要老死不相往来。"针对毛泽东的这一指示,叶飞在1958年2月于南平召开的省委常委扩大会议上提出,省委委员、厅局党组书记要走出大门,变成旅行家,而且每个人下去至少要发现一条先进经验,还要打破一条常规。会议结束后,他亲率二十来人,到广东取经学习。

叶飞所率参观团先去了海南,3月下旬到达汕头时,接到刚刚结束的中央成都会议的文件。成都会议是毛泽东主持召开的一次中央政治局扩大会议,会议讨论通过了《关于发展地方工业问题的意见》,正式提出各省、自治区应该在大力实现农业跃进规划的同时,争取五年或者七年的时间内,使地方工业的总产值赶上或者超过农业总产值。为了实现这个目标,党中央号召"全党办工业,全民办工业,各级办工业","立即行动起来,让地方工业遍地开花",造成"机器到处响,工厂遍城乡"的新局面。

叶飞在传达成都会议精神的同时,又接到了出席中央紧接着召开的武汉会议的通知。叶飞飞赴武汉参加中央工作会议。在各省市汇报中,毛泽东都有插话和指示,主要是给没有参加成都会议的省市委书记进行补课。

毛泽东说:"现在做工作有两种心情,一种是高高兴兴轰轰烈烈,一种是冷冷清清凄凄惨惨戚戚。你们不要学李清照寡妇的心情,即是冷冷清清

凄凄惨惨戚戚、慢慢吞吞地工作,应该是高高兴兴轰轰烈烈、生龙活虎地进行工作。"

叶飞在汇报福建情况时说,南宁会议六十条没有传达的时候,跃进的思想是树立了,但不牢靠,传达六十条后,思想才大解放,因此出现了工作的大跃进。他在汇报中着重批评了中庸之道、不敢跃进和求稳的思想。

叶飞从武汉返回后,于4月14日在福州召开地县委书记会议,传达贯彻成都会议及武汉会议精神。

成都会议和武汉会议精神的传达,尤其是武汉汇报会上毛泽东所做的那些插话,令福建各级领导干部既振奋又紧张。于是,从省到地市县都搞起两本账,不管办到办不到,都对经济指标进行加码。

4月23日,毛泽东又给各省、市、自治区党委书记写信,叮嘱他们立即连夜加班,研究本地情况,看看到1962年地方工业总产值能够达到何种程度,做一个表,于5月5日来京参加八大二次会议时带来。接到指示信时,叶飞正在永春县主持召开全省现场会。他于4月26日至27日就地召集各地市委书记讨论两天后,立即回复毛泽东:"我省地方工业总产值将由一九五七年的六点四三亿提高到一九六二年的六十七点六亿……"

5月,叶飞赴京参加八大二次会议。这次会议通过的第二个五年计划指标比八大一次会议建议的指标,工业方面普遍提高一倍,农业方面普遍提高20%到50%。会上还指责当时许多比较实事求是、对高指标和大跃进抱怀疑观望态度的人是"观潮派"、"秋后算账派",说他们举的不是红旗而是白旗,号召在各地区、各部门都要"拔白旗,插红旗"。

1958年6月中旬,福建省委为贯彻八大二次会议精神,召开扩大会议。会议着重研究农业、工业大跃进问题。当时提出粮食、钢铁、机械三个"元帅"。叶飞深知,粮食是第一,搞不好,其他"元帅"也都不能升帐。因此,他对粮食看得很重,在有关农业问题的讲话中要求大家下决心实现千斤省。

大跃进的一个突出现象,就是全国各地争放"卫星"。在农业大跃进之时,8月,在北戴河召开的中央政治局扩大会议正式做出了在农村建立人民公社的决议,人民公社化运动由此波澜壮阔地在全国开展起来。

早在6月初,福建就有地方开始筹备试办人民公社。在这次北戴河政治局扩大会议前十天,也就是8月10日,福州市郊鼓山乡召开第一次社员代表大会,正式宣布鼓山人民公社成立,公推八大代表、全国人大代表、全国农业劳模郑依姆为公社主席。作为省委书记,叶飞对这个新事物的诞生自然格外关注,特地表示了祝贺。

1957年5月9日,叶飞(右)在福州鼓山农业社参加劳动后与农民谈心

关于人民公社化,在北戴河会议上,叶飞和华东一些同志有所顾虑,考虑现在生产正忙,没有准备,也没有经验,怕一下子搞乱。福建还要炮战,领导力量被前线拖住了,因此,叶飞认为福建应当在秋后再搞。他在北戴河指挥八二三炮战后赶回厦门,第二天就召开县委书记以上干部参加的电话会议。叶飞向大家打了招呼,说:"当前,我们福建更重要的是把前线打炮搞好,精力紧张,搞不过来,公社化就不要急,实在要搞的话,一个县搞一个试点是可以的,待取得经验后,在秋后再普遍推开。"

但这个招呼并没有起到控制的作用,炮战空隙,叶飞从厦门前线回福州,沿途看到广大农村都已经搞开了。得知自己所关注并树之为全省农村样板的闽侯城门乡也成立了人民公社,他特地前往察看,感到还不错。由此考虑,既然控制不住公社化的脚步,如果不去领导,有可能搞得更乱,还不如同意开展的好,但他还是希望有步骤地进行。

令叶飞始料不及的是,中央关于人民公社化的决议发出仅一个多月,福建省就把十七万多个高级社合并为六百多个人民公社,加入人民公社的农户数占全省农村总户数的99.9%,就这样宣布实现了人民公社化。

他也没想到,以"一大二公"(指人民公社第一规模大,第二公有化程度高)为特点的人民公社,实行起"一平二调"(平均主义和无偿调用物资和劳力)的政策来,带着强迫命令。不仅社员的自留地将被逐步取消,副业统一归社经营,连房前屋后的零星果树和林木也收归公有,牛羊也献给公社。人民公社不仅在组织形式上实行"三化"(组织军事化、行动战斗化、生活集体化),连社员吃饭的口味也统一化,三餐带着碗钵到公共食堂排队盛一样的饭、一样的菜,一切听公社的指挥调度。

刚开始,叶飞的头脑并不热,因此思想也跟不上形势。大跃进、公社化陆续出现的问题,他看在眼里,也觉得有些纳闷,但转眼又从最积极的方面去考虑。因此,当得知城门公社已在全省率先实行基本生活资料供给制,全社所有成员吃饭、吃菜一律不要钱,取消粮食定量,口粮"各取所需",衣服也由公社供给,社员子女教育费用也全部由公社供给时,他是由衷的高兴的,认为这就是理想的蓝图。

1959年春节期间,叶飞专程到城门公社,他想看看老百姓吃得怎么样。谁知,都快没饭吃了。叶飞既吃惊又着急,对随同前来的闽侯地委书记温附山说:"我们福建迟了好多天才放开,放开还没吃满三个月,食堂怎么就办不下去了?"

大跃进运动的主要标志是片面追求工农业生产和建设的高速度,不断大幅度提高和修改计划指标。1958年6月中旬,福建省委为研究农业、工业大跃进问题召开了扩大会议。

会议期间,华东局第一书记柯庆施给叶飞打电话说,刚刚通过的全国"二五"规划又做了修改,钢的产量不是七年赶上英国,而是明年就要赶上英国。华东区明年钢的生产任务是八百万吨(一说六百万吨),只许成功,不许失败!福建不能拖华东的后腿!

柯庆施的语气很急,因为他事先已把这个数字报告给了毛泽东。在1957年12月的上海党代会上,他还做过一个叫《乘风破浪,加速建设社会主义的新上海》的长篇报告,具有鼓足干劲、力争上游的大跃进精神,得到了毛泽东的极度赞赏,成为南宁会议的先声。如今在华东工业会议上,听福建同志汇报说，福建下半年只能搞七万吨铁，这可叫柯庆施出了一身冷汗。要知道，福建与上海协作关系密切，福建的许多设备由上海制造，上海需要的生铁主要靠安徽和福建供应，如果福建下半年只搞七万吨铁，那华东的几百万吨钢怎么上去呀？

叶飞当然不希望福建拖华东的后腿，他让柯庆施定个数字。柯庆施说："你们福建能够搞到二十万吨，华东就没问题了。"

二十万吨比之于八百万吨，有点微不足道，柯庆施算是照顾福建了，叶飞还有什么话可说。

1958年8月17日至30日，中共中央在北戴河举行政治局扩大会议。在会议开幕的前一天预备会上，毛泽东提出了"书记挂帅，全党全民大办钢铁"的方针。会上讨论通过了四十项决议，其中公开发表的两个主要文件之一便是《中共中央政治局扩大会议号召全党全民为生产一千零七十万吨钢而奋斗》。随后在全国掀起了大炼钢铁运动。

1958年的大炼钢铁运动在福建是怎样开场的呢？叶飞的说法是："大炼钢铁我们和全国一样，但因为金门打炮，运动开始的时间比人家迟一点。记得全国是8月份开始的，我们是在9月13号国防部文告发表后，前线的底细明确了才开始的。原来还想厦门前线的战争是我们、蒋介石、美国，打三岔口仗，估计搞不好我们可能变成朝鲜战场，所以不能大搞。后来9月中旬国防部发表文告，我们对前线有了底了，开始大搞……大炼钢铁我也是全力以赴的，全国所有省委第一书记也都是全力以赴的。"

对钢铁生产，福建在7月份才开始抓，基础不牢，经验不足。8月份福建沿海连续三次遭受台风袭击，加上金门炮战，地县忙于抢收抢种和支前，领导力量顾不上钢铁这头。如今面对这繁重的任务，到年底只有一百二十天，叶飞显得非常焦急。

9月10日，福建省委召开地市县委电话会议，号召全民大炼钢铁，但由于种种原因，到9月底，福建的钢只完成了中央分配数的1.3%，铁完成了11.3%，与任务要求相去甚远。

北戴河会议后,中央先后四次召开电话会议催促。叶飞和江一真召集各地市委书记座谈,向大家传达了毛泽东关于钢铁少、处于被轻视的地位,必须大炼"争气钢",增强实力,改变落后面貌,以及要大搞群众运动、书记挂帅等指示。

1959年10月1日,叶飞(前排中)在福建省、福州市各界庆祝国庆十周年时讲话。前排右一为韩先楚

10月中旬,大炼钢铁运动进入高潮,全省共有三百万强壮劳力上山烧炭炼铁,学校停课,商店关门,有的工厂还停工、停产去支援炼铁,一切都为"钢铁元帅"让路。从城市到农村,处处炉火冲天,漫山遍野炭窑冒烟,形成了"千军万马奔上钢铁战场"的局面。

不久,省委在龙岩召开全委会议期间,华东局给叶飞打来电话,要求福建在一周内调两万吨铁供应上海炼钢。为完成这个任务,并使钢铁生产来个更大的飞跃,叶飞决定组织第四次钢铁战役。

第四次钢铁战役,被称为"规模空前的总攻势"、"决定全局的'淮海战役'"。全省转战钢铁战线的群众达四百多万人,占全省半劳力的70%以上。一时间,人海炉海,遍地鏖战。

虽然为完成上级交给的任务而发动了第四次钢铁战役,但叶飞并不是没有留余地。他叮嘱拟赴上海的伍洪祥,把福建的情况当面向华东局汇报,并向华东局强调:如果不安排劳力把田里的粮食收回来,明年福建的日子将很难过。

华东局秘书长魏文伯听了伍洪祥的汇报,马上打电话通知叶飞来沪商量。第二天叶飞一到,魏文伯马上召集华东局有关领导开会听取叶飞的汇报,同意福建省委的意见:暂停动员群众上山炼铁,先抓好秋收和粮食入库工作。不久,《人民日报》头版发表了一篇题为《抓好秋收,颗粒归仓》的社论,指的就是此事。

对于组织钢铁战役,叶飞坦承:"这和我的工作作风有关系,和过去打仗一样,执行任务坚决,不完成任务不收兵。"

在总结这一历史教训时,他说:"1958年10月龙岩会议如果能够组织收兵,就会好一些,可是那次会议,不仅没有组织收兵,而且为了全国也有我们一份,不愿意弄个我们没有完成,龙岩会议组织了一次最后战役。事实那时我们可以不完成,因为中央讲过,你们福建是前线,可量力而行,我们没有量力而行,组织了一次最后战役。那时是强迫命令,(因为)那时候有人抵触……为什么要那样搞呢?就是那时山区秋收到了,企图最后搞一下,把任务完成,转入秋收。龙岩会议后,到上海听到第一次郑州会议传达,才知道全国各地已收兵了,才打电话回来,叫江一真不要按原计划做,要收缩,但见识迟了,收兵晚了。这个我要负主要责任。"

此时,毛泽东看出了问题,于11月份接着召开了武昌会议和八届六中全会,批评"务虚名而受实祸",开始"压缩空气",纠正"左"的错误。福建省委根据中央和华东局的指示,对钢铁生产任务又做了调整,钢由五万吨降至一万吨,支援上海的铁改为十四万吨。

至11月底,全省共产铁二十万二千吨,产钢一万四千六百吨,算是提前并超额完成了调整后的钢铁生产任务。

一枝一叶总关情

1958年11月,毛泽东主持召开第一次郑州会议,提出纠正左倾错误。福建和全国各地一样,也为纠"左"进行了初步的努力,但跃进的思想还是贯彻于各项工作中。

问题接踵而来。由于高指标、共产风等左倾错误的严重泛滥,1959年春以后,福建同全国各地一样,国民经济开始出现了困难局面。困难主要表现在粮、油、副食品以及其他生活用品的供应方面,而最先出现和最主要的困难是缺粮。为此,叶飞忧心忡忡。

1959年大年初一,叶飞率省委秘书长及组织部部长来到城门公社,这是叶飞第三次到城门公社拜年,眼前的情景是农民们快没饭吃了。

叶飞既惊又急,对随同前来的闽侯县委领导说:"究竟哪里出了问题,还是请社员朋友一起来座谈商量吧。"

在这次调查和座谈会中,叶飞还听到了社员们对"一平二调三收款"的批评。"一平",就是平均主义;"二调",就是无偿调用物资和劳力;"三收款",就是把所有贷款,包括贫农基金全部收回。

不久,叶飞又轻车简从来到莆田涵江公社搞调研。这里群众对"一平二调三收款"的反映最为强烈,也最为不满。

不少社员纷纷对叶飞诉起苦来:"我们辛辛苦苦养的猪,凭什么不给钱就调走归公社了?还不如死掉的好,把猪搞死掉起码还可以吃肉。"

叶飞总算明白了,为什么最近各地叫喊猪瘟特别厉害。什么瘟啊,就是这个"猪瘟",宁愿死了,死了还可吃到肉。

他听到了一些更妙的对付政府的办法。有的地方平时派人站岗放哨,公社来生产队调时,群众就把猪栏打开,把猪放得满山跑。公社明知这是串通好了的,可有什么办法呢,猪栏里确实空空如也。等公社干部一走,社员们马上把猪赶回了家。

叶飞听说此事后,不无讽刺地对公社干部说:"这种事,我们也会干,我就是个生产队长嘛。"

叶飞不由得陷入了深深的思考:"我们老是批评生产队长党性不强,搞本位主义、分散主义,还动辄以撤职相威胁。其实,我们也是干过这一套的,有本位主义思想的。这本位主义,该从何谈起呢?又该如何考虑体制问题呢?从省里到公社这些搞法,究竟对不对头?"

当时全国各地已陆续在开展反本位主义了,福建省还没有动作,对这次去涵江,叶飞后来坦承:"差一点点……就想搞反本位主义、搞反分散主义,大批评一顿,本来是想在涵江搞开之后,在莆田全县展开,如果行,再在全省展开。"

这次调研中了解的真实情况以及社员群众的呼声,却让叶飞对开展反本位主义好生为难,他觉得自己这个当省委书记的,也难免有本位主义。就在这两难之际,中央通知他赴郑州参加政治局扩大会议,于是他把晋江地委书记张桂如留下继续调研。

这次二三月间召开的政治局扩大会议,史称第二次郑州会议,主要讨论公社整顿中的问题,纠正共产风,指出这是目前党同农民关系紧张的根本原因所在。在与会的领导干部中,叶飞是第四批去的。

当毛泽东抵郑州时,正值河南开六级干部(省、地市、县、公社、大队、生产队)会议,提倡贯彻一盘棋,对所谓本位主义、分散主义进行大批评。毛泽东却指出:"什么本位主义和分散主义啊,恰恰是你们的平均主义,你们的冒险主义、左倾机会主义,人家是对的,合法的。"还说:"农民反抗,这件事情干得好;瞒产私分,这件事情干得好;深藏密窖,站岗放哨,这件事情干得更好。我们要感谢六亿农民,感谢上千万队的干部坚决抵抗,不这样抵抗,我们不会发现问题。你们要反他们的本位主义、分散主义,我看要反你们的平均主义、冒险主义、左倾机会主义。"

会上,毛泽东对"一平二调三收款"的共产风做了严厉批评,认为在体制问题上得罪了农民。针对国家征购生产队的物资,过去高级社时生产队能得到钱,现在调走不给钱便归公社这事,毛泽东挖苦说:"公社是半路插进来的干爹,儿子根本不是他生的,他什么力也没出,一下这样是我的,那样又是我的。过去地主收租七成归他,三成归农民,我们现在跟地主一样,三七开。我们这样搞,农民不反对才有鬼。"在指出种种问题后,毛泽东说:"这样下去,我们非垮台不可。"

毛泽东的话,引发了叶飞的许多思考,他觉得自己在实际工作中许多事情也要反思、检讨。他后来说:"这次一看主席讲话,我就大吃一惊,因为这些现象我们都懂得,你说官僚主义也没有那么严重,现象都懂得,我们就不能透过现象去看本质。就是说,我们发现这些问题,不会分析问题,还不会解决问题。所以这次主席把问题一讲,那是使我的思想一大提高。主席究竟是主席,我们不能吹牛皮说这些我早就知道……不要吹了,这些我们都懂,都懂又不懂。所以主席说,发现了问题,亦即发现了矛盾,这是第一阶段,叫作感性阶段。我们第二阶段就没有了,更不用说第三阶段了。分析问题,即揭露矛盾、分析矛盾,从现象来分析它的本质是什么。也就是抓本质,抓住主要矛盾,这个过程叫作理性阶段。找出主要矛盾了,就是所有制问题、等价交换问题,把过程违反了,没有一个过程,这就是找到本质了。找到关键,找到了主要矛盾,然后提出解决办法。解决问题,主席叫作综合阶段。我们糊涂的是,只停留在第一阶段,到了第二阶段就钻不进去了,搞得头昏脑涨。"

3月8日,回到福州的叶飞召开省委会议,传达第二次郑州会议精神及毛泽东的指示。他指出:"我们千不该万不该干了这么几件事(指'一平二调三收款'),天下大乱了,怪不得农民就坚决抵抗。"他剖析犯此错误的原因在于"三个误认",即误认社会主义为共产主义、误认按劳分配为按需分配、误认集体所有制为全民所有制,取消了等价交换,无偿剥夺了他人劳动,不是按劳付酬,而是有劳无酬。总而言之,是忘记从基本生产队所有制转变为基本公社所有制要有个过程。

在指出政府与农民关系相当紧张后,叶飞站在农民的角度说出了他们的心声:"农民坚决抵抗,中央、省、地、县、公社我们五级脱离了他们,只有队一级的干部与他们在一起,队长、支部书记真正是农民的领袖。生产队长胆子为什么那么大呢?就是群众拥护。"

此前,武汉会议通过了《关于人民公社若干问题的决议》,指出:"不能混淆集体所有制和全民所有制的界限,更不能混淆社会主义和共产主义的界限;农业生产合作社变为人民公社,并不是由集体所有制变为全民所有制,更不等于由社会主义变为共产主义。"

决议公布后，一般农民对中央放心了，因为中央在武汉会议上讲得很清楚，两个过渡，集体所有制和全民所有制有所差别，等价交换，按劳分配，这些原则都提出来了。因此农民对中央放心，而把气集中在了公社身上。所以，叶飞建议各级领导干部都要考虑"下楼"问题，并说这个楼梯毛主席已替我们搭了（主席"找出了主要矛盾，提出了解决问题的方针政策和办法，这不是搭了一个楼梯吗"），就看我们下不下来。说到干部"下楼"，叶飞认为最难"下楼"的，一个是省一级，一个是公社一级，公社处在第一线。对干部"下楼"问题，叶飞率先垂范地做了检查，同时号召各级干部勇于"下楼"，密切同群众的关系。

为了使中央的精神和政策迅速同最基层的干部和群众见面，3月10日至21日，叶飞又主持召开了福建省六级干部会议，传达贯彻第二次郑州会议精神，并做了《整顿人民公社的管理体制和若干政策问题》的报告。

叶飞希望能在这次空前规模的六级干部会议上，把干部们的思想和认识统一到中央会议精神上来。

毛泽东在第二次郑州会议上的指示和中央关于整顿人民公社的方针（其核心就是所有制问题）公布后，又经这次六级干部会议，福建农村的形势有所好转。不仅调和了连续几个月来政府跟农民的紧张关系，而且调动了农民的生产积极性。有个明显的比较：年初各级政府发动搞积肥，农民们说肥料没有那么多。现在后悔了，说骗来骗去骗自己，于是重新投入劳力，大搞积肥运动。过去土地推来推去，踢皮球，没人要，现在却争着要。

接到各地的情况汇报，叶飞真是感慨万端。现在只是传达中央关于整顿人民公社的方针和毛主席的指示，同时把工作上的错误一纠正，把公社的所有制问题一解决，群众的干劲就鼓起来了。

4月1日，各地市委第一书记向省委汇报了1959年粮食的包产指标，全省合计一百八十多亿斤（此时永安专区、闽侯专区已撤销），比之于一个月前的二百六十亿斤，这个指标明显又做了大让步。

4月2日晚，省委办公厅根据省委第二书记江一真交代的意见，向正在上海出席中央八届七中全会的叶飞做了包产、粮食等问题的汇报。叶飞提出四

点意见。次日,省委办公厅以特急的形式将叶飞的四点意见转告各地市委,要求尽速研究执行。

4月18日,叶飞收到周恩来的来信。周恩来在信中谈了十五省两千多万人口无饭吃的大问题。这十五个省就包括福建在内,他要求福建省委迅速核实情况,采取措施,解除春荒缺粮的紧急危机。

接到周恩来的来信,叶飞对这个问题高度重视。经过调查,到4月上旬,全省粮食库存量竟降至解放以来从未有过的最低水平,"紧张情况已发展到最严重的程度,稍有疏忽,就有脱销和饿死人的危险"。

为了度过粮荒,并防止浮夸,他对粮食问题,尤其是各地的包产指标抓得更紧了。

5月26日至28日,福建省委在泉州召开会议。在谈到农业生产、粮食征购等问题时,叶飞说:"下级干部所以会有强迫命令作风,陷于脱离群众的困境……最根本的原因就是由于我们(所谓上级)脱离实际、脱离群众……"泉州会议尽管开始压缩了膨胀的空气,调低了粮食生产指标,但仍然定下了过高的征购任务。

1959年6月27日,省委召开省直机关处长、福州市科长以上干部大会,叶飞就有关当前经济生活问题做了报告。

他不回避今年全省经济生活紧张的情况,并围绕粮食紧张和市场问题展开谈话,摆了一出经济生活的龙门阵。

在会上,叶飞就福州在工业方面取得的成绩进行了肯定,但也提出,应该冷静思考,尽快压缩一些工业建设项目。

三个"主帅"上下马之争

5月下旬,叶飞在泉州主持省委会议调整基建计划,会上虽做出了将全省计划的二百一十八个工业建设项目下马一百一十四个的决定,但老实说,叶飞是忍痛同意的,对中央安排福建下马的一些工业建设项目就更舍不得了。

对1959年中央下达停建的五个大项目,福建省委为此专门召开省委常委会,大家争论来争论去只愿停三个。其中,对三明钢铁厂要不要下马问题,争论最为激烈。不少人说,我们花了三年时间,从荒滩上建起这样一个现代化的钢铁工业基地,如今下马了,以后还要不要上？还要不要赶超英美？

在接到中央下发的重新调整计划的通知前,省委就已批准三明钢铁厂1959的建设规模,定做"二炉三转",就是炼铁高炉两座、炼钢转炉三座。按设想,如果"二炉三转"建成了,按其设备生产能力,一年可产钢二十万吨。中央关于三明钢铁厂下马的通知下达时,该厂已基本建成"一炉二转",还剩下"一炉一转"。几乎所有的常委、副省长都不赞成下马,但在讨论三明钢铁厂出路问题时,大家说法不一。有的提议,保留已建好的"一炉二转"就算了,还未建成的"一炉一转"就不要搞了。叶飞的态度是:关于三明钢铁厂下马问题要向中央说明情况。福建穷,工业基础又弱,保三明钢铁厂,不到黄河心不死。无论如何要请求中央照顾,今年下半年把最后"一炉一转"建成。

叶飞这么个态度,除了有一些感情因素外,也有理由:一是三明钢铁厂所需设备基本上都到齐了,不建太可惜了。二是建起来后可以满足生产,附近有矿石,厂内外的运输也都已搞好。

叶飞提请省市各部门讨论的还有古田水电站要不要下马的问题。堤搞成功,蓄水了,机组也安了,发电了,这个还搞不搞？是不是保证它,无论如何不要后退？

第三个讨论的问题,事关糖厂。福建有两千多年种甘蔗的历史,农民有着丰富的种甘蔗榨糖经验。从1955年以来,福建天天都讲要办糖厂。冲着种甘蔗榨糖有个好收入,许多地方的农民响应政府的号召大种甘蔗。可让人伤脑筋的是,因为省里早就宣传1958年无论如何要建成糖厂,农民就把原先榨糖的土设备也搞掉了,岂料到头来却是两头空。糖厂未建起,政府没法收购甘蔗,号召"全民吃甘蔗",可也只吃到20%,许多蔗农是一边吃甘蔗一边掉眼泪。

糖厂未建好,就面临下马问题。叶飞认为从1955年就喊要办糖厂,号召农民种甘蔗,可四年下来没兑现,让农民吃了大亏。可现在又宣布不办糖厂了,怎么交代得过去！因此,今年无论再困难,糖厂都要建起来,何况现在全国的

糖生产和出口都相当紧张,建好对国家也有利。这事现在就要大力抓。

根据大家讨论的情况,叶飞为建设战线排了个队,把三明钢铁厂、古田水电站、糖厂列为"正帅",指出不能半途而废。如果中央批准了,再难也要把这些项目搞完。

大家对三个"主帅"不下马表示支持,认为如果停下来,会造成大的损失。

看到大家与省委想到一块了,叶飞深感欣慰。

从1958年11月的第一次郑州会议,到1959年7月在庐山召开的政治局扩大会议前,中共中央领导全党为纠"左"进行了初步的努力。福建的纠"左"工作,在叶飞的领导下也取得了一些成绩。

但对于大跃进,叶飞还是和上级保持了一致,认为成绩还是主要的,而发生错误的原因是"经验不足"。在《关于当前经济生活和市场问题》的报告中,他说:"虽然没经验,去年一个大跃进究竟还是搞出来了,有许多事情如果不是去年那样搞就很难设想。"

8月初,叶飞赴庐山参加中共八届八中全会。八届八中全会的召开有其来由。7月2日至8月1日,中共中央在庐山召开政治局扩大会议期间,政治局委员、国防部部长彭德怀给毛泽东写了一封信,在肯定1958年成绩的基础上,着重指出大跃进以来存在的一些严重问题及其原因。毛泽东将彭德怀的上书印发给会议,并建议于8月2日至16日召开八届八中全会。在这次全会上,错误地通过了《关于以彭德怀同志为首的反党集团的错误的决议》和《为保卫党的总路线、反对右倾机会主义而斗争》等文件,认为彭德怀、黄克诚(总参谋长)、张闻天(外交部副部长)、周小舟(湖南省委第一书记)组成了"反党集团",实质上否定总路线的胜利、否定大跃进的成绩,反对群众大办钢铁运动、反对人民公社运动、反对经济建设中的群众运动、反对党对于社会主义建设事业的领导即"政治挂帅",犯了"具有反党反人民反社会主义性质的右倾机会主义路线的错误"。

8月20日,叶飞从庐山回到福州,当晚就召开有公社、基层厂矿企业和中等学校以上党委参加的电话会议,传达八届八中全会公报和开展增产节约运动的决议,部署当前工作。

8月24日,叶飞主持召开省委一届十六次全体(扩大)会议,进一步传达、学习贯彻八届八中全会精神,听取毛泽东、刘少奇在庐山会议上的讲话录音,解决对所谓"反党集团"的思想认识问题,并联系本省揭批所谓"右倾机会主义"的思想、言论和活动。

会议期间,一场四十年未遇的十二级台风在龙溪地区的海澄县(1960年,海澄县与龙溪县合并为龙海县)登陆,给闽南地区带来了惨重的损失。于是,叶飞决定8月28开始暂时休会,各级领导深入第一线检查指导抗风、抗洪斗争。

抗灾告一段落后,9月10日,省委扩大会议继续进行。随着反右揭批的深入,有人揭发省委书记处书记、新任省长江一真和省委书记处书记、省委监委书记、常务副省长魏金水以及省委委员、省委宣传部副部长、省委党校副校长卢叨,曾对大跃进运动讲过一些不满的话。经过一番批判之后,江、魏、卢等被定为"反党集团",并撤销了他们的主要职务。省委要求全省党员"站稳立场,划清界限,彻底肃清以彭德怀为首的反党集团和以江一真为首的反党集团的影响"。

对福建揪出"江魏反党集团",给江、魏等人定性时,叶飞心里始终充满矛盾,建议保留江、魏的职务,要给江、魏、卢三人工作。他后来说:"庐山会议后开省委全体(扩大)会议,开始没有搞江一真,开始批判面比较宽,但是江魏问题出来以后全面缩小了,也集中了……"

第十五章 炮击金门

中南海点将

1958年7月,在美英帝国主义国家的武装干涉和威胁下,中东形势骤然紧张。

在中东政治、军事斗争日趋激烈时,7月17日,蒋介石新成立的战时内阁宣布进入"特别戒备状态",将三分之一的兵力集结于金门、马祖等外岛地区。一时间,台湾"国防部部长"俞大维、"总参谋长"王叔铭、"陆军总司令"彭孟缉、"空军总司令"陈嘉尚、"海军总司令"梁序昭等高级将领车水马龙般地到金门、马祖地区活动。蒋介石也亲临金门详示机宜。台湾当局不仅在外岛配置重兵,还接连进行以大陆为假想敌的军事演习,同时加强空军对大陆的侦察活动和袭击准备。在国民党反攻大陆呼声甚嚣尘上之际,美国海军参谋长甚至扬言,美国海军正密切注视台湾地区局势,随时准备进行像在黎巴嫩那样的登陆。

毛泽东从国际战略全局上声明,中国政府支持伊拉克、黎巴嫩人民反抗美英的侵略斗争,同时运筹东南沿海军事斗争,定下炮击金门决策,一则打击台湾当局的嚣张气焰,揭穿其反攻大陆的神话,以争取长期稳定的和平建设环境;再则配合当时阿拉伯人民反对美国侵略的斗争,把美国的注意力和海上力量吸引到远东地区来,以减轻中东的压力;三则试探美台《共同防御条约》和《台湾决议案》的效能及美国在台湾地区介入的程度。至于是否进行登岛作战,则视情而定。

北京笼罩在紧张的气氛中,地处东南沿海的福建,时值强台风肆虐的季节,也是紧张万分。

7月17日,叶飞率机关干部和部队官兵帮助闽侯农民救灾抢粮。

就在这天上午,总参谋部作战部部长王尚荣中将正通过军委内线到处寻找叶飞,把电话接到了离叶飞劳动地点最近的部队。王尚荣在电话里告诉叶飞:"遵照毛主席指示,中央决定炮击金门,指定由你指挥!"

此时的叶飞,已卸下福州军区司令员一职,虽还是军区第一政治委员,但一年前工作重心就已转到省委这边,抓地方工作了。照理应由军区司令员韩先楚指挥,但这次让叶飞指挥是毛泽东的决定。叶飞不便再说什么,从福州军区出来,立即通知召开省委会议。他对工作做了简单的安排,指定江一真代他主持省委日常工作。随即组织前线指挥所,以军区副司令员张翼翔中将兼任前线指挥所参谋长。

第二天,叶飞和张翼翔等驱车奔赴厦门,把前线指挥所设在云顶岩。这里依山傍海,直视金门,有对峙的南北两座小山做庇护,既隐蔽又安全。司令部则设在云顶岩反斜面敌炮火死角处。自1954年的九三炮击后,叶飞已经四年没指挥打仗了,但重新拿起指挥棒,对他来说仍旧是轻车熟路。

为使炮战达到突然性和有效性,一切备战前工作都是在极其隐蔽的情况下进行的。由于7月初福建沿海遭受台风袭击,遭遇三十年少有的暴雨,全省桥梁、公路、铁路损坏严重,给参战部队的行动增加了极大困难。

摩托化炮兵部队因泉州大桥被洪水冲断而不得不让部分炮车绕道金鸡桥而行。

东海舰队副司令员彭德清少将接到赴闽担任海军前线司令员的命令后,乘坐火车赶往福建参加作战会议。可由于铁路路基遭大雨损坏,一进邵武站就走不了了。同乘一辆车的南京军区空军司令员聂凤智,这位新任空军福建前线司令员的中将,也正为走不了而发急。两人都认为铁路路基受损,要好几

天才能修复。聂凤智给叶飞打电话说明情况后,叶飞的答复很坚决:"最多耽搁两天,保证行车。"在铁路沿线军民的同心协力下,不过一天就让火车开走了。

支前工作保障有力,做到了"要人有人,要物有物"。

7月23日,叶飞部署了厦门和莲河两个炮兵总群。厦门炮群由第三十一军负责,兵锋所向小金门和大担、二担;莲河炮群由第二十八军负责,对付大金门,并在晋江围头角增配六个海军海岸炮兵连,以牵制和封锁料罗湾。空军则有两个飞行团分别隐蔽进入汕头、连城基地,海军有两个快艇大队隐蔽进入三都澳、汕头。陆海空三军分别按预定目标成功实施了转场(总指挥部和炮兵、海军指挥部设厦门,空军指挥部设晋江),支前备战任务如期完成,叶飞向北京发报:

主席、军委:

兹将各方面作战准备情况报告如下:

一、现已集中陆、海军炮兵三十个营的兵力部署于厦门地区(包括大小嶝岛、莲河围头地区),准备打击大、小金门岛之敌。另集中陆海炮兵三个营两个连部署在黄岐半岛地区,准备打击马祖岛之敌。

二、弹药三个基数(约五万发),一个基数已调拨前线并分发完毕,其余两个基数正在运输中。

三、战场布置、阵地和工事,二十四日可以准备完毕。

四、后方物资、弹药仓库和库厂、铁路要点、运输枢纽防空和维护工作已做了部署。

五、准备担任作战的炮兵部队,二十四日拂晓前可以进入隐蔽待机的位置,晚上可以全部进入射击位置。

我们预定的作战方案是:

一、在同一时间对金门、马祖之敌予以突然猛烈的炮兵火力袭击,重点放在金门。

二、对金门打击目标:集中袭击敌人的锚地、炮兵阵地和重要仓库。

三、然后即准备转入对空作战,并以海岸炮兵火力封锁敌港口及机场,不断地打击敌人的炮兵及有生力量。

四、为了保密,在战斗未发起前,我作战部队工作人员都进入战争准备,都根据中东形势和当面敌情,通令全军加强战备。

以上部署是否妥当,请指示,并待命行动。

叶飞

7月24日,叶飞和前指完成了一切作战部署,台湾方面对此毫无察觉。

从敌情报告中,叶飞得知老对头胡琏已再次被蒋介石从台湾调到金门任防卫司令官,真是冤家路窄!

天有不测风云,24日又突发暴雨,莲河、厦门炮兵群阵地均遭水淹。最严重的是,暴雨造成角尾至前厂铁路下沉一米,许多铁路桥被冲垮。叶飞十分焦急,明天,即7月25日,可是中央计划炮击的时间呀!指挥所内蒸笼般让人感到窒息,叶飞果断地下了死命令:必须立即抢修,恢复铁路通车,最迟在25日14时前,做好一切准备工作!

经奋力抢修,铁路终于恢复了通车,炮群阵地也将洪水引入了大海。叶飞考虑到制空权至关重要,不掌握制空权,就没有下一步的炮击,于是打电话到晋江空军指挥所,向聂凤智询问有关情况。聂凤智告诉他,转场任务虽未全面完成,但他和指挥所一切准备就绪。

现在,只等中央一声令下了。

7月25日20时,前线指挥所收到北京发来的带有三个A的加急电报。中央军委命令全线炮兵立即进入射击位置待命。

叶飞马上向各炮群口下令行动。现在就等毛泽东在北京揿动战争的按钮了,但北京传来的却是另一种声音:暂停。

关于炮击未能如期实施以及此后的措施,总参谋部作战部部长王尚荣有

个说法：

军委旃坛寺作战会议后，我奉命电话通知福州军区政委叶飞上将，由他担任前线总指挥，迅速完成炮击准备，于7月25日向金门实施炮击。然而由于天气恶劣，延误了参战部队的调集和部署；同时取得作战区域的制空权，也还需要一些时日；加之美英出兵中东，毛泽东决定对国际形势的变化再做一段观察，因而炮击未能如期实施。

在等待炮击命令的这段时间里，中央和军委对炮击的重点、炮击的强度、炮击的时机等，进行了几次调整。北京指挥中心同福建前线指挥所之间，电话往来频繁。当空军调入福建后，随即与蒋军展开激烈的制空权争夺。

……在此期间，毛泽东和彭德怀一度将炮击时间的决定权下放给福建前指。他们告诉我：最近敌由台湾到金门、马祖的两个师换防，炮击选在换防时最佳，26日下午、27日早晨均可，由前指自己掌握。打击目标主要是海上换防的舰艇和陆上目标，包括金门、马祖。

我在接到毛泽东、彭德怀的这番指示后，立即与在前指的叶飞通了电话，转告了毛、彭的指示，然后要求前指在炮击前，通告一下作战部，以便作战部掌握情况，但无须再请求批准。并告第一次打击可发射炮弹一万五千至二万发。叶飞回答说："都清楚了，遵照执行。"

随后我又将毛、彭的指示通报了南京军区参谋长张爱萍、广州军区副参谋长李福泽、总后军械部副部长封永顺，并要封做好向前线运输炮弹的计划，确保炮击所需。

虽然一度掌握了炮击的决定权，但叶飞对此事还是慎之又慎。7月26日上午9时，他致电中央军委、总参谋部，报告了福建前线的作战部署：

今日(二十六日)拂晓参战炮兵部队已全部进入阵地,根据过去的规律,敌人有一个师兵力调防时,除有运输船只外,并有"太"字号、"阳"字号大型作战舰护航,一批舰艇十余艘,是一个很好的袭击目标,抵达金门时间往往是下午或黄昏,在涨潮时间靠码头,如夜间抵达即在第二天上午返航。今涨潮时间是上午十时,下午二十时。我们决心:

一、如台湾敌人调防部队于今日十七时以后、十九时以前到达金门料罗湾时,即在这个时间发起攻击,突然地以猛烈火力袭击敌舰只,同时袭击敌金门地面目标。对马祖列岛方向亦同时实施攻击。

二、如台湾敌人调防部队今日十九时以后或二十时到达金门料罗湾时,因夜间射击不便于观察弹着点,今天即不发起攻击,而待明晨敌舰尚未返航时攻击之。

三、今天如敌调防部队未到,今日不攻击,但在明天午后十七时至六时,不让敌人调防部队到达,对金门、马祖实施炮击。

四、我空军歼击航空兵两个师已按指示于明天进驻连城、汕头机场,并活动于厦门、福州之线空域。明日如敌机侵入我空域时,即以优势兵力打击之,但绝不出海作战。

五、自昨晚到现在为止,我雷达尚未发现台湾有船只开出之模样,估计今日台湾敌人调防部队尚未开出。

7月27日中午时分,叶飞接到中央军委的密电,内容是毛泽东致国防部部长彭德怀元帅和军委秘书长黄克诚大将的信,信中说:

打金门停止若干天似较适宜。目前不打,看一看形势。彼方换防不打,不换防也不打。等彼方无理进攻,再行反攻。中东解决,要有时间,我们是有时间的,何必急呢?暂时不打,总有打之一日。彼方如攻漳、汕、福州、杭州,那就最妙了。这个主意,你们看如何?找几个同志

议一议如何？……如彼来攻，等几天，考虑明白，再作攻击。以上种种，是不是算得运筹帷幄之中，制敌千里之外，我战则克，较有把握呢？不打无把握之仗这个原则，必须坚持。如你们同意，将此信电告叶飞，过细考虑一下，以其意见见告。

叶飞看罢电报，立即向张翼翔和已赶来厦门的刘培善等人做了传达。刘培善说："这次台风袭击强度大，造成连日暴雨，我们虽然冒雨做了大量准备工作，但参战部队在雨天修筑炮阵地，太过疲劳，听说病员增多，许多人的脚都泡烂了，弹药受潮情况也较严重，毛主席既然有意推迟行动，当然求之不得。"张翼翔认为备战只有八九天时间，确实是急了些，有些问题还欠考虑，即使是小问题，如不重视也会引起大祸。还有一些火炮没有筑工事，完全暴露在雨水中，这样匆忙打起来，于我不利。叶飞也觉得各项准备工作比较紧张，特别是空军进入福建前线的转场尚未完成，海军入闽部队尚在调动中，推迟炮击确实较为有利。如是考虑后，叶飞当即向军委复电表示："根据前线情况，准备工作做得充分些再进行炮击，较有把握。"

中央军委根据毛泽东的指示以及叶飞的建议，决定推迟炮击时间。为了切实做到"不打则已，打则必胜"，牢牢掌握炮击的主动权，中央军委又分别从南京军区和济南军区抽调了三个炮兵师和一个坦克团入闽参战。

炮击金门的时间往后推，台海的天幕却上演了一场场空战好戏。

人民空军转场入闽，八闽人民无不欢欣鼓舞。国民党兵败台湾后，在夸下"一年准备，二年反攻，三年扫荡，五年成功"的海口时，频频派出以空军为主的武装偷袭大陆沿海，使福建百姓吃尽了苦头。单就1955年来说，1月20日下午，美制蒋机十二架，窜入福州上空，炸死、炸伤市民百余人，烧毁民房四千余间；一江山岛解放后，袭扰与反袭扰斗争趋向紧张，这年3月到年底，敌机入侵福建上空达五千架次。老百姓戏言："福建的地是共产党的，天却是国民党的。"如今，这种情况看来要改变了。

空军入闽，是叶飞早就期待的。

在福建每临战事,他总感到没有一支强大的海空军将永远被动。朝鲜战争结束后,他就积极联系空军入闽事宜,并屡次向中央提议。1955年2月,国务院、中央军委指示修建福州等地机场。3月,福建省四〇四工程委员会挂牌成立,专门负责机场修建。修建工程分两期进行,第一期修建福州、漳州、龙田机场,第二期修建连城、惠安、厦门机场和改建龙田机场。福建军民配合中央修建队伍,于翌年5月15日前先后拿下了这些工程。

但因情况有变,空军推迟入闽。待叶飞亲睹人民空军的战鹰降落八闽大地(其中一部分因需要在粤东降落),不觉又是两年。炮击金门,首先必须掌握制空权,因此解放军空军能不能战胜国民党空军,进而在福建前线站住脚,显得至关重要。根据空军司令员刘亚楼上将提名,原志愿军空军司令员聂凤智负责组建福建空军前线指挥所,随后出任福州军区空军司令员。与此同时,华东军区海军副司令员彭德清受命担任福建海军基地司令员。

两人一到福州,叶飞马上召开紧急作战会议,担任三军总指挥,总指挥所和海军指挥所设在厦门,空军指挥所设晋江。

入闽空军不负众望。7月29日第一战,就取得0:3的好成绩。空战结束后,叶飞给参战部队发去热情洋溢的贺电:"聂司令员立即转致二七三八部队指战员,你们在困难、复杂的气象条件下,顺利地完成了转场任务,接着又在二十九日首次奏捷,在两分钟内击落敌机两架,击伤一架,给敌以迎头痛击,特此祝贺,希再接再厉,续创奇功,为确保祖国领空安全,争取更大的战果而奋斗。"

争夺制空权持续了半个多月,解放军空军牢牢掌握了制空权,为大批炮兵开进厦门和整个炮击金门战斗打下了基础。

炮兵都是在晚上调动,重炮加上坦克,夜间通过福州开往厦门,轰轰隆隆,连街道都颤动了。看到空军、海军、大批炮兵和坦克声势浩大进入福建,老百姓议论纷纷,都认为这次不仅是要解放金门,而且是要解放台湾了。

推迟了炮击时间,以叶飞为首的前线指挥所又进行了一个来月的准备工作。在这当中,空军转场工作不仅全部到位,而且还充分做好了迎战准备;海军舰艇部队和岸炮部队也做好了部署,海军130岸炮部署在厦门对岸角尾;地面炮兵的集结和展开也顺利完成,炮兵阵地从角尾到厦门、大小嶝、泉州湾的围头,呈半圆形,长达三十多公里。炮兵不仅加固加高了工事,而且还对金门炮击的所有目标都进行了现场交叉测量、观察。大小金门及其所有港口、海面,都在解放军远程火炮的射程之内。叶飞后来说:"我们能把炮兵阵地摆得那么开、那么密集,在厦门前沿就部署了一个炮兵师,主要就是因为空战的胜利,我们掌握了制空权。"

8月16日上午9时,刘亚楼从北京飞抵福建连城。刘亚楼是闽西武平人,与叶飞同是上将,又是福建老乡,早就惺惺相惜。在这年1月中旬,两人在福州面对面开了数天会,对彼此的才干、性格和作风有了更为深入的了解。这次会议,专门讨论研究毛泽东所做《考虑我空军一九五八年进入福建的问题》的指示和有关空军入闽的各项问题,与会者还有福州军区司令员韩先楚,副司令员张翼翔、皮定均,副政治委员刘培善,参谋长黎有章;南京军区空军司令员聂凤智;广州军区空军司令员吴富善;武汉军区空军司令员傅传作;空军副参谋长张廷发;福建省委第二书记江一真等人。会后形成缜密的报告,上报毛泽东和军委,报告由叶、韩、刘三人联署。

敏感的分界线

8月20日,总参谋部来电话,要叶飞速去北戴河。叶飞知道将有重大事情发生,交代工作后起程赴北戴河。因天气不好,专机为避雷区,被迫在开封降落,翌日上午才得以继续飞行。到北戴河时,已是中午。

叶飞稍事休息,于下午3时奉令来到毛泽东的住处。毛泽东的秘书林克在门口迎接他,把他引入房内。叶飞向毛泽东敬礼后,看到在座的还有刚在八大二次会上增选的中央副主席林彪、主持军委日常工作的军委副主席彭德怀,总参谋部作战部部长王尚荣也在那里。

毛泽东亲切地招呼叶飞坐下,说:"叫你来,是想听你说说福建前线的事情。"

这是毛泽东就军事问题第二次召见叶飞。叶飞着重汇报了炮击金门的准备情况。

叶飞汇报完毕,毛泽东突然提出一个问题:"叶飞,你用那么多炮打,会不会把美国人打死呢?"

当时,国民党部队营一级都配设了美军顾问。叶飞回答:"哎呀,那是一定会打到的呀。"

听叶飞这么一说,毛泽东考虑了好几分钟,而后又问:"能不能避免打到美国人?"

叶飞回答得很干脆:"主席,那无法避免。"

毛泽东听后,不再问其他问题,也不作什么指示,宣布散会休息,他要做进一步的思考。

晚饭后,毛泽东让王尚荣拿了林彪写给他的条子给叶飞看。林彪知道毛泽东很注意能否避免打到美国人的问题,所以写了这个条子,提出是否通过正在华沙同美国进行大使级谈判的王炳南给美国透露一点消息。虽然毛泽东没有说让叶飞表态,但叶飞看到条子,还是吃了一惊:照林彪意见,告诉美国人不就等于告诉了台湾吗,这怎么行呢?

第二天继续开会时,毛泽东同意按叶飞预定的突然炮击计划打,时间定在8月23日。

毛泽东要叶飞留在北戴河指挥,跟彭德怀一起住,这可把叶飞给难住了。彭德怀不讲,自己怎好过去和他一起住啊!彭德怀也没派秘书和参谋来,该怎么办呢?王尚荣知道叶飞为难,就献了个计谋:"把专线电话架到你的房间里,不就解决问题了嘛。"

他们商定,前线直接同叶飞通话,叶飞再通过王尚荣转报毛泽东,毛泽东的指示也由王尚荣转告叶飞。叶飞问:"彭老总那里怎么报告呢?主席交代我同他住一起的呀!"王尚荣说:"你别管了,此事由我办。"

叶飞深知,金门炮战是一次重大而特殊的军事行动,是毛泽东和中央军委直接指挥的以地面炮兵为主体的陆海空三军联合作战的特殊战争。

福建前指接到北京准备于8月23日实施炮击的电示后,立即召开作战会议,制定作战方案:

……准备于二十三日下午十七时三十分开始炮击,首次以海岸炮六个连,集中打击金门料罗湾敌海军码头附近停泊的舰艇。同时以陆军地面炮兵三十三个营,集中打击敌大金门防卫部和大、小金门各一个师部,敌炮兵雷达阵地,较集中的营房仓库等目标。第一次打击,力求打烂敌人的指挥系统和通信系统,摧毁和压制敌人的炮兵、雷达阵地,杀伤其有生力量,第一次炮击准备使用炮弹三万发,多打国产的和旧式火炮,如果敌炮击坚决压制,而后看情况配合海上、空中封锁,不规律地进行炮击,加重敌人的损失。已准备了炮弹三个基数(一个基数为每门炮二百发炮弹),并另外准备了五个基数,以备长期炮战使用。翌日拂晓前完成一切准备。

收到福建前指电报的当晚,彭德怀告诉王尚荣:"主席请专家们刚制定的领海线内容,有些条款写得还不够清楚,需推迟两天公布,这与炮击金门无关。"

王尚荣考虑到原先的大方针是先对外公布领海线,然后再行炮击,于是追问一句:"那炮击的时间是不是还按原计划在17时30分开始?"

彭德怀说:"炮击时间不变。使用炮弹数一万至一万五千发,也可以少于一万发,不要机械规定死了。"

和彭德怀谈完话,王尚荣随即将谈话内容转告叶飞。

叶飞告诉他:"主席开始考虑先打几百发,由小而大。我向主席说明了先给敌人一个突然袭击,最好由大而小。主席同意了,先打一万发。至于领海线问题我已知道,先打后公布。"

8月23日拂晓前,前线炮兵完成了一切射击准备,四百五十门大炮从各个方向指向金门诸岛。由高射炮第六十三、第六十四师,空军高射炮第一〇三师和第二十八、第三十一军,第六十四军第一九二师的高射炮部队共六个团另五个营组成的两个高射炮群,警惕地掩护着厦门、同安、莲河地面炮兵和海岸炮兵的对空安全。八十余艘舰艇、二百多架飞机亦做好出击准备。

这一天,中央指挥中心分外忙碌。一大早,叶飞打电话给福建前指,就炮战谈了三点意见:一、不打地面目标,只打水面船只,使用炮弹三五千或六千发;二、打地面时,不打其指挥机构;三、不打美国军舰及岛上的美国人。

这天上午,彭德怀主持了一个短会。叶飞把自己的三点意见又在会上提出,彭德怀认为还是应该按原计划打,打两万发,打了以后炮兵再疏散一下,假如发现岛上敌人撤退,就不再打,让他撤走算了。最后,彭德怀形成的意见是:一、小打,主要打敌之舰艇,待敌还击时,再大打;二、暂时还不打,看几天,待敌大批船只来后再打;三、把金门、马祖保留下来,两年内不考虑这个问题。

叶飞知道,彭德怀一直是竭力主张用武力打下金门的,为此曾多次到厦门检查战备和鹰厦铁路修建情况。叶飞当然也盼望毛泽东和彭德怀早一点下达登陆金门的命令,何况打下金门,对他而言,还有一层不同一般的意义。但细细品味彭德怀的最新指示,他却感到,不仅炮击的时间和目标可能又有所变化,而且作战有可能仅限于炮击,不在此之后实施金门、马祖登陆作战。当然,这些需要由毛泽东做最后定夺,然后由他把决定传到总参谋部作战部。

下午2时40分,福建前指报告:料罗湾现有蒋军舰"中"字号、"美"字号各一艘。今天炮击的话,作用可能不大,因为目标太小。

这天午后,彭德怀在福建前指的电报上批示:"我同意按福建前指意见,按时炮击,估计美军不会参加。"下午3时,毛泽东看了彭德怀的意见,批"同意",然后转给周恩来。就这样,直到炮击实施前约两小时,炮击的时间——17时30分、重点目标——敌指挥机构、炮兵阵地、雷达阵地、料罗湾的敌舰,才最后确定下来。

叶飞接到通知后,立即将毛泽东、彭德怀的指示传达给厦门的前指。

8月23日17时30分,叶飞下达了炮击命令。福建前线严阵以待的大炮,从东、西、北三面同时向大小金门、大担和二担等岛屿倾泻死亡的哨音。炮弹在海空发出呼啸的巨响,十秒钟后,像冰雹似的从天而降,金门岛顿时陷入已搅成红、蓝、黄、灰的烟雾火海中。

是时,国民党陆军兵力约计四十五万人,全军兵力约三分之一驻外岛,其中马祖群岛驻两万三千人,金门共驻扎六个步兵师、八个炮兵营、五个高射炮营、三个战车营及勤务支援大队,总计八万六千人,构成陆海军立体防御。不同口径的火炮、高射炮四百门,轻型战车和自行火炮一百零六辆。暂不说火力之强,每平方公里平均布兵数达七百多人,已为古今中外军事史上所罕见。但由于解放军实施奇袭,打得猛而准,金门守军猝不及防中根本无法招架。急战中,金门连连请求台湾速派飞机空中支援,但已领教了解放军战鹰厉害的国民党空军,焉敢轻举妄动。二十分钟后,金门炮兵开始还击,发射炮弹两千余发,但很快就被解放军的炮火压制了下去。

解放军的炮击分三个波次,前后实施两个来小时,共发射炮弹计三万余发。此战击毙了国民党中将两人、少将一人及其他官兵六百余人,破坏了金门有线通信联络系统和部分火炮阵地,并摧毁了金门全部雷达。后来得到情报,解放军开炮时,胡琏正准备请前来视察的"国防部部长"俞大维前往翠谷水上餐厅赴宴,俞大维一句"稍等一等",使他们侥幸从弹片编织的罗网中漏出,但弹片还是将俞大维击中多处,而在水上餐厅恭候的金门防卫司令部副司令赵家骧、吉星文、章杰等却吃着解放军免费馈赠的"大菜"见了阎王爷。在阵地上的两名美国顾问也被解放军的炮火打死,对此,美国方面一直没有吭声。

8月23日突如其来的"台风"和"暴雨",强烈地震撼了台湾,也大大地震撼了世界。第二天,全球各著名新闻社、大报均将之作为最重要消息予以播报刊发。耐人寻味的是,中国新华社仅发表了一条简短、措辞亦不十分严厉的消息,在各报并不特别显眼处刊出。消息标题是:《神炮手严惩蒋贼军 敌炮兵变得哑然无声 运输舰一只被我击中》。正文如下:

新华社福建前线二十四日电 中国人民解放军福建前线炮兵部队,在二十三日下午五时三十分,对增兵金门的蒋军运输舰和经常向我挑衅的蒋军进行了一次短促的轰击。盘踞在金门岛及其周围小岛上的蒋军炮兵,经常炮击我沿海村镇,使我当地居民的生命财产时常受到威胁。为了惩罚这种卖国求荣、欺压人民的罪恶军队,在我强大炮兵部队神炮手的准确射击下,为时仅十七分钟,金门岛上蒋军炮兵阵地和指挥系统等军事目标,都陷入浓烟烈火中。蒋军炮兵变得哑然无声。运输蒋介石卖国集团的军队的舰只被击中,像一条死鱼在料罗湾内不能动弹。

为什么对如此震惊世界的重大军事行动,只做如是轻描淡写？其中深长的寓意,叶飞咀嚼了好久。他隐约感觉到,这场军事行动之中似乎蕴藏着微妙的政治、外交斗争。

24日18时15分,解放军炮兵和海军舰艇对金门实施第二次大规模联合炮击,击沉、击伤国民党军大型运输舰各一艘。两次大规模炮击,金门岛运输补给中断,台湾当局急忙请求美国协防金门、马祖。

自从朝鲜停战以后,美国总统艾森豪威尔一直在亚洲推行遏止中国的政策,扬言要"使中国共产党人知道,如果他们试图征服自由中国的领土,那就意味着同美国开战",并于1954年12月与蒋介石签订了《共同防御条约》。但突发的金门炮战,却使他在华盛顿睡不着觉,摸不清解放军此举的意图。他从解放军空海军入闽,夺取和基本控制了福建沿海的制空权、制海权以及大批炮兵及坦克部队调入福建等种种迹象判断,认为共产党要准备渡海解放台湾了,于是下令将美国第六舰队从中东调一半舰只到台湾,和第七舰队会合,以备不测。

美国的注意力和军事力量转移到远东来了,中东的紧张局势自然得以缓和。此时的叶飞总算明白了毛泽东给彭德怀、黄克诚并告自己信中所言"中东解决,要有时日"的真实意图。

8月27日,叶飞从北戴河返回厦门前线,下令把炮火转向攻击蒋军的海上运输线,专打其海上运输船只。8月28日,叶飞指示福州军区空军,调一个探照

灯排部署在厦门的前沿阵地,每天从17时30分至翌日4时30分,隔十分钟就开灯照射一次金门通向外海的航道,以严密监视和封锁金门海面。

月底,福州军区司令员韩先楚陪同刘亚楼、炮兵司令员陈锡联上将到厦门视察。刘亚楼和陈锡联是来解决空炮协同作战问题的。在8月25日的空战中,解放军飞行员刘维敏奋勇击落两架敌机,却不幸被自己的地面高射炮部队误射击落。

对韩先楚使用空军轰炸金门,以期将金门的炮兵彻底摧毁的建议,刘亚楼表示不赞成。他认为,如果轰炸金门,空军编队需在金门上空作战,届时将很难避免同美国空军发生冲突,而这正是毛泽东指示要力求避免的。

叶飞也认为不宜轰炸金门。虽然7月下旬王尚荣转告的军委命令中有言:"我空军到达福建后,如敌机对福州、厦门及其机场进行轰炸时,我空军则对金门、马祖进行轰炸;如敌对我杭州、上海进行轰炸时,我空军则对台北进行轰炸。"但现在的问题是,敌机并未对大陆进行轰炸,炮击金门的作战方案没有涉及使用空军轰炸,而且毛泽东和军委眼下也没有即行登陆解放金门的指示,既然不实行登陆解放金门,现阶段就没有使用空军轰炸的必要。

在炮击金门的整个过程中,美军和解放军都力求避免发生直接冲突,都尤其注意严格管制自己的空军活动。美军在台湾海峡中划定一条分界线,美机在台湾海峡上空巡逻飞行,地面指挥严禁其飞越划定的分界线。美机一旦飞越分界线,其地面管制站总是立即大骂。福建前线的监听站对此听得清清楚楚。而解放军也严格管制空军,巡逻和作战绝不准越出规定的飞行空域。

虽然不同意韩先楚的意见,但叶飞为尊重起见,建议把两人的意见报告军委和毛泽东,由上面定夺。韩先楚表示同意。

第二天,王尚荣给叶飞打来电话,说:"电报收到了,送给毛主席看了,毛主席完全同意你的意见。"

叶飞把王尚荣回话的电话记录拿给韩先楚看,韩先楚也就不再坚持自己的意见了。

摸到了美国的底牌

叶飞从北戴河返回厦门前线时,解放军已截断了金门和台湾的海上通道。由于金门的补给全靠台湾从海上运输,因此,金门炮战一开始,美国就陷入了困境。台湾当局为了打破封锁,赶紧请求美军协防金门、马祖。所谓"协防",是因为美蒋双边签订的《共同防御条约》并不包括金门、马祖。蒋介石要美国协防金门、马祖,是想借机拉美国下水。美国则处于两难境地,既怕国民党当局失去沿海岛屿,导致台湾防御体系瓦解,又怕协防金门、马祖引发中美之间的战争。为防止这两种情况发生,美国总统艾森豪威尔决定采取一种叫"战争边缘"的政策,即在台湾海峡大肆炫耀武力,进行战争恐吓,以此迫使大陆罢手。于是,美国把地中海的美军第六舰队调出一半舰只赴台,美国第四十六巡逻航空队、第一海军陆战队、航空队和其他好几批飞机也调来台湾,美国第一批陆战队三千八百人已在台湾南部登陆。9月4日,美国国务卿杜勒斯发表声明,公开要扩大美国在台湾海峡地区的侵略范围。侵台美军司令部也公然扬言,要在8日的演习中以舰炮封锁大陆沿海岛屿。

艾森豪威尔已完全被毛泽东调动了。

在美国一面发表对中国的恫吓性言论,一面向台湾海峡调遣海空力量,对中国政府进行军事挑衅和战争讹诈时,中国政府洞识其奸,进行了针锋相对的斗争。9月4日,中央人民广播电台宣布:"中华人民共和国政府公布领海线为十二海里,一切外国飞机和军用船舶,未经中国政府许可,不得进入中国的领海及其上空。"

毛泽东决定大规模炮击金门,是不是就要解放金门、马祖进而解放台湾呢?台湾的蒋介石、美国的艾森豪威尔都没有搞清楚,就连奉命指挥炮战的叶飞和福建前线指挥员,也没弄明白毛泽东这一决策的真实意图。叶飞在9月2日下午接到北京关于在9月4日、5日、6日暂停炮击的命令时,虽不理解,但还是签发了命令:从4日零时开始,各炮群、岸炮群,须严格执行中央军委、毛主席的命令,不准打炮,敌人打我们也不准还击,也不准打冷炮,违犯者军法处

置！如今，他从中国政府的领海线声明中，似乎悟出了什么，特地让参谋人员把金门地区的海空图标绘了领海基线与十二海里领海线，并叮嘱大家："我们要用实际行动证明中国人民的这一立场，保卫领海不受外侵。"

美国公然拒绝承认中国的领海为十二海里，只承认三海里，采取了一系列活动：9月5日，美军一架P-5M型飞机侵入中国领空挑衅；次日，美国海军第七舰队特混舰队驶到基隆以东及台湾海峡，以显示其"有效打击"的威力。

9月6日，周恩来代表中国政府发表《关于台湾海峡地区局势的声明》，对美国企图干涉中国内政的行径提出了严正警告。

在这三天内，金门蒋军向大陆频频炮击，打了一百三十四发炮弹，造成学生、工人、农民伤亡三十五人。

前线指战员虽然极其义愤，但遵照中央指示一炮未放。9月7日，根据中央军委命令又停止炮击一天。

由于金门海上运输线被解放军截断为时已久，胡琏接二连三向台湾告急补充粮草弹药。蒋介石乞求美舰护航，恢复金门的海上补给线。美国答应了蒋介石的要求。9月7日，美蒋军舰和运输船只组成一支海上大编队，由台湾向金门开来。美国军舰配置在左右两侧护航，把蒋军舰只和运输船只夹在中间，相距仅两海里。

美蒋海上联合编队从台湾一出动，解放军前线立即向叶飞请示汇报。叶飞即率张翼翔、刘培善等人上云顶岩指挥所观察敌情，以做决策。

这真是个烫手山芋！对美国第七舰队的公然挑衅，叶飞当然愤慨万分，但现在情况复杂化了，如果开打，势必会把美舰一起打上，这就可能同美军发生直接冲突，这可是要负重大责任的啊！这是一次政治仗、外交仗，一切要听主席、军委的！

敌情一日数报，北京的指示依然是"按兵不动"。在这"按兵不动"中，美蒋联合编队大摇大摆地班师回朝，让云顶岩上那些身经百战的解放军将领们憋了一肚子的气。

深夜11时，急促的电话铃声把叶飞唤醒，话筒里传出新任总参谋长黄克诚大将的声音："毛主席、周总理研究了美国海军今天公开介入的情况,作了两点指示:第一,为了惩罚国民党金门守军的炮击行为,我们准备还击,对大小金门、二担的军事目标,包括指挥所、通信枢纽部、步兵、炮兵阵地进行炮击,炮击的规模要比8月23日还要大,准备打三万发……明天下午5时到6时左右开始炮击……第二,准备用海岸炮与鱼雷艇打击运输舰船。今天国民党军舰在美国海军直接掩护下来金门海域,我外交部明天要发出严重抗议警告,如果第二次再来,则以鱼雷艇与岸炮打击国民党军的运输舰船。但是美蒋军舰混在一起不好打就不打,打国民党军舰船主要是打靠在码头上的船只。"

在此之后不久,总参谋部作战部又向张翼翔传达了周恩来的指示:"估计明天和后天,美国海军特混编队可能继续来金门护航,因此要求严密掌握美国护航军舰的活动,发现美舰及时上报,越早越好。"

翌日凌晨,值班人员把北京电示送到了叶飞手中。电示如下:

福州军区、前指并告空司、海司:

蒋军炮兵四、五、六、七日,四天均向我猛烈炮击。今日(七)蒋军舰艇在美国军舰的掩护下,继续增援金门;美国军舰已侵入我领海线内,这是美蒋在我国宣布关于领海声明后的非法行动。为了惩罚蒋军的暴行和打击美帝凶焰,按照有理、有利、有节的原则和中央指示,现决定:

一、我厦门前线炮兵,应于明日(八)对金门蒋军重要的军事目标进行一次惩罚性的炮击,要打得准,打得狠,炮击规模应较八月二十三日为大,预定打三万发左右。

二、对美国军舰掩护蒋舰艇侵入我国领海的行动,我外交部发言人已对美国提出警告。若美国军舰再来,我将再次警告。经过两次警告之后,如美舰再侵入我领海掩护蒋军舰艇行动,我即集中炮兵和海军的力量,对停泊料罗湾的蒋军舰艇进行轰击;但仍不打美国军舰。

以上的两项决定,请你们即作切实准备。你们准备工作完成后,应立即报告军委,以便请示中央作出最后决定。

中央军委
一九五八年九月七日二十四时

叶飞接电后,火速召开高级军事会议以贯彻军委电示。

会议集中研究了"只打蒋舰,不打美舰"的战术操作问题,得出结论:只要情况如昨,美蒋舰各成队形,保持一定距离,美舰停泊在他们所承认的三海里之外,我们就可以做到"挑柿子专拣软的捏"。

叶飞告诉大家,要很好地理解主席、军委的意图,不打美舰绝不是怕美国。目前,我们同蒋介石集团主要是军事斗争,同美国主要是政治、外交斗争。对美国,我们退避三舍也好,先礼后兵也好,必须讲究斗争策略。因此,"只打蒋舰,不打美舰"是一个死命令,万万不可违背。

8日晨6时许,叶飞被作战参谋叫醒,告知发现敌情。叶飞让作战参谋按北京要求,每小时向总参谋部报告一次美蒋联合舰队的位置、编队和航行情况。

国民党海军副总司令黎玉玺率由"阳"字号、"太"字号、"美"字号等七艘军舰组成的编队,在美国海军的掩护下,向金门料罗湾驶来,仍是昨天的阵势:蒋舰居前,美舰环卫侧。

10时许,叶飞向毛泽东汇报了情况。毛泽东下达了打的命令。命令是由王尚荣向叶飞转达的。接到命令,叶飞松了一口气,又请示:"是不是还是只打蒋舰,不打美舰?"

毛泽东回答:"只打蒋舰,不打美舰。"

叶飞为了准确执行命令,又说:"有个重要问题还要请示,我们不打美舰,但如果美舰向我开火,我们是否还击?"

毛泽东回答:"没有命令,不准还击。"

美舰开炮而不予还击,这倒还比较好办,而只打蒋舰,不准打美舰,有很大的难度。蒋舰与美舰仅距两海里,随便哪门炮走火或一发炮弹偏了向,都有可能打到美舰,叶飞必须慎之又慎。9月8日这场炮击,可不是一个一般性的胜负问题,而是相当复杂的政治、外交斗争。稍有偏差,都有可能给毛泽东和中央的部署捅大娄子……后来叶飞也说,指挥九八这场炮击,其紧张程度一点也不亚于打孟良崮。

为确保万无一失,叶飞亲自给各炮群指挥员下达命令:一、待美蒋联合编队抵达金门料罗湾港口,北京下了命令后才开炮;二、各炮群只打蒋舰,不准打美舰;三、如美舰向我开火,我不予还击。接着叶飞又将这一命令通报了空海军。

中午12时,美蒋海军联合编队抵达金门料罗湾港口,满载补给物资的运输船只开始在料罗湾港口码头卸货。叶飞立即将这一情况报告北京。

12时43分,毛泽东在北京发出了开火的命令。

位于莲河方向的海岸炮某连接令后率先向料罗湾开火,该连打了七分钟,弹着点不甚理想,乃令改由位于围头方向的海岸炮某连开炮。该连首发命中,接着又连续命中七发。满载汽油、弹药的蒋舰"美乐"号起火,被所载弹药自爆的火球炸毁,船上官兵死伤惨重。

金门被打疼了,以四千五百发榴炮疯狂地对大陆岸炮进行压制射击。从云顶岩眺望,但见敌方炮弹尖鸣呼啸越海而来,围头、莲河方向解放军阵地上,电闪雷鸣,硝烟滚滚。几乎同时,解放军的四百多门火炮施行反压制射击,两万多发炮弹从不同方位升空投向金门岛。

在弹雨中,蒋"美珍"号军舰两度中弹,歪斜着拔腿开溜,一头靠近美国军舰"海伦娜"号,欲寻求保护,不料"海伦娜"号却率六艘美国驱逐舰,往料罗湾以南十二海里处驶去,丢下了挨揍的蒋军舰只。

美军见死不救,把"战争边缘"政策变成"脱身"政策,金门蒋军和在料罗湾的蒋舰可就急了,纷纷向台湾告急。台湾问:"美国朋友呢?"负责指挥这次行动的黎玉玺在"信阳"号舰上气急败坏地回话:"什么朋友不朋友,早他妈跑啦!"于是两方大骂"美国人混蛋"。他们情急之下,使用报话机通话,连密码都不用,解放军的侦听机听得一清二楚。

蒋舰被击沉三艘、击伤数艘后，接到台湾命令返航。

9月8日这一天，毛泽东下达开火命令后，就把前线指挥那一摊交给了叶飞，自己则在中南海勤政殿参加第十五次最高国务会议。会议的主题是研讨钢产翻番和人民公社诸问题，不过，更吸引与会者的，还是毛泽东第一次比较系统地阐释炮击金门决策的大思路：

炮轰金门，老实说是我们为了支援阿拉伯人民而采取的行动，就是要整美国人一下。

美国欺负我们多年，有机会为什么不整他一下。美国人在中东烧了一把火，我们在远东烧一把火，看他怎么办。我们谴责美国在台湾海峡制造紧张局势，这不冤枉他。美国在台湾有几千驻军，还有两个空军基地。美国最大的舰队第七舰队经常在台湾海峡晃来晃去。美国海军参谋长说，美国部队随时准备在台湾海峡登陆作战，像在黎巴嫩那样。这就是证明。中国人就是敢于在太岁头上动土，何况金、马以及台湾一直是中国的领土。

开炮时机选择得当。联合国大会通过决议，要求美、英军队退出黎巴嫩和约旦。美国人霸占我台湾更显得无理……

美国同国民党订了《共同防御条约》，防御范围是否包括金门、马祖在内，没有明确规定。美国人是否把这两个包袱也背上，还得观察。打炮的主要目的不是要侦察蒋军的防御，而是侦察美国人的决心，考验美国人的决心。这次炮打金门，就是抓住美军登陆黎巴嫩，既可以声援阿拉伯人民，又可以试探美国人。看来美国人左右为难，处于东西难以兼顾的境地。

美国的脖颈吊在我们中国人的绞索上面。台湾是个绞索，不过隔的远一点。杜勒斯现在似乎要钻进金、马绞索，这也好，那他的头就更接近我们，我们什么时候要踢他一脚就踢他一脚，他走不掉。我们主动，美国人被动，因为他被一根索子缚住了。蒋介石过去给我们捣乱，主要是从福建这个缺口来的。金、马在蒋军手里，实在讨厌。卧榻之侧，岂容他人酣睡。但是，我们现在不是马上登陆金、马，只是试试美国人，吓吓美国人。但有机会就打。机会来了为什么不把金、马拿回来？其实，美国人心里也怕打仗，所以他公开讲话时没有说死要共同防御金、马，有点想脱身的味道。他们想采取脱身政策也可以，把金、马十万蒋军撤走就是。在台湾这些地方早一点解脱，对美国比较有利。他赖着不走，就让蒋军待在那里，也无碍大局。美国人给套住就是了……

福建前线发来的战报，证实一切均未超出毛泽东的意料，毛泽东在战争生涯中又书写了一部佳作。次日，毛泽东关于炮击金门的大思路，以《毛主席精辟分析国内外形势》为题上了《人民日报》头版头条。

"打而不登，封而不死"

通过9月8日的炮击，毛泽东初步摸到了美国的底牌。当然，美国军舰这一天未敢开火也许有一定的偶然性，美国真正的态度如何，还有待于进一步证实。

美国对这次炮击果然做出了反应。9月9日，杜勒斯公开发表声明，宣布"美国决定使护航的美舰保持在沿海岛屿三海里之外"。9月11日，四艘美国军舰再次掩护蒋军舰艇驶向金门。叶飞和参与作战指挥的韩先楚立即电告北京，周恩来亲自布置了打击这次护航编队的战斗。结果，美舰同9月8日的表现一样，在解放军发炮后马上退向外海，依然一炮未发。

九一一炮击，使中共中央、毛泽东彻底摸清了美国的战略底牌。叶飞也进一步了解了其中的奥妙，他事后回顾：

> 事后我才明白，原来毛主席命令只打蒋舰，不准打美舰，并且规定如美舰向我开火，我军也不予以还击，这一切都是在试探美帝国

主义所谓美蒋《共同防御条约》的效力究竟有多大，美军在台湾海峡的介入究竟到了什么程度。经过这一次较量，就把美帝国主义的底全都摸清楚了。美帝国主义虽然貌似凶恶强大，在全世界到处横行霸道，不可一世，其实也是一只纸老虎。所谓美蒋《共同防御条约》也是有一定限度的，只要涉及美帝自身的利益，要冒和我军发生直接冲突的危险，他就不干了，就只顾自己，不顾别人了，如此而已。

9月上中旬这两次炮击后，台湾海峡的微妙形势日益清楚。蒋介石千方百计想利用金门问题拖美国下水卷入中国内战，而美国如同中国大陆力求避免同其发生直接冲突一样，也极力避免同大陆发生直接冲突，在军事讹诈未有效果的情况下，开始将"战争边缘"政策变为"脱身"政策，企图说服蒋介石放弃金门、马祖，来换取对台湾海峡的冻结，使国共两党"划峡而治"，进而造成台湾和大陆在政治上的彻底分离。蒋介石对此建议拒不同意，亲赴金门慰问守岛官兵，摆出了不惜一切死守金门的强硬姿态。美国和蒋介石，一个欲罢不能，一个欲进不成，各有打算，矛盾日深。

炮击金门前，毛泽东就确定了"走一步，看一步"的方针，对于是否夺取金门看形势发展而定。9月中旬摸清美国的战略底牌后，他就一直在思考下一步的方针。9月下旬美蒋在金门撤守问题上的矛盾公开后，针对不断变化的复杂形势，他开始思考新对策。在10月3日、4日的政治局会议上，毛泽东说："蒋介石是不愿撤出金、马的，我们也不是非登金、马不可。可以设想，让金、马留在蒋介石手里，好处是金、马离大陆很近，我们可以通过这里同国民党保持接触，什么时候需要就什么时候打炮，什么时候需要紧张一点就把绞索拉紧一点，什么时候需要缓和一下就把绞索放松一下，不死不活吊在那里，可以作为对付美国人的一个手段。我们一打炮，蒋介石就要求美国人救援，美国人就紧张，担心蒋介石给他闯祸。对于我们来说，不收复金、马，并不影响我们建设社会主义，光是金、马蒋军，也不至于对福建造成多大的危害。

"反之，如果我们收复金、马，或者让美国人迫使蒋介石从金、马撤退，我们就少了一个对付美蒋的凭借,事实上形成了'两个中国'。"

10月5日上午8时,毛泽东指示彭德怀、黄克诚,并转叶飞和韩先楚:"不管有无美机美舰护航,十月六、七两日,我军一炮不发;敌方向我炮击,我也一炮不还。偃旗息鼓,观察两天,再作道理。"

根据毛泽东的指示,中央军委确定了"打而不登,封而不死"的新决策。为了向党内、军内解释做出这一决策的原因,10月5日晚中央向党内发出了《关于金门、马祖等沿海岛屿军事斗争的指示》。指示中说,早日收复金门、马祖,对解除福建沿海地区的直接威胁,对打开海上交通、发展福建沿海的经济建设,对于鼓舞全国人民和我军的士气有很大好处,对我们是一个巨大的胜利;但是,"把这个胜利和暂时利用金、马把敌人套在绞索上,把解放金、马和解放台湾统一来解决的长远利益比较起来,则不如把金、马暂缓解放仍由蒋军占领似乎较为有利"。指示还专门对福建前线部队提出了要求。

叶飞接电后,立即召开福建前指作战会议,对陆海空指挥员说:"军委根据主席的意图,做出了'打而不登,封而不死'的决策,同时命令我们,目前宜减轻对金、马的军事压力,使金、马国民党能够生存下去,促使其守而不撤,当然又要使其处于紧张状态,这样,才能拖住美国不得脱身。在必要时,我军仍可组织像过去那样的大打。总之,临危应变,主动在我。"

经过政策宣传教育,福建前线将士懂得了打政治仗,懂得炮弹从金门打进去,能从美国钻出来;摧毁了金门蒋军的防御设施,也摧毁了美帝国主义的政治阴谋。有的炮兵战士还把打炮叫作"参加中美会谈"、"参加美国竞选"。

正当美蒋为金门、马祖撤守问题激烈争执时,1958年10月6日,中央人民广播电台和福建前线广播站,一遍又一遍地广播了毛泽东起草的以国防部部长彭德怀名义发布的《告台湾同胞书》,宣布中国人民解放军对金门暂停炮击。不仅台湾海峡两岸军民,而且世界舆论也大感意外。10月13日上午,毛泽东再以彭德怀的名义发表文告,宣布"金门炮击从本日起再停两星期",同时指出:"台、澎、金、马整个地收复回来,完成祖国统一,这是我们六亿五千万人民的神圣任务。这是中国内政,外人无权过问,联合国也无权过问。"

10月25日，彭德怀第三次发表声明后，叶飞在福建召开前指会议，指出："炮打金门，打在老蒋，痛在美帝，声援了中东黎巴嫩人民的斗争，惩罚了金门蒋军，教训了美帝，取得了重大胜利，大长了中国人民的志气。这是军事仗，也是政治仗。我们根据中央军委的指示精神，这次对炮打金门，'打而不登，围而不死'；敌要走，我紧抓不放，不让他走。打打停停，停停打打，双日停，单日打，如岛上供应困难，我们还要给予帮助，节日还可以放烟火联欢。台湾终究要回归祖国，所以我们这次炮打金门，打的是政治仗。"

自此，炮击金门进入了一个打打停停的阶段，作战变成了一场地地道道的政治战。这种以打促和的局面一直持续了十七年之久。

金门炮战，自始至终都是在毛泽东直接掌握与指挥下进行的。作为前线指挥员，叶飞始终严格执行毛泽东的命令，如他所说："在战斗过程中，遇到重大情况变化，或者有不同意见时，我都是直接请示毛主席做出决定的。"金门炮战创造了军政全胜，与叶飞高超的指挥水平是分不开的。

炮战中，叶飞曾期待毛泽东下最新一道命令，使他成为郑成功、施琅之后的第三人，解放海峡彼岸的那个海岛。但历史没给他机会，让他万里征战的足迹凝固在了厦门。20世纪90年代，叶飞回顾这段往事时，说自己曾经为此于心不甘，但了解到毛主席的意图后，自己也想通了。军事从来都是实现政治目的的手段，如果用和平的方式完成国家统一，岂不更好？

话是这么说，但对金门、对台湾，叶飞总有一种难以理清和割舍的情愫。逝世后他和妻子王于畊的骨灰合葬于厦门，既陪伴那些在金门、厦门战斗中牺牲的袍泽将士，也希望后人奠祭时，能早日告知祖国统一的喜讯。

第十六章 同舟共济渡难关

两个"为纲"

送旧迎新,六亿神州没有理由不对20世纪60年代充满憧憬。《人民日报》以鼓舞人心的元旦社论擂响了大鼓。这篇题为《展望六十年代》的社论说:"我们不但对于一九六○年的继续跃进充满了信心,而且对于整个六十年代的继续跃进,也充满了信心。"翌日,《人民日报》接着刊发《开门红,满堂红,红到底》的社论。叶飞对福建的60年代也充满了期待和信心。他激情于怀,亲自撰写《高举总路线的红旗,迎接伟大的一九六○年》一文,在省委理论刊物《红与专》杂志发表,《福建日报》旋即转发,作为福建向60年代进军的号角。

在2月25日省委工业会议上,叶飞根据中央精神,要求全省各级党委,特别是县以上党委,现阶段要确保完成的任务有两个:一是粮食,二是钢,农业以粮为纲,工业以钢为纲。

虽然几乎天天在喊加油再加油,粮食的供应却还是日趋紧张。粮食紧张,钢铁生产上不去,是压在叶飞头上的两块巨石。他建议召开一次省委全会,以解决眼前的一些重要问题。

要解决迫在眉睫的问题,就需要一个强有力的领导班子。可此时,省委书记处六大书记中,江一真、魏金水靠边站了,剩下四位,身体也吃不消应接不暇的运动。1960年4月8日,召开的省委一届十七次全会上,依照叶飞的建议,

完善了省委领导班子。

4月以来,全国粮食调运的情况出现危机,国库存粮告急。4月9日,国家粮食部要求福建省财贸厅厅长杨文蔚支持一亿斤粮食。杨文蔚不敢答应,因为福建全省存粮也不多。4月11日早上7点半,国务院副总理李先念亲自给叶飞打电话,说:"福建收成较好,希望支持南粮北调,在4月下旬和5月上旬调完。"叶飞在电话中说:"一个月前我们刚调五亿斤粮,先念同志你还表示感谢呢,怎么时间不过一月,又要加调了?"李先念严肃地说:"现在国库存粮相当紧张,引起了主席的高度关注。"

接到李先念的告急后,叶飞在福建自身粮食也不是很富裕的情况下,顾全大局,于5月上旬完成了棘手的调粮任务,而且还多运了一百万斤,速度为各省之先。5月18日,国务院发出《关于福建超额完成外调任务的复电》,称:"经过你们的努力,已经提前超额完成增加调出的一亿斤粮食,这是对灾区及大城市需要的有力支援。"

此次会议后期,主要是讨论煤铁战役事宜。因为煤铁上不去,福建许多计划都要落空。煤铁的矛盾越来越尖锐,逼得叶飞下决心发起煤铁战役。他指出:"现在形势逼着我们想办法,我们要打开一条血路,不打开一条血路,就要两败俱伤,要集中搞煤铁。要当机立断,机不可失,时不再来。"

副省长许亚从北京开会回来,传达中央领导人的话说:"要刮一刮第一书记的风,第一书记太顾农业了。"叶飞虽然认为农业不能不顾,但由于此时对农村形势估计过于乐观(春收拿到粮食四亿五千万斤),地委书记们都说形势好,沿海也没有问题,连叶飞最担心的龙岩地区也说可以应付(实际情况并非如此),因此不仅决定发起这场战役,还要求各地市县第一书记挂帅。他指出:"目前正值春耕大忙期间,各地市县工业书记睡到炉边;第二季度煤铁任务大的地区,地委书记(主要是南平、晋江、龙岩三地)一半时间抓煤一半时间抓铁,县委书记三分之一时间抓农,三分之二抓工业,我本人工农业对半来抓。"

组织如此规模、如此做法的煤铁战役,虽也有人反对,但总的来说是赞成的占了上风。

5月6日至10日，省委在连城召开煤铁战役现场会。叶飞在会上号召全省干部群众开展一个开发煤铁的群众运动。

开展煤铁战役，除了响应中央部署，还有福建自己的实际情况，正如一年后叶飞所讲："那时有个想法，就是想自力更生，克服困难，福建不是全国的重点，煤计划内的拿不到，自己生产又上不去，因此想寻求一条出路，即怎样来自己解决自己的问题。"

对于打响这场煤铁战役，农村劳力不足很成问题。从事农业生产的劳力，最好的地区也只有30%，而且大搞万宝山和大战煤铁，除了调用农业劳力，还要进行口粮补贴，造成粮食的进一步紧张。当叶飞后来意识到这个问题时，局面已相当严峻。

这年夏天，中苏交恶，苏联单方面取消了1957年签订的《中苏国防新技术协定》，撤走所有援建的专家。这更刺激了毛泽东，认为"我们处在被轻视的地步，就是因为钢铁不够，要继续跃进"。8月，中共中央发出《关于开展以保粮、保钢为中心的增产节约运动的指示》，要求各地狠抓钢铁生产。

这样，包括福建在内，从上到下，都在全力突击，拼死拼活地为完成保粮、保钢这两个"纲"而干，以争一口气。在运动掀起的热潮中，一些任务到年底似乎勉强完成了，但国民经济比例失调也日趋严重地凸现出来。

吃饭第一

8月15日，叶飞接到中央十万火急的指示："要求省、市、自治区党委第一书记立即亲自检查一下，坚决贯彻执行吃饭第一的精神。"

实际上，在上半年，由于粮食高征购，加上旱、风、潮、洪、虫五灾并发，福建农业生产出现特别严重的局面，粮食供应四方告急。还在1959年上半年，福建就出现了饿肚子的情况，但因为时间不长，又没大批死人，钉子碰得不够，"左"的情绪没有纠正过来。因此时过境迁后，错误又重犯了，甚至出现饿死人的现象。叶飞深为自责，根据中央紧急指示，8月31日，他建议省委各级应立即成立工业支援农业委员会，由书记挂帅，各有关领导干部组成，坚决贯彻执行

吃饭第一的指示。

9月初,叶飞赴问题较为严重的龙岩做短期调研。叶飞提醒龙岩地委,必须按照中央和省委的部署,集中劳力加强农业生产。当前主要是制止非正常人员死亡,突击治疗水肿病。

可以说,集中劳力加强农业生产第一线,是完全必要的。当时全省各地由于劳力安排不当,浪费了不少劳力。

第一线劳力不仅数量少,而且弱。上调工业的劳力85%是男全劳力,而留在粮食战线上的劳力60%是半劳力和妇女。

中央、省委发出下放劳力加强农业生产第一线的指示以来,各地在执行时也不是一帆风顺,存在雷声大雨点小等现象,有计划没行动,或者虽有行动,也是放弱不放强,放老不放壮,甚至名放实转移。

叶飞在调研中发现这些情况后,要求下放劳力支援农业生产,因为它是关系到国家建设、公社巩固和社员生活改善的天大事情,必须彻底、迅速、全面地予以解决。

8月,叶飞赴济南开会。此前,叶飞就已知山东的日子不好过,到济南后,他还亲自去章邱县看了一个公社,发现群众生活果然困难。会上,根据中央领导人所说"山东问题华东包"的指示,华东局给各省分配了支援任务。叶飞实事求是地说了福建的灾害和龙岩饿死人的情况,说现在我们是泥菩萨过河——自身难保,希望华东局照顾福建的困难。于是,华东局领导让福建量力而行。

济南会议期间,10月12日,中共中央将福建省委批转闽侯县委第一书记常登榜《关于城门公社集中劳动力,加强农业生产第一线工作情况的报告》和湖北省委《关于沔阳县(海口公社)贯彻政策试点情况的报告》一同转发,并作重要指示。指示认为这两个文件极好,一个是关于农村中社会主义生产关系的问题,一个是关于农业生产力的问题,这是相互关系的两个问题;如果不实事求是地、迅速地处理这两个根本问题,就不能实现党中央所提出的关于以农业为发展国民经济基础的这个基本方针,就会使这个方针变为空谈;反之,就可能在较短时间内扭转目前农业发展落后于工业发展的状况,并且将同时有利于工业和其他经济部门的继续跃进。中央要求各地党委,立即参照海口公社和城门公社的整顿办法,派工作组到问题最多的公社进行切实的工作,对上述的两个根本问题(纠正"一平二调"的共产风和使大批劳动力回到农业生产第一线)做全面的彻底的解决。

叶飞接到中央的文件后,立即给王禹打电话,要求省、地、县、公社和生产队的干部都要极严肃地、认真地研究中央转发的这两个文件连同批语。

对口粮安排,叶飞指示一定要落实,首先是"两保"(保征购、保最低口粮),对最低口粮二十五斤保不住的地方,就要减免其征购任务。各级领导要做好两个工作:一是调整征购任务,不要征了过头粮,这点头脑要冷静;二是需要把真实困难向群众讲清楚,不要向群众保密,而且还要向群众提出"备荒、度荒"的号召,大抓种菜和代食品。当前落实口粮工作全党要抓,吃粮要有计划,要有打算,任何干部都要做到和群众"四共同"(同吃、同住、同劳动、同酬),群众吃什么,干部也吃什么。

对于即将来到的秋收工作,叶飞指出要收好、收细。由秋收说到冬种,叶飞指出:"今年无论如何,对冬种要做到多种、种好。"

10月下旬济南会议结束后,叶飞中途下车,深入南平地区了解当前生产情况。两天连跑数县,叶飞感到南平地区的秋收工作基本上是好的,但劳力投入还不够,另外还有如何搞得更快、收得更好更干净、不误冬种的问题。他认为这个问题不仅南平存在,全省其他地区也可能普遍存在,因此建议省委在南平召开电话会议,动员农村和城镇一切可以集中的劳力投入秋收大忙运动。

10月25日早6时半,省委电话会议在南平市邮电局会议室召开,会议就各方力量支援秋收冬种做了安排部署。

虽然各方对秋收冬种的支援比较到位,但问题还是浮出了水面。

从南平回来不久,叶飞又踏上了赴闽东了解老区群众生活的路。随同的有省委候补书记杨文蔚、省委办公厅副主任赵登英。一行人在宁德县委招待所吃了简单的午饭后,便在福安地委第一书记程少康的陪同下,驱车前往霍

童公社。

走了十来里后,路过一个三百多户的大村庄。叶飞放眼窗外,但见公路边的田地多数抛荒,即使已种上粮食的,也不见丰收的景象,不少村民还在村头路边晒太阳。得知这就是六都大队,叶飞眉头紧蹙,吩咐拐到这个大队看看。

六都问题严重,十三个队都断了三四个月的粮了,并相继发生死人现象。南平会议上,正式把六都定为纠正"一平二调"共产风等问题的试点乡。

宁德县委工作组不久前下到六都后,虽也抓了"一平二调"、生产瞎指挥问题,群众的生产积极性也有所改变,但由于作风生硬,方法也不太得当,问题并未得到很好的解决。即使在解决"一平二调"时,也发生了群众顶牛现象。

叶飞进村后,有的群众反映今年粮食减产了,可政府派的征购粮反而比往年多了起来,分到的粮食和地瓜很少。

还有的群众反映"五风"(共产风、浮夸风、强迫命令风、生产瞎指挥风、干部特殊化风)的问题,甚至发生了有些干部到村后强行赶走百姓牲畜的事情。

叶飞越听越生气,不禁拍案而起,铁青着脸说:"拿扁担打那些坏干部,这是我叶飞说的,谁敢抓你们,你们就告诉他们,让他们来找我叶飞!"

六都是有名的鱼米之乡。解放后粮食年年增产,1958年之后,生产一直下降,到现在十三个队没有一个队不死人的。想不到六都会变成这个样子。

有的群众越说越痛心,竟痛哭流涕起来,弄得叶飞心里愈发难受,他安慰道:"造成如今的困难,有几个原因:一是今年的自然灾害确实比往年重,另一个是生产瞎指挥,还有一个是政府要的征购粮确实多了。这些,我们省委有责任,没把工作搞好,害得你们这样。但请你们放心,我们一定会帮助大家渡过难关!"

叶飞看着一个个等着他发话的群众,说:"对你们今年明春不征购。另外,明年的小麦也不统购,包产超产全部归小队,这样可以吗?"

大家议论纷纷,脸上露出了一丝久违的笑容。

叶飞感到六都的问题还不少,于是决定把赵登英留下来,协助工作组做进一步调查,并解决相关问题。

叶飞离开六都时,已是晚上7时许。看到叶飞要走,附近的老百姓赶来送行,叶飞拉过赵登英,大声地对群众说:"我把省里的赵主任留下来,大家有什么话,都可以找他说。"

赵登英从六都回来后,向叶飞汇报了有关情况。他随叶飞刚来六都时,虽是秋收季节,可六都却没有丰收的热闹景象。抛荒了一千二百多亩田地是一个原因,群众没有用心打理生产也是一个原因。自从规定明春不统购、包产超产全归小队后,群众生产的积极性极为高涨,出现了早出工迟收工的现象,不少群众主动提出要降低口粮标准。

听了赵登英的汇报,叶飞对六都总算放心了。

11月,中央继整风整社、肃清"五风"的指示后,又发出由周恩来主持制定的《关于农村人民公社当前政策问题的紧急指示信》。

11月18日,叶飞主持省委常委会议,根据中央指示信的精神,要求各级党委要搞好政策试点、安排好群众生活、完成粮食征购等任务。11月24日至25日,叶飞主持召开地市委书记会议,会议做出决定:全省每人每月口粮安排不到二十斤的地区一律不统购,大搞代食品,扩大冬种面积,包产超归生产队所有;灾区冬种自由一季,小队种归小队收,国家不征购。

紧接着这次地市委书记会议的,是省委扩大会议。

参加这次省委扩大会议的,原来是省委常委、地市委书记和省委派往下乡的同志。后来吸收县委书记参加,开成三级干部会议,于1960年11月27日至12月17日先后在漳州、福州召开。主题是进一步贯彻中央指示信的精神,检查大跃进以来省委的领导工作,揭露批判"五风",总结经验教训,部署当前工作,提出贯彻意见和紧急措施,以渡过困难并扭转紧张的农村形势。

会上,龙岩专区和福安专区部分县的严重问题摆上了桌面。可就是这些问题严重的地方,有的地县领导张口闭口仍是照搬中央的说法,说是九个指头和一个指头的问题,阶级感情到哪里去了?叶飞听完揭发,既生气又悲痛。12月6日,叶飞在三级干部会议上做报告,在简要说明三年大跃进福建面貌所

起的变化后,着重讲道:"好的形势中存在困难,困难相当大。"

他讲了宁德六都:"六都是怎么回事呢?那就是天灾也有,加上人祸,人祸更重,那个减产厉害啊!我去看了,看了伤心掉眼泪啊!六都的问题不是今年,两年哪!"

话到这里,叶飞的语气显得很沉痛:"我们今年缺粮情况比去年严重,我们省委的同志想到这个问题时,感到对主席无法交代。去年就是紧张,浮肿病、非正常死亡也可能有,但一般还是很少。可今年浮肿病数字更大了,光龙岩专区非正常死亡就有数万人,这个事情我们怎么交代?我们过去死了几个人要检查错误,要追究责任,现在死了几万人无所谓。这怎么得了?"

叶飞在平抑了一番情绪后,又开始了检讨:"我们常委检查有两个心理状态和思想:一是盲目乐观,认为福建从58年大跃进后,从缺粮省变到自给省,并且能够外调……便满足这一点。另是对农业不摸底,搞浮夸,搞千斤省,在报上登了,又提搞万斤省,当然以后纠正了,也满足于这一点。对农业生产的艰巨性、复杂性认识不深刻,对农业过关首先是粮食过关这一问题看得太容易。"

台下一片寂然,忽地传出一阵激越的声音:"今天省地县三级都在这里,搞得好,搞不好,困难能不能渡过,就是看我们今天在会场里面的人,一千五百万人民的命运就在我们在座的人手里!"

叶飞的声音,即使做报告,也不是很大。这陡然提高的声调,听得大家心头为之一震。

"我这不是做思想工作,人命关天,我们都是人民的勤务员,不是主人,主人是群众,我们必须对群众负责。有人说,我们现在确实困难重重,是不是请求中央调粮食给我们?我看我们不仅不该提,还要顾全大局,完成国家规定的上调任务。大家要记住主席在庐山会议讲的一句话:'国难思良将,家贫思贤妻。'国家困难的时候,凡是真正对党忠诚的同志都要勇敢地负起责任,克服困难,率领群众渡过困难!"

刹那间,叶飞的声音被热烈的掌声给淹没了。

随后,叶飞重申了人民公社三级所有队为基础至少七年不变的问题。针对各地限制群众自留地的做法,叶飞提出了批评:"今年为了办好食堂,强调要建立蔬菜基地,一人一分地,结果就大收自留地。……如果有自留地,困难时,社员种杂粮种七七八八的东西,不至于搞得现在这么困难。由于我们刮共产风,不执行政策的结果,生产关系破坏,造成生产力大破坏,这一次我们无论如何要下决心纠正。"

叶飞了解到,中央十二条政策一宣布,各地群众拥护是拥护,但就是有怀疑。群众现在对中央指示信和十二条政策不相信有其理由,谁叫我们以前讲话不算数呢!你道理讲得再好,政策再开明,群众不相信,又有什么用呢?现在要切实解决这个问题,取信于民。要使群众相信,唯一的办法就是下决心纠正"一平二调",彻底清算,光算还不行,还要退赔。

可不仅群众不相信,干部也不相信。就在这次会上,有些县委领导同志有两个担心:一个是任务重、急,能不能改;一个是纠正共产风这个赔,赔得起赔不起。

叶飞在会上宣布:"纠正共产风这个赔,要下最大决心,要不惜把手脚不干净的部门和地方搞得倾家荡产。……赔要彻底赔,不要怕赔不起,一级一级掏腰包……要把账算彻底。"

叶飞还特别讲到了领导作风问题:"从作风上讲,就是主观片面性。估产偏高,超过客观可能……由于省委领导思想上主观片面,就造成下面命令主义、违法乱纪,以致浮夸风等都出来了。……再加上动不动就戴右倾的帽子,这样一来,就造成下面不敢讲真话。乱指挥也是从这里来的,由于我们的农业生产计划太细太具体,下面没有机动余地,加上下面干部水平低,我们又没有交代办法,他们就只好靠强迫命令和违法乱纪的办法去完成任务,所以造成几年来下面干部在生产上乱指挥和命令风。脱离群众,甚至违法乱纪,一直不能纠正,甚至还在发展,这和省委领导作风是有很大关系的。至于估产偏高影响就更大了,影响了粮食紧张……省委也有责任。

"由于政策上出了毛病,作风上也出了毛病,我们省委除了实事求是这个作风丢掉以外,联系群众的作风也不够。……干部不听群众的话,特别是不听老农的话,这个问题最大。"

考虑到1960年粮食产量估计只有六十七亿斤,因此这次省委扩大会议对今后几年的粮食指标定得较为实际:1961年为九十到一百亿斤,1963年争取达到一百二十到一百三十亿斤。

在检讨大跃进的经验教训的同时,我们也应看到福建所取得的成绩。就拿工业来说吧,大跃进期间,建设起那么多至今还在发挥作用的轻重、机械工业。不仅自己建设起来了,而且还有了援外任务(援助朝鲜一个纸厂、缅甸一个一千吨的糖厂),照叶飞的话来说,"真是不胜光荣之至"。

"千秋功罪,谁人曾与评说?"叶飞在大跃进期间的功过,也只能由历史来评说。

远的,似乎可以拿大跃进运动发起人毛泽东在1958年年底武昌会议上的一席话做参考:"我们中国人大概包括我在内,是个冒失鬼……我们对于搞经济建设还是小孩子,虽然我们现在年纪不小了。应该承认这一点:向地球作战,向自然界开战,这个战略战术,我们就是不懂,就是不会。"

无独有偶,叶飞在检讨大跃进时,也说:"打仗,我没有进过正式学校,这是一个缺陷,没有读过书,旁的书读了,这个书没有读。经验哪里来的呢?错误当中得来的。打了多少的败仗,栽了多少的跟斗,然后才能够得到一点经验。看来要取得经验,就要付出代价。"

做调查解难题

正当全省上下开始整风整社、纠正"一平二调"时,中共中央发出了《关于认真进行调查工作问题给各中央局,各省、市、自治区党委的一封信》:"中央要求从现在起,县级以上党委的领导人员,首先是第一书记,认真学习毛泽东同志的思想方法和工作方法,把深入基层(包括农村和城市),蹲下来亲自进行系统的典型调查,每年一定要有几次,当成领导工作的首要任务,并且定出制度,造成风气。"

第十六章 同舟共济渡难关

响应中央号召,叶飞立即动身下乡,开始调查。

4月11日,叶飞来到三类队——惠安县东岭公社小岞管理区,对农村整风整社和渔业生产展开调查。

不管在家还是下基层,叶飞都不尚奢侈、排场,每次下乡都是坐吉普车下去,一是山路可走,二是不招摇。他做调查喜欢轻车简从,那部嘎斯–69上总带着一张战争年代使用的简易帆布行军床和一顶蚊帐,下到社队决定要住下来时,他就睡那张行军床。随行人员一般是秘书、警卫员、司机。

到基层吃饭,叶飞绝不让下级机关搞排场,简朴至极,往往有地瓜稀饭再加一碟花生米即可。随同下乡的警卫员葛金康深有感触地说:"小岞缺粮,他就吃地瓜稀饭,有时和老百姓一样吃清水煮鱼,没油,撒把盐就可以了。有天,配饭的菜都有点发臭了,我都不想吃,可他照吃不误。"

叶飞不听随行人员的劝阻,在这个毗邻金门蒋占区的渔区一蹲就是十天,终于了解到真相。情况并不像人们传说的那样危言耸听,残存有反动势力,一有机会就进行破坏活动,群众的生活每况愈下,不过是几个干部工作作风有毛病,但其性质完全是人民内部矛盾问题,根本就不该给支部书记戴上分散主义的帽子。他明确表态:"小岞处在对敌斗争最前线,取得了很好的成绩,却被错当作三类队,干部差一点都打下去了,如果不及时纠正过来,对敌斗争就不堪设想。"

政策明确之后,除对几位干部做了应有的组织处分外,其他人都得到了解放,他们倒一个个主动检讨起作风上的毛病来了。叶飞深有感触地说:"所以说,不要怕整风,好像一谈整风,一谈党内斗争,就是残酷斗争、无情打击。如果在整风中,真正运用正确处理人民内部矛盾的方法,也就是团结、批评、团结,整风就可以搞得好。"

他还动情地对县社领导说:"我们要承认我们的错误,要替他们挑担子负起责任。当然,他们得罪了群众,也要向群众道歉。儿子不好,母亲生了气是要打儿子的,打得儿子哭了,母亲也要掉眼泪,只有后母才不掉泪。我们领导干部,不能做这个后母,打了儿子一点眼泪不掉,这怎么行?"

就小岞调查情况,叶飞专门给毛泽东写了一封信,做了汇报。

当叶飞在闽南调查时,最高检察院检察长张鼎丞和国务院副总理兼中央农村工作部部长邓子恢先后率工作组,回到闽西做调查。叶飞专程到龙岩,向两位领导人汇报了在闽西开展反"五风"运动的情况。随后,省委于4月底在龙岩召开常委会,邀请张、邓出席,共同讨论解决龙岩历史遗留问题、老区建设问题和整风问题。

会后,张、邓继续留在闽西做调查,叶飞则赴闽南、闽北,对食堂问题再做调研。几天前,柯庆施已给福建打来电话,转达了毛泽东赴江西、湖南考察时关于食堂的讲话,主要的是要坚持自愿参加这条原则。叶飞在调研时发现,为了大办公共食堂,许多地方还收回了1959年上半年恢复的社员自留地,并改变了口粮分到户的做法。这样做不仅浪费了粮食,而且严重影响了社员的生活。使他感到意外的是,南安有个生产队坚持不办食堂,硬顶了三年,

1960年4月,叶飞与南街食堂居民亲切交谈

使群众免去了饥饿之灾。叶飞很是感慨,说从这一点讲,我们下面大队、生产队同志的水平不比我们低,我们应该向下面学习是有根据的。

5月6日,叶飞就食堂问题给省委写信,提出应把原来"积极办好,自愿参加,形式多样"这三句话改变一下,将"自愿参加"这句话放前面,坚持自愿参加的原则。

5月14日,省委转发了叶飞这封《关于食堂问题给省委的信》,受到广大人民群众的欢迎,很多社员主动退出了食堂。

调查进行一个多月后,5月20日,叶飞赴京参加中央工作会议,就食堂问题等向中央做了汇报。1958年庐山会议提出办食堂问题时,坚持要办和主张不办的两种意见争论激烈,福建是中间派。现在,福建则成了反对派。结合与会同志的汇报,毛泽东决定停办食堂。

这次中央工作会议的主题是：实事求是，调查研究，走群众路线，从实际出发，坚持真理，修正错误，发扬民主。叶飞联系自己一个多月调查研究中所接触到的情况，感到这段时间省委贯彻执行《农业六十条》，坚决纠正生产瞎指挥和进行平调退款，并对生产队实行包产、包工、包成本和超产奖励制，把土地、劳力、耕畜、农具固定给生产队等做法是正确的。

对给福建带来灾难的食堂问题，叶飞感慨万千，说："过去我们开会都是听人家的，中央是听省委的，省委是听地县的，地县又是听公社的，总之都是听来的，没有去听群众的。"

至夏季，福建全省的农村公共食堂全面停办。

6月初，正在北京参加中央工作会议的叶飞，收到了省委转来的张鼎丞关于闽西问题的报告。张鼎丞的这份报告，事先慎重征求过叶飞等省委领导的意见，几易其稿后，于6月3日向省委、华东局、中央并毛泽东呈报。张鼎丞在报告中讲述了对闽西形势的看法、有关干部的整顿及自己的想法，并建议中央和省委在物力、财力上给闽西一些必要的支持，以帮助快一点把生产恢复过来。

这个报告引起了叶飞的高度重视。从北京回来后，叶飞主持省委工作会议专门做了讨论，以取得一致认识。

会议期间，叶飞还收到了中央的电示：

叶飞同志并福建省委并华东局：

  读了六月三日张鼎丞同志关于闽西的调查报告，觉得很好。望省委加以讨论，贯彻执行。张鼎丞同志所提出的问题，可能不只适用于闽西，在福建的其他地方可能也是适用的，望省委酌情决定，必须充分估计农村形势的严重性，以及转变农村形势和整个国民经济形势的艰苦性，而认真地采取谨慎的适合情况的步骤，经过较长时期的努力，才能彻底转变过来。

中央
一九六一年七月十四日

叶飞和省委当即开会研究了贯彻落实意见,并在给中央和华东局的报告中表示,"同意张鼎丞同志六月三日关于闽西工作情况和意见的报告",并将张鼎丞的报告印发给地市县委,"以提高干部思想认识,认真总结整风整社工作经验"。

　　在这次会上,省委工作队成员王则明来信向叶飞反映了漳平县新桥公社不执行退赔政策的情况。叶飞看后,十分生气,立即对来信做出批语:"王则明同志所反映的情况充分说明现在仍然有很多人不仅不愿执行党的政策,不仅不愿去退赔,甚至仍然继续在平调。……这些人现在不是去干革命工作,不是在做社会主义的建设工作,是在做破坏工作。……我们对这种严重违反党的政策,不受党的政策约束的现象再不能容忍下去!"

　　叶飞如此用严厉措辞,乃因为退赔是整风整社中的一项重要任务,是纠正"一平二调"共产风的重要措施。中央不是说明白了嘛,"只有彻底退赔,才能恢复广大农民群众对党的政策的信任,才能使农民心情舒畅"。

　　叶飞是把退赔作为整风整社的重要内容来抓的,甚至表示各级党委、政府和各部门要为此不惜"倾家荡产"。话已经到这个份上了,但下面执行起来总要打折扣。如此无视民瘼,他怎能不气愤呢!

　　为了纠正共产风,迅速解决平调、退赔问题,根据叶飞建议,省委于7月成立省退赔委员会,由代省长伍洪祥兼任主任,负责在限期内向农民兑现退赔。紧接着,省委于8月10日至11日召开书记处会议,通过《中共福建省委一九六一年退赔计划》。为确保退赔工作的进行,除了中央下拨的六千万元,省财政也拨款五千万元,专县市财政和企业退赔四千万元,社队退赔九千五百万元,全省共计退赔款达二十八亿元。

唱一曲抗天歌

　　正当叶飞和省委下大力气调整农村政策、加强农业战线之际,1961年夏秋之交,全省连续遭受五次特大台风、暴雨的侵袭,随后虫害、旱灾接踵而至。

据统计,受害面积九百四十万亩,受灾人口近八百八十万人,夏秋两季作物严重受创,光粮食就损失十亿斤以上。这对福建而言,无异于雪上加霜。

入秋以来,整个华东的灾情都很严重。叶飞到华东局参加生产救灾会议回省途中,在南平下了车。在刘健夫、赵毅的陪同下,他深入到建瓯、水吉、建阳农村察看灾情。通过调查,他感到群众生活十分困难。闽北的灾情尚且如此严重,闽东和闽南沿海更是可想而知。他马上打电话叫省委办公厅通知有关同志到南平参加地市委第一书记紧急会议,听取各地汇报灾情,并研究如何开展生产救灾工作,商量生产自救措施。

当时,按中央的政策,对社员的自留地有限制,不得超过耕地面积的5%。福建人多地少,沿海地区耕地更少,每人平均不到一亩。根据这个情况,省委曾经研究自留地面积可以扩大到7%,以后又决定可扩大到10%,土地特少的还可以多于10%,沿海每人可达一分地左右,山区每人可达二分地左右,社员自己开垦的土地和"十边地"不包括在自留地之内。即使这样,还是难以解决受灾群众生产自救问题。所以南平会议做出决定:鼓励社员抗灾保产,生产自救,自留地和冬种粮食作物谁种谁收,一律不计征购。

会后,叶飞又赶赴闽东察看,灾情果然比闽北还重。他见群众吃的是地瓜叶、金毛狗(一种块根植物)、谷糠,连"瓜菜代"都难以为继,心里异常难过。在听取群众的意见时,群众提出了一个办法,就是向生产队借地冬种,只种一季,不征购,这样他们就可以自己解决三个月口粮。叶飞觉得利用秋后冬闲地向生产队借地种粮的办法很好。在离开闽东赶赴莆田灾区的路上,他一直在思考,慢慢在心中酝酿了"一人一分自留地,一家一户一亩地,冬季自由种一季"的设想,也就是每人应有一分自留地,并在当年冬种,每户社员可向生产队借一亩地,有条件的可以每户超过一亩,谁种谁收谁所有。

莆田县的灾情相当严重,许多村子都被洪水给淹没了,缺粮断炊。10月13日,当叶飞和杨文蔚、许亚到达莆田时,正逢莆田县委召开三级干部会议,叶飞应邀到会。不知是因为叶飞旁听,还是本来就怕引起人心慌乱,县委领导在会上不敢深入讲灾情。谁知他们越害怕,叶飞在晚上讲话时就越讲灾情。他不

仅讲了莆田的灾情,而且讲了全省、华东和全国的灾情。他说:"今年灾情确实很严重,是我们掌握政权以来最严重的一年。中央、华东局很关心我们的困难,支持我们一亿斤粮食。但我们全省损失是十亿斤,这只顶十分之一。而且,这个一亿斤不能全部给你们莆田,别的地县也有灾害需要救急呀!我也实话告诉大家,好让你们这些在座的干部心中有数,省里的库存也是空空如也,靠省里拨粮,此路也是不通。总之,大家想靠上面解决粮食问题是不行的。"

台下议论纷起,主持会议的县委领导十分紧张,生怕压不住阵脚。叶飞却还神情自若地说:"去年在宁德六都时,我对群众讲了两句硬话,叫一不统购,二不统销。怎么办?自己动手,赶快搞冬种,生产粮食,保证不饿死人,金子丢在地上也不捡,人都快饿死了,金子有什么用。战胜灾害,主要靠土地,靠大家的力量,自己解决自己的困难。我把这些情况告诉大家,把底毫无保留地交给大家,是希望我们大家共同来想办法,战胜灾害。"

台下终于有人喊出了声:"叶书记,有什么办法呢?"

叶飞回答:"办法很简单,概括起来有三句话,叫作一人一分自留地,一家一户一亩地,冬季自由种一季。"在对这三句话做了解释后,他以商量的口吻问大家:"这个方法怎么样?请同志们讨论讨论。"

叶飞面向台下黑压压的干部们说:"我们要会用兵,现在是用兵的时候,要有背水一战、破釜沉舟的精神,去战胜灾害带来的困难!"

在10月13日晚莆田县大队支书以上干部会上,叶飞提出十项解决问题的措施。

本来大灾当头,大家都惶惶不安,不晓得该怎么办。莆田县委对各公社、各大队的求救一筹莫展,没想到叶飞如此实话实说,把灾情和办法一讲,倒给县委解了围。原来受灾的公社、大队都想多报一点,叶飞这次在莆田讲话之后,轻灾区变为无灾区,无灾区主动提出支援灾区,情况很快就转变过来了。

翌日一大早,叶飞离开莆田县城,前往一些社队做实地调研。经广泛听取干部群众的意见,他愈发认定"一人一分自留地,一家一户一亩地,冬季自由种一季"的设想可行。10月17日中午,他就这三句话在莆田给晋江地委书记张桂如写信:"我再重复说一句,现在应当采取的措施和办法,是越早行动越好,越迟疑越不利。"

在给省委的信中,叶飞也说:"生产救灾中最要紧的是对灾情情况要明,要做具体分析。心中有数,就要下决心。"根据叶飞的意见,省委于10月19日签发了一封特急电报,转发叶飞在莆田县三级干部会上的讲话,并指示各地:扩大社员自留地,自留地可占生产队耕地面积的7%;当年冬种,每户社员可向生产队借地一亩,有条件的可以超过一亩,谁种谁收,归谁所有。

虽然有此指示,但叶飞调研时,感到下面一些地方对此顾虑很多,害怕这样一搞,集体肥料没有了,集体生产搞不好;非灾区感到没有这个必要,也不够放手,所以动员不起来,不能迅速地形成群众运动。

因此,叶飞在11月省委召开的着重讨论如何进一步开展生产救灾问题的三级干部会议上,说:"有些事情是不能急的,但生产救灾就是要抗季节,这个问题全国各地都有经验,我们也有经验,根本不要搞什么试点,只要一下子通过就行了。……现在是机不可失,时不再来,要当机立断,不要优柔寡断。"

在这次会上,省委做出正式决定:鼓励集体和社员个人因地制宜,见缝插针,大搞冬种,社员每户可借种一亩地,谁种归谁所有,每人一分自留地,必须迅速落实分配到户,力争每户自己解决两至三个月的口粮,所有机关、部队、学校、企业单位均应充分利用荒地、"十边地",大种粮食、蔬菜,力争解决半个月或一个月的粮食。决定正式施行后,全省各地形势立即改变,干部群众都抢着种地,对缓解农民灾后困难和缓和城市供应起了一定作用。

由叶飞主持制定的这项生产救灾政策,后来被称为"自由一季"政策,被群众称颂为"救命"政策。这个政策,对于突破"一大二公"的旧框框,充分发挥农民的生产积极性,提供了有利的条件。"自由一季"很见成效,小麦和瓜菜等得到了好收成,不仅解决了福建1962年的春荒,而且还能抽调出一亿斤的小麦支援山东,得到中央领导的肯定。

"文化大革命"中,有人把福建实行"自由一季"政策,说成是叶飞"推行刘少奇'三自一包'修正主义路线的一大发明"。叶飞反问:"群众吃不饱,饿死

了,那是什么主义呀?"

七千人大会前后

1962年1月11日至2月7日,中共中央在北京召开一次有中央局、省委、市委、自治区党委、地委、县委和重要厂矿党委主要负责同志参加的扩大的中央工作会议。会议主要是讨论近几年的工作经验和端正工作作风问题,还讨论经济建设的形势和规划。

福建出席会议的有九十四人,省委领导除了叶飞,还有范式人、伍洪祥、杨文蔚。与会人员人数之多、范围之广,在中央工作会议中前所未有。

大会的前一阶段是讨论刘少奇代表中央提出的书面报告草稿。报告提出这几年产生困难的原因是"三分天灾,七分人祸",同时强调:总路线、大跃进、人民公社这"三面红旗"的基本方向和主要原则是正确的,这几年工作成绩是伟大的,缺点和错误是第二位的;对于缺点和错误,首先负责的是中央,当然也包括中央各部门和国务院及其所属各部门,其次要负责的是省一级领导机关。

在分组讨论中,福建代表团对经济工作中的分散主义和党内的民主作风问题谈得比较多。大家认为:分散主义在经济上的突出表现是生产指标过高、基建战线过长、铺张浪费严重、盲目扩大城市人口;造成分散主义的原因是权力下放过多,"条条"与"块块"关系处理不当。1957年以前搞"一长制",过分强调了"条条","块块"摸也摸不得;以后提倡权力下放,"块块"的领导加强了,但"条条"又失去了作用。也有人提出,分散主义源于党内政治生活不正常,有的人"官大、权大、胆大",乱提口号,擅自做主,各自为政,独断专行,个人说了算,下级干部、一般党员不敢讲真心话,不敢反映真实情况,怕丢了党票,丢了乌纱帽。有人则认为,这几年福建工作的主要问题不是分散主义,也不是高指标,而是主观唯心主义。为什么搞分散,为什么高指标,为什么瞎指挥,为什么脑子发热?总的根源是对社会发展阶段的认识错误,误认为生产力发展可以飞跃,可以向共产主义过渡了。

按原来计划,会议主要是讨论修改和通过刘少奇代表中央提出的书面报告,中央主要领导人讲话后于1月28日结束,大家回家过春节。可会议行将结束时,许多代表提意见,说还有很多话没讲完,还憋着一肚子气,主要是认为在反对当时妨碍全国一盘棋的分散主义时,还应该强调发扬民主和反对官僚主义,克服1959年庐山会议后党内民主生活不正常、下级对上级有意见但有话不敢讲、上下级关系不融洽的问题。有人还反映这次会议有人压制民主、不让人讲话等问题。这些议论主要是一些地方做具体工作的人提出来的,主要针对省地两级领导,希望在中央主持的这个会上把憋在心里的话讲完。

毛泽东听了汇报后,宣布延长会期,七千人干脆一起在北京集体过年,解决党内民主集中制问题,解决上下通气问题。他号召发扬民主,开"出气会",打消一切顾虑,向上级的缺点错误展开批评,"白天出气,晚上看戏,两干一稀,大家满意"。全场欢声雷动。会议由此进入被周恩来称为"会议的第二高潮"的"出气会",主要是地方来的同志向省委、中央局、中央国家机关及有关负责人提意见、做批评。

叶飞马上召集福建组全体人员大会,要求大家根据主席指示,消除顾虑,畅所欲言,把所有意见都讲出来,并提出"高价征求"意见的"四个保证":保证按党章办事、保证不对任何提意见的同志打击报复、保证不给提意见的同志穿小鞋、保证运动来了不算总账。

虽然如此鼓励与会人员讲话,有些代表仍然信心不足,尤其话题涉及福建省近几年来的工作评价、存在的主要问题和主要领导人的责任时,顾虑重重,不敢直言。如实讲吧,在党内民主集中制不健全的情况下又担心产生难以预料的后果;不讲吧,作为一名党的干部,良心上过不去。这种情况在其他一些省市和部门也存在。

毛泽东在掌握并分析了这些情况后,于1月30日(腊月二十五)下午到会发表长篇讲话。他讲了六个问题,中心是党内民主集中制。他说因为没有民主,第一书记就独断专行,当年西楚霸王是不爱听不同意见的,最终被"豁达大度、从谏如流"的刘邦打败,这才有了霸王别姬。他既严肃又不失风趣地说:

"我们现在有些第一书记,连封建时代的刘邦都不如,倒有点像项羽,这些同志不改,最后要垮台的。不是有一出戏叫《霸王别姬》吗?这些同志如果总是不改,难免有一天要别姬就是了。"

毛泽东在会上所做关于党内民主集中制的长篇讲话,精彩之至,扣人心弦,一再被暴风雨般的掌声、笑声和欢呼声打断。

毛泽东讲话的当天晚上,周恩来受中央委派专门来福建组,请大家踊跃发言,大胆提意见。自这天晚上起,周恩来先后七次到福建组(有时是小组)听取四十多位代表的发言,边听边记录,鼓励"出气"。

集中与会者所提意见,主要有:一是自1958年以来存在着头脑发热的现象,在农村工作中的一些重大政策问题,如大办食堂、推行供给制、大打煤铁战役等,犯了高指标、瞎指挥、共产风、浮夸风的错误,在上面高压下,许多地方不实事求是,结果造成一批人口的非正常死亡。二是1958年到1959年间反地方主义,反掉了一批好人,错误地开除了许多人的党籍,又错误地把江一真、魏金水等打成所谓"右倾机会主义反党集团",省委至今没有重新做出结论,使下边很多问题难以解决;1961年春的整风整社,推广了所谓"信阳经验",到处拔白旗,打击面过宽。这些运动一个接一个,伤害了一大批干部,挫伤了广大干部和群众的积极性。三是党内民主生活不正常,往往书记个人说了算,使人一听"整风"二字就害怕,更不可能集思广益地形成正确决策,干部积极性不能充分调动;作为省委第一书记的叶飞作风粗暴生硬,不以平等态度待人,在有些场合随便发话,动不动大会点名批评,还往往不照顾情面,影响了其他领导同志的威信,使他们的工作陷于被动⋯⋯

这些并非全是批叶飞的,不少主要是批省委的,但因为叶飞是省委"班长",所以自然成了箭靶。这些意见中,对党内民主生活不正常批得最为集中。

就是在一片批评声中,也还有不同的看法和意见,有人认为叶飞还是民主的,主要是脾气大些,但谁都有脾气,当一把手的都有不民主的时候。

2月3日,福建代表团在友谊宾馆开了一次全体会议,周恩来到会。伍洪祥在会上做了自我批评,同时也对叶飞提出意见:"(叶飞同志)这个'班长'是有能力、有魄力的。看问题很敏感,能抓住问题的关键。福建是前线,干部来自四面八方,需要叶飞同志这样的领导,我们诚心诚意拥护他的领导。但是从当好'班长'来说,叶飞同志把一个班子指挥得很合拍,充分发扬民主,把大家的积极性调动起来,则是很不够的。……几个大办,有的我也参加讨论,如果都推到叶飞同志身上也不恰当。"

周恩来在讲话中引用历史人物的君臣关系,语重心长地对福建省委领导作风上存在的问题进行批评。他说:"唐代皇帝李世民,能听魏征的反对意见,兼听则明,把唐朝搞得兴盛起来。他们是君臣关系,还能做到这样;我们是同志关系,就更应该这样了。我们要提倡讲真话,即使是讲过了火的话也要听。"

周恩来的这次讲话,共讲了十个问题。谈到检讨原则,他认为"坚持真理,修正错误"两句比"肯定成绩,前途光明"更难,指出做检讨是从有利于工作出发,有利于事业前进出发,而不是为了搞臭某一个人;检讨的方针,是从团结的愿望出发,通过"出气"和"上下通气",达到新的团结,方法是批评与自我批评。他说:"这次会议,地县两级是矛,中央、中央局、省委三级是盾,矛是攻盾的,这几天攻得好,我听了很舒服。"他强调对大家的发言都要尊重,不要听到人家说两句走火的话就去挑,要看他的本质。当讲到检讨的目的时,周恩来说是为了增强团结,这里最重要的就是毛泽东同志讲的实事求是,也就是"说真话,鼓真劲,做实事,收实效"。当谈到错误的责任时,他指出中央责任第一、省委第二,中央局是介于第一和第二之间,各有各的账,并说:"你们所提的意见,属于中央的我都认真接下来,这样,地县同志就知道自己的责任。"

周恩来的讲话,切中时弊,感人肺腑,叶飞和大家听了深受教益,表示坚决拥护。

周恩来还说:"五年来五大运动,1957年反右派,1958年拔白旗,1959年反右倾,1960年整风整社,1961年民主革命补课、夺取领导权。这五大运动每年一个,偏差不少。主要责任在中央,因为是中央提倡的。搞错了的要平反,要做细致的工作。"

这天下午,叶飞在本省大组会议上诚恳地做了自我批评。

　　七千人大会的民主气氛相当浓厚。福建组不论是讨论刘少奇代表党中央所做的书面报告，还是对省委、对叶飞提意见、"出气"，都能做到畅所欲言，有什么说什么，造成了"既有民主，又有集中；既有纪律，又有自由；既有统一意志，又有个人心情舒畅这样一种生动活泼的政治局面"。

　　会议结束回到福州，叶飞很快就召开省委扩大会议，传达贯彻中央会议精神，鼓励各地同志"出气"，对省委的工作提出批评。为此，各地代表在讨论中对省委及省委领导几年来的工作提出了较为尖锐的批评。叶飞欢迎这些批评，并表示要把批评当成一面镜子，时刻对照修正。

　　七千人大会上，毛泽东提出"坚持真理，修正错误，有错必纠，全错全纠，不错不纠，错多少，纠多少"，这是对"左"的错误实事求是的态度。为了贯彻中央指示，缓和人民内部矛盾，以利于齐心协力渡过经济难关，福建省委在叶飞领导下，一面加紧对国民经济进行调整，一面迅速着手对在历次政治运动中被错误批判和处分的党员干部进行甄别平反。

　　4月，福建省委向中央报告，建议撤销1959年反右倾时上报的《关于以江一真同志为首的右倾机会主义反党集团的错误的报告》，要求对他们彻底平反。后经中央批准同意，宣布对江一真、魏金水、卢叨等予以甄别平反。6月接到中央的批准通知后，叶飞又马上召开会议，宣布取消对他们的处分，恢复职务。叶飞在会上再次做了自我批评，并让江一真、魏金水等人在会上发言"出气"诉冤。

　　11月，省委会议通过决议，撤销《关于开除地方主义分子党籍的决定》，宣布恢复黄国璋等人的党籍和名誉，并给予安排职务。

　　省委发文件白纸黑字平反还不够，叶飞还根据邓小平所提平反工作要指定专门机关、专门人搞，最好是谁搞错的由谁来平反的意见，一一前往受委屈的同志家里，倾心交谈，赔礼道歉。

　　脾气不太好，既是造成部属怕叶飞的原因，也是指责他作风不民主的缘由之一。曾担任过叶飞多年秘书的郑宗远指出："批人批过头，说话太刺，让人往往下不来台，这确实是叶飞的缺点，但他对人主要是从工作出发，没有个人恩怨。他是个敢作敢为、不是个推三阻四的人。他做人正派,不在背后搞阴谋诡计。了解他的人都晓得,发多大火由他去,千万别往心里搁,他不会记小账的,在干部提升等关键事情上他从不整人。"

叶飞的另一位秘书梁国淮说:"他性格内向,不苟言笑,整天表情严峻,即使和陈毅下围棋,有时也一句话没有,让我们感到沉闷。加上他对工作要求又极为严格,我们这些身边工作人员,哪能嘻嘻哈哈,天天夹着尾巴。开头确实感到他不好接近,不免战战兢兢,但工作做好后,他对你挺好、挺关心,久而久之,我们也就不觉得他有什么可怕的了。"

七千人大会期间,叶飞请来新四军时的女战士周楚到北京饭店见面。周楚是阮英平的妻子。对战友阮英平,叶飞长久以来怀着深深的思念。

叶飞是在1932年受派到闽东巡视工作时认识阮英平的。此时,闽东局势极端艰难困苦,叶飞和阮英平、范式人同心协力,打出了闽东苏区。1937年春,闽东抗日军政委员会成立,叶飞被推为主席,阮英平、范式人任副主席。那时闽东苏区群众称叶飞为"一班首长",称阮英平为"二班首长"。1938年2月,闽东红军游击队正式改编为新四军第三支队第六团,叶飞任团长,阮英平任副团长,开赴抗日前线。1947年春,因工作需要,已任师政治委员的阮英平接受组织委派,从山东根据地回到福建开展工作,担任闽浙赣省委常委、军事部长兼闽东特委书记。不幸的是,他在1948年3月赴福州汇报途中,遭遇民团,他与警卫员失散后被坏人谋害。

对阮英平的意外死难,叶飞甚为悲痛。七千人大会结束时,周楚带着十四岁的儿子阮朝阳来北京饭店见叶飞。叶飞见到战友的儿子心里感到欣慰,他有意帮助照顾战友的孩子,让阮朝阳到福建读书。

走进叶家,阮朝阳很快就感受到了叶飞身上父爱般的亲情。

福建解放后,叶飞就把嫡母接到身边生活。1963年,嫡母病重住院不久去世。在讨论嫡母的丧事时,叶飞说:"不能大办,搞大出殡不行,也不能太简单,让人家说我们共产党不要祖宗。"吃晚饭时,一个女儿说,出殡那天,她学校少先队有个会,不能去送葬。叶飞一听,狠狠地拍响了桌子,一桌的碗筷跳得老得老高,把大家吓了一大跳。他骂道:"你太不懂事!给老人送葬是后人最大的事,你不去,就是不肖子孙!"

叶飞生母麦尔卡托

叶飞嫡母谢宾娘

叶飞小时就离开了亲生父母,他对童年模糊的记忆是骑在母亲的肩上,穿过大片大片的椰林去家里开办的碾米厂。叶飞身边一直珍藏着生母留给他的一枚并不值钱的钻戒和一张直到解放后才得到的照片。叶飞虽然思念父母,可由于中菲此时尚未建交,无法直接与父母联系。直到弟弟启东设法回国后,叶飞才知父亲在抗日战争时期就已病故,母亲依然经营小生意,但身体状况大不如前;大妹妹爱玛为了主持家计,维持弟妹上学就业,终身未嫁。有一年,叶飞突然接到大妹妹的来信,告知家中生意破产,负债无法偿还,弟妹还在读书,为不使病中的母亲受打击,希望叶飞能借笔钱给她。这封信,让叶飞好生为难。他虽为一省之长,大权在握,但手头既没有私房钱,也不能动用公款。他考虑再三,决定如实复信告诉家里,自己无钱借出,请母亲及弟妹一同回国,由他来负担养家责任,并供养弟妹在国内读书。但这封信寄出后,便无音信。直到生母病故,叶飞也未能见上一面。"文化大革命"期间,叶飞的海外关系成了一大罪状,"四人帮"硬是给他安上了"里通外国"的罪名。

叶飞和妻子王于畊对孩子们的学习要求严格,抓得很紧。叶飞爱看书,也培养了孩子们爱看书的习惯。打仗时,叶飞宁愿扔行李,也不肯扔书,他把两箱子的书从抗战一直驮到了福建。王于畊专门挑选了一些适合孩子们看的书,在家里设了一个红岩图书馆,最多时有两个书橱。为防止混淆、流失,还在每本书上盖了"图书馆"的大红印。

20世纪60年代初,叶飞在福州乌山与家人在一起

叶飞一生尊崇鲁迅。有一年,他率部打下一座敌人占据的学校后,第一件事就是和黄源(当年为鲁迅抬棺者)一块寻找有关鲁迅的书籍。20世纪60年代他居住福州乌山大院时,书房挂着鲁迅条幅《自题诗》,引"横眉冷对千夫指,俯首甘为孺子牛"为座右铭。他后来给女儿小楠的结婚礼物便是一套《鲁迅全集》。

在叶飞和王于畊的严格要求下,孩子们学习都很用功,大都读了大学。1965年夏天,阮朝阳考上了哈尔滨军事工程学院。叶飞十分高兴,特地把阮英平留在北京的女儿叫来,让姐弟俩回了趟闽东老家,祭奠生父,告慰英烈。

叶飞与钟期光上将的交往,也堪称佳话。

叶飞和钟期光相识于抗日战场。叶飞认为钟期光是搞政治工作的行家里手,钟期光认为叶飞是可以独当一面的勇将。两人相互信任,无所不谈,还经常通信。在一次战斗中,叶飞发现某部违背前委与野政颁布的条例,没有做到缴获点滴归公,而是私自处理战利品,有的部队还因为怕牺牲而打滑头仗,叶飞对此提出严厉批评,但下面的同志却说叶飞态度不好,在党委会和民主生活会上向他提了许多意见。叶飞感到苦恼,为此给钟期光写信:"看到党内某

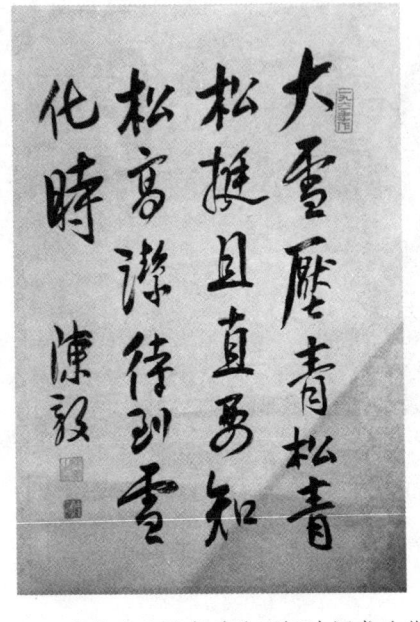

这是叶飞最喜爱的两幅诗词书法作品，一直挂在家中书房里

些同志的不正派作为与党内不好倾向，我觉得如不批评就是对党不负责。但一批评起来，自然又不能轻描淡写，又要尖锐一些，但一尖锐批评下面又叫起来了。因此我很苦恼……这几天，我阅读了文件以后，对我自己的缺点才有了一个明确的结论。我认为我的缺点主要还不是态度(脾气)问题(当然在我自己来说还是要注意的)，而是我没有好好组织群众的批评、全党的批评，突然的我一个人出来批评，就突出了，就引起了群众的反感。所以我的缺点还是没有充分运用群众路线，太急，因而脱离了群众，跑到前面去了。我自己觉得我真正的缺点是在此，不知你以为然否？"叶飞和钟期光都是严谨的人，不喜欢拉帮结派，但两人在通信中，难得地称兄道弟，足见友情之深。

1958年夏，钟期光经历了一场批判斗争，随后在1960年又跟着翻起一阵余波。他再豁达大度，心情也难免沉郁。叶飞认为这场批判不切实际，他同情战友的遭遇，毫不避嫌，邀请钟期光夫妇到福州疗养散心。钟期光难拂叶飞的盛情，在1960年秋冬来闽度假。老战友聚首不易，这样的休息机会也难得，叶飞因工作脱不开身时，便嘱妻子王于畊陪他们出去走走。他们那带着战火硝烟的友情和沐浴着阳光海风的坦荡胸怀，让身边的工作人员倍受感动。

叶飞一生耿直，既不接受下级送礼，也不向上级送礼。有次，谭震林来福建听农业生产情况汇报，看到桌上给他泡的一杯茶，十分严肃地说："叶飞同志,中央有个文件,你看到没有?中央规定,清水一杯就可以了嘛!要喝茶,自己掏钱,你我都不敢破这个例呀!"从那以后,叶飞规定,在省委会议室设一茶柜,不论谁来开会,要喝茶,自己主动交五分钱。这个制度,一直延续到"文化大革命"。

第十七章 力争上游

伤筋动骨调整和精简

1961年初中央提出调整国民经济的"调整、巩固、充实、提高"八字方针后,因为农业连续遭受严重的自然灾害,在一年多的时间里,从中央到地方都把主要精力放在对农业的调整上,而对于工业的调整尚未有足够的重视。福建在调整之初,主要也是强调工业支援农业和林业,对费了大力气的工厂企业下马停建,大家都感到可惜,舍不得放弃。

1961年,华东五省省委第一书记在广州合影。左起:江渭清、叶飞、江华、曾希圣、谭启龙、杨尚奎

第十七章 力争上游

进入1962年,中央决策进一步精兵简政,增产节约,压缩城镇人口,精简职工,减少城镇粮食销量,以大力加强农业生产第一线。4月中旬,省委专门召开精简会议。在讨论农村情况时,大家对福建农业要恢复到1957年水平究竟要多少时间,看法不一。当时的情况,既不能过多减少粮食征购任务,又要争取经济情况好转,因此争论激烈,方案改来改去。叶飞的办法是:根本措施就是减人,现在要下最大决心裁减增长过多的城镇人口,大力加强农业生产第一线。

除了征购任务和精简问题,再一个引起激烈争论的就是工业、交通、基建方面的下马项目。

虽然与会者大都知道,大力压缩基建战线,是国民经济由被动转为主动的关键,这次调整幅度之所以这么大,是因为福建的建设规模过大,和农业基础不相适应的结果。但要真正动起手来,许多人就来了情绪,对三明钢铁厂下马就不同意,理由除了情感因素,还在于过去讲三明钢铁厂是福建大跃进的标志,现在要下,不是保不住形象了吗?

关于三明钢铁厂下不下马问题,从庐山会议后省里就考虑过好几次。叶飞和分管工业的省领导专门算了个账:如果下马,十年以后如再需要,设备也已全部报废;如果不下,十年后设备也要报废,而且比之现有七千多人拖在那里,损失将会更大。叶飞翻来覆去几经斟酌,在这次精简会议上终于拿定了下马的主意。

对建溪水电站,叶飞最后拍板:"根据中央八字方针精神,要拿出壮士断腕的精神来,还是下马为好。"

对社办企业叶飞主张恢复到家庭副业和手工业上去,更多的变成农业、副业。这样,既解决了核算单位,又大大减少了统销人口,取消了公社的所谓机动粮,放下了一个大包袱。

对县办企业,叶飞的态度是:基本停。至于地专一级,他不失幽默地说:"我劝地专同志们要看破红尘,头发剃光,出家当和尚,什么意思呢?这就是要两袖清风,无事一身轻。你们是省委的派出机关,得按中央规定的办法办事,

1961年2月，叶飞（左）在福州陪同邓小平参观福建工艺美术展览

不要去办企业。"

根据这次会议精神，省委痛下决心，将二百八十家工矿企业予以关闭或停产。一直拖着难于解决的下马问题终于迎刃而解。

叶飞认为，有些企业眼下虽然不得不下马，但技术骨干还是要保留的，也需要留一些人来维护大型设备。因此，各地在下马时，对有些企业做了灵活处理。三明钢铁厂便留下老工人和技术骨干六百多人，维护厂房设备，准备东山再起。1964年国民经济渡过难关，三明钢铁厂重新上马时，很快就恢复了生产，迅速发展了起来。

调整和精简可谓是亡羊补牢，虽然伤筋动骨，但叶飞和省委一班人还是毫不含糊地狠下了这个决心，大幅度调低经济发展指数，压缩基建规模，并制订新的计划草案，节约了相当一部分资金，为整个国民经济的调整和财政经济情况沿着健康的轨道好转，创造了一定的物质条件。梁灵光在回忆这段往事时，说："在叶飞的领导下，我们福建贯彻八字方针比较坚决，效果也很好。如果没有这次调整，仍然盲目跃进，弄不好要引起经济大崩溃。"

1962年10月6日，周恩来代表中共中央满怀信心地宣告：最困难的时期已经渡过，农村、城市的经济形势正在逐步好转。

叶飞认为，这也是福建的情况反映，但经济形势的全面好转还只是初步的，经济调整和经济恢复的任务仍很繁重。

"四清"、"五反"中的省委书记

1962年9月中共八届十中全会后，福建根据中央部署，在城乡普遍展开以"四清"（清仓、清财、清物、清账）为内容的社会主义教育运动（简称社教）。

翌年2月上旬，福建省委在长乐召开会议，专门研究如何在全省城乡发动群众开展社教问题。会上，刚从南平、邵武、永泰等地调研回来的叶飞，分析了全省农村出现的一些问题，提出这次运动要着重宣传"三个主义"，即爱国主义、集体主义、国际主义；坚持"三要"，即要坚决走社会主义道路、要关心爱护集体、要民主办社勤俭办社；反对"三股歪风"，即反对资本主义风、反对封建迷信风、反对铺张浪费风。

叶飞对社教做了初步部署：全省社教运动按三年计划，争取两年完成；不同地区的社教有不同的重点，运动应自始至终以生产为中心，在不影响生产的前提下，充分利用农闲季节穿插进行。会上，省委决定成立社教领导小组，叶飞亲自担任组长。

4月5日，叶飞下到长乐蹲点，同鹤上公社、古槐公社的工作队座谈开展社教试点情况。这段时间，他除了跑面，还要跑点，弄得十分辛苦。

社教初期，由于党的各级领导干部多数都以焦禄裕为榜样，全心全意为人民服务，因此，无论干部还是群众，从内心到行动都是拥护的，所产生的效果也是好的。但到了5月下旬，《中共中央关于目前农村工作中若干问题的决定（草案）》（即《前十条》）下达后，情况就开始起变化了。这个决定对国内政治形势做了过于严重的估计。

在运动试点过程中，出现了一些新问题，主要是乱，乱打人、乱搜查、乱搞重点集训、乱扣帽子、乱立罚规等。叶飞对这些现象提出了批评。其实，早在2月召开的省委长乐会议上他就强调："对于干部的错误，要采取严肃和慎重的态度，既要反对恶劣行为和不良作风，又要严格分清是内部问题还是外部问题，通过运动，把干部队伍纯洁起来。对群众主要是教育，方法是和风细雨的教育，是以理服人，不是压服人。对打击对象的打击，放在运动的第一阶段后期去做，该法办的就依法处理。运动一开始就要注意表扬好人好事，树立榜样，同时要警惕敌人的破坏活动，还要自始至终注意结合生产。"

中共中央针对各地运动中出现的问题，于11月正式下发《关于农村社会主义教育运动的一些具体政策问题（草案）》（即《后十条》）。虽然在一定程度上纠正了运动前一阶段的乱打乱斗现象,但《后十条》与《前十条》一样,对形势的错误估计基本上保持不变,实际上进一步强调了以阶级斗争为纲。而且,"四清"的内容不只是清经济方面的问题,而是"清政治、清经济、清思想、清组织"。《后十条》下达后,福建省委立即调整了既定部署。为了加强对以"四清"为主要内容的社教的组织领导,省委成立了社教总团和分团,下设若干队,叶飞任总团党委书记兼总团长。社教在全省铺开后,从省到地方的各级领导机关,纷纷抽调大批干部组成工作队下乡,指导农村的"四清",并调查农村社教的情况。工作队声势浩大,除抽调省直机关厅局长、处长和一般干部外,还聚集了晋江、龙溪、龙岩、三明四地的地县公社三级领导班子,总数近两万人。由是,农村社教在1963年冬轰轰烈烈地在福建开展起来了。

在开展农村社教的同时,省委根据中央的指示,在城市、县团级以上的党政军机关、国营和合作社营企业、物资管理部门以及文教部门,开展"五反"运动。3月11日,省委组成有十一人参加的"五反"领导小组,叶飞任组长。他提出以两至三周的时间,放手发动干部群众,向领导机关提意见,引火烧身,自觉"下楼洗澡"。

4月底,在听取了几个厅局和基层"五反"试点单位的汇报后,省委认为各单位下"第一层楼"(多吃多占、走后门、生活腐化)准备较为充分,下得比较顺利,但下"第二层楼(官僚主义、分散主义、铺张浪费)由于思想还不够明确,有的领导决心不大,不敢放手发动群众,害怕引火烧身,有的虽已向群众做了检查,但群众没有充分发动起来,运动声势不大;有的没有抓住下"第二层楼"的重点,检查来检查去,还是多吃了几斤肉,多吸了几包烟,未能打中要害,没有触及痛处。群众觉得运动没有"味道",领导也觉得不解决问题。

为了搞好"五反"运动,更好地解决"司令部"的问题,叶飞进一步强调领导干部须下好"两层楼",而关键在于省级机关,省级机关"五反"运动要开展得好,关键又在于省委开展的情况。省委决定放手发动群众,"火烧省委领导",决心"以一股群众的革命烈火",将省委领导上的官僚主义、分散主义、铺张浪费和特殊化等不良思想作风烧透、烧掉。

5月初,省委召开常委会议,叶飞带头"下楼洗澡",率先做了检查。经此带动,常委们也纷纷开展批评与自我批评。省委领导的带头"下楼",推动了各部门"下楼",各部门"下楼",又推动了各级领导干部"下楼",进而影响了广大群众。在6月20日至21日省委召开的省直机关党员副处长以上干部会议上,叶飞传达了华东局书记处扩大会议精神,并对省直属机关的"五反"运动做了布置,要求在领导干部自我检查告一段落后,准备分头下去蹲点,以便进行整改。

为了深入基层与群众实行"三同"(同吃、同住、同劳动),叶飞住工人宿舍,和工人一起排队买饭。他坚持每天上午到车间参加劳动,下午则和工作队一起学习。他还经常利用晚上的时间到工人宿舍去串门,或邀请工人到自己的宿舍来座谈,了解他们的生活情况。

一天,他在房间里请来几位工人谈心,凳子不够坐,就请工人坐在床铺上,但工人说:"你这样白的床单,我们坐了会弄脏的。"

叶飞这才知道,自己虽然与工人同吃一锅饭,同睡硬床板,但床上却多铺了一条干净的白床单,无形中与群众产生了距离。事后,他立即叫人拿掉,还说:"这虽是一件小事,但很值得我们注意。"

除了和工人谈心外,叶飞也不忘和工作队队员们谈心。说起排队买饭,他说:"说老实话,开始那几天,排着队买饭,我心里是有点不好意思,有点不自然,以后就好了。"

工作队队员们尤其是处以上干部,纷纷表示有同感。叶飞说:"这个问题是装不得的,要放下臭架子,甘当小学生才行。不要以为你穿上破旧衣服就行了,思想问题不解决,还是不行,架子就不像,走起路来也同工人不一样。"

10月29日,叶飞参加了工作队主持召开的全厂职工大会。从群众的表情和反映来看,他觉得会议没有开好,一是太长了,二是工作队队长的报告不是工人的语言,是干部的语言,是洋腔洋调。他认为,对工作队来说,不仅态度问题要解决,语言问题也不能忽视,不要洋腔洋调,要用工人阶级的语言。

根据入厂以来一些不和谐的所见所闻,两天后,叶飞召开了一次由全体工作队队员参加的座谈会。工作队负责人原来要设主席台，叶飞坚决不同意，说："那样做，就变成了首长做报告，变成一个上级、一个下级。我们大家围成一圈，气氛不是更好嘛。"

会上，叶飞先从洋腔洋调谈起，尔后说："做群众工作的人，起码要有群众观念，没有群众观念就糟了。不管你是大会做报告，还是开小组会、个别谈话，都有一个很重要的问题要加以解决，这就是把自己放在什么位置上的问题。"他指着会议的圆桌布局说："比如今天我们开会，大家围成一圈，不要来什么手掌（首长）脚掌的，情况就有所不同了，彼此感情不是更融洽了吗？"

大家终于明白了会议室如此布置的用意。

接着，叶飞说："不要以为这是一个小问题，我们这些人，多年以来脱离实际、脱离群众，所以就没有群众语言、没有群众感情。原因是我们现在处于执政党的地位，当官了，不管你听得进听不进，都要人家听我们的。如果处在国民党统治下，这样搞法，洋腔洋调，早就给人家抓光了。"

叶飞讲到了党过去的群众工作："到工厂就要像工人，到农村就要像农民。"然后从过去回到现场："现在什么也不像，就像个当官的。"他为此号召："现在要从头学起，要放下架子，不要站在群众之上，要同群众一样，要像医生懂得病人的脉搏一样，要像演员上台演戏一样，要随时观察观众的心理反应，紧紧抓住观众的心理。你讲话就是要让人家听的，要打动人家的心，你讲话没有人听有什么用！"

几天前，叶飞在厦门主持省委常委会议时，就批判了当前党内各级领导干部中存在的"高官厚禄，养尊处优，骄傲自满，故步自封"、严重脱离实际、脱离群众的思想倾向。如今，面对全体工作队队员，叶飞说："请大家以后不要把我看成是第一书记，不要把梁灵光同志看成是副省长，不要把我们的话当成什么指示，我们大家都是一个工作队的队员，都在学习，有不同意见都可以提出来。你们千万不要以为做什么事都要使我和梁灵光同志满意，这是不对的，而是要做到使群众满意才行，要调过来。我也是一样，考虑什么问题都要从工人群众出发，都要使工人群众满意。你们使我满意，而工人并不满意，这又有什么用？如果工人满意，我不满意，我就要给人家赶走。所以你们反映情况，就要反映真情况，不要反映假情况，不要天天汇报，要深入下去。下去了，情况就可以了解到。要放手让群众去酝酿，把政策交给群众，给群众当参谋，但不要去指挥群众。我们现在都是小学生，要从1234学起，千万不要以干部自居，要虚心向群众学习。"

由于端正了思想和态度，一段时间后，叶飞和工作队取得了群众的信任，与群众建立起了感情。工人们反映："你们省里干部下来是真劳动的，不是做样子的。"还说："旧社会一个省长下来，光警卫也得排几里长，现在的省委书记、省长同我们一起劳动，这样的事，只有共产党才能做到。"有的说："我们车间支部书记比叶书记还'大'，他当了五六年的书记，可从没见他下来劳动过。"

叶飞诚挚地说："我们应该多劳动，五谷不分是不行的，有次毛主席还问我会不会劳动呢！"

有的工人劝叶飞："叶司令，你年纪这么大，吃五分钱的菜怎么行呢！连我们都吃一毛五、两毛的菜哩！"

叶飞却笑道："厂里的伙食很好了，同我家里吃的差不了多少，五分、一角钱的菜就很不错。天天都有肉、有鱼吃，这样的生活到农村去怎么行？我是来这里锻炼的，可在生活上这能锻炼什么，只是排队买饭有点锻炼。"

排队买饭，叶飞是坚决不让旁人代劳的。劳动也是坚持自己干。他分在机钳车间劳动，干钳工活，使用锉刀，看起来动作简单，但要站着干，一站四个钟头，手臂酸疼。这时，周围的工人、工作队队员免不了要关心他，想照顾他，但被叶飞谢绝了，他说："你们这是好意，出于阶级友爱，但这是不对的，要实行'三同'，一是要下决心，二是要硬着头皮。"

担任过福建省省长、国务院商业部部长的胡平，当时是科室工作队的副队长。当他受命在科室召开批判工厂设计科科长的大会时，叶飞交代他："虽是揭露、批判，但主要还是教育，不要违反政策，要让批判对象'下楼'。"后来，查清这位设计科科长并没有重大问题，工作队就把他解放出来了。

还有一件事,这年另一支社教队进了厦门小嶝岛,找到刚从北京参加第三届人代会的女民兵营教导员洪秀枞,指责她有贪污行为,要她坦白交代。叶飞知道后,立即打电话给工作队,说洪秀枞是守卫三岛的功臣,群众拥护,党信得过,你们不能捕风捉影就整她。叶飞的发话,使这位女英雄躲过一劫。

人的正确思想从哪里来

1964年12月中旬,叶飞赴京参加历时一个月的中央工作会议。会议主要是听取各地汇报开展社教的情况,总结和研究社教中出现的问题。会议通过了《农村社会主义教育运动中目前提出的一些问题》(简称《二十三条》),指出城市和乡村的社会主义教育,今后一律称为"四清"(清政治、清经济、清组织、清思想)运动。

毛泽东在会上说:"《二十三条》是否真理?是完全正确还是基本正确,还要经过实践的检验。"没有调查就没有发言权,毛泽东为此强调蹲点。叶飞认为蹲点可以克服高官厚禄、养尊处优、脱离实际、脱离群众的毛病,必须毫不动摇地蹲点。因此,他回来后,在1965年1月21日晚召开的地市委书记碰头会上表态:"请常委给我半年、一年时间,继续蹲点,又抓一个大队,又抓一个片,又照顾全省。"他还说:"蹲点,可以有不同的办法,也不要形而上学,我1960年在小岞蹲点不算数,在古槐上上下下也不算数,这次在厦门蹲点,才蹲出了味道,是解放十五年来所没有的。省地县领导干部既要蹲点,又要兼管其他工作,办法是按《二十三条》规定的,实行一般和个别相结合的领导方法。"

为了贯彻执行《二十三条》,迅速组织工农业生产新高潮,继1月22日的地市委书记会议后,省委于2月24日至3月2日召开了一个有七千多人参加的大会。到会的有全省贫农、下中农代表一千六百多人(因此此会又被当作省第一届贫农、下中农代表会议)。七千人大会基本上分两段开:前半段着重学习《二十三条》规定,统一思想认识,讨论如何把社教搞好、搞到底;后半段着重解决组织农业生产新高潮问题。

叶飞根据《二十三条》精神,联系福建社教和生产情况,在会议开始做了动员报告。他在报告中说明了运动的性质和重点,鲜明具体地划清了各类干部的界限,指明了方向和出路,他指出:"干部犯错误,可以调动一下,像插秧移植一样,可以返青,重新获得生命力。"

自1957年反右斗争扩大化以来,由于错误思想的指导,全国接连不断开展了一系列政治运动,使大批敢于坚持实事求是和讲真话的党员干部遭到不同程度的批判和处分。福建的基层干部普遍反映:"近几年当干部思想负担很重,真是今日不知明日事,上床不保下床眠,不知什么时候受处分。""几年来,运动一到就是整党员、整干部,都要处理一批干部,不但干部怕,积极分子也怕。"

这次会上听了叶飞的报告,与会干部的情绪迅速转变过来,懂得了党对干部的看法和政策,还把报告中列举的典型与自己做了对比,都感到"自己不是一类也是二类,即使是三类,也还有希望争取变为二类或一类",心中的一块石头落了地。

一些问题较严重,甚至犯过"四不清"(政治上不清、经济上不清、思想上不清、组织上不清)错误的干部,也明确了运动的性质和党的政策,看到了前途,放下了包袱。

一部分原来带了账本、控诉书,要整倒干部的代表,在认识到主要是解决走不走社会主义道路的大是大非问题后,宽宏大量地表示:"马会失蹄,人会失足,当干部难免要犯错误,四类干部要坚决整,但不能因烂了几条番薯,就整丘犁掉。"又说:"过去运动只依靠干部,不依靠贫下中农,我们伤心;前一段依靠了贫下中农,又撇开干部,我们担心;现在一分为二,'三结合',我们放心;对进一步搞好社会主义教育,组织生产高潮,我们就更有信心了。"

大会选举成立了省贫农、下中农协会筹备委员会,叶飞当选为主席。

5月上旬,叶飞赴闽南考察,别出心裁地请陈德顺和在音西大队安家落户进行科学试验的农学院毕业生林鸿达当顾问。随同叶飞考察的还有省委办公厅副主任赵登英、龙溪地委书记洪椰子等人。队伍集中后,大家才感觉到叶飞的深意,原来叶飞也是搞"三结合":领导干部、有经验的农民(没有脱产)和科学技术人员三结合。

5月10日下午,一行人来到南安县梅山公社新兰大队。选择看这个大队,叶飞也是有考虑的。这个大队在1956年时是一个高级社,公社化时是一个大队。1961年体制下放后,分成六个大队,这次社教又合并成一个大队。叶飞带大家看这个大队,主要是想了解下省委对并队的决定是否正确。

叶飞先后询问大队和生产队干部后,与顾问们商谈,认为并得对。并队后,矛盾自行解决了,大家对搞好生产的信心却增强了。

翌日下午,叶飞到了一个叫岭兜的生产队。他很早就听说,这个生产队经营山林、果树很好,值得一看。谁知却看出不少问题来。

并社问题,从全省来说,1956年高级社办得过大,导致1957年闹分社。分了不过一年,1958年公社化时又把它搞大了。叶飞根据调查分析,感到1957年分了是对的,但也有个别情况。除前面走过的几个地方,在岭兜生产队,叶飞也遇到了一桩有关分社的怪事:岭兜生产队有六十一户,1961年其他地方的生产队越分越小,可他们顶住不分,生产发展了。可去年12月下旬社教队驻村后,却偏偏要把这个生产队一分为三。虽然社员强烈反对,可工作队就是不听。

叶飞为此做起了工作队的思想:"《二十三条》讲,正确的话、错误的话、好话坏话都要耐心地听嘛。我们做任何工作,一定要从实际出发,不能按本本办事呀!岭兜生产队的生产搞得好,群众也反对分社,这是明摆着的事嘛,可你们还要做蠢事!你们要向社员认错,尽快把错误纠正过来。"

老家南安的困难,牵动着叶飞的心。在访贫问苦时,老百姓都说1953年的生活最好,叶飞便问这年是谁当南安县委书记。得知是时任省委办公厅副主任的赵登英时,叶飞便说:"那你再回南安当县委书记吧。"

赵登英是1952年任南安县委书记的,1954年调到省委办公厅工作,他深知叶飞的作风和良苦用心,欣然受命。

在与赵登英谈心时,叶飞给了他三项任务:一、三年内改变南安面貌,二、要把右倾机会主义、地方主义遗留问题平反,三、走时把本地干部培养起来。

对第一、第三项任务,赵登英满口答应,只是说:"叶老总,为地方主义平

第十七章 力争上游

1983年10月,叶飞在泉州南安金淘村和农民在一起

反,中央在七千人大会后是做了宣布的,省委也发了文件,完全可以不留尾巴地一风吹,可给右派平反好像还没有什么风声,中央的意图不明确呀。"

叶飞说:"我们每次运动搞的大多是好人,而且都给指标,这是形而上学。"深思片刻,叶飞语气坚定地对赵登英说:"你照平反就是,要杀头我垫着,我来替你杀头!"

赵登英心里一个激灵,说:"叶老总,我照你的指示办就是,真要杀头还是我来!"

叶飞以欣赏的眼神看了一眼赵登英,尔后继续说:"下去后,要当农民的学生,人家不愿意干的,就不要让他们干。农机干部也是这个样,不管你技术再高明,老百姓不接受,就不要强加给人家。总之,工作要走一步留一个脚印,先做后说,不要夸夸其谈。先进、中间、落后是任何时候都有的,我们不一定要去抢先,但要赶先进。"

赵登英牢记叶飞的嘱托,下到南安当县委书记,一干就是三年,领导全县人民夺取了一个又一个农业丰收。

叶飞到泉州后顾不上休息,又马不停蹄地奔赴全省造林改造风沙的典型东山岛。

福建海岸线长,沿海人口几乎占全省的一半,但森林蓄积量所占比重却不过5%,而且沿海沙荒面积达七十余万亩,致使上百万亩农田受到不同程度的风沙灾害,严重危害

1990年7月14日,叶飞夫妇及三个女儿回到故乡南安

了周围成千上万群众的生活。拿东山岛来说,1949年前,全岛茫茫一片,寸草不生,风起沙飞,遮天蔽日,流动沙丘顺着风势步步近逼,日复一日地湮没村庄,毁掉房屋耕地。民谚曰:"沙滩无草光溜溜,风沙无情田屋休。春雨来临柴草绝,作物有种多无收。"

1999年1月7日,叶飞(左三)在福州森林公园植桂花树

县委书记谷文昌带领东山人民百折不挠,终于在1957年总结出栽种木麻黄治沙的经验。1958年,一万二千亩沙荒防护林拔地而起,二百多条基干林带和防护林带交织成网,扼住了千年肆虐的风口沙喉。在此期间,叶飞曾亲自找专家帮谷文昌选定合适树种,在沙滩上种上了大片红树林。

1964年,由叶飞提议,在东山奋斗了十四年的谷文昌,因造林有功,调任福建省林业厅副厅长。而叶飞离开福建后,直到晚年,仍然关心东山的防沙林是否被破坏。

叶飞这次到东山,除了看东山造林外,还想看那里的地下水。两年前,叶飞到东山县时,就听取过谷文昌有关地下水的情况介绍,但叶飞感到这个问题很抽象,一直想彻底搞懂。

东山的地下管道是1963年抗旱时搞出来的。这次叶飞看了两个钟头,可因为地下管道都埋好了,看了后还是糊里糊涂。他要求东山县委带他去看一个正在安装的地下管道,还说:"毛主席不是说过嘛,正确思想是从实际斗争中来的,我们不参加实际斗争,至少也要实地去看看,不能当官老爷呀!"

翌日,叶飞来到一个正在挖土安装的大队,花了一个上午的时间,终于明白了怎么回事。

县委领导告诉叶飞,东山沿海一带农田用水问题已全部解决,有不少旱地可以改为水田。过去沿海沙田经常干旱,束手无策,其实,沙土下面就有水,问题是过去没有发现,也不懂得怎样把地下水取出来。现在把这个问题弄明白了,每个大队都搞,再大的旱也有水灌溉。像两年前的大旱,地上的水库都干了,可因为我们开采了地下水,地下"水库"的水得以源源不绝地抽上来,帮我们渡过了难关。

叶飞饶有兴趣地听完,赞道:"你们东山解决了这个大问题,这个经验是非常有价值的。"

过去,叶飞听说东山地下水投资很大,这次详加了解,才知不是这么一回事,一亩地投资平均不到十元钱,而且还是自力更生,没有向国家要投资。他大为感慨,说:"百闻不如一见,这次到东山看了地下管道,体会很深刻。光是坐机关,听汇报,看报告,非犯错误不可。今后我们搞农田基本建设,就是要发动群众,自力更生。我看,我们沿海许多地方都可以搞地下水。取地下水的办法有两个:一是打井,二是东山那个埋地下管道的办法,每个大队、生产队都可以搞。"

路经南安连塘大队,叶飞嘱咐司机拐往杨梅岭。1957年秋,他曾到过杨梅岭,至今已有八年了。这次二度上杨梅岭,叶飞登高一望,感觉杨梅岭八年来没有什么发展,停步不前。使他略感安慰和高兴的是,连塘的山林大部分保存下来了,还没有遭到破坏,这个大队共有两万多亩山地,现在有一万多亩还有树林,比梅山公社新兰、格内大队要好得多。

参观了大半个连塘后,叶飞对这个地方做了如是评价:"第一,南安县很多地方的专业队在1961年体制下放时都散了,许多山林遭受严重破坏,而连塘这个地方,还没有遭到很大破坏,这是好的;第二,这里山地很好,完全有条件把它搞好,这次运动中一定要解决好并队问题,建立好各级领导核心,搞好长远生产规划。"他建议连塘大队"不唱天来不唱地,只唱一出《香山记》"。这出"香山记"就是发动全体社员干部来讨论,是不是需要并队、建立领导核心,搞好长远规划。

叶飞又说:"这出'香山记'应该从哪里唱起呢?我看应该从杨梅岭讨论起。时间过去八九年了,我们再不总结,再不吸取以往的经验教训,再过八年,我看还是老样子,我们不能这样建设社会主义啊!"

为期八天的蹲点察看结束后,叶飞睡了一晚的安稳觉,第二天又应邀到南安县直机关企事业干部、城关工作队和教师会上做报告。

在介绍了这八天来的所见所闻后,叶飞说:"大家不是都在学习毛主席著作嘛,毛主席在关于《人的正确思想是从哪里来》的这篇文章里讲,党的方针政策、决定是否正确,要通过实践去检验。人的正确思想是从哪里来的?坐在办公室当然是不可能想出来的,要到实践中去才能发现出来。因此,我的经验就是多到群众中去,听取他们对搞好生产和工作的意见。"

整个"四清"、"五反"运动,对改变干部作风、清理经济起了一定作用,同时自始至终强调抓生产,把运动与生产相结合,以增产不增产作为衡量运动搞得好坏的标准之一,有利于农业生产,有益于农民生活。但由于运动是在以阶级斗争为纲的思想指导下开展的,对阶级斗争形势做了错误的估计,所以不可抑制地出现"左"的偏差。如果政治家们能及时改变后者,刹住愈发"左"转的运动之车,中国的发展、福建的发展就会迎来一个大机遇。可是"左"转之车还在偏离轨道。这并不是叶飞所能掌控的。

备战、建设一个都不能少

海峡两岸,一水相隔。两军对峙,登陆抗登陆、袭扰反袭扰,连同宣传反宣传,大大小小有声或无声的战斗,在敌我双方间不断进行。解放福建后长期党政军一肩挑的叶飞,在福建前线这个举世关注的军事舞台上,审时度势,导演了一出出精彩纷呈、威武雄壮的活剧。

1957年12月中旬,毛泽东在召见叶飞和华东区其他省市委书记时,曾特别指出:"各级党委要抓军队,对军队要领导;中央是天高皇帝远,军队不能光靠中央管,各级党委要管,军队是手执武器的人,不加强政治领导,不抓思想是很危险的。"遵照毛泽东的谈话精神,叶飞对军队的工作更加重视了。

1961年2月,总政治部主任罗荣桓元帅来福建视察,认为福建前线对敌政治宣传消极被动,缺乏战斗性,对此严肃地做了批评,并责成福建省委彻底检查,接受经验教训。这已是十分明确要省委出面了。于是,3月12日至19日,叶飞指示在厦门召开福州军区党委对敌宣传工作整风会议。会议对福建前线对敌宣传工作进行了严肃认真的检查,研究了此后的工作。

1961年以来,国际上出现一股反华逆流。台湾军方年初成立"国光作业室",正式展开拟定反攻大陆的作战计划(即所谓的"国光计划")。其间,蒋介石派遣的"反攻救国突击队"在大陆沿海常相骚扰,美国提供的以U-2飞机为主的高空侦察机隔三岔五进入大陆穿幕,可谓天上地下遥相呼应。这年的12月25日,蒋介石在圣诞节之际宣称:"1962年是中华民国反攻成败的决定年。"他说,国军只要拿下福建,全国就会响应、起义。正为"中国成为核国家有日益增大的可能性"而不安的美国肯尼迪政府,对台湾国民党当局企图利用大陆处于经济困难时期窜犯大陆东南沿海的计划表示支持,在加大对台军援的同时,频派多批军政要员赴台活动。1962年初,台湾当局成立了一个以蒋介石、陈诚为首的最高五人小组(又称反攻行动委员会),紧急召回所有休假人员。3月,台湾"国防部"下达了征兵动员令,提前开始下年度的现役征集,并勒令原定退伍的军人无限期延长服役期限。为了准备窜犯时的运输,将台湾的各种轮船、渔船、车辆纳入船舶车辆动员编组,并实施战时经济动员,通过了所谓"国防特别预算",甚至成立了"战地政务局",准备在沿海登陆后建立伪政权机构。此外,还向外订购了七十余艘登陆舰和大量粮食以及血浆。他们制定的反攻路线是从金门出发,为此在金门事先挖好了大量U字沟,用以隐藏登陆舰艇。

在美军的参与下,台湾国民党军频繁调动,多次进行了以窜犯大陆沿海地区为目标的作战演习。5月20日,驻台湾的美军第十三航空特遣队司令桑博恩公然宣称:只要美国政府下令,他的部队"能够在任何时间、任何情况下轰炸中国大陆"。6月4日,美国中情局局长麦康抵达台湾,做了长达七十二小时的秘密访问。随后,美国第七舰队驶往台湾海峡,不时侵入中国领海,6月11日两次侵入福建省平潭以东海域。潜伏大陆的国民党敌特认为时机已到,造谣惑众,大肆活动,妄图配合"国军"反攻大陆。

5月31日,叶飞在接到总参谋部关于蒋军最近动向的通报和要求福州、南

叶飞接见击落U-2飞机有功人员。左一为刘亚楼

京、广州军区加强战备,准备迎击来犯之敌的命令后,马上做出相关部署,提在美军的参与下,台湾国民党军频繁调动,多次进行了以窜犯大陆沿海地区为目标的作战演习。5月20日,驻台湾的美军第十三航空特遣队司令桑博恩公然宣称:只要美国政府下令,他的部队"能够在任何时间、任何情况下轰炸中国大陆"。6月4日,美国中情局局长麦康抵达台湾,做了长达七十二小时的秘密访问。随后,美国第七舰队驶往台湾海峡,不时侵入中国领海,6月11日两次侵入福建省平潭以东海域。潜伏大陆的国民党敌特认为时机已到,造谣惑众,大肆活动,妄图配合"国军"反攻大陆。

5月31日,叶飞在接到总参谋部关于蒋军最近动向的通报和要求福州、南京、广州军区加强战备,准备迎击来犯之敌的命令后,马上做出相关部署,提

1964年7月,叶飞(前着便装者)陪同刘亚楼(左四)察看被我空军击落的U-2飞机残骸

出"时刻准备消灭来侵之敌"的战斗口号。

6月10日，中共中央发出《关于准备粉碎蒋匪帮进犯东南沿海地区的指示》，指出："今春以来，蒋匪帮就积极地进行各种作战准备和军事部署。据判断，他们很可能在最近期间，即台风季节前后，对福建省和闽粤、闽浙接合部地区发动一次进攻，作为它实行反革命复辟的立足点。"中央要求东南沿海有关地区的省市委和大军区立即投入紧急战备。与此同时，中央军委命令北京、南京、济南、武汉、广州军区抽调几十万部队入闽布防，并令西藏军区抽调部分参加过平叛的战斗骨干，其他军区抽调一批班、排长和老兵，补充福建前线部队。

福建自解放以来，就一直处于备战状态，战事不断。中共中央和毛泽东一直责令叶飞负责福建前线的全面工作。这次面对台湾蠢蠢欲动反攻大陆的行为，福建的备战更成为大事，毛泽东和中央再次确定福建对敌斗争由叶飞一手抓。虽然中央文件中有"准备好了敌人也可能不来"的话，但叶飞是准备迎击敌人来犯的。在6月15日、16日召开的地市县委书记会议上，叶飞根据中央指示，做紧急战备的动员报告，并统筹福建前线的抗登陆作战部署。他要求全省党政军高度动员起来，贯彻"备战备荒为人民"的方针，执行"以战备为中心、支前第一、生产第一"的部署，全力以赴，积极准备支援部队，并以努力生产的实际行动，保证支前的胜利。

在各路大军大张旗鼓、浩浩荡荡入闽时，福建各级政府在叶飞的指示下，抽调出三千多名干部，充实到各级支前机构。

就在风声日紧时，出人意料的事情发生了。已然派遣美国第七舰队驶往台湾海峡的美国总统肯尼迪，忽然宣称不在台湾海峡动武。与美军进行联盟反攻作战的计划落空后，蒋介石在福建前线严阵以待面前，到底没敢发动大规模入窜的预谋。

叶飞对这场紧急战备，是准备中打、大打的，准备对方过来十几万、二十几万，甚至更多的兵力，诱敌深入，歼敌于纵深，那样的仗好打。预期的大战虽然没有到来，但叶飞指挥福建党政军做了一次必要的练兵。1962年10月下旬，

福州军区组织了一次军区、军、师三级首长机关带通信工具和部分实兵的抗登陆战役演习。这是解放军入闽以来,规模最大、参加单位最多、情况设置最复杂的一次实战演习。

1962年国民党反攻大陆的调门那么高,却是干打雷不下雨,仅有几小股骚扰沿海岛屿的武装和特务,也大都在海上就被福建军民打掉了。没想到1963年它倒来了,却也是乌合之众。从金门、马祖或是台湾随便开出几艘大船,在福建漫长的海岸线上找个地方放下一些小船,几个一组,十几二十来个一股,袭扰一下就走,也不计较打死、打伤的是老百姓还是军人,抓一个军人回去更好,美其名曰"一人一物一事运动"。而且,上岸后即使剪掉几十米的电话线,搞去一块生产队的牌子,也算"突破共军防线"了,回去交差都是"战利品"。这种打法在军事上没啥意义,却让你兴师动众,又防不胜防。而最恼人、烦人、气人的是,国民党方面不顾廉耻地吹嘘他们"敌后登陆"的"光辉战绩"。

小股敌特登陆活动中,闹得最大的可谓是前埔事件。

4月25日深夜,一支由七个蒋军组成的金门两栖侦察队,乘坐一艘名为"海狼"艇的微型小艇,靠近厦门岛的前哨,潜入前埔村,将驻军某部一名士兵(上士军衔)打晕后,急急架着往回跑。不料,海浪声把这个战士惊醒了,发觉了自己的处境。所幸的是,慌乱之中的敌人并没有解除他身上的手枪,于是他推弹上膛,连着打了四枪。小股蒋军突遭此袭,惊惶失措地扔下这个士兵,背上他们两个负伤的同伙,仓皇逃入大海。

什么事情一成事件就大了,可前埔事件再大也就是这么一丁点事儿,前埔村民们根本没把它当回事。但国民党不这么看,开动所有的宣传机器,大肆宣传"国军突破前埔防线"。前埔突破了,厦门岂不岌岌可危?厦门人大都有海外关系的,那些海外华侨们不明就里,急得不得了,纷纷来电来信询问。国民党要的就是这种效果。

这场小小的战斗,很快报到总参谋部,并报到了周恩来总理的办公室。总参谋部接连发出通报,对福州军区和有关部队提出批评,然后是逐级追查、逐级检讨,那个战士所在连的领导,也受到了处分。这还不够,总参谋长罗瑞卿大将还亲来福州、厦门视察战备工作,批评得相当严厉。在陪同罗瑞卿视察时,叶飞表示:今后一定要杜绝前埔事件再次发生。

前线的事,由福州军区司令员韩先楚负责。福建海岸线长,沿海岛屿众多,百密一疏,虽在所难免,但此事惊动了总理和总参谋长,作为福州军区党委第一书记、第一政治委员的叶飞自然也要对有关首长和机关提出批评。

前埔事件后,叶飞经和福州军区负责作战的副司令员皮定均等人商量,决心组成一支以小制小、以快制快的海上侦察队,装备上新型高速的轻便侦察艇。福建省委、省政府为此专门批了一笔外汇,派人到香港购买美国维纳斯牌操舟机,又把缴获的"海狼"艇拉到上海的造船厂,委托他们仿制一批"海狼"艇式轻便侦察艇。继而从各守备师抽调骨干,集中训练,成立自己的"海狼"艇队。就这样,从根本上改变了福建沿海反敌小股袭扰的态势。

从1963年到1965年7月,福建前线共歼灭蒋军小股武装和特务九十余股一千余人。1965年8月和11月,驻闽海军先后击沉美制国民党军舰"永昌"号和"永义"号,取得海上作战的重大胜利,沉重地打击了猖狂一时的国民党特混舰队,受到周恩来的表扬。

鉴于登陆袭扰频遭失败,常常有去无回,给台北近郊士林官邸的主人蒋介石一个沉重的打击,神色黯然的他不得不收起"反攻大陆胜利年"的招魂幡。至"文化大革命"前夕,台湾当局这种"一人一物一事运动",连同喧嚣一时的"敌后登陆行动",也就偃旗息鼓了。紧接着,最高机密"国光计划"规模逐年缩减,"国光作业室"也受到裁撤,反攻大陆由此成为绝响。

叶飞当年镇守福建,给了台湾军方极大的威慑。这是两岸打破坚冰、互有往来后,从台湾那头传来的声音。

1964年5月以来,在美苏两国加紧对中国进行军事威胁的情况下,经济建设中如何防备敌人突袭问题严峻地摆在党的重要议事日程上来,大规模的三线(战略后方)建设开始布局。所谓三线,有大三线、小三线之分。全国的第一线是指东北和包括福建在内的沿海各省,大三线是指西南、西北地区,小三线是各省、市、自治区自己的小后方。中共中央在研究制定第三个五年计划时,决定对一、二线建设采取"停、缩、搬、分、帮"的方针("停"是指停建一切新开工项目;"缩"是指压缩正在建设的项目;"搬"是将部分企事业单位全部搬迁到三线;"分"是把一些企事业单位一分为二,分出部分迁往三线;"帮"是从技术力量的设备等方面对三线企业实行对口帮助),集中力量建设三线工业基地,同时要求各省、市、自治区也要搞小三线建设。这实际上是国民经济建设布局的又一次重大调整。

面对台、澎、金、马,处在最前沿一线的福建,备战的任务尤为紧迫。从加强战备、巩固海防的需要出发,全省的工业布局须按适应海防斗争最前线这样一个特点来安排。根据中央的部署,福建省的小三线建设紧锣密鼓地部署和实施。9月,叶飞在鼓山主持召开省委常委扩大会议,对福建的战备支前、小三线建设做了全面的研究部署。会上决定把全省划分为一、二、三线三个地区。其中,福州、厦门、漳州、泉州沿海地区为一线,鹰厦铁路南段由建瓯、南平、三明、永安至龙岩、漳平等地为二线,闽赣交界地区、武夷山以南、鹰厦铁路以西和闽西北大部分地区为三线。会上确定二、三线工业基地建设的原则和具体要求,并决定迁移一批对支援战争必需的骨干工厂到闽西北地区。

建设是为了更好地支前。在处理战备与经济建设的关系时,省委小三线建设领导小组明确要求:"必须抓住在战争时期打不垮、炸不烂,能坚持生产、坚持工作这个主要要求,在突出隐蔽的基础上力求经济合理,方便生产、生活。现在方便了,战时就不方便。方便与不便,应该辩证地看。因此必须明确隐蔽第一,战时能坚持生产就是最大的合理。在目前的国际形势下,离开了战争观点进行经济建设,是一个错误的观点。"

为了动员全社会力量开展小三线建设,省委指出:"只靠少数部门、少数地区、少数人去建设小三线,必然出现冷冷清清的局面。要像支援前线一样,发动群众搞好小三线建设,把干劲鼓得足足的,备战气氛搞得浓浓的,借以推动我省社会主义革命和建设事业向前发展。"

正是在这种思想的指导下,福建小三线建设的规划贯彻了"山、散、洞"(靠山、分散、进洞)的方针,以进洞隐蔽为主,三者结合。

1965年6月,总参谋部正式批复了福建省地方军工厂的建设项目,福建小三线建设从地方军工建设开始正式展开,成为压倒一切的政治、军事、经济任务。针对福建地理位置特殊,一旦战争爆发,必须独立坚持作战的实际情况,国家计委、冶金部等有关部门对福建的煤炭、钢铁和电力等方面的能源开发予以积极支持。

9月下旬到10月中旬,叶飞赴京出席中央工作会议。会议提出"以国防建设第一,加强三线建设,逐步改变工业布局"的"三五"计划。叶飞坚决贯彻中央有关小三线建设的指示精神,认为福建处在一线,战略地位十分重要,要立足于战争,做好早打、大打的准备。回闽传达时,他要求各级党委、政府都要重视小三线建设,务使福建在战时能独立坚持作战。

1965年年底,国务院副总理陈毅来闽指导工作时,对福建热火朝天进行的小三线建设感到满意,特别指出:"福建的小三线要按期完成建设计划,自己有枪、有子弹、有炸药,自己能修理,确立一个百年大计,攻不破,打不烂,敌人敢进来,就可以彻底地消灭他。所以,要有前线作战的精神,搞建设,要有干劲,要巧干、苦干、实干,不要盲干。"

海峡两岸长期的军事对峙局面,虽然在很大程度上一直制约着福建的经济发展,但小三线建设的作用不可低估。建阳、南平、三明、永安、邵武、龙岩等几个城市后来得以迅速发展,在一定程度上得益于当时小三线建设所奠定的基础。只是由于当时全党上下对战争威胁估计过分,对项目实行"山、散、洞"的方针,形不成规模,造成管理混乱、资金浪费、生产受影响等现象,这个打上了战争烙印的经济建设,也留下了后遗症。

对错误缺点,叶飞的态度向来是有错必纠,不怕丢个人面子,要顾党和大局的面子。1966年1月4日,叶飞在福建省委召开的有地市县委书记参加的会议上,剖析自己和省委的错误,态度诚恳,不留情面:"……领导干部如果骄傲、不谦虚,就不能团结同志。不要自以为是,不要总以为真理总是在自己身上,总认为自己对,人家不对。这就很难搞好团结。要多讲自己的缺点错误,多讲人家的长处,不要老虎的屁股摸不得。这几条,是主席教导我们的,也是我的毛病。……我们领导干部,特别是当'班长'的,要多看别人的长处,多讲自己的缺点。陈总这次来福建曾说:'有些领导干部要自我批评,比杀他的脑袋还难。'我加一句话:'越是高级干部,越难自我批评。'……我希望地县委同志、省直机关党委书记同志,如果有与我相同毛病的,希望我们一同来改。"

包括这次检讨在内,叶飞主政福建后,曾多次做过自我批评。频率之多、姿态之高,正显示了他的政治品质和思想高度。做得好是应该的,做不好就要检讨。一个共产党员的忠诚正于此。

这次省委工作会议是为第二届党代会做准备的(拟于4月上旬召开,后因"文化大革命"爆发流产),前后开了两个月(其中1月18日至27日因春节休会)。像叶飞期望的那样,会议开得很成功,达到了团结、鼓劲的目的。他感到心情舒畅,原先沉痛、负重的心情变得无比轻松,他深深理解了陈毅去年年底来闽时送他的那句"举起来千斤重,放下去四两轻"的意味。在大会最后,叶飞响亮地提出号召:"我们的中心问题是要上去,要鼓足干劲,力争上游,改变我们福建落后的面貌。"

当叶飞和省委领导为代表们送别时,有位代表上车了,还不忘回头向叶飞招手:"叶书记放心,我们把'怕'字丢掉了,把'干'字拿回去!"

历史记载着福建这块地处前线、遭受蒋介石和美国多年封锁、禁运的东南疆土,在军事斗争之外经济建设的成绩:从1961年起,全省贯彻中央一系列决策,纠正"左"的错误,对国民经济实行"调整、巩固、充实、提高"八字方针,逐步收到成效,工农业、林业、渔业经济指标都有较大增长。

正当叶飞关注福建省第二次党代会的准备工作时,意想不到的是,一场史无前例的政治狂澜席卷而来,长达十年的"文化大革命"爆发了。

第十八章　动乱中入主交通部

1966年春天，叶飞正忙于拟定福建新的发展规划，5月，"文化大革命"开始了。这场运动斗争和打倒的对象是走资本主义道路的当权派。叶飞当然也被划在其中，成了造反派眼中的"走资派"。接着，就是没完没了的批判、检讨、挨打、游街。1967年1月，全国夺权风暴席卷福建，福建局势更加混乱。周恩来总理得知叶飞的情况后，打电话给福州军区副司令员皮定均，要他负责将叶飞送到北京。1967年2月8日，正是农历的大年三十，皮定均护送叶飞坐直升机到达北京。

叶飞人到了北京，福建的造反派仍然在批判他。《福建日报》设立"批透、斗臭、打倒"叶飞的专栏，文章数不胜数，给叶飞罗织了种种"罪行"加以迫害，而且造反派将批判会搬到了北京。当时，省委、省政府的其他领导也纷纷被打倒，同样被列入批倒、批臭的名单。1967年8月，有关部门突然对叶飞宣布"监护"审查，送到北京卫戍区通县的一处营房关押起来。这时，叶飞完全失去了自由，他不能与任何人说话，只能一个人埋头读书。在那段日子里，他通读了《马克思恩格斯全集》《资本论》《毛泽东选集》。他一边读一边写心得体会，他那时就写了三十多本。一直到1972年10月，叶飞在被关押了五年多后，因患有严重的心脏病，在妻子王于畊和陈毅夫人张茜的帮助下，周总理指示审查部门送叶飞到北京阜外医院治疗。春节来临之际，专案组突然宣布，说奉上级命令，将叶飞送回原地关押。数日后，叶飞旧病复发。王于畊又写信给叶剑英元

叶飞解除"监护"后与家人在北京团聚

1975年，叶飞任交通部部长后到"更新轮"号检查工作

帅，叶剑英说话后，叶飞住进了304医院治疗。这时，张茜给叶飞出了个主意，叫他写信给毛泽东。叶飞掂量了很久，他知道给毛泽东写信一定要慎重，内容要简要明了。考虑好了后，他开始提笔，他在信中说："七一快到了，自己想念党，希望能为党工作。"就是这么几个字的信，叶飞用了一个星期的时间才完成。信发出后，叶飞开始数着日子等待毛泽东的回音。毛泽东六天后在叶飞的信上做了批示："此人应解放，分配工作。"在毛泽东回信前的22日，中组部就派人将叶飞接到了万寿路13号楼的中组部招待所里住下了。

叶飞在招待所的任务除读书学习外，还参加了间接工作。何谓间接工作？就是中央在处理其他省市问题时，叶飞和江渭清、江华几个等待分配工作的领导，参加旁听。只是旁听，不发表任何意见。

1975年1月，四届全国人大期间，叶飞被任命为交通部部长。

交通战线是"四人帮"觊觎已久、拼命争夺的领域，形势十分复杂。被隔离、脱离工作近八年之后重新走上领导岗位的叶飞，一开始就面临着严峻的考验。此前，国务院领导和熟悉情况的老同志已与他进行过个别交谈，所以，叶飞明白个中原委，遂自行找业务部门了解情况，召开会议，开展工作。

经过半个多月的调查，叶飞于2月15日召开了到任后的第一次交通部临时领导小组会议。会上，他根据自己初步了解掌握的情况，提出了当前急需研究解决的十二个问题,与党组成员共同探讨,听取大家的意见。在听了大家的发言后,叶飞有了一个总的印象:情况不好,犹有可为。遂当即做了分工,并且明确表示有四项工作,即买船、建港、援外和落实政策,他要亲自抓。

这年2月,叶飞参加了中央召开的工业会议,会上国务院副总理邓小平发表了《全党讲大局,把国民经济搞上去》的重要讲话,着重讲了整顿铁路问题。叶飞很受启发,觉得交通同铁路情况相同,也需要整顿。会后,他向邓小平提出,希望中央像抓铁路一样抓交通战线的整顿。邓小平对他说,目前自己首先抓钢铁、煤炭、军工等工作,并让叶飞不要等,放手大干。叶飞有了邓小平的这句话,经全盘考虑后,决定先从北方抓起,先抓天津、青岛、大连港和这三地的部属企业。

1975年,叶飞(右三)陪同邓小平(右五)接见阿根廷经济部部长

这时,交通部机关出现了这样一种现象,一方面大量工作无人干,另一方面相当多的部局领导靠边站,有的被关押,有的头上戴着"走资派"、"反革命"、"叛徒"等各种帽子,在家或在单位成天写检讨。叶飞针对这些情况,把主要精力放在落实政策解放干部上。

叶飞亲自抓了副部长彭德清专案的清查。彭德清也是福建人,几乎与叶飞同一时期入党参加工作,抗日战争时期又同在新四军第一师工作,解放战争时期在一个大单位工作,1955年被授予海军少将。这次打倒他的罪名是"叛徒"。叶飞对他的情况太了解了,他知道彭德清从未被捕坐牢,也不知这"叛徒"的罪名从何而来。经过再一次深入调查,他果断地宣布彭德清历史清白,恢复交通部副部长、党组成员职务。叶飞还顶着压力,为刘亚雄、马辉之、王亚萍等领导平反,恢复了他们的工作。这样,交通部的党政领导力量得到了加强。

叶飞手中有了干部,就有人抓工作了。他首先要抓的是天津港的整顿。叶飞派副部长陶琦为工作队队长,率领十几个人的班子,前往天津港。天津港的主要问题是秩序混乱,压船压货严重,事故也很频繁。叶飞交代陶琦三个工作原则:一是抓紧学习和落实中央9号文件,工作队要以9号文件为指针;二是灵活处理港口与天津市的关系,既要坚持原则,又不要把关系搞僵;三是批派性,清理思想,整顿秩序,消灭事故。工作队始终坚持叶飞的这三个原则,掀起了学习9号文件的热潮,批判派性,重建规章制度,天津港混乱的情况很快得到了纠正,恢复到了"文化大革命"前的局面。

接着,叶飞在各港口推广了天津港的学习整顿经验。这年10月,青岛、大连两港的整顿也告结束。通过整顿,这两个港口,特别是青岛港的生产秩序有了明显好转。叶飞遂与党组成员研究,决定派工作队到武汉,整顿长江航运局。10月19日,工作队出发去武汉。同日,叶飞也从北京出发,前往重庆,开始对长江进行全程考察。

叶飞在重庆考察一天后,坐船沿江一路看下去,对长江的航运量、主要港口、码头、沿江交通部所属工厂等,都做了详细的了解。在10月31日的党组会议上,叶飞宣读了《关于三年改变长航面貌的意见》草稿。11月,叶飞又一次对长江各港口进行了全面考察。

可是,正当叶飞充满革命激情,准备大干一场时,全国的大气候又发生了变化。11月底,中共中央政治局根据毛泽东指示,在北京召开党政军领导干部参加的打招呼会议,对邓小平领导的全面整顿进行了批评。接着,从上到下刮起了反击右倾翻案风。叶飞的心情十分沉重,他意识到这场运动,就是要否定前一阶段按照邓小平指示进行整顿的工作成果。

1976年元旦过后,周恩来逝世,万民垂泪。交通战线同全国民众一样,纷纷举行了悼念总理的活动。"四人帮"却要追查这一活动的幕后人,企图置叶飞于死地。

7月6日,朱德委员长逝世,追悼大会还没举行,"四人帮"就要批判经济领域里的右倾翻案风。交通部是"四人帮"的攻击重点。交通部在上海、辽宁下属单位的个别人,根据"四人帮"的旨意,对交通部一年多来的工作进行系统批判。全国计划工作会议期间,出席会议的交通部代表,在会议上要做批判发言。

那个代表发言的前一天,叶飞看了他的发言提纲后,十分气愤。这份发言稿的提纲,完全根据"四人帮"的意图,全面否定交通部的整顿工作。叶飞对那个代表态度坚决地说,你这几条我一条也不同意,我们交通部的整顿工作是按中央文件办的。交通部工作也都是请示中央后,按中央决定办的,买船就是中央的决定。我是部长,是领导小组组长,有天大的事情由我负责。我的后事都交代了,我准备好再次被抓起来。叶飞此时已不顾自己的政治前途和生命,大胆直言,语出惊人地说:"要检讨,他王洪文、江青、张春桥也要检讨,他们检讨了,我检讨不检讨还要再考虑。今天我把问题说清楚了,他们想怎么办由他们去。我已经六十多岁了,大不了一死,革命几十年,总不能死了以后让后代骂嘛!"讲到此时,叶飞激动地站起来,拍着桌子斩钉截铁地说:"总之,这样的问题,我们无权检讨,不能检讨。至于我,是杀了我的头也不检讨!"

大家被叶飞的这番话所震惊,他说出了多少人不敢说的话!

事后,许多人议论说,在这样的大环境下,叶飞敢想敢说,真是个有骨气的老党员,是坚持原则的典范。

粉碎"四人帮"后,叶飞感到抓经济、抓交通的时机又到了。他日日夜夜思考如何抓紧交通部的工作,全身心地投入到发展交通事业上。由于他抓得紧,抓得得当,对"四人帮"破坏、干扰顶得早,1976年的全国交通运输基本上完成了计划。

1977年元旦，叶飞在书房里忙了一天，他迅速制订了适合新一年远洋舰队建设计划。元旦过后，就上报国务院。同时，他还向国务院领导提出出国考察、访问的建议。

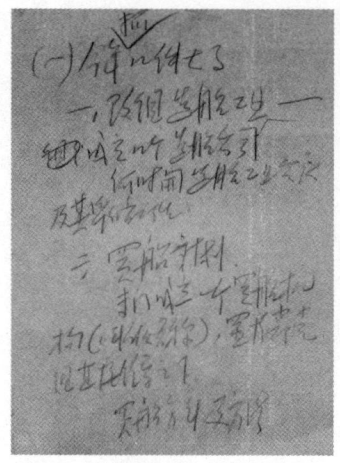

叶飞关于交通部1978年工作计划的手稿

3月29日，国务院批复同意交通部的远洋船队建设计划，并明确，所需船只除八艘由第六机械工业部制造外，其余均由交通部贷款购买。叶飞当即从全国各地抽调几十名精明强干的船舶技术人员，分赴英、法、意、日等国，进行买船考察。年内，他们先后在四十多个港口考察了一百三十多艘船，洽购成交七十三艘，基本上完成了原定计划。

5月9日，叶飞率交通技术方面的专家等一行七人离京，对瑞典、荷兰进行工作访问，并顺访丹麦、挪威。通过这次访问，叶飞对这些国家现代化的交

1978年，叶飞（中）在德国考察

通设施感受很深，特别是对他们充分利用和发展水运、发达的高速公路，留下了深刻印象。

叶飞出国考察后眼界大开，收获颇丰。回国后，他立即与有关部门向国务院报送了《关于组织审查南水北运规划的报告》，提出对开发利用京杭运河的设想和规划。年底，叶飞又在交通部召开的省市交通厅负责人和专家议会上，提出通过治理长江、珠江、淮河及修复京杭、湘桂、郑淮等十五条重要支流，建

成有统一航道标准,能通千吨船舶的四通八达的水运网,把大半个中国通过水运连接起来,从根本上改变中国水运落后的面貌。会议最后形成了《关于加速发展水运和公路建设的意见报告》,经叶飞多次修改论证后,于次年1月上报中央。

1977年年底,叶飞从各港口上报的总结中发现,许多工作完成得很好,但事故并没得到控制。叶飞决定,1978年工作从深入整顿入手,建立严格的规章制度,消灭重大事故。

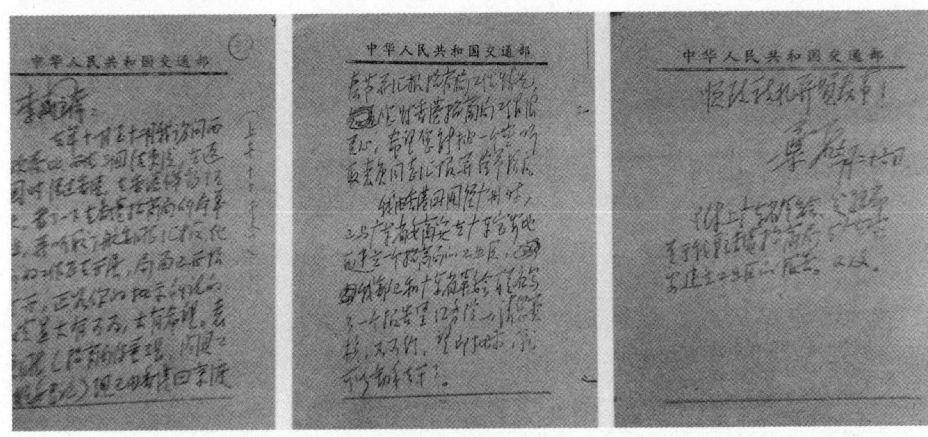

1978年,叶飞关于创建蛇口工业区等问题给李先念的信

有时候,你怕什么就来什么。叶飞怕就怕安全出问题,可是偏偏事故就发生了。这年的3月,抓事故讲安全的会议结束不久,4月8日,远洋运输公司上海分公司的"团结"号货轮,在驶往日本的公海上发生了火灾。虽然船员全部获救,但船、货损失惨重。4月20日至23日,交通部在上海召开由直属各港航单位领导参加的火灾事故现场会。22日晚,叶飞彻夜未眠。他对着国务院领导的批示和反映远洋船舶事故的《财政简报》,心潮难平。他思考着、准备着第二天的讲话。翌日,叶飞怀着沉痛的心情在会上做了总结发言。他首先传达了李先念副总理的批示,接着分析了事故发生的原因,宣布了对上海港深入整顿的决定。最后,他心情沉重地说:"'四人帮'打倒一年多了,交通战线事故不断发生,而且越来越严重,作为交通部部长,我工作没有做好,队伍没有带好,今天

我向到会的全体同志做检查,向党中央、国务院、向人大常委会做检查,并请求党中央给我处分。"

叶飞带头做了检讨,层层领导深感内疚,表示要把抓安全工作当大事一抓到底,常抓不懈。此后,重大事故逐渐减少。

1978年,远洋船队建设也有很大进展。前两年购买的主要是二手运输船,这年遵照叶飞"提高起点,着眼引进技术"的要求,从日本、丹麦等国买进了各种功能的新船。到年底,远洋船队已达到八百八十多万吨,且船舶各类基本齐全。由中方派船的外贸货运量,1978年已占到70%以上。通过运营所得归还贷款,未用国家一分投资,到年底已净赚六百多万美元。中央领导充分肯定了贷款买船的做法。

叶飞离开交通部后,大家对他的成绩进行了充分的肯定,对他的整改魄力表示佩服。

第十九章　再披戎装掌重兵

1979年1月，叶飞因连日发烧住院，总政治部副主任朱云谦到医院看望他。他俩曾在华野一起工作过。

朱云谦告诉叶飞，自己无事不登三宝殿。今天来看他，就是想跟他谈谈海军的问题。他说，这几年，军委首长考虑最多的问题就是海军的事。"文化大革命"期间，海军是重灾区之一，至今那里的派性还很重，干部不团结，几位主要领导也谈不到一块，工作不协调。工作起来，他们是各吹各的号，各唱各的调。军委首长考虑到你管过交通，组织领导经验丰富，管海军一定有办法，就决定让你去海军，当个"班长"，担任党委第一书记。

1979年2月12日，中央军委任命叶飞为海军第一政治委员，同时任海军第一书记。叶飞接到命令，别提有多激动，他一直对军队有着深厚的感情，现在重回部队，他怎么能不激动呢？马上就要去海军任职，那里有着数不清的问题和重重困难等着自己，这是组织上对自己的信任和考验，前面纵然有天大的困难，就是赴汤蹈火也要勇往直前。

海军的工作千头万绪，先抓什么呢？他一时心里还没有底。他决定先打电话给邓小平，请求他给予指示。邓小平接到叶飞的电话，却说自己现在不具体讲什么，要他还是先去摸摸情况再说，并交代叶飞说，海军都是老同志，去了要当好"班长"。时间紧等不起，要立即进入工作状态。

于是，叶飞迅即交接完交通部的工作后，到海军赴任。

3月1日,海军机关召开欢迎大会。在京的海军领导、海军党委常委除司令员萧劲光因病住院外,都出席了会议。按照惯例,机关给叶飞准备了一个讲话稿,但他没用。他按照自己的习惯,发表了热情简短的讲话。他说:"我是个老兵,我热爱我们的军队。我离开部队做地方工作已二十年了,现在军委首长派我到海军来,叫我归队,我很高兴,也很担心,主要是我对海军不了解。但是既然来了,我就要向大家学,尽自己的力量和大家一起把工作做好。今天不妨立个军令状,争取三年内使海军面貌有较大变化。第一年做不好,情况不熟,大家要谅解;第二年做不好,就要批评;第三年再做不好,说明我不称职,就应该打起背包走人。"

听了叶飞的这番话,与会人员感到无比的振奋和鼓舞。他的话音一落,大家便使劲鼓起掌来。

叶飞和杜义德商量后,决定先急办两件事:一是赶快先解放一批受迫害的干部,二是解决党委不振作问题。

经过一段时间的清理档案和查对事实,4月20日,叶飞以海军党委第一书记的身份,签发了海军解放干部的第一个文件《关于为萧劲光、苏振华、杜义德、刘道生等彻底平反的决定》,接着又陆续解放了第二、第三批干部。

1979年5月27日,叶飞视察南海前哨

海军机关落实政策解放干部工作告一段落后,叶飞在5月份率领工作组到北海、东海、南海等舰队检查工作,同各舰队领导和基层干部们谈心,了解情况,掌握第一手材料。通过广泛深入的调查,叶飞对海军情况得出初步结论:部队基础很好,虽然遭受林彪、"四人帮"的干扰,但部队要比机关好得多。阶级斗争为纲等"左"的流毒还比较深,思想上混乱。当时全国正在进行真理标准讨论,于是,他决定从抓思想入手,从领导抓起,补上真理标准讨论这一课。

7月20日,海军党委常委扩大会议在青岛召开。会议议题主要有两个:一是关于实践是检验真理的唯一标准讨论补课问题,二是讨论拟定海军建设十年发展规划。会议期间,邓小平在军委常委粟裕的陪同下,接见了出席会议的全体人员,并做了重要讲话。邓小平充分肯定海军要进行真理标准讨论补课的做法,强调说,这一讨论是基本建设,实质在于是不是坚持马列主义、毛泽东思想,"海军现在考虑补课,这很重要"。会议结束时,叶飞做了简短总结。针对有些同志认为部队装备建设等方面的许多问题会议期间都没来得及

1979年8月2日,叶飞(右二)陪同邓小平在军舰上视察海军部队

研究,叶飞说,不错,大家在讨论中提出的许多问题这次会上没有研究,但是,这次会议清理了思想,分清了是非,增进了团结,明确了方向,这比什么都重要。在这个基础上,其他问题会逐步得到解决。对会议贯彻,他说,邓副主席的讲话,明确提出了海军建设的方针、任务,是对这次会议最好的总结。传达贯彻会议精神,最根本的就是要传达、学习、贯彻好邓副主席的讲话。会上,海军党委做出决定,海军领导和机关干部兵分两路:一部分主持、参加真理标准讨论补课学习班,一部分下部队参加质量、技术、安全大检查。

1979年8月5日,叶剑英(左二)在叶飞(左一)、杜义德(左三)等人的陪同下视察驻烟台海军部队

接着,海军各级都举办了真理标准讨论学习班。各级学习班的学员返回部队,集中一段时间进行学习、讨论真理标准的问题。通过补课,广大干部战士弄清了实践第一的观念,实践是检验真理、发展真理的唯一标准。从而清除了本本主义、句句是真理的束缚,思想得到了大解放。

为使学习、工作两不误,在学习、讨论真理标准的同时,叶飞将司政机关人员组成质量、技术、安全大检查三个工作团,分赴部队、院校进行检查。叶飞亲自担任北海舰队检查团团长。由于运动一个接一个,而且搞一次运动就伤害一批干部。开始,官兵们对这次检查团的看法还是用老眼光,以为又来整人了。因此,检查团到哪里,哪里的官兵都采取不吭声的态度,都不愿接近检查团的人。叶飞摸到了官兵们的思想疙瘩,与大家谈心,消除了他们心中的疑虑。他对大家说,这次检查团不是来搞什么运动的,不是来整人的,只是对事不对人,查出问题来,目的是总结教训,而且检查团是来帮助基层解决困难的。大家有什么意见尽管大胆地讲出来,一定做到言者无罪。这样,官兵们很快打消了顾虑,开始查思想、查工作、查制度、查漏洞。结果,在教育训练、装备、规章制度等方面查出了大小问题近万个。查出的问题,叶飞当场就召集有关部门现场办公,能立即解决的当场表态解决;一时无法解决的,要说明情况,定出改进措施,限期整改,不留尾巴。

1980年1月,中央军委对海军领导班子做了调整,叶飞由第一政治委员改任司令员,主持全面工作。

李先念(前排中)在叶飞(左四)等人的陪同下视察福建海军基地

叶飞总结了北海舰队检查工作的经验教训,认为舰队出现的问题,有的属于十年内乱给部队带来的破坏,有的属于思想不重视造成的,但有为数不少的问题是规章制度不健全造成的。因此,他多次在各种会议上提出,要建立健全规章制度,从根本上改变部队教育训练有章不循、无章可循的局面,是机关各业务部门的首要工作。据此,他领导海军各大部抓紧了恢复和建立健全规章制度工作。到1981年下半年,部分主要的法规性文件先后修订完毕,陆续下发。如7月15日,海军颁发了《司令部工作条例》;12月2日,海军党委批转了新修订的《保卫空中防线十项措施》《保卫海上防线十项措施》;12月12日,海军政治部同时修订下发了《海军舰艇出海训练三阶段政治工作》《海军航空兵飞行训练四阶段政治工作》。随后,海军又批转下发了《潜艇远航训练有关问

题的规定》等文件。此后一年多的时间里,海军、海军党委又连续批转下发了《做好分散小单位预防政治事故工作的十条意见》《舰艇部队军事训练工作条例》等文件。随着这些文件的贯彻实施,部队残存的无政府主义思想和在"左"的思想影响下形成的一些不切实际的做法,被逐步清除,部队教育训练、日常生活愈益规范化、制度化。

1982年4月,叶飞出访泰国

叶飞始终记得最初来海军工作时邓小平"要力争将海军建设成既精干,又顶用的一支劲旅"的指示。1982年7月,中央军委召开座谈会,专题研究军队体制改革和精简整编问题。叶飞事先做过详细调查,还开过几次学术研讨会。因此,他胸有成竹地向军委提出一个系统的调整改革方案:调整舰队、基地和师级单位现行机构的职能使命,把海军战斗部队按地方部队(担负地区性防御、海上救护任务)、野战部队(遂行机动作战任务)分开,实现三级指挥、三级供应的领导体制;加强院校建设,完善干部训练体制,加大志愿兵比例;建立装备技术论证机构和学术研究机构。9月16日,中共中央批准了这一方案。同月,叶飞被选为中共第十二届中央委员。

第二十章 开创侨务工作新局面

1980年5月,叶飞到宁波东海舰队视察,由于长期工作劳累,旅途辛苦,在舰队会议室讲话时,突发心肌梗死。虽经治疗后病情缓解,但身体大不如前。邓小平考虑到当时急需一位德高望重又善于做侨务工作的老同志,遂有意调叶飞负责此项工作。因为,叶飞是华侨,同海外侨胞有着密切的联系。

1982年8月,军委颁发命令,免去了叶飞在海军的任职。在翌年6月召开的第六届全国人大第一次会议上,叶飞被选为全国人大常委会副委员长,同时任华侨委员会主席。叶飞欣然接受了这个任命。

叶飞刚到华侨委员会上班,严格牢记毛泽东的没有调查就没有发言权的指示,向老同志取经,日日夜夜查阅工作档案资料,不到半年时间,他就熟悉了侨务工作。

叶飞到华侨委员会时,虽然已粉碎了"四人帮"多年,但十年动乱让许多归侨侨眷在政治、经济上遭受的损失还没有解决。叶飞便带着工作组到归侨侨眷比较多的南京、福州、厦门、深圳等地调查,了解归侨侨眷的工作生活情况、党的侨务政策

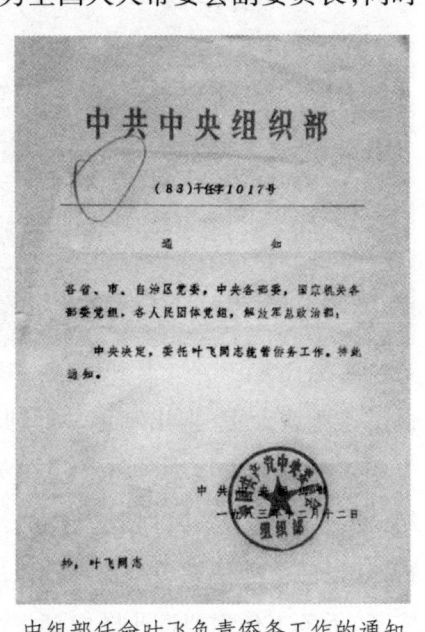

中组部任命叶飞负责侨务工作的通知

1983年9月30日，叶飞与万里（右）出席海外华侨华人国庆招待会

落实情况。他走一路讲一路，反复向省市县领导强调，各级政府要认真贯彻落实党的侨务政策，对归侨侨眷要真正做到"一视同仁，不得歧视，根据特点，适当照顾"。对"文化大革命"期间在侨眷中造成的冤假错案，要彻底平反，不留尾巴。落实侨务政策中难度最大的是被挤占的侨房的清退归还问题。对此，叶飞抓住不放。在彻底弄清情况的基础上，他协助地方政府分别不同情况，采取先归还产权后归还使用权，国家、省、市、县各出一部分资金以助侨房清退等具体办法，使许多久拖不决的棘手问题得到了圆满解决，受到各地归侨侨眷的衷心拥戴。1984年夏，叶飞被全国侨联推举为第三届委员会名誉主席。

1984年春，叶飞在杭州与妻子王于畊合影

长期以来，我国保护归侨侨眷合法权益仅仅靠一些少得可怜的文件办事。因此，归侨侨眷工作无法可依，这不能不说是归侨侨眷工作的一个缺陷。1985年12月，叶飞在厦门召开的华侨工作座谈会上，提出制定一部《归侨侨眷权益保护法》的设想，他提出从几十年来的侨务政策中，将一些在实践中证明是行之有效的条文加以归纳总结，使之上升为法律，"依法治侨"、"依法护侨"，从而把对归侨侨眷权益的保护，从以前单纯依靠政策提高到以法护侨的高度。他说："侨务政策已基本落实了，侨务工作需要逐步转向领先法律办事，纳入法制的轨道，用法律手段来

保护归侨侨眷的权益,凝聚侨心。"这期间,叶飞先后到山西、河南、陕西、广东、福建、上海、江苏等地进行立法的前期调查研究。叶飞倡导侨务立法并身体力行地付诸实践,以后的事实证明,将归侨侨眷权益的保护纳入法制轨道是完全必要的,是深得广大海外侨胞和归侨侨眷拥护的。在叶飞的领导下,华侨委员会与国务院有关部门开始了《中华人民共和国归侨侨眷保护法(草案)》的论证和起草工作,叶飞对该法的起草工作倾注了满腔的心血。

《中华人民共和国归侨侨眷权益保护法》历时五年,八易其稿,1989年9月7日在第七届全国人大常委会第七次会议上全票通过,1991年1月1日起开始施行。这是新中国成立后的第一部保护归侨侨眷合法权益的专门法律,它标志着中国侨务法制建设向前迈出了重要一步,为我国侨务工作新局面的开创奠定了基础。

1984年,党中央一再提出要加快四个现代化的建设步伐。叶飞认为,加速四个现代化的关键在人才。为了吸引国外人才回国建设四化,在叶飞建议下,侨务委员会设立了科技处,专门负责掌握与接待来自海外的各类华人专家、学者,安排他们同国内进行科技、学术交流活动。叶飞十分重视国内归侨侨眷向他推荐的国外专家、学者,经常直接指示科技处,要认真办好。

李先念(右一)、彭真(右二)、叶飞(右三)、庄希泉(右四)等接见出席全国人大会议的华侨代表

在叶飞的督促下,华侨委员会将引进人才列为侨务工作的一项重点工作。科技处自1984年成立至1988年四年间,每年接待来自北美及欧洲的各类科技专家逾百人,向国家人才库推介、引进、使用科技专家二三十名,为国家做了有效的发现智力人才对象和引进的前期工作,为此也获得国务院智力引进办公室许多实质性的有效支持。在国庆三十五周年活动期间,中央领导同志在人民大会堂专门接见来自世界各地的九十多位外国专家,这其中就有华侨委员会推介的华人专家三十六名。

1986年,叶飞在工作

1985年冬,叶飞在广东省省长梁灵光的陪同下,视察了广东经济特区珠海市。珠海通过引进外资、引进香港和国外先进的管理经验,建成了石景山旅游中心、珠海度假村、珍珠乐园、九州购物村等休闲场所,发展了旅游和经济。叶飞参观了以上场所后,受到启发,他向梁灵光提出建设华侨城的设想,以此来吸引华侨资金和人才、技术。次年4月,全国华侨工作会议在东莞县召开,叶飞提出由香港旅游集团投资在深圳建华侨城的建议,大家一致赞成,并很快获得国务院的同意。梁灵光负责协调和筹集资金，只花了短短三年时间就建成了华侨城。这项工程没有向国家和省里要一分钱，全靠招商引资，使旅游、娱乐、休闲、购物等各方面的建筑、设施都逐步搞起来，华侨城很快形成规模。十年后，华侨城年工业产值达三

20世纪90年代初，叶飞在全国人大会议上

十三亿多元，总资产达七十八亿元，初步形成了环境优美，集工业、旅游、房地产、商贸等全面发展的新兴经济开发区。

1993年4月，第八届全国人大会议在北京召开。叶飞七届人大任职届满，从全国人大常委会副委员长任上退下来，时年七十九岁。

叶飞曾不止一次地对身边的工作人员说，我们这一代，经历得很多，有着丰富的经验，有许多东西值得留下来给后人借鉴，让后人少走弯路。

叶飞在撰写回忆录

为了把自己的经验留给后人,叶飞从海军领导岗位上退下来之后,就着手准备写回忆录。经过五年的编写,1988年12月《叶飞回忆录》出版。这是一部四十万字的回忆录,叙述了叶飞参加革命斗争的经验,披露了许多鲜为人知的党史、军史资料,一出版即受到广大读者的欢迎。

紧接着,叶飞参与编审历史资料丛书《新四军》,并担任编委会主任。这套丛书加上《南方三年游击战》共计二十六册约两千多万字,前后历时十年。它凝结着叶飞的心血和汗水。这套丛书出版发行后,被部队老同志、党史军史专家们称之为"千古功业,无价之宝"。

张连忠代表海军党委祝贺叶飞(右)八十二岁寿辰

1993年5月,叶飞担任了中国新四军和华中抗日根据地研究会会长一职。此后,他又参与编审出版了《新四军的组建与发展》《华中抗日根据地史》《新四军战史》和《第三野战军战史》,同时还筹划拍摄了大型文献片《铁的新四军》。

这些图书和影片的出版发行,填补了党史、军史的空缺,是对新四军的一

1989年,叶飞访问菲律宾时与菲籍弟妹亲切交谈

1989年1月,叶飞在菲律宾与侨胞在一起

大贡献。

　　1999年1月26日,叶飞抵达厦门,突感身体不适。2月9日送到北京治疗,经检查,发现他的脑干部患有恶性肿瘤。4月18日,叶飞的心脏停止了跳动,享年八十五岁。叶飞的骨灰安放在厦门的烈士陵园,与妻子王于畊安葬在一起。

　　1989年1月25日,叶飞应菲律宾议长沙隆的邀请,率全国人大代表团访问菲律宾,受到菲律宾政府和民众的热烈欢迎。叶飞的身世、传奇经历,菲律宾报刊在他来访的前几天就刊登出来了。所以,他一到菲律宾国土,民众出现了一股"叶飞热"。当时的总统阿基诺夫人给了他最高的待遇,并让叶飞坐上她的专机,返乡为父母扫墓。

菲律宾叶飞公园的叶飞铜像

　　当叶飞谢世的公告传到菲律宾时,为了纪念叶飞给奎松省以至整个菲律宾人带来的荣耀,奎松省议会通过决议,为叶飞专门修建了一个公园,并命名为叶飞公园,还将公园后面的一所小学改名为叶飞小学。